图书在版编目(CIP)数据

银川统计年鉴. 2022 = Yinchuan Statistical Yearbook 2022 / 银川市统计局, 国家统计局银川调查队编. -- 北京 : 中国统计出版社, 2022.9
ISBN 978-7-5037-9988-4

Ⅰ. ①银… Ⅱ. ①银… ②国… Ⅲ. ①统计资料 – 银川 – 2022 – 年鉴 Ⅳ. ①C832.431-54

中国版本图书馆 CIP 数据核字(2022)第 177395 号

银川统计年鉴 2022

作　　者 / 银川市统计局　国家统计局银川调查队
责任编辑 / 钟　钰
装帧设计 / 马春辉
出版发行 / 中国统计出版社有限公司
地　　址 / 北京市丰台区西三环南路甲 6 号
邮政编码 / 100073
电　　话 / 邮购(010)63376909　书店(010)68783171
网　　址 / http://www.zgtjcbs.com
印　　刷 / 宁夏印德佳图文制作有限公司
经　　销 / 新华书店
开　　本 / 890mm × 1240mm　1/16
字　　数 / 1100 千字
印　　张 / 32　彩页 0.25
版　　别 / 2022 年 9 月第 1 版
版　　次 / 2022 年 9 月第 1 次印刷
定　　价 / 300.00 元

如有印装差错，由本社发行部调换。

编 辑 委 员 会

编 辑 部

编 辑 说 明

一、《银川统计年鉴2022》是一部全面反映银川市经济和社会发展状况的综合性统计资料年刊。本书收录了银川市2021年经济和社会发展等方面的统计数据以及历史重要年份的全市主要统计数据，它是认识和研究银川市情、交流社会信息、制定政策、指导工作不可缺少的重要工具，也是国内外了解银川的主要窗口。

二、本年鉴内容分特载、统计资料、附记三个部分。统计资料有14个部分组成，即：1.综合；2.人口及劳动力；3.农业；4.工业；5.能源；6.固定资产投资；7.建筑业；8.交通运输与邮电； 9.内贸、外贸和旅游；10.财政金融保险； 11.人民生活和物价；12.城市公用事业；13.教育、科学、文化；14.卫生、体育、民政、司法及其他。为便于读者使用，每部分都附有主要统计指标解释。

三、本年鉴的统计范围均为“地区”口径，含三区两县一市，包括行政区划内中央、自治区属在银单位的统计资料内容，为地域统计。

四、《银川统计年鉴2022》是在市委、市政府和编委会领导以及各供稿单位的关心和大力支持下完成，在此谨致以诚挚的谢意！竭诚欢迎广大读者对年鉴的不足之处给予批评和指正，帮助我们进一步提高编辑水平。

编者

2022年9月

目　录
CONTENTS

特　载

统计资料

一、综合

二、人口及劳动力

三、农业

四、工业

五、能源

六、固定资产投资

七、建筑业

八、交通运输与邮电

九、内贸、外贸和旅游

十、财政金融保险

十一、人民生活和物价

十二、城市公用事业

十三、教育、科学、文化

十四、卫生、体育、民政、司法及其他

附 记

特　载

银川市第十六届人民代表大会第一次会议
政府工作报告

——2021年12月27日在银川市第十六届人民代表大会第一次会议上

银川市市长　赵旭辉

各位代表：

现在，我代表市人民政府向大会报告工作，请予审议，并请市政协委员和其他列席人员提出意见。

一、2021年及本届政府工作回顾

今年是党和国家历史上具有里程碑意义的一年。在自治区党委、政府和市委的坚强领导下，全市上下坚持以习近平新时代中国特色社会主义思想为指导，全面学习贯彻习近平总书记视察宁夏重要讲话精神，坚持稳中求进工作总基调，深入贯彻新发展理念，以黄河流域生态保护和高质量发展先行区建设为统领，紧盯“一高三化”目标任务，统筹疫情防控和经济社会发展，勇担使命，笃定实干，经济运行稳步恢复、稳中加固、稳中有进，社会大局和谐稳定，“十四五”开局良好。预计全年地区生产总值增长7%以上；规模以上工业增加值增长8.5%；社会消费品零售总额增长6%左右；地方一般公共预算收入增长8%；城镇和农村居民人均可支配收入分别增长8%、9%。

（一）**先行区建设起步有力**。坚持系统谋划，统筹建设先行区示范市，“五区”建设和“五权”改革强力推进。科学编制《银川市黄河流域生态保护和高质量发展规划》，制定各类专项规划、工作方案44个，建立“一案两单”工作推进机制，出台支持先行区建设一揽子政策，率先在全国立法设立“黄河流域生态保护主题宣传实践月”。排污权、用水权、土地权、山林权、碳排放权改革取得实质性突破，完成首单排污权二级市场交易、首笔大宗碳配额交易、首次集体经营性建设用地拍卖入市，用水权交易533万立方米、葡萄酒产业用地确权登记3652亩、完成碳配额交易170万吨，形成了一批创新性、示范性成果。

（二）**产业转型步伐加快**。新材料、新能源、新食品“三新”产业集聚发展，中环、蓝思等新材料领域国际知名企业落户银川，鑫晶盛3500吨工业蓝宝石、隆基光伏15GW单晶硅棒和切片等45个项目建成投产，中环50GW太阳能级单晶硅等134个产业项目开工建设，宝丰储能电池全产业链等29个项目签约落地。蒙牛4500吨高端液态奶项目加快建设，新增奶牛5万头。获批国家葡萄及葡萄酒产业开放发展综试区，新增酿酒葡萄面积1.6万亩。“三新”产业占全市制造业产值比重达44%以上。获评首批“科创中国”创新枢纽城市，高效单晶电池及组件制备等一批关键技术取得突破，新增百亿级企业1家、高新技术企业26家、科技型“小巨人”企业32家。

（三）改革开放活力迸发。持续深化“放管服”改革，出台涉企执法检查登记备案等“五项制度”，46项优化营商环境做法被推广全国，新增市场主体5.1万户。蝉联“年度最佳引才城市”。晓鸣股份成功上市，凯添燃气登陆北交所。基层整合审批服务执法力量、村集体经济组织产权制度改革全面完成。成功举办（承办）2021“中国旅游文化周”活动、第五届中阿博览会、跨境电商高峰论坛、智慧城市峰会。“13+1”陆海新通道专列首发，中欧班列、卡车班列常态化运行，宁夏首单跨境电商B2B出口货物离境。招商引资到位资金增长10%，进出口总额增长85%。

（四）生态环境持续改善。坚决打好蓝天碧水净土保卫战，聚焦解决生态环境突出问题，建立分区管控体系。第一轮中央环保督察反馈问题整改完成，黄河流域生态环境警示片披露问题、自治区环保督察反馈问题强力整改，空气质量优良天数比例达84%。第一再生水厂等项目建成投运，地表水水质达标率100%，建成化肥减量增效示范区70个，黄河银川段水质稳定保持Ⅱ类进出。修复治理矿山和退化草原2.5万亩，完成营造林15万亩，新增建成区绿化面积125万平方米。镇北堡镇被命名为全国“绿水青山就是金山银山”实践创新基地。

（五）城乡品质不断提升。积极回应市民关切，着力解决“马路拉链”、交通拥堵、停车难停车贵、城市内涝等问题。新改扩建市政道路28条、慢行绿道65公里，优化交通组织192处。市区平均拥堵指数由1.65下降至1.38，“畅行银川”品牌叫响全区。新增停车泊位1.5万个，推行30分钟免费停车、商业场所包月停车等举措，上班族停车费减少50%。整治城市积水点17处，城市海绵化面积达到24.6%。坚持“市有典型、县有标杆、乡有示范、村有亮点”，全域推进农村人居环境整治，打造高标准小城镇3个、美丽宜居村庄13个、“美丽庭院”1.37万户。入选全国首批城市更新试点城市、全国乡村治理典型案例。

（六）社会事业全面进步。聚焦群众急难愁盼，统筹资金233亿元投向民生领域。扎实推进“四大提升行动”，71项“我为群众办实事”完成62项，年度10件民生实事全面完成。生态移民人均可支配收入突破万元大关。新增城镇就业6.3万人，登记失业率控制在4.5%以内。新改扩建中小学幼儿园67所，新增学位3.6万个，有效缓解“入园难”“上学难”，义务教育“双减”政策落地见效。市中医院新项目竣工，乡镇卫生院中医馆实现全覆盖。新建基层综合文化服务中心20个。低收入家庭纳入专项救助，城乡低保惠及3.48万人。改造老旧小区75个151万平方米、棚户区7.9万平方米。社区养老、托幼、助残、健身等设施逐步完善，未成年人保护、残疾人工作受到国务院表彰。荣获2021中国“年度最佳促进就业城市”，入选全国“一刻钟”便民生活服务圈试点城市。

（七）社会治理成效显著。深入开展“民族团结进步月”宣传活动，宗教和顺、社会和谐、民族和睦良好局面持续巩固。文明城市建设迈入常态化、规范化，国家卫生城市通过复验。牢固树立底线思维，全力化解政府债务，市本级债务退出红色风险等级。完成国企专项审计，三沙源等16个项目遗留问题稳妥推进解决，彩虹湾、唐徕小区不动产办证等信访积案成功化解。落实房地产过快增长调控主体责任，房地产市场保持健康平稳发展。扎实开展安全生产专项整治三年行动，安全生产形势总体稳定。“雪亮工程”立体安防城区全覆盖。荣获全国禁毒示范城市。

各位代表！大战大考显本色，越是艰险越向前。今年以来，面对突如其来的输入性新冠肺炎疫情来袭，广大医护人员、社区工作者、志愿者、公安干警、武警官兵、民兵预备役、干部职工闻令而动，冲锋陷阵最前沿，筑起了坚不可摧的抗疫防线，与全体市民团结一致，共同唱响了感人至深的“抗疫合奏曲”，诠释了新时代银川力量、银川担当。

回顾过去的五年，我们收获满满。

五年砥砺前行，全力推动高质量发展，综合实力明显提升。预计全市生产总值突破2000亿元。一般公共预算收入达到171.6亿元。高技术产业增加值占比提高到13.3%。全社会R&D强度达到1.61%。葡萄酒、文化旅游等国际知名度持续提升。灵武市连续五年荣登“中国县域综合实力百强”榜单，银川经开区跻身国家级开发区百强，高新区获批国家级绿色示范基地。宝丰能源等4家企业成功上市，上市企业达到11家。

五年赓续用力，扎实推进修复治理，生态底色更加靓丽。贺兰山、白芨滩、黄河滩地生态修复成效明显。完成生态造林49.5万亩，森林覆盖率达到13.5%。建成区绿地率达到40.68%，居西北省会城市之首。城市建成区黑臭水体全面消除。荣获全球首批国际湿地城市、全国黑臭水体治理示范城市。

五年锐意进取，持续深化改革开放，发展潜能逐渐释放。“放管服”、综合执法、“互联网+医疗健康”等改革走在全国前列。2019、2020年度连续成为全国营商环境标杆城市。银西高铁建成通车，河东机场跨入千万级大型机场行列。与“一带一路”沿线等185个国家和地区开展经贸往来，进出口总额超过700亿元。

五年接续奋斗，统筹城乡一体建设，城市承载力持续增强。建成区面积拓展到195平方公里，常住人口增至286万，城镇化率达到80.2%。“东热西送”“西线供水”、城市快速通道等重大基础设施建成投运。5G网络实现全域覆盖，285个乡村全部实现“新四通”。荣获全国幸福城市、全国领军智慧城市，荣膺全国双拥模范城“九连冠”，蝉联全国文明城市。

五年倾力而为，致力保障改善民生，群众幸福感不断提升。39个贫困村脱贫出列，5.15万贫困人口告别绝对贫困，闽宁镇获评全国脱贫攻坚楷模。城镇和农村居民人均可支配收入分别提高1.28倍和1.36倍。新改扩建中小学幼儿园202所，率先在全区实现普及高中阶段教育目标。县级医院全部达到二级以上标准。城乡居民基础养老金标准位列西北省会城市第一。基层公共文化设施实现全覆盖。成功创建全国民族团结进步示范市。

五年勠力同心，始终坚持党的领导，政府自身建设全面加强。“两学一做”学习教育、“不忘初心、牢记使命”主题教育、党史学习教育扎实开展，以实干诠释忠诚，以担当践行使命，获得国务院正向激励26项。重大事项及时向市委请示报告。自觉接受人大依法监督、政协民主监督，2323项建议提案全部办复。“七五”普法全面完成，行政审批制度改革荣获全国法治政府建设示范项目，政府透明度指数位列全国第六。

国家安全、国防动员、人民防空、民兵预备役等工作全面加强，总工会、团市委、妇联、科协、文联、工商联、残联、红十字会等群团组织作用充分发挥，行政执法、仲裁调解、审计监督、调查统计、邮政通信、防震减灾、慈善老龄、史志档案等工作取得新成效。

各位代表！五年耕耘，幸福荣光。最难忘却的是，习近平总书记两次视察宁夏、亲临银川，为我们指明了前进方向、赋予了时代重任。全市人民铭记嘱托、感恩奋进，夺取了脱贫攻坚全面胜利，与全国同步全面建成小康社会，共同唱响“中华民族一家亲、同心共筑中国梦”时代主旋律。

五年奋进，成之惟艰。最让人感动的是，全市上下牢记习近平总书记“建设美丽新宁夏、共圆伟大中国梦”的殷切期望，齐心协力、步调一致，在文明城市的创建路上全民参与、除弊攻坚，历时三年，用行动擦亮了银川含金量最高、综合性最强、影响力最大的“金字招牌”。

五年发展，同心同向。最激荡人心的是，全市广大干部群众积极响应“社会主义是干出来的”伟大号召，锐意进取、迎难而上，夜以继日投身在生产建设第一线，不舍昼夜、不论得失，以辛勤的付出，确保了各项工作的顺利推进，干成了一些大事、实事。

各位代表！这些成绩的取得，最根本得益于习近平新时代中国特色社会主义思想的科学指引和领航定向，得益于自治区党委、政府和市委的坚强领导、科学决策，得益于市人大、市政协有力监督、大力支持，得益于历届老领导、老同志艰苦创业、薪火相传，得益于全市人民团结一心、不懈奋斗，得益于社会各界的积极参与、鼎力相助。在此，我代表市人民政府，向全市人民，向人大代表、政协委员，向各民主党派、工商联、无党派人士，各人民团体及社会各界人士，向离退休老同志，向驻银部队、武警官兵、政法干警，向所有关心、支持和参与银川建设发展的同志们、朋友们，表示崇高的敬意和衷心的感谢！

在肯定成绩的同时，我们清醒地认识到：发展不足是我们最大的实际，开放不足是制约发展的突出短板，产业基础薄、链条短、人才少、创新弱，城市能级和核心竞争力亟待增强；资源环境约束趋紧，绿色转型发展还有很多难题亟待破解；教育医疗、养老托幼等公共服务资源供给与群众日益增长的美好生活需要还不匹配，均等化水平亟待提高；个别干部担当精神、能力素质还跟不上新形势新要求，营商环境中还有一些短板亟待改善。特别需要说明的是，虽经不懈努力，但预计固定资产投资与预期目标还有差距，对此，诚恳接受批评。我们将以对党和人民高度负责的态度，直面问题、倍加努力，切实采取有力措施，认真加以解决。

二、今后五年主要工作

致敬过往，实干今朝！刚刚闭幕的市第十五次党代会，科学描绘了银川奋进新时代的宏伟蓝图。踏上新的赶考路，争取更大荣光，要求我们必须以更美好的愿景凝聚人心，以更精准的定位指引路径，以更有力的抓手推动落实。

今后五年政府工作的总体要求是：高举中国特色社会主义伟大旗帜，坚持以习近平新时代中国特色社会主义思想为指导，全面贯彻落实党的十九大和十九届中央历次全会精神，深入贯彻落实习近平总书记视察宁夏重要讲话精神，全面贯彻落实市第十五次党代会精神，弘扬伟大建党精神，坚持以经济建设为中心，坚持系统观念，坚持稳中求进工作总基调，统筹推进“五位一体”总体布局、协调推进“四个全面”战略布局，立足新发展阶段，完整、准确、全面贯彻新发展理念，主动融入新发展格局，以高质量发展为主题，以深化供给侧结构性改革为主线，以建设黄河流域生态保护和高质量发展先行区为统领，全面落实自治区党委、政府对银川的各项要求，在市委的坚强领导下，坚定不移走生态优先、绿色发展的现代化道路，奋力推进产业转型升级、生态文明建设、深化改革开放、城乡融合发展、民生事业发展、民族团结进步、民主法治建设、城市安全发展取得新突破，为加快建设黄河流域生态保护和高质量发展先行区示范市共同团结奋斗！

按照市第十五次党代会确定的“12347”目标体系，今后五年的主要目标是：到2026年，力争经济总量突破3000亿元，一般公共预算收入突破220亿元，全社会R&D强度达到2.5%以上，城镇和农村居民人均可支配收入年均分别增长7%和8%以上，城镇调查失业率控制在5.5%以内，全面完成单位GDP能耗、二氧化碳排放、用水量等控制性指标。全面完成“十四五”各项目标任务，为“建设美丽新宁夏、共圆伟大中国梦”作出突出贡献。

（一）坚定不移推进经济发展质量实现新跨越。牢固树立“大抓产业、大抓工业”的鲜明导向，深入实施经济发展“五大战略”，以园区为节点、以企业为支点、以项目为重点，提升产业链创新链供应链协同发展水平，构建现代化产业体系，培育生命健康、生物技术、氢能、储能等未来产业，着力打造新材料和新能源2个千亿级、新食品1个300亿级产业集群，建成国内有影响力的新材料、绿色食品生产加工基地和新能源低碳示范园区、国家能源转型发展示范区，打造世界葡萄酒之都和中国高端奶之乡，数字经济总量、全社会消费品零售总额均跨越千亿级大关，银川经开区和苏银产业园分别建成“千亿级”园区，高新区、贺兰和永宁工业园、阅海湾商务区和银川中关村双创园经济总量力争达到千亿元，加快打造引领全区经济高质量发展的首府引擎，努力成为黄河流域高质量发展增长极。

（二）坚定不移推进民族团结进步开创新局面。坚持以习近平总书记关于加强和改进民族工作的重要思想为引领，把铸牢中华民族共同体意识融入经济社会发展各方面，推动新时代民族工作质量和民族地区发展质量“双提升”，着力打造“铸牢中华民族共同体意识示范市”。深化常态化长效化宣传教育，积极构建中华民族共有精神家园，纵深推进民族团结进步示范创建，促进各族群众广泛交往、全面交流、深度交融，提升民族事务治理体系和治理能力现代化水平。坚持我国宗教中国化方向，推动民族宗教工作走在全国前列。

（三）坚定不移推进生态文明建设呈现新气象。践行绿色发展理念，扎实做好碳达峰碳中和工作，落实“四水四定”原则，统筹山水林田湖草沙系统治理，构建“三廊三区”功能格局。推进“五区”建设，打好“三战一仗”，筑牢重要生态安全屏障。大幅提升资源能源利用效率，黄河银川段水质保持Ⅱ类优，空气质量优良天数比例力争达到85%，森林覆盖率达到16%以上，争创国家森林城市、生态园林城市、生态文明建设示范城市和全国“无废城市”、防沙治沙用沙综合示范区，加快打造黄河流域环境优美的塞上江南。

（四）坚定不移推进群众幸福指数得到新提升。深入推进“四大提升行动”，统筹实施“七项惠民工程”。新增城镇就业20万人、农村劳动力转移就业35万人次以上。全面完成2000年底前老旧小区和棚户区改造。建设高质量区域医疗中心。完善社会保障体系。教育普及程度、社会保障标准、基本公共服务均等化、人均预期寿命达到或超过全国平均水平。创建全国老年友好型健康城市、青年友好型城市、婴幼儿照护服务示范城市、儿童友好型试点城市、全民运动健身模范市，加快打造宜居宜业的幸福家园。

（五）坚定不移推进深化改革开放取得新突破。加强改革系统集成、协同高效，全面完成社会保险标准化等试点改革任务。抓好要素市场化配置改革，推进“五权”改革取得重大成果。持续深化“放管服”改革，营商环境便利度保持在全国一流行列。推进市与辖区财税体制、国资国企、综合执法、农业农村等领域改革。扩大对内对外开放，深化与“一带一路”沿线国家和地区合作，强化与黄河流域、长三角、粤港澳大湾区、京津冀合作，务实推进呼包银榆、宁蒙陕甘毗邻地区合作，加快铁路口岸和跨境电商综试区建设，进出口贸易总额年均增长10%以上。建设开放型城市，拓展对内对外开放，加快打造国家内陆开放的重要窗口。

(六)坚定不移推进城市建设管理展现新面貌。统筹城乡区域协调发展，发展壮大县域经济和城区经济，示范引领沿黄城市群建设。坚持以人为本的城市发展理念，开展“三大提升行动”，实施“四项提质工程”“五大交通工程”“七项配套工程”，系统推进现代城市建设，倾力塑造西北雄奇与江南之秀兼备、传统文化与现代文明融合的城市特质。巩固拓展脱贫攻坚成果，全面推进乡村振兴，深入开展农村人居环境整治提升五年行动，建设绿色田园、美丽庭院、洁净家园。全市常住人口达到300万，中心城区面积达到230平方公里，城市承载能力、集聚效应更加凸显，加快打造高品质的区域中心城市。

(七)坚定不移推进社会治理能力跃上新台阶。坚持共建共治共享，全面落实基层治理“1+6”政策体系，加强城乡社区治理、服务体系和网络综合治理体系建设，提高“一网通办、一网统管、一网协同”数字化治理水平。一体推进法治银川、法治政府、法治社会建设，加快打造治理现代化的法治凤城。统筹发展和安全，健全完善疫情防控体系，打好防范化解重大风险攻坚战，扎实做好安全生产工作，推进应急管理体系和能力现代化。扎实推进双拥共建，推动国防动员和后备力量建设高质量发展，持续巩固良好的军政军民关系。争创平安中国建设示范市，加快打造更高水平的平安银川。

三、2022年主要工作

开局关系全局，起步决定决胜。2022年是新一届政府任期的第一年，是实施“十四五”规划的关键一年，做好明年工作意义重大。

主要预期目标是：全市地区生产总值增长7%以上，规上工业增加值增长8%以上，全社会固定资产投资增长8%以上，一般公共预算收入增长5.5%，社会消费品零售总额增长7%以上，城镇和农村居民人均可支配收入分别增长7.5%、8.5%，城镇调查失业率控制在5.5%以内，节能降碳和主要污染物排放完成自治区下达的目标任务。

实现上述目标，我们要全面贯彻落实市委决策部署，坚持以经济建设为中心，稳字当头、稳中求进，抢抓“四个难得机遇”，落实“七个必须始终”，加快推动高质量发展。着力做好八个方面工作：

(一)着力推进产业兴市。牢固树立“产业为要、项目为王”的鲜明导向，坚持“一产抓特色、二产抓延伸、三产抓转型、整体抓提升”，构建以数字经济为引领、“三新”产业为主导、现代服务业为驱动的现代产业体系。

提速壮大“三新”产业。抢抓国家发展战略，高水平谋划实施调结构、强动能、增后劲的产业项目296个。推动宝丰储能电池全产业链、晶盛40万片碳化硅半导体材料等项目开工，加快隆基乐叶3GW单晶电池、蒙牛奶业全产业链等项目建设，确保隆基5GW单晶电池、晶环1200万片蓝宝石晶片切磨抛等项目年内投产，力促中环50GW太阳能级单晶硅、中钢2万吨特种石墨等项目早日达产，“三新”产业总产值达到500亿元以上，推进全国新能源、新材料重要集聚区规模初现。实施“四大改造”，完成重点技改项目30个。开展企业梯次培育行动，新增规上工业企业20家、“专精特新”企业50家、上市企业1家。

提档升级服务业。加快深蓝广场等城市综合体建设，推进大阅城商圈智能化改造，打造唐徕老街坊等特色商业街区3条。推动首店经济、夜经济等新业态发展，引进品牌首店10家以上，重点打造第八大街夜经济聚集区。建设直播电商公共服务基地，促进线上线下消费融合，网络零售额增长15%以上。办好欢乐购物季、中国·银川国际汽车博览会等活动，促进家电、汽车等大宗消费。加快贯通县乡村三级电子商务服务体系和快递物流配送体系，申建商贸服务型物流城市和国家冷链物流基地，社会物流总额增长8%。完善东线、西线全域旅游服务设施配套，加快贺兰山东麓、黄河金岸、环阅海旅游度假区建设，支持兴庆区、灵武市创建国家全域旅游示范区，加快西夏陵创建国家5A级旅游景区，办好"一山一河"文化旅游节和中国银川旅行商大会，力争全年旅游人次、总收入增长15%以上。

提质发展特色农业。落实最严格的耕地保护制度，坚决遏制耕地"非农化"、防止"非粮化"，建设高标准农田2万亩，粮食面积稳定在121.1万亩以上，粮食产量达到68.6万吨以上，农业增加值增长4%以上。优质酿酒葡萄种植面积达到27万亩。枸杞综合产值达到100亿元。擦亮"黄金奶源带"品牌，启动建设乳业产业园，奶牛存栏达到24万头，奶产业产值超过100亿元。新认定"三品一标"农产品25个。实施农业产业化龙头企业提升行动，培育龙头企业20家，创建示范合作社和家庭农场各20家以上。办好"农业嘉年华""农民丰收节"等活动，打造休闲农业和乡村旅游精品园区50个、三产融合核心示范园区10个。

提高数字化深度赋能水平。坚持产业数字化、数字产业化方向，促进数字经济与实体经济深度融合。建设市级一体化大数据平台，实施天云数据"东数西算"项目，培育软件和信息技术服务企业100家以上。建设"工业大脑"二期项目，完成100家企业智能化水平诊断，培育自治区级智能工厂3家、数字化车间3个，打造数字农业示范基地30家以上，持续壮大"互联网+"医疗健康、物流等新业态新模式。提升数据安全保护能力，探索建立数据确权、定价、交易等市场化机制，试点构建医疗服务等领域数据开发利用场景。力争数字经济总量达到700亿元。

提效推动园区改革发展。出台园区高质量发展意见，建立实行县区、园区、企业挂榜排名激励机制，完善跨区域招商引资、项目落地、税收利益分成机制，推进县(市)区、园区一体化发展。加大市场化改革力度，实行园区企业化管理。健全园区绩效考核指标体系，推进工资总额核定、绩效奖励等制度改革。强化投资强度和产出效益双提升，工业类园区工业用地产出强度增长10%以上，功能性园区主营业务收入增长8%以上。启动实施项目攻坚三年行动，扎实开展"五比"活动，全面推行项目包抓责任制，强化项目用地用能用工等要素保障，确保全年完成投资650亿元以上。开展招商引资攻坚行动，突出产业链招商、专业招商、以商招商，每个产业引进龙头企业2家以上，力争引进500强企业3家，全年招商引资到位资金增长10%以上。

(二)着力改善生态环境。坚持把大保护作为关键任务，精心谋划开展"黄河流域生态保护主题宣传实践月"，推进绿色发展、绿色生活，坚决守好改善生态环境生命线。

科学化防污治污。扎实推进中央、自治区生态环保督察交办问题整改。坚持"四尘同治""五水共治""六废联治"，深入打好污染防治攻坚战。加强臭氧污染源头管控，强化细颗粒物等多污染物协同治理，扩大城区和乡村清洁能源供热范围，争创国家清洁能源示范城市，空气质量优良天数力争达到310天以上。实施银川黄河干流治理项目，压实河湖长制，持续推进河湖

"清四乱",完成城镇污水、工业废水入河排污口整治、农村集中式饮用水水源地规范化建设,保持黄河银川段水质稳定II类进出。加强农业面源、涉重金属企业等污染治理,危险废物安全处置率达到100%。

系统化节水增效。开展"四水四定"深度研究,制定实施管控方案。强化水资源消耗总量和强度控制。严格项目和用水"双限批",强化计划用水与定额管理,抓好地下水开采管控、黄河干流取用水管理等专项整治,严格规范取用水行为。推进县域节水型社会达标建设。加快现代化生态灌区建设,深化农业水价综合改革,农田灌溉水有效利用系数达到0.55。推广高效冷却等工业节水工艺,推进节水型工业园区达标建设,单位GDP用水量下降4%。实施污水资源化利用项目,再生水综合利用率力争达到40%。

全域化保护修复。加快编制"一河一山"保护修复方案。研究制定鼓励和支持社会资本参与生态保护修复政策。持续打好新时代黄河保卫战,接续整治黄河滩地,实施典农河等水生态修复项目,恢复湿地5.3万亩。完善以拦洪库提标改造为重点的贺兰山防洪体系建设。加快实施贺兰山东麓矿山地质环境治理工程,创建绿色矿山12个。开展大规模国土绿化行动,完成营造林6.7万亩,草原生态修复2.5万亩。实施生物多样性保护工程。巩固白芨滩治沙成果,抓好荒漠化防治和水土保持,治理水土流失面积60平方公里。

源头化减排降碳。严格落实"双碳""双控"目标,完善能耗"双控"激励约束机制,制定碳达峰实施方案。推进绿能开发、绿氢生产、绿电应用,建设"绿电园区"试点,推进老旧风电场"以大代小"更新试点。加快先进节能环保技术、工艺、装备推广,加快可再生资源回收利用,新增绿色工厂2个,一般工业固废综合利用率达到48%。实施绿色交通一体化项目建设,更新新能源公交车600辆,建成充电桩290个以上。实施贺兰县、兴庆区整县(区)屋顶分布式光伏项目,支持灵武市加快打造新能源基地。

(三)着力深化改革开放。坚持创新驱动发展,努力以改革增动力、以开放添活力、以环境强引力,增创高质量发展新优势。

锻造一流创新生态。扎实推进"科创中国"创新枢纽城市建设,支持企业与高校、科研机构合作建立技术研发中心、产业研究院等研发机构,完善检验检测、创业孵化、信息服务等科技服务体系,帮助企业解决"卡脖子"技术难题。落实好"揭榜挂帅"、科研经费"包干制"等机制,强化知识产权创造保护运用,实施重点科技攻关项目30个,努力突破"高强度铜合金制备"等领域一批关键核心技术。新增高新技术企业20家、自治区"小巨人"企业25家、科技型中小企业100家,搭建创新平台30家,"离岸飞地"平台落地转化项目20个以上。发明专利授权量增长10%以上。确保财政科技研发投入增长30%以上,全社会R&D投入增长17%以上,技术合同成交额增长10%以上。打造银川人才政策"升级版",组建高质量发展智库,出台设立人才专项基金等一揽子人才新政,引进培养高水平创新团队20个、高层次急需紧缺人才1500名,吸引在银创新创业大学生1万人以上。

统筹区域协调发展。主动融入陆海新通道和黄河流域"几字型""十字型"现代交通网络,协调推进银川至太原、至郑州高铁、包银高铁、银百高速等重大项目建设,力争开通银川至广州西部快线班列。探索建立沿黄省会城市一体化发展机制。推动与宁东协同发展,推进"银川—石嘴山承接产业转移示范区"协作发展,探索跨区域共建,形成产业一体化发展新格局。配合推进G244线水洞沟至宁东段改造、宁东经上海庙至苏银产业园快速通道建设。加快临港铁路专用线建设。推动与农垦集团在葡萄酒、奶产业、草畜产业等领域深度合作。

深化重点领域改革。承接落实好中央和自治区各项改革任务。深入推进用水权入场交易、建设用地使用权二级市场交易、排污权交易、山林地“三权分置”、碳排放配额交易等改革任务取得重要成果。以市场化方式推进生产要素配置改革。积极推进黄河流域生态保护补偿改革，抓好自然资源资产产权制度改革国家试点。完成国企改革三年行动，推动国企瘦体健身、提质增效。深化财税改革，优化市与辖区权责划分。统筹推进综合执法、医疗保障、统计等领域改革。

推动更高水平开放。配合推进河东机场改扩建四期。推进跨境电商综试区等开放平台建设。提升中欧班列运行效益，稳定运营国际卡车班列。加快建设运营综保区国际邮件、跨境电商海关综合监管中心，争取开通国际货运包机。启动实施公铁物流港铁路专用线项目，加快公铁物流园海关监管作业场所封关运营。办好国际智慧城市峰会、第二届中国（宁夏）国际葡萄酒文化旅游博览会等重大展会。深化国际友好城市合作。加强国家外贸转型升级基地建设。外贸进出口总额增长10%，实际利用外资达到1.2亿美元以上。

持续优化营商环境。深入推进营商环境便利化争先进位行动，着力在提升营商便利化和服务水平上下功夫，80%政务服务事项“一网通办”，50%事项“全程网办、全程掌办”。全面推进“双随机、一公开”监管常态化全覆盖。创建全国社会信用体系建设示范市。坚定不移支持民营经济发展，构建亲清政商关系，上线运行惠企政策奖补“政企通”，加大清理拖欠民营企业账款力度，严格落实减税降费政策，着力降低实体经济成本；强化中小微企业信贷支持，提高中长期贷款和信用贷款比例，新增贷款超过350亿元，让企业放心投资、安心经营、专心发展。

（四）着力提升城市发展能级。坚持城乡融合、协调发展、建管并重，一体推进新型城镇化和乡村建设，提升银川综合竞争力和影响力。

高标准推进城市扩容。开展城市地下综合轨道交通线网规划、建设规划编制工作，有序推进火车站现代综合枢纽、东线公路、“西线供水”管网延伸、“互联网＋城乡供水”、城市地下综合管廊及道路工程等项目建设。开展千兆光纤宽带网络扩容提质行动，居住小区接入率达到80%以上，5G基站达到5000处以上。加快推进银石线、银吴线天然气储气输配管线建设，提升应急储气能力。

高水平加快城市更新。高质量完成市县两级国土空间规划及海绵城市等22个专项规划编制。制定城市规划水平、基本功能、品质品位“三大提升行动”实施方案，改造老旧小区100个、棚户区2.37万平方米、历史文化特色街区4条，打造鼓楼片区、雪绒巷、健美巷等一批城市更新典型示范项目、示范区域。实施城市重要交通节点局部快速化改造，打通断头路，畅通微循环。加快推进城市供热三期、老旧管网更新、天然气管道改造提升等工程项目。实施系统化全域推进海绵城市建设项目，建成区海绵化面积达到28%。

精细化开展管理服务。更加突出“智慧化”，树立全周期理念，巩固“智慧城市”建设成果，持续完善城市一体化指挥平台功能，推动城市管理服务“一网统管”。更加突出“细节美”，深化文明创建“亮形象、展业绩、争先进”专项行动，大力开展市容环境、乱停乱放、占道经营、乱搭乱建等专项整治；扩大垃圾分类处理覆盖面，生活垃圾资源化利用率达到55%以上。更加突出“舒适度”,改造中山公园等老旧公园,建设小微公园6个;合理配置城区停车资源,新建停车泊位5000个;改造宝湖路、永安巷等慢行绿道5条,建设自治区人民医院、市民大厅等路段过街天桥3座,新辟、优化公交线路37条。更加突出“便民化”,加强住宅小区物业管理,为广大住户提供优质服务;大力发展便利店、社区店,建好“十小便民工程”,完善“15分钟便民生活圈”。

精准化推进乡村振兴。巩固拓展脱贫攻坚成果,严格落实“四个不摘”,牢牢守住不发生规模性返贫底线。聚焦产业、就业和社会融入,实施一批产业融合发展、基础设施补短板项目,确保移民就业率达到95%以上。大力发展村集体经济,村集体收入突破100万元以上的行政村达到50%以上。完成实用性村庄规划编制,因地制宜推进“空心房”“空心村”整治,选树农村人居环境整治市级示范样板村10个以上。加强乡村文明建设,推进农村移风易俗,大力开展文明村镇创建活动,提升乡村治理水平,争创全国乡村治理示范村2个以上。实施人才助力乡村振兴、优化社区治理示范项目30个。制定闽宁镇发展专项规划,打造东西部协作、移民致富提升、乡村振兴示范镇。

(五)着力增进民生福祉。牢固树立“人民至上”理念,更加注重普惠性、基础性、兜底性民生建设,把有限的财力用到人民群众最关心的领域、人民生活最关键的环节,提升群众获得感、幸福感、安全感。全心全意办好民生“十心实事”。

积极促进就业创业。推进“技能银川”行动,开展职业技能培训2万人次,发放创业贷款2亿元。抓好高校毕业生、退役军人、农民工等重点群体就业创业。新增城镇就业4万人以上,农村劳动力转移就业7万人次。加大再分配调节力度,完善工资合理增长、支付保障和最低工资标准调整机制。确保城乡居民工资性收入增长8%、经营性收入增长7.5%、财产性收入增长3.6%、转移性收入增长7.7%以上,生态移民人均可支配收入增速高于农村居民平均水平。

优先发展教育事业。落实“双减”政策,坚持“五育”并举,努力提升教育质量和学生体质。加快唐徕回中北校区、阅海五小等一批中小学幼儿园项目建设,新增学位2万个,普惠性幼儿园学额覆盖率稳定在85%以上。推进县域义务教育优质均衡发展。深化校企合作,打造优秀中等职业学校2所、优质专业15个。理顺民办学校管理体制,规范发展民办教育。强化师德师风建设,持续实施“梯级名师”培养工程,打造新时代高素质教师队伍。全面加强和改进学生心理教育,培育学生的积极心理品质。

推进健康银川建设。支持肿瘤、妇儿国家级区域医疗中心建设,建强6个县(区)级医疗健康中心,建成儿科等专科联盟3个,推动紧密型医共体(医联体)均衡发展。探索医疗服务价格改革,推进药品带量采购。创新医防融合社区健康管理模式,提升分级诊疗服务和家庭医生服务质量。扎实开展爱国卫生运动,全面推广社区戒烟国家综合试点项目,新培育村镇、企业、家庭等“健康细胞”54个。

繁荣发展文体事业。加快非遗展示中心等项目建设,新建基层综合文化服务中心20个。办好第五届市民文化艺术节等活动,举办“美丽乡村·文化大集”100场,送戏下乡、广场文化演出各1000场。加强黄河文化遗产保护传承,推进长城、黄河国家文化公园(银川段)建设,做好《不到长城非好汉》《情系贺兰》等优秀剧目区内外展演。建成一批健身步道、笼式球场等体育设施,适时办好银川马拉松、沿黄城市自行车邀请赛。

兜牢基本民生底线。提高城乡居民基础养老金标准，大病保险报销比例达到60%以上。全力保障低保、特困、优抚等困难群众基本生活，加大残疾人、特需青少年、贫困“两癌”患病妇女关爱救助力度。新建社区综合为老服务中心3家，新增养老床位500张，社区养老服务设施覆盖率达到80%。落实三孩政策，启动普惠托幼服务体系建设，新增3岁以下婴幼儿照护托位700个。做好居民生活必需品、重要农副产品保供稳价，认真抓好“米袋子”“菜篮子”。筹集保障性租赁住房7000套，保障好中低收入家庭、新市民基本住房需求，持续推进农村危房和抗震宜居农房改造。

（六）着力巩固民族团结进步创建成果。以铸牢中华民族共同体意识为主线，扎实推进新时代党的民族工作高质量发展，坚决守好促进民族团结生命线。

构筑共有精神家园。把共同体意识教育纳入党员干部教育和国民教育体系，实施党员干部培元固本、青少年学生夯基育苗、各族群众凝心聚魂、理论强基“四项工程”。加快理论研究和宣传教育阵地建设，成立铸牢中华民族共同体意识实践研究中心，打造2个主题教育馆，建设一批主题公园、教育基地和现场教学点。持续开展“传承党的百年光辉史基因、铸牢中华民族共同体意识”主题教育，广泛开展“百场万人”大宣讲，引导各族党员干部群众牢固树立“三个离不开”思想，增强“五个认同”。

促进各民族交往交流交融。建立相互嵌入式的社会结构，加强流动人口服务管理，深化拓展社区志愿服务，为来银各族群众在法律援助、创业培训、就业就学等方面提供积极协助。拓展各民族交流合作平台，打造“民族团结进步月”系列实践宣传教育活动平台，开展“结对子”“一家亲”等多层次、多领域、多样化的民族联谊活动。搭建促进各民族沟通的文化桥梁，开展“我们的节日”系列民俗实践活动，组织国学经典、优秀戏曲进社区、进学校，持续打造“小宁大讲堂”等融媒体品牌，促进各民族共居共学、共建共享、共事共乐。

深化民族团结进步示范创建。扎实开展民族团结进步创建质量提升行动，实施民族团结进步创建“细胞工程”，建立常态化互观互检、交叉互评机制，推动城市与农村、机关事业单位与社会各行各业联动创建，构建完善“培育一批、申报一批、命名一批、带动一批”梯次创建格局。培育打造5个中小学校主题教育实践基地、2个国家级和20个自治区级民族团结进步示范单位。

依法做好新时代宗教工作。积极引导宗教与社会主义社会相适应，深入开展爱国主义、集体主义、社会主义教育，打造“五进”宗教场所示范点10座。依法加强宗教事务管理，健全教职人员准入退出机制，推进宗教场所标准化建设、第三方代理记账管理模式。持续开展非法宗教活动专项治理，巩固宗教领域突出问题整治成果，坚决巩固宗教和顺、社会和谐、民族和睦的大好局面。

（七）着力加强和创新社会治理。加快完善治理体系，夯实治理基础，提升治理能力，守牢安全发展底线，打造安居乐业、幸福安康的生产生活环境。

筑牢疫情防控屏障。坚持“外防输入、内防反弹”，强化平战结合、精准有效的疫情防控指挥体系，完善疫情预警监测机制，提高应急反应能力。加强市级传染病定点医疗机构和市县疾控中心建设，启动公共卫生人才培养和能力提升专项计划。强化应急物资储备和管理，健全疫情防控保障体系。科学有序做好新冠疫苗接种工作。

不断加强基层治理。实施乡村治理“七大提升行动”,创建星级和谐社区,深化校园治理示范县(校)创建,强化社团审核监管,联动推进平安银川建设。开展“八五”普法,宣传普及宪法知识,推进《民法典》实施。加强和改进信访工作,持续推进县级社会矛盾纠纷调处化解中心建设,切实把矛盾化解在基层。加强分类指导,防范“五类风险”,强化“五治”并举,确保成功创建第一期全国市域社会治理现代化试点合格城市。

坚决防范化解风险。牢牢守住不新增隐性债务红线,预算安排化债资金 64.6 亿元,有效化解政府债务风险。加强市属国有企业监管,“一企一策”推进国企债务风险化解。严厉打击非法集资行为及金融乱象,依法依规处置中小金融机构风险,坚决守住不发生区域性系统性风险底线。稳定房地产市场,有序推进保障性住房和改善型商品房建设,促进房地产业良性循环和健康发展。开展“烂尾工程”专项整治,积极稳妥处置化解烂尾项目。

深化平安银川建设。扎实推进安全生产专项整治三年行动,完善风险管控、隐患排查双重预防体系,强化煤矿、危险化学品、城市燃气、道路交通等领域安全监管,坚决遏制重特大事故发生。提升应急救援实战能力,抓好防汛抗旱、抢险救灾等工作。深化拓展“塞上枫桥”警务品牌创建,常态化开展扫黑除恶斗争。持续净化网络空间,深化反诈人民战争,严厉打击各类违法犯罪活动,争创全国社会治安防控体系建设示范城市。全力创建国家食品安全示范城市,全域创建食品药品安全区,保障人民群众“舌尖上的安全”。

(八)着力加强政府自身建设。各位代表,初心如磐,使命在肩。站在新起点,开启新征程,我们必须夙夜在公、砥砺奋进,努力建设人民满意政府。

牢记国之大者,坚定政治立场。坚持以党的政治建设为统领,坚持以习近平新时代中国特色社会主义思想武装头脑、指导实践、推动工作,把忠诚拥护“两个确立”、坚决做到“两个维护”落实到具体行动上、体现在工作实效中,不断提升政治判断力、政治领悟力、政治执行力。巩固党史学习教育成果,切实增强办实事、开新局的思想自觉和行动自觉,始终站位“两个大局”,自觉践行“为民初心”,不断提升履职能力和水平,决不辜负全市人民的信任和重托。

牢记秉公用权,坚持依法行政。巩固法治政府建设成果。认真执行人大及其常委会的决议决定,自觉接受人大依法监督、政协民主监督,主动接受社会和舆论监督。健全重大行政决策合法性审查机制,加快行政复议体制改革,完善部门权责清单、重大行政决策事项目录、行政规范性文件监督,积极听取和广泛征求社会各界意见建议,把政府决策体现为汇民意、集众智、凝共识的过程,持续提高决策科学化、民主化、法治化水平。

牢记人民立场,强化作风建设。坚持问政于民、问需于民、问计于民,始终与人民群众站在一起、想在一起、干在一起,“身入”基层、“心系”群众,真心实意为群众办事。大力弘扬“严细深实勤俭廉 + 快”工作作风,全面落实“十个抓落实”系统要求,全力推行“五个到群众中去”工作方法,深入开展“作风整顿、质效提升”专项行动,切实增强抓好第一要务的“六个能力”。坚持求实务实落实,实行“项目化实施、专班化推进、清单式销号”,推行任务分工、督促检查、情况通报、追责问责闭环管理,确保政令畅通、决策落地。持续改进文风会风,切实为基层减负。

牢记底线红线,严守纪律规矩。严格落实中央八项规定及其实施细则精神和自治区“八条禁令”,坚决反对形式主义、官僚主义,持之以恒纠治群众身边的腐败和不正之风。强化巡视巡察和审计反馈问题整改,坚持一切从实际出发,坚决杜绝形象工程、政绩工程。树牢"过紧日子"的思想,严格预算绩效管理,把有限的财力用在民生改善和经济社会发展上。

各位代表！实干成就梦想,奋斗创造未来。让我们紧密地团结在以习近平同志为核心的党中央周围,在自治区党委、政府和市委的坚强领导下,以强烈的首府担当,走在前列、勇立潮头、做好表率,为加快建设黄河流域生态保护和高质量发展先行区示范市,全面建设社会主义现代化银川,实现中华民族伟大复兴的中国梦共同团结奋斗,以优异成绩迎接党的二十大和自治区第十三次党代会胜利召开！

名词解释:

"一高三化":发展高质量、治理现代化、城市国际化、生态园林化。

"五区":河段堤防安全标准区、生态保护修复示范区、环境污染防治率先区、经济转型发展创新区、黄河文化传承彰显区。

"五权":用水权、土地权、排污权、山林权、碳排放权。

"一案两单":工作实施方案和总体目标清单、年度任务清单。

"三新":新材料、新能源、新食品。

"五项制度":《银川市优秀企业家绿色通道服务制度》《银川市领导干部担任重点企业联络员制度》《银川市涉企行政执法检查登记备案制度》《银川市企业评价部门服务优劣制度》《银川市营商环境投诉"直通车"制度》。

"13+1"陆海新通道:西部12个省区市与海南省、广东省湛江市合作打造的陆海贸易新通道。

"四大提升行动":百万移民致富提升行动、城乡居民收入提升行动、基础教育质量提升行动和全民健康水平提升行动。

"双减":有效减轻义务教育阶段学生过重作业负担和校外培训负担。

"一带一路":丝绸之路经济带和21世纪海上丝绸之路。

"新四通":村村通光纤宽带、4G网络、IPTV、电子商务。

"12347"目标体系:"1"即紧紧围绕习近平总书记提出的"经济繁荣、民族团结、环境优美、人民富裕"总体目标;"2"即加快建设黄河流域生态保护和高质量发展先行区示范市,着力打造铸牢中华民族共同体意识示范市;"3"即坚决守好促进民族团结、维护政治安全、改善生态环境"三条生命线";"4"即奋力实现"四个继续走在前列":在推动高质量发展上继续走在前列,在加快推动先行区建设上继续走在前列,在铸牢中华民族共同体意识上继续走在前列,在推进治理体系治理能力现代化建设上继续走在前列;"7"即经济发展质量实现新跨越、民族团结进步开创新局面、生态文明建设见到新气象、群众幸福指数得到新提升、城市建设管理展现新面貌、社会治理能力跃上新台阶、党的建设质量达到新水平。

"五大战略":产业发展战略、创新驱动战略、数字赋能战略、项目牵动战略、企业支撑战略。

"四水四定":以水定城、以水定地、以水定人、以水定产。

"三廊三区":贺兰山生态廊道、黄河生态廊道、典农河—阅海生态廊道,首府功能核心区、城乡融合发展示范区、东部生态经济先导区。

"三战一仗":环境问题整治攻坚战、深度节水控水攻坚战、生态保护修复攻坚战和绿色发展主动仗。

“七大惠民工程”：就业创业增收工程、居住条件改善工程、教育高质量发展工程、全民健康水平提升工程、“一老一小”幸福养育工程、社会保障巩固提升工程、公共文化服务提升工程。

“三大提升行动”：城市规划水平提升行动、城市基本功能提升行动、城市品质品位提升行动。

“四项提质工程”：“一河一山”绿廊绿网绿道、城市公园、历史文化特色街区、智慧城市建设工程。

“五大交通工程”：河东机场四期、城市快速通道、临港铁路专线、火车站现代综合枢纽、城市疏堵提畅工程。

“七项配套工程”：城市集中供热三期、海绵城市建设、“西线供水”管网延伸、“互联网＋城乡供水”、再生水管网配套、城市天然气管道改造提升、城市地下管线标准化建设工程。

“1+6”政策体系：《关于完善基层治理体系提高基层治理能力的若干意见》和乡村、社区、宗教、校园、企业、社团6个领域治理《实施意见》。

“四个难得机遇”：党和国家实施新时代西部大开发战略的难得机遇、党和国家实施黄河流域生态保护和高质量发展重大战略的难得机遇、党和国家构建对外开放新格局的难得机遇、党中央推进新时代党的民族工作高质量发展的难得机遇。

“七个必须始终”：必须始终加强党的全面领导、必须始终牢记初心使命、必须始终贯彻新发展理念、必须始终坚持生态优先绿色发展、必须始终铸牢中华民族共同体意识、必须始终牢记“社会主义是干出来的”伟大号召、必须始终坚持全面从严治党。

“四大改造”：结构改造、绿色改造、技术改造、智能改造。

“三品一标”：绿色食品、有机农产品、地理标志农产品和承诺达标合格证。

“五比”：围绕项目建设开展“春比开工、夏比进度、秋比成果、冬比储备，全年比增长”活动。

“四尘同治”：煤尘、烟尘、扬尘、汽尘治理。

“五水共治”：饮用水源、黑臭水体、工业废水、农业退水、城乡污水治理。

“六废联治”：建筑垃圾、生活垃圾、危险废物、畜禽粪污、工业固废、电子废弃物治理。

“清四乱”：清理整治乱占、乱采、乱堆、乱建等突出问题。

“双碳”：2030年前实现碳达峰、2060年前实现碳中和。

“双控”：能耗总量和强度双控。

“三权分置”：所有权、承包权、经营权的三权分置。

“双随机、一公开”：监管过程中随机抽取检查对象，随机选派执法检查人员，抽查情况及查处结果及时向社会公开。

“十小便民工程”：小微公园、小停车场、小充电站、小阅书房、小微市场、小健身场、小托幼所、小家政点、小便利店、小助餐点。

“四个不摘”：摘帽不摘责任、摘帽不摘政策、摘帽不摘帮扶、摘帽不摘监管。

“五育”：德育、智育、体育、美育、劳动教育。

“三个离不开”：汉族离不开少数民族，少数民族离不开汉族，各少数民族之间也相互离不开。

“五个认同”：对伟大祖国的认同，对中华民族的认同，对中华文化的认同，对中国共产党的认同，对中国特色社会主义的认同。

“五进”：宗教界推进习近平新时代中国特色社会主义思想、中华人民共和国国旗、宪法和法律法规、社会主义核心价值观、中华优秀传统文化进宗教场所。

“七大提升行动”：基层党组织建设能力、乡镇政府治理能力、村级民主自治能力、平安乡村建设能力、精神文明建设能力、宗教事务管理能力、乡村公共服务能力提升行动。

“五类风险”：政治安全风险、社会治安风险、重大矛盾纠纷风险、公共安全风险、网络安全风险。

“五治”：政治引领、法治保障、德治教化、自治强基、智治支撑。

“两个确立”：确立习近平同志党中央的核心、全党的核心地位，确立习近平新时代中国特色社会主义思想的指导地位。

“两个维护”：坚决维护习近平总书记党中央的核心、全党的核心地位，坚决维护党中央权威和集中统一领导。

“两个大局”：中华民族伟大复兴的战略全局和世界百年未有之大变局。

“十个抓落实”：强化工作机制抓落实、强化规划引领抓落实、强化要素保障抓落实、强化项目建设抓落实、强化向上争取抓落实、强化法治建设抓落实、强化用人导向抓落实、强化工作作风抓落实、强化督查考核抓落实、强化氛围营造抓落实。

“五个到群众中去”：意见到群众中去听、问题到群众中去找、办法到群众中去学、效果到群众中去看、满意度到群众中去评。

“六个能力”：政治能力、学习能力、调研能力、统筹能力、应变能力、落实能力。

银川市2022年国民经济和社会发展计划

银川市发展改革委员会

一、2022年经济社会发展主要目标

2022年全市国民经济和社会发展工作的总体要求：以习近平新时代中国特色社会主义思想为指导，全面贯彻落实党的十九大和十九届历次全会精神，深入学习贯彻中央经济工作会议精神，坚决贯彻落实习近平总书记视察宁夏重要讲话精神，坚持以经济建设为中心，坚决扛起稳定经济增长责任，完整、准确、全面贯彻新发展理念，主动服务和融入新发展格局，坚持稳中求进工作总基调，坚持以供给侧结构性改革为主线，统筹疫情防控和经济社会发展，统筹发展和安全，继续做好"六稳""六保"工作，按照市第十五次党代会安排部署，以先行区建设为统领，全面落实"四个继续走在前列"工作要求，加快推进"四大提升行动"，加快建设黄河流域生态保护和高质量发展先行区示范市，保持经济平稳较快增长，保持社会大局和谐稳定。

2022年全市国民经济和社会发展主要经济指标预期目标为(详见附表)：经济发展提质增效，地区生产总值同比增长7%以上，规上工业增加值同比增长8%以上，全社会固定资产投资同比增长8%以上，一般公共预算收入同比增长5.5%，社会消费品零售总额同比增长7%以上。人民生活品质提高，新增城镇就业4万人以上，城镇调查失业率控制在5.5%以内，城镇居民人均可支配收入同比增长7.5%，农村居民人均可支配收入同比增长8.5%，居民消费价格指数涨幅控制在3%左右。生态环境持续改善，单位GDP能耗、单位GDP二氧化碳排放量、主要污染物排放量完成自治区下达目标任务。

二、主要任务

为实现上述发展目标，着力做好以下六个方面工作：

(一)聚焦提升质量增加效益，加速构建特色优势现代产业体系。以开展产业项目三年攻坚行动为抓手，扎实推动产业发展、数字赋能和企业支撑战略，全力提高产业基础高级化和产业链现代化水平。一是提速增量做强工业。聚焦打造新材料、新能源千亿级集群，新食品300亿级集群，加快推进中环50GW太阳能级单晶硅、中钢年产2万吨特种石墨等重点项目，年内"三新"产业产值达到500亿元以上。提升高端装备制造、电子信息产业发展水平，加快现代纺织、生物医药、再生资源等传统产业调整转型，着力培育氢能、储能等未来产业。深入推动"四大改造"，着力培育工业互联网应用标杆企业10个以上，打造智能工厂3家、数字化车间3家，绿色工厂2家。开展企业梯次培育三年行动，新增规上工业企业20户、"专精特新"企业50家，上市企业1家。二是提质增效做精农业。持续调整优化种养结构，全市粮食面积稳定在121.1万亩以上，粮食产量达到68.6万吨以上，瓜菜面积达到60万亩以上，酿酒葡萄种植面积达到27万

亩，奶牛存栏达到24万头。着力推进宁夏国家葡萄及葡萄酒产业开放发展综合试验区、乳业产业园建设。新认定“三品一标”农产品25个，创建市级示范合作社和家庭农场各20家以上，培育市级农业产业化龙头企业20家。三是提档升级做优现代服务业。不断提高服务供给能力和质量，培育壮大科技服务、现代金融、现代物流、跨境电商、检验检测等服务业态，推动现代服务业深度赋能重点产业发展。大力推动平台经济、会展经济等业态发展壮大，进一步提升健康、养老、育幼、家政等服务业态品质和层次。着力推进全域旅游，加快发展西部联游、四季可游，深化西夏陵、军博园国家5A级景区创建，打造贺兰山东麓、银川黄河生态文化旅游带，力争全年旅游人次、总收入增长15%以上。

（二）**聚焦释放动力激发活力，加大科技创新改革开放推进力度**。一是强化科技创新支撑。聚焦打造“科创中国”创新枢纽城市样板，扎实推动创新驱动战略，全市财政R&D投入增长30%以上，全社会R&D经费较上年增长17%以上。强化企业创新主体地位，全年新增20家高新技术企业、100家科技型中小企业，力争有研发活动的规上工业企业占比提升到40%。聚焦打造“单打冠军”“隐形冠军”，组织实施重大科技项目30个。实施“凤城引凤”人才计划，引进培养高水平人才创新团队20个、科技和技术技能型人才2000名。二是深化重点领域改革。深入推进“五权”改革，积极推进用水权、土地权、排污权、山林权和碳排放权市场化交易，加快盘活低效存量用地，建立碳排放数据库，完成山林地“三权”分置。大力推动园区改革，着力发展特色园和园中园，构建园区与辖区新型利益共享机制，推进县（市）区、园区一体化发展。加快国企改革三年行动，强化任期制和契约化管理，逐步推行职业经理人制度。有序推进要素市场化配置、农村集体经营性建设用地入市等其他重点领域改革。三是构建全新开放格局。坚持对内开放和对外开放相结合，主动对接融入“几字型”“十字型”黄河流域现代交通网络，大力发展公铁海多式联运，加快完善天津港内陆港功能，争取开通银川至广州、泉州西部快线班列。着力建设中欧班列（银川）集货中心，稳定运行国际货运班列、卡车班列。加密和开辟国内国际空中快线，启动实施银川航空物流港项目，推动空港型国家物流枢纽建设。加快宁夏国家葡萄及葡萄酒产业开放发展综合试验区、跨境电商综合试验区等开放平台建设，办好国际智慧城市峰会等重大展会。全市外贸进出口总额增长10%，实际利用外资达到1.2亿美元以上。

（三）**聚焦扩大内需拓展空间，积极主动服务和融入新发展格局**。一是加快拓展投资空间。扎实推动项目牵动战略，大力开展“五比”活动，实施宝丰储能全产业链、晶环年产1200万片蓝宝石晶体切磨抛智慧化等重点项目建设，配合推进包银高铁及其支线、河东机场改扩建四期、银昆高速北延伸等重大工程建设，全年实施项目年度计划投资达到1000亿元以上，确保项目数量和质量实现双提升。深化“首席服务官”、领导包抓重点项目等工作机制，强化用地、用能、用工等要素保障，力促全年项目开工率达到95%以上。高质量招引项目，强化产业链招商、专业招商、以商招商，全年招商引资到位资金同比增长10%以上。二是加快推动消费复苏。扎实推进重要商品市场升级、“一刻钟”便民生活服务圈等国家级试点城市建设，加快发展周末经济、夜间经济、首店经济、直播电商等经济业态，认真办好银川欢乐购物季等大众消费促进活动，持续激发消费潜力和活力。大力引导大阅城等重点商圈智能化改造，加快建发悠阅城等城市综合体建设，着力构建“全场景引流+新消费体验+智慧化管理"新发展模式。支持物流标准化和信息化发展，加快贯通县乡村三级电子商务服务体系和快递物流配送体系，申建商贸服务型物流枢纽和国家骨干冷链物流基地。三是打造一流营商环境。深化"放管服"改革，扎实开展营商指标便利度争先进位行动，全面清理行政许可清单外违规变向许可。加快构建"亲""清"新型政商关系，上线运行银川惠企"直通车"服务平台。启动银川市科技项目全生命周期管理平台，进一步完善科技成果评级机制。持续深化"证照分离""告知承诺制"改革，加快推进"跨省通办""一网通办"等便利化措施，实现80%事项"一网通办"，50%事项"全程网办、全程掌办"。创建全国社会信用体系建设示范城市。

（四）聚焦保护环境绿色转型，持续巩固提升生态文明建设成果。一是不断提高水资源利用效率。坚决打好深度节水控水攻坚战，制定出台"四水四定"实施方案，统筹各类水资源配置，加强水源涵养功能区建设，持续开展黄河干流取用水管理专项整治，巩固超采区治理成果，严控高耗水产业发展，推进节水型社会建设与现代化生态灌区建设，探索再生水市场化交易，力促单位GDP用水量下降4%，农田灌溉水有效利用系数达到0.55，再生水综合利用率力争达到40%。二是加快推动绿色低碳发展。坚决打好绿色发展主动仗，紧盯"双控""双碳"目标，制定碳达峰实施方案，坚决遏制"两高"项目盲目发展，推动绿色低碳技术创新成果转化使用。加快能源转型步伐，实施分布式光伏整县推进试点，推动低碳能源替代高碳能源，可再生能源替代化石能源。持续推进绿色交通一体化建设等项目，更换新能源纯电动公交车600辆，建成充电桩290个以上。扎实开展"黄河流域生态保护全民宣传实践月"活动，推动绿色低碳成为生产生活新时尚。三是扎实推进污染防治攻坚。坚决打好环境污染整治攻坚战，加强PM_{10}、$PM_{2.5}$与O_3协同治理，扩大城区和乡村清洁供热范围，争创国家清洁能源示范城市，空气质量优良天数力争达到310天以上。深化未稳定达标入黄排水沟治理，巩固黑臭水体治理成效，大力推进城乡结合部污水管网建设，确保黄河干流水质保持Ⅱ类进Ⅱ类出。加强农业面源、涉重金属行业企业等污染治理，稳步推进"无废城市"建设。四是持续提升生态系统质量。坚决打好生态保护修复攻坚战，实施贺兰山东麓矿山地质环境治理工程，创建绿色矿山12个。实施典农河水生态修复等工程，接续整治黄河银川段滩地。开展阅海、鸣翠湖国家湿地公园保护修复，恢复湿地5.3万亩。推进国家生态园林城市和森林城市创建，实施营造林6.7万亩，森林覆盖率进一步提升。巩固白芨滩国家自然保护区治沙成果，治理水土流失面积60平方公里。

（五）聚焦优化功能提升品质，全面推动区域协同城乡一体发展。一是深入推进乡村振兴。持续推进巩固拓展脱贫攻坚成果同乡村振兴有效衔接，实施高素质农民培训工程和农村劳动力就业能力提升行动，动态清零"三保障"和饮水安全问题，坚决守住不发生规模性返贫底线。扎实推进乡村建设行动，实施村庄清洁提升行动和移民安置区基础设施建设三年攻坚计划，开展空心村空心房整治，创建移民致富提升示范村（社区）6个，"四美"宜居乡村20个，城乡供水、"四好农村路""快递进村"实现全覆盖，农村卫生厕所普及率、垃圾处理率、污水治理率分别达92%、95%和60%。二是加快现代城市建设。加快全国城市更新试点城市建设，不断完善现代综合交通体系，实施火车站现代综合枢纽、重要交通节点局部快速化改造工程等项目，建设市政道路16条，打通断头路4条，实施慢行绿道5条，建设过街天桥3座。持续提升城市品质，推动历史文化街区改造，新建改建小微公园6个，完成动物园迁建。大力推进海绵城市建设、再生水配套管网、城市地下管线标准化建设等工程，建成区海绵化面积达到28%。创建国家城镇燃气改造提升示范市，开展城市生命线安全工程建设。完善“城市大脑”功能，健全文明城市、卫生城市长效化机制，提升城市运行治理能力。扩大垃圾分类处理覆盖面，生活垃圾回收利用率达到55%以上。三是推动区域协调发展。加快实施都市圈东线供水等重大项目，积极推进“银川—石嘴山承接产业转移示范区”建设，加强与宁东基地互补发展、与农垦集团协同发展，推动以银川为中心的沿黄城市群提质增量。不断增强县城集聚带动功能，支持县（市）区差异化、特色化发展，统筹推进公共基础设施、产城融合一体化建设，提升县域经济总量占比。坚持城乡融合发展，支持闽宁、金贵、镇北堡等一批特色镇、中心镇承担建设区功能溢出，实现差别竞争、错位发展。

（六）聚焦兜牢底线增进福祉，不断提高保障改善民生能力水平。一是实施为民惠民工程。深入落实“四大提升行动”，全面实施“七项惠民工程”，推动就业创业增收工程，城镇新增就业4万人以上，农村劳动力转移就业7万人次，居民“四项收入”不断提高，生态移民可支配收入增速高于农村居民平均水平。推动居住条件改善工程，改造老旧小区100个，棚户区2.37万平方米，筹集保障性租赁住房7000套。推动教育高质量发展工程，新改扩建四十二中和阅海第五小学等一批中小学幼儿园，新增学位2万个，普惠性幼儿园学额覆盖率稳定在85%以上。推动全面健康水平提升工程，进一步推进国家区域中医内分泌诊疗中心建设，构建医防融合的“互联网+社区健康管理”新模式。推动“一老一小”幸福养育工程，新增500张养老床位，社区养老服务设施覆盖率达到80%。落实三孩政策，启动普惠托幼服务体系建设，新增3岁以下婴幼儿照护托位700个。推动社会保障巩固提升工程，提高城乡居民基础养老金标准，健全未成年儿童救助、老年人、残疾人关爱服务体系，大病保险报销比例达到60%以上。推动公共文化服务提升工程，深入实施“文化润市铸魂”行动，开展“四送六进”等文化惠民工程和“一河一山”文化旅游节等品牌活动，举办群众文化活动2000场次以上。积极创建全国全民运动健身模范市，推进全国体育消费试点城市建设。二是提升社会治理水平。聚焦乡村、社区、宗教、校园、企业、社团等“六大重点”领域，提升治理服务效能，夯实社会治理基础。深化平安银川建设，巩固安全生产专项整治三年行动成果，确保安全生产事故起数和死亡人数“双下降”。加强自然灾害防御，增强防灾减灾救灾和应急救援救助能力。常态化开展扫黑除恶斗争，争创全国社会治安防控体系建设示范城市。创建国家食品安全示范城市，守护好群众“舌尖上的安全”。大力开展全国信访工作示范县创建，维护好群众合法权益。依法推进退役军人事务。三是守好安全发展底线。严格落实地方政府债务化解方案，坚决遏增量化存量，稳妥化解政府债务风险。加强市属国有企业监管，精准化解国企债务风险。加强地方金融市场监管，严厉打击非法集资行为及金融乱象，切实防范和化解金融风险。推动房地产市场良性循环、健康发展。采取市场化方式，稳妥有效处置烂尾楼项目。毫不放松抓好常态化疫情防控，增强疫情监测预警能力，强化防护物资动态储备，全面完成疫苗接种任务，坚决守住疫情防控成果。

附件：银川市2022年国民经济和社会发展计划草案主要指标表

附件

银川市2022年国民经济和社会发展计划草案主要指标表

指标名称	2020年完成情况		2021年计划	2021年完成情况	2022年计划建议
	绝对值（亿元）	增速（%）	增速（%）	增速（%）	增速（%）
地区生产总值（GDP）	1964.37	3.2	7.0	6.3	7.0以上
第一产业	75.72	3.5	3.5	6.1	4.0
第二产业	832.62	5.0	6.0	6.0	7.5以上
#规上工业增加值	—	1.6	6.5	8.6	8.0以上
第三产业	1056.03	5.0	8.0	6.5	7
全社会固定资产投资	—	1.1	6.0	-2.7	8.0以上
社会消费品零售总额	770.87	-7.1	8.0	2.3	7.0以上
地方财政一般公共预算收入	157.25	1.6	4.5	8.9	5.5
城镇居民人均可支配收入	39416	3.1	7.0	7.6	7.5
农村居民人均可支配收入	16428	7.5	8.0	10.6	8.5
居民消费价格指数	—	1.8	3.0左右	1.4	3.0左右
城镇新增就业人数	—	6.25万人	4.5万人	6.43万人	4万人以上
城镇调查失业率	—	3.87	5.5以内	5.5以内	5.5以内
研发投入占地区生产总值比重（R&D）	—	1.61	1.8	1.8（预计）	2
单位GDP能耗降低率	—	3.6	-2.5	完成自治区下达年度任务	完成自治区下达年度任务
单位GDP二氧化碳排放降低率	—	—	完成自治区下达年度任务	完成自治区下达年度任务	完成自治区下达年度任务
挥发性有机物排放量（吨）	—	—	239.1	完成自治区下达年度任务	完成自治区下达年度任务
化学需氧量排放量（吨）	30411.79	-6.86	618.13	完成自治区下达年度任务	完成自治区下达年度任务
氨氮排放量（吨）	3904.72	-1.31	34.17	完成自治区下达年度任务	完成自治区下达年度任务
氮氧化物排放（吨）	77267.71	-1.85	697.1	完成自治区下达年度任务	完成自治区下达年度任务
亿元地区生产总值生产安全死亡人数	—	0.023	0.033	没有超出自治区下达年度任务	不超出自治区下达年度任务

关于2021年银川市及市本级预算执行情况和2022年银川市及市本级预算草案的报告

——2021年12月27日在银川市第十六届人民代表大会第一次会议上

银川市财政局

各位代表：

受市人民政府委托，现将2021年银川市及市本级预算执行情况和2022年银川市及市本级预算草案的报告提请市十六届人大一次会议审议，并请各位政协委员和其他列席人员提出意见。

一、2021年全市及市本级预算执行情况

2021年，在自治区党委、政府和银川市委的正确领导下，全市上下认真学习贯彻习近平新时代中国特色社会主义思想和总书记来宁视察重要讲话精神，全面贯彻落实中央、自治区各项决策部署和市十五届人大第五次会议的各项决议，坚持积极的财政政策更加积极有为，继续调整优化财政支出结构，统筹疫情防控和经济社会发展，切实保障和改善民生，足额保障"三保"等刚性支出，扎实有力推进"六稳""六保"工作任务，为大力推进黄河流域生态保护和高质量发展先行区示范市建设提供了坚实的财力保障。

（一）一般公共预算执行情况

1.全市一般公共预算执行情况。全口径公共财政预算总收入完成370.68亿元。其中：一般公共预算收入完成147.42亿元，完成年初预算的103.4%，同比增长8%；上级转移支付收入157.37亿元。公共财政预算总支出370.68亿元。其中：一般公共预算支出306.35亿元，同比增长0.3%；上解自治区支出1.48亿元。

2.市本级一般公共预算执行情况。公共财政预算总收入完成217.51亿元。其中：一般公共预算收入92.54亿元，为年初预算的103.4%，同比增长8.1%；上级转移支付收入81.7亿元。公共财政预算总支出217.51亿元。其中：一般公共预算支出131.79亿元，同比增长0.3%；补助下级支出44.43亿元。

（二）政府性基金预算执行情况

1.全市政府性基金预算执行情况。全口径政府性基金预算总收入完成139.18亿元。其中：政府性基金收入80.97亿元，同比下降8.8%；专项债务转贷收入20亿元；上级转移支付收入0.92亿元。政府性基金预算总支出139.18亿元。其中：政府性基金支出77.22亿元；专项债务还本支出57.4亿元。

2.市本级政府性基金预算执行情况。政府性基金预算总收入完成79.39亿元。其中：政府性基金预算收入61.17亿元，完成年初预算的80.1%，同比下降23.1%；专项债务转贷收入5.73亿元。政府性基金预算总支出79.39亿元。其中：政府性基金支出51.55亿元，同比下降

30.5%;专项债务还本支出14.11亿元。

(三)国有资本经营预算执行情况。市属企业国有资本经营预算收入416万元，上年结转25万元,上级补助收入1556万元;结转下年支出441万元,转移辖区支出1556万元。

(四)社会保险基金预算执行情况。社会保险基金总收入75.93亿元,社会保险基金总支出67.18亿元。社会保险基金滚存结余96.51亿元。上述预算收支情况以11月月报为基数预计全年数据,最终执行结果待决算批复后,再向市人大常委会报告。

(五)需要说明的情况

2021年预算执行中，受审计署查出问题整改、疫情防控等因素影响,市本级预算收支发生变化。一是动用预算稳定调节基金6.9亿元,加快推进审计署西安特派办发现问题整改落实，扎实做好"六稳"工作,全面落实"六保"任务。二是调整市本级支出预算24.9亿元，重新安排用于化解新增政府隐性债务、老旧小区和城市特色街区改造、疫情防控、公交成本规制等12个方面的支出。三是安排市本级地方政府一般债券11.75亿元,重点用于教育、文化、市政基础设施、医疗卫生、生态环保等领域项目建设。四是经自治区政府批复,将2018年新增土储专项债券结余资金1.28亿元、2019年新增棚改专项债券结余资金1亿元，调整用于金凤区丰登镇正源北街西侧土储项目及西夏区西干渠管理处家属区等打包棚改项目。

二、2021年落实市人大决议和主要财政工作情况

(一)坚持稳中求进、统筹协调,着力提升财政运行质量

牢固树立"过紧日子"思想。2021年一般性支出继续压减10%、"三公"经费压减3%,提高财政资金使用效益，清理收回市直各单位部门结余资金4.38亿元，统筹资金保障全市重点支出。抓牢组织收入主动权。密切关注经济形势变化及各项政策调整，加强经济与收入的联动分析,完善各征收部门联动机制,对重点行业、重点税源的税负变化波动进行跟踪管理,强化非税收入征收,平稳有序促进全市一般公共预算收入持续增长。巩固拓展减税降费成效。强化阶段性政策与制度性安排相结合,不折不扣落实国家减税降费政策,持续释放政策红利,切实减轻中小微企业、个体工商户和困难行业企业负担,预计全市全年新增减税降费达52.29亿元。持续强化财政统筹能力。全面及时准确掌握"三保"和基层财政运行情况,持续保障基层良好运转,预计全市全年"三保"及其他刚性支出120.65亿元,切实兜牢"三保"底线,强化直达资金常态化监管,第一时间做好资金分配,提高资金支付效率。

(二)坚持绿色发展、转型升级,努力建设先行区示范市

深入推进绿色城市建设。聚焦"生态园林化"总体要求,下达绿化资金3.35亿元,拓展绿化造林面积,加强城市绿化环境整治,完善生态绿网建设，不断巩固园林城市建设成果。投入1100万元小微公园建设资金，持续推动城市公园品质提升,形成"一园一品"特色,不断提升城市公园服务功能。下达水利发展资金1790万元,深入实施"河长制"和"河道环境综合治理"工作,不断提升城市水生态环境质量。助力"蓝天碧水净土"保卫战。下达各级环境保护专项资金1.55亿元，集中财力保障生态建设重点项目实施,聚力"治水"、聚合"治污"、聚焦"增绿",治沙理水护山齐头并进，推进环境保护工作持续深入开展。深入实施"工业强市"战略。聚焦项目建设、园区改革、企业培育、节能降耗关键环节,

统筹各级资金1.42亿元，紧扣集群发展，紧扣重点项目，进一步增强工业发展动能。加强对葡萄酒产业支持。下达葡萄酒产业发展项目资金2000万元，大力推进产区品牌宣传推广，提升产区品牌影响力，不断擦亮“贺兰山东麓”葡萄酒金字招牌，增强“当惊世界殊”“国际葡萄酒之都”发展魅力。推进跨境电商综合试验区建设。统筹专项资金2238万元，举办第五届中阿博览会跨境电商展和跨境电商创新发展高峰论坛，完成中国（银川）跨境电商公共服务平台建设，加快推进跨境电商产业集聚。

（三）坚持发展为民、节用为民，全力以赴提高民生福祉

助力乡村振兴发展。下达农业农村和巩固衔接资金1.86亿元，持续把解决好“三农”问题作为工作重中之重，有效衔接脱贫攻坚与乡村振兴。提升城乡居民收入。下达资金4.61亿元，加强困难群众救助工作，稳步实施城乡最低生活保障，城乡低保月人均补助水平分别达到620元和380元，高于全区平均水平。稳定就业创业基础。下达就业补助资金3.39亿元，统筹实施创业担保贷款及贴息、社会保险补贴等政策措施，就业创业扶持政策得到全面落实。增强基础教育供给。逐年加大教育投入，下达教育经费9.39亿元，加快扩大优质教育资源覆盖面，持续扩容增位，推动“双减”政策落实见效，提升基础教育质量，促进教育均等化。助推医疗体制改革。下达医疗卫生资金3.58亿元，推进公立医院改革及基层社区卫生服务机构运转，优化整合资源配置，完善医疗卫生服务体系，促进优质医疗资源下沉，着力提高人民群众健康水平。不断改善人居环境。统筹资金3.82亿元，大力支持老旧小区改造工作，改造项目75个、改造面积151万平方米、加装电梯298部，努力实现人民群众住有所居、住有宜居、住有安居。推动文体事业发展。下达专项资金1.93亿元，推动文化旅游事业发展，打造黄河金岸文化旅游带、扩大提升银川城市影响力。保障疫情防控需要。安排疫情防控资金1.45亿元，根据疫情发展态势和防控要求，开通资金拨付、物资采购绿色通道，确保资金第一时间安全高效拨付到位。

（四）坚持优化支出、保障重点，着力提升城市发展动能

全力保障重点项目建设。统筹下达资金28.67亿元，重点用于市政基础设施、教育医疗保障、生态环境等项目建设，进一步扩大有效投资，全力保障我市经济社会高质量发展。持续加大科技投入力度。下达科技资金3.05亿元，全面推动“科技强市”战略，促进科技创新工作全面发展，财政R&D投入增速达30%，切实保障科技项目后补助、高新技术企业奖励、科技创新重大项目等各项政策落实。大力实施“人才强市”战略。统筹资金6000万元，围绕激发人才活力服务创新驱动发展，加大引进人才力度，充分激发人才创新创造活力。不断提升商贸服务活力。下达商贸服务业资金3220万元，不断促进消费升级、优化消费服务，持续加大对外开放力度，促进“双循环”经济发展，打造消费品牌、发展首店经济，加快培育经济发展新动能。全面提升基层治理水平。下达资金8500万元保障基层党组织建设，以“四优四提”城市党建引领社区治理行动，进一步发挥基层党组织战斗堡垒作用。

（五）坚持化解存量、遏制增量，积极稳妥化解政府债务

足额保障债务化解。坚持“稳定大局、统筹保障”原则，将到期政府债务全口径纳入预算管理，累计拨付债务化解资金45.55亿元，确保隐性债务只减不增、政府债务风险总体可控。建立风险防控机制。制定《银川市本级隐性债务风险防范化解实施方案》，持续增强风险防控能力，有效防范财政金融风险。强化债务化解措施。缓解短期财政压力，对部分政府购买服务、棚改项目到期贷款本金 17.63 亿元实施债务重组，稳妥偿还债务资金 7.85 亿元；大力推进地下管廊 PPP 项目整改退库工作，争取实现债务风险降级“转色”目标。大力清理工程欠款。按照“统筹兼顾，先急后缓，维护稳定，化解矛盾”的原则，累计拨付政府投资项目工程欠款 19.21 亿元，有效维护社会和谐稳定。

（六）坚持深化改革、提质增效，财政自身建设不断增强

深入推进财政事权改革。制定出台银川市与辖区科技、教育、医疗卫生、交通运输领域财政事权和支出责任划分改革方案，进一步优化市与辖区权责划分。全面开展预算绩效管理。印发《银川市财政项目事前预算绩效评估管理暂行办法》《银川市预算绩效评价结果应用暂行办法》，开展预算绩效各环节、各节点管理工作，落实评价结果应用，基本建成全方位、全过程、全覆盖预算绩效管理体系。健全完善资金管理制度。修订《银川市人民政府财政资金支出审批管理办法》，出台《银川市政府性投资项目财政资金支付管理暂行办法》，优化政府财力资源配置，强化监督和管理职能，提高财政资金使用效益。强化国有资产管理水平。修订《银川市行政事业单位国有资产使用管理暂行办法》《银川市行政事业单位国有资产处置管理暂行办法》，完成 4.24 亿元在建工程移交转固工作，处置资产 3.93 亿元，国有资产出租出借收入 1775.95 万元。有效落实电子票据改革。利用“互联网 +”平台，推行医疗收费电子票据管理改革，实现医疗卫生系统各部门之间的数据交换、信息共享。持续推进预决算公开。始终坚持“公开为常态、不公开为例外” 原则，部门预决算公开覆盖面达 100%，不断提高财政资金使用的透明度。

各位代表，过去的一年，我们着力夯实经济发展基础，不断加大经济恢复支持力度，持续强化民生基础保障，毫不放松抓好疫情防控，各项工作得到有效落实，但国内外环境复杂变化，新冠肺炎疫情仍面临诸多变数，稳增长与防风险的平衡压力凸显，经济形势依然复杂严峻，财政工作还面临一些矛盾和困难，主要是：一般公共预算收入增长乏力，债务化解任务不断增大，防范化解政府债务压力沉重，收支平衡难度突出；预算编制精细化科学化还不够，项目预算支出进度不快，预算标准化体系建设还有待加强；国有资本收益征缴难度较大，国有企业各年度应上缴的国有资本经营收入无法及时足额缴纳。对此，我们将高度重视，采取切实有效措施加以解决。

三、2022 年财政预算草案

2022 年我市财政工作及预算安排的指导思想是：高举中国特色社会主义伟大旗帜，坚持以习近平新时代中国特色社会主义思想为指导，全面贯彻落实党的十九大和十九届中央历次全会精神及中央经济工作会议精神，深入贯彻落实习近平总书记视察宁夏重要讲话精神，全面贯彻落实市第十五次党代会精神，坚持以经济建设为中心，坚持系统观念，坚持稳中求进工作总基调，统筹推进“五位一体”总体布局、协调推进“四个全面”战略布局，立足新发展阶段，完整、准确、全面贯彻新发展理念，主动融入新发展格局，以高质量发展为主题，以深化供给侧结构性改革为主线，以建设黄河流域生态保护和高质量发展先行区为统领，毫不放松抓好常态化疫情防控，积极应对经济新常态下财政领域趋势变化，严肃财经纪律，大力发展财源建设，推进财政体制改革，防范化解财政风险，为深入推进黄河流域生态保护和高质量发展先行区示范市建设做好财政保障。

根据上述指导思想,2022 年预算编制原则:一是收入预算要实事求是,科学预测,与经济社会发展水平相适应,与积极财政政策相衔接。二是支出预算要优化结构,突出重点,强化零基预算理念运用,坚持政府“过紧日子”思想,进一步压减一般性支出,把有限的财政资金用在刀刃上,加大重点领域和刚性支出保障力度。三是加强财政资源统筹,盘活存量,用好增量,深入挖掘潜力。四是突出绩效导向,将绩效管理嵌入预算管理流程,加强绩效评价结果应用,大力削减或取消低效无效支出。2022 年全市一般公共预算收入同比增长 5.5%。

(一)一般公共预算安排草案

1.全市一般公共预算安排草案。公共财政预算总收入 239.29 亿元。其中:一般公共预算收入安排 155.50 亿元,同比增长 5.5%;上级转移支付收入 70.33 亿元。据此,公共财政预算总支出 239.29 亿元。其中:一般公共预算支出 224.46 亿元;上解自治区支出 1.38 亿元。

2.市本级一般公共预算安排草案。公共财政预算总收入 144.03 亿元。其中:一般公共预算收入安排 98.09 亿元,同比增长 6%;上级转移支付收入 42.86 亿元。据此,公共财政预算总支出 144.03 亿元。其中:一般公共预算支出 122.44 亿元;上解自治区支出 0.7 亿元。

(二)政府性基金预算安排草案

1.全市政府性基金预算草案。政府性基金预算总收入 136.94 亿元。据此,安排政府性基金预算总支出 136.94 亿元。

2.市本级政府性基金预算草案。政府性基金预算总收入 97.27 亿元。据此,安排政府性基金预算总支出 97.27 亿元。

(三)国有资本经营预算安排草案

按照有关规定,2022 年市本级国有资本经营预算收入安排 0.28 亿元。国有资本经营预算支出安排 0.28 亿元。

(四)社会保险基金预算安排草案

全市社会保险基金预算收入安排 78.98 亿元。全市社会保险基金预算支出安排 63.22 亿元。滚存结余 112.27 亿元。

(五)市本级重大支出政策及预算安排

2022 年市本级可供分配的总财力为 226.52 亿元。据此,按照“轻重缓急”的思路综合考虑,统筹安排。一是足额安排“三保”支出。安排 35.31 亿元,优先保障“三保”等基本支出需要。二是全力保障民生支出。安排 42.27 亿元,加大对教育、医疗、社保等民生领域的支持力度,确保群众基本生活得到有效保障和改善。三是加速推进高质量发展。安排 59.55 亿元,加大对自治区“九大产业”支持力度,保障全市重点项目建设,确保脱贫攻坚与乡村振兴有效衔接,支持国有企业发展,助推高质量发展先行区示范市建设。四是维护社会稳定治理。安排 23.16 亿元,用于公安保障、全国市域社会治理现代化试点合格城市创建、征地拆迁、疫情防控等工作,其中,安排预备费 2.3 亿元用于应对自然灾害、突发事件等不可预见事项。五是保障债务化解需要。安排资金 64.21 亿元,足额保障法定债务到期还本付息,积极稳妥化解存量隐性债务,坚决守住不发生政府债务风险底线。六是加强基层组织建设。安排资金 2.02 亿元,大力推行为民发展及乡村治理工作,突出政治功能和组织能力,全面提升党的基层组织建设质量。

四、实干担当,勇毅前行,全力完成 2022 年财政重点任务

2022 年,银川市将继续坚持使积极的财政政策更加积极有为,紧紧围绕中央经济工作会

议精神和银川市第十五次党代会精神，坚持稳字当头、稳中求进，严格落实“过紧日子”要求，全力以赴组织收入、保障支出，统筹疫情防控和经济社会发展，为我市经济平稳运行持续发展做出新的贡献。

一是紧盯目标任务，全力以赴组织收入。密切关注经济形势变化及各项政策调整，加强经济与收入的联动分析，实施新的减税降费政策，强化对中小微企业、个体工商户、制造业、风险化解等的支持力度，关注重点税种和重点行业的征管与监控，努力提升重点企业税收贡献度，坚持依法征管原则，正确处理好收入增长和质量提升之间的关系，探索对市属国有企业的支持、引导力度，促进财政收入健康发展，保障全年收入增幅5.5%目标顺利实现。

二是深入挖掘潜力，优化财政支出结构。认真贯彻落实党中央、国务院“过紧日子”和坚持厉行节约反对浪费的有关要求，强化预算执行管理，优化财政支出结构，一般性支出继续压减10%，“三公”经费继续压减3%，削减或取消低效无效支出，推动财力下沉，确保市与辖区两级政府落实助企纾困政策和保基本民生保工资保运转的支出底线，统筹资金用于支持中央、自治区和银川市重大政策、重大改革、重大项目落地见效。

三是强基础补短板，持续增进民生福祉。坚持以人民为中心的发展思想，支持普惠性、基础性、兜底性民生事业建设，不断增强人民群众的获得感、幸福感、安全感，全市民生支出占一般公共预算的比重不低于75%。强化就业优先政策，促进就业市场发展更加健康稳定；支持教育事业均衡发展，推动各类各级教育扩优提质；提升医疗卫生服务水平，助推健康银川建设；健全社会保障体系，加大特殊人群救助力度；加大涉农资金统筹整合力度，巩固衔接成果；加大污染防治和生态保护修复力度，助推生态环境质量改善。

四是聚焦战略发展，大力支持先行区建设。聚焦战略任务安排财政资金，聚焦战略实施发挥财政职能，进一步完善先行区建设财政支持政策，强化对“四大提升行动”支持力度，大力推进“五权”改革工作，确保先行区建设财政政策落地落细。深入推进工业强市战略，全力提升产业基础高级化、产业链现代化水平。探索设立工业企业风险担保基金和人才、科技等领域基金，有效发挥财政资金的引导和放大效应，促进各领域持续健康发展。积极参与国际分工与合作、扩大对外开放，努力推动形成以国内大循环为主体、国内国际双循环相互促进的新发展格局。全力支持自治区“九大产业”项目实施，加快构建特色优势产业体系。健全科技创新多元投入体系，构建财政投入为引导、企业投入为主体、金融投入为支撑、社会资本共参与的多元化科技投入体系。

五是树立红线意识，严控隐性债务增量。要继续按照稳定大局、统筹协调、分类施策、精准拆弹的方针，坚决扛起防范化解重大风险的政治责任，树立底线思维和红线意识，继续加强政府债务管理，严格控制政府投资规模，守住不新增隐性债务的底线。积极稳妥防范债务风险，足额安排到期债务化解资金，坚决做到“无预算不支出”，确保隐性债务只减不增，坚决打赢重大风险防范攻坚战。

六是合力深化改革，完善现代财政体系。深入推进财政事权和支出责任划分改革，明确市与辖区权责，持续增强基层基本公共服务能力。严格预算控制数管理，注重财力平衡、优化结构，集中财力办大事。提升预算绩效管理水平，切实强化绩效评价结果应用，建成较为完善的预算绩效管理体系。突出项目支出标准化，持续推进项目支出标准化建设，切实推进预算科学化精细化管理。

各位代表,2022年财政工作任务艰巨,使命光荣。我们将在区、市党委的正确领导下,坚持以习近平新时代中国特色社会主义思想为指导，全面贯彻落实习近平总书记来宁视察重要讲话精神，自觉接受人民代表大会及其常委会的指导监督,虚心听取人民政协意见建议,保持一往无前的奋斗姿态和永不懈怠的精神状态，全力完成好财政各项工作任务，为加快建设先行区示范市和现代化新银川而努力奋斗，以优异的成绩迎接党的二十大胜利召开!

附件:

财政名词解释

全市:是指银川市本级、兴庆区、金凤区、西夏区、永宁县、贺兰县、灵武市。市级是指银川市本级、兴庆区、金凤区、西夏区。市本级是指银川市政府本级、经济技术开发区、苏银产业园管委会。

政府性基金预算:是指政府通过向社会征收基金、收费,以及出让土地、发行彩票等方式取得收入，专项用于支持特定基础设施建设和社会事业发展等方面的收支预算。政府性基金预算应当根据基金项目收入情况和实际支出需要,按基金项目编制,做到以收定支。

国有资本经营预算:是指国家以所有者身份依法取得国有资本收益，并对所得收益进行分配而发生的收支预算。国有资本经营预算支出按照当年预算收入规模安排,不列赤字。

社会保险基金预算:是指对社会保险缴款、一般公共预算安排和其他方式筹集的资金,专项用于社会保险的收支预算。社会保险基金预算应当按照统筹层次和社会保险项目分别编制,做到收支平衡。

一般公共预算收入:指政府凭借国家政治权力，以社会管理者身份筹集以税收为主体的财政收入,主要包括税收收入和非税收入。

税收收入:是指政府为履行其职能,凭借政治权力,按照特定标准,强制、无偿地取得公共收入的一种形式。包括:增值税、企业所得税、个人所得税、资源税、城市维护建设税、房产税、印花税、城镇土地使用税、土地增值税、车船税、契税、耕地占用税等税收收入。

非税收入:是指一般公共预算收入中除税收以外的其他各项收入,包括:专项收入(包括教育费附加收入、残疾人就业保障金收入、广告收入等)、行政事业性收费收入、罚没收入、国有资本经营收入、国有资产有偿使用收入、其他收入等。

一般公共预算支出:指国家对集中的预算收入有计划地分配和使用而安排用于保障和改善民生、推动经济社会发展、维护国家安全、维持国家机构正常运转等方面的支出。

全口径预算:是指中央或地方政府对全部收支实行统一、完整、全面、规范的预算管理。按照预算级次即指在本地区产生的各县(市)区级的总和。

预算总收入:是指地方财政预算内安排的总财力(不含基金预算收入、国有资本经营预算收入)，包括地方政府本级一般公共预算收入、税收返还收入、上级补助收入、上年结余、上解收入和调入资金等。

预算总支出:是指地方财政预算内安排的各项支出总和(不含基金预算支出、国有资本经营预算支出),包括地方政府本级一般公共预算支出、专项上解支出、补助下级支出等。

上级转移支付:是指上级对下级的一种补助,目的是弥补财政实力薄弱地区的财力缺口,均衡地区间财力差距，以实现各地公共服务均等化为目标，而实行的一种财政资金转移或财政平衡制度。目前转移支付主要由一般性转移支付和专项转移支付构成。

上年结余:是指在各级总预算年终决算时，总收入大于总支出而出现的收支差额。其内容包括:(1)本年度支出中因上级下达专项指标较晚等原因，需结转下年度按专项资金的管理办法继续使用的部分;(2)根据建设规划和施工进度需要跨年度进行安排的建设项目资金;(3)该年度由于增收节支而形成的净结余或因特定原因形成收不抵支产生的赤字。

同比增长:是指和上一时期、上一年度或历史相比的增长。同比增长率 =（本期数 – 同期数)/ 同期数 *100%。

预算调整:是指根据预算法规定,对于年度财政体制调整等因素给预算收入带来的变化，对收入预算进行调整,并将调整情况上报人大批准。与调整预算的区别在于预算总量保持不变。

调整预算：是指经人大批准的地方本级预算，在执行中因特殊情况需要增加支出或者减少收入，使原批准的收支平衡预算的总支出超过总收入。与预算调整的区别在于预算总量发生变化。

变动预算数:是指在年初预算数的基础上，增加转移支付、本年超短收安排、债券转贷收入安排、预算稳定调节基金、调入资金以及科目调剂安排之后的预算数。

预算稳定调节基金：是指财政通过超收收入和支出预算结余安排的具有储备性质的基金,视预算平衡情况,在安排下年度预算时调入并安排使用，或用于弥补短收年份预算执行的收支缺口，基金的安排使用接受同级人大及其常委会的监督。

政府债务:是指各级政府机关、事业单位或其他组织，以政府的名义向国内外或境内外承借或担保的,负有直接或间接偿还责任的债务。

地方政府债券:是指经国务院批准同意,以省、自治区、直辖市和计划单列市政府为发行和偿还主体发行的地方政府债券，具体分为新增债券、置换债券和再融资债券。新增债券是指由地方政府发行用于新增建设项目的债券；置换债券是指由地方政府发行的债券用于偿还2014年审计署认定的地方政府债务；再融资债券是指由地方政府发行的债券用于偿还即将到期的地方政府债券。

部门预算：是指政府各部门依据国家有关政策的规定及其行使职能的需要，由基层预算单位编制,逐级上报、审核、汇总,经财政部门审核后提交人大批准的涵盖部门各项收支的综合财政计划。

预算草案：是指未经法定程序审查和批准的政府、机关、团体、事业单位的年度收支计划，通常指未经人大批准的某一年度政府财政预算收支计划。地方各级财政部门根据同级人民政府的指示和上级政府及财政部门的部署，具体布置本级各部门和下级财政部门编制预算草案,并负责审核、汇总编制本行政区域的预算草案,报同级人民政府和上一级财政部门审核。

决算:是指各级政府、各部门、各单位编制的经法定程序审查和批准的预算收支的年度执行结果。它反映和总结预算执行情况和结果,是社会经济活动在财政上的综合反映，是预算管理中不可缺少的环节。决算草案由各级政府、各部门、各单位在每一预算年度终了后按照国务院规定的时间编制。

国有资本经营收益：是指国家以所有者身份依法从国家出资企业取得国有资本收益,包括应缴利润、股利股息收入、产权转让收入、清算收入、其他国有资本收益等。

财政预算绩效管理：是指一级政府财政预

算(包括收入和支出)为对象,以政府财政预算在一定时期内所达到的总体产出和结果为内容,根据设定的绩效目标,运用科学、合理的绩效评价指标、评价标准和评价方法进行客观、公正的评价,以促进政府透明、责任、高效履职为目的所开展的绩效管理活动。

供给侧结构性改革:是指从提高供给质量出发,用改革的办法推进结构调整,矫正要素配置扭曲,扩大有效供给,提高供给结构对需求变化的适应性和灵活性,提高全要素生产率,更好满足广大人民群众的需要,促进经济社会持续健康发展。

"五权"改革:用水权、土地权、排污权、山林权、碳排放权改革。

财政事权和支出责任划分:是处理好政府间财政关系最重要的制度安排。建立政府间财政事权和支出责任相适应的制度,就是要根据各级政府"谁该干什么事"决定"谁掏钱",再通过收入划分、转移支付,让"钱"与"事"相匹配,让办事与花钱、权利与责任相统一。

九大产业:自治区党委和政府确定重点发展的枸杞、葡萄酒、奶产业、肉牛和滩羊、电子信息、新型材料、绿色食品、清洁能源、文化旅游九大产业。

中华人民共和国
2021 年国民经济和社会发展统计公报[1]

国家统计局

2022 年 2 月 28 日

2021 年是党和国家历史上具有里程碑意义的一年。在以习近平同志为核心的党中央坚强领导下，各地区各部门坚持以习近平新时代中国特色社会主义思想为指导，全面贯彻党的十九大和十九届历次全会精神，弘扬伟大建党精神，按照党中央、国务院决策部署，坚持稳中求进工作总基调，完整、准确、全面贯彻新发展理念，加快构建新发展格局，全面深化改革开放，坚持创新驱动发展，推动高质量发展。我们隆重庆祝中国共产党成立一百周年，实现第一个百年奋斗目标，开启向第二个百年奋斗目标进军新征程，沉着应对百年变局和世纪疫情，构建新发展格局迈出新步伐，高质量发展取得新成效，实现了“十四五”良好开局。我国经济发展和疫情防控保持全球领先地位，国家战略科技力量加快壮大，产业链韧性得到提升，改革开放向纵深推进，民生保障有力有效，生态文明建设持续推进。这些成绩的取得，是以习近平同志为核心的党中央坚强领导的结果，是全党全国各族人民勠力同心、艰苦奋斗的结果。

一、综合

初步核算，全年国内生产总值[2]1143670 亿元，比上年增长 8.1%，两年平均增长[3]5.1%。其中，第一产业增加值 83086 亿元，比上年增长 7.1%；第二产业增加值 450904 亿元，增长 8.2%；第三产业增加值 609680 亿元，增长 8.2%。第一产业增加值占国内生产总值比重为 7.3%，第二产业增加值比重为 39.4%，第三产业增加值比重为 53.3%。全年最终消费支出拉动国内生产总值增长 5.3 个百分点，资本形成总额拉动国内生产总值增长 1.1 个百分点，货物和服务净出口拉动国内生产总值增长 1.7 个百分点。全年人均国内生产总值 80976 元，比上年增长

图 1　2017—2021 年国内生产总值及其增长速度

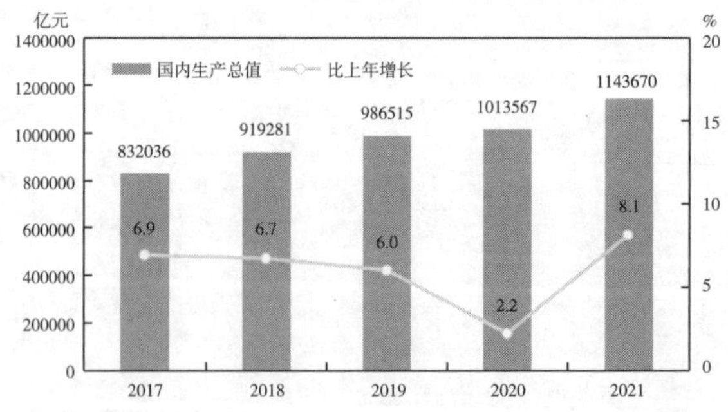

图 2　2017—2021 年三次产业增加值占国内生产总值比重

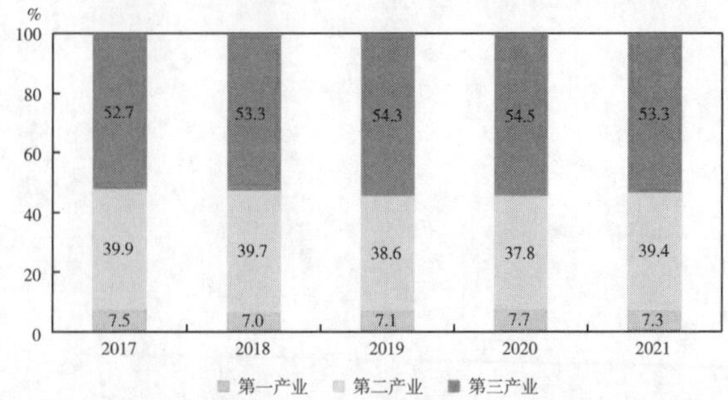

8.0%。国民总收入[4]1133518 亿元，比上年增长 7.9%。全员劳动生产率[5]为 146380 元 / 人，比上年提高 8.7%。

图 3　2017—2021 年全员劳动生产率[6]

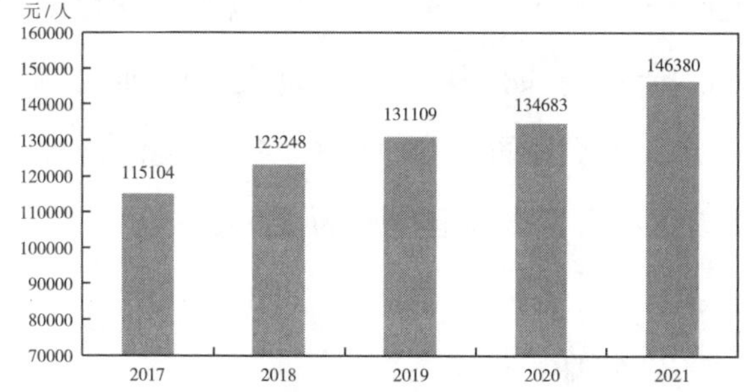

年末全国人口[7]141260 万人，比上年末增加 48 万人，其中城镇常住人口 91425 万人。全年出生人口 1062 万人，出生率为 7.52‰；死亡人口 1014 万人，死亡率为 7.18‰；自然增长率为 0.34‰。全国人户分离的人口[8]5.04 亿人，其中流动人口[9]3.85 亿人。

表 1　2021 年年末人口数及其构成

指标	年末数（万人）	比重（%）
全国人口	141260	100.0
其中：城镇	91425	64.7
乡村	49835	35.3
其中：男性	72311	51.2
女性	68949	48.8
其中：0-15 岁（含不满 16 周岁）[10]	26302	18.6
16-59 岁（含不满 60 周岁）	88222	62.5
60 周岁及以上	26736	18.9
其中：65 周岁及以上	20056	14.2

年末全国就业人员 74652 万人，其中城镇就业人员 46773 万人，占全国就业人员比重为 62.7%，比上年末上升 1.1 个百分点。全年城镇新增就业 1269 万人，比上年多增 83 万人。全年全国城镇调查失业率平均值为 5.1%。年末全国城镇调查失业率为 5.1%，城镇登记失业率为 3.96%。全国农民工[11]总量 29251 万人，比上年增长 2.4%。其中，外出农民工 17172 万人，增长 1.3%；本地农民工 12079 万人，增长 4.1%。

全年居民消费价格比上年上涨 0.9%。工业生产者出厂价格上涨 8.1%。工业生产者购进价

图 4　2017—2021 年城镇新增就业人数

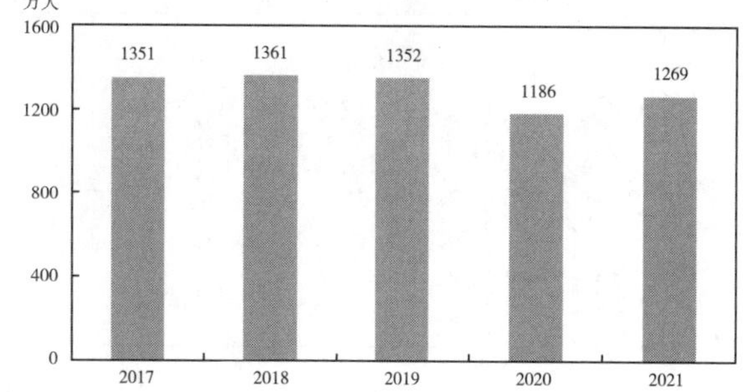

格上涨 11.0%。农产品生产者价格[12]下降 2.2%。12 月份，70 个大中城市中，新建商品住宅销售价格同比上涨的城市个数为 53 个，下降的为 17 个；二手住宅销售价格同比上涨的城市个数为 43 个，持平的为 1 个，下降的为 26 个。

图 5　2021 年居民消费价格月度涨跌幅度

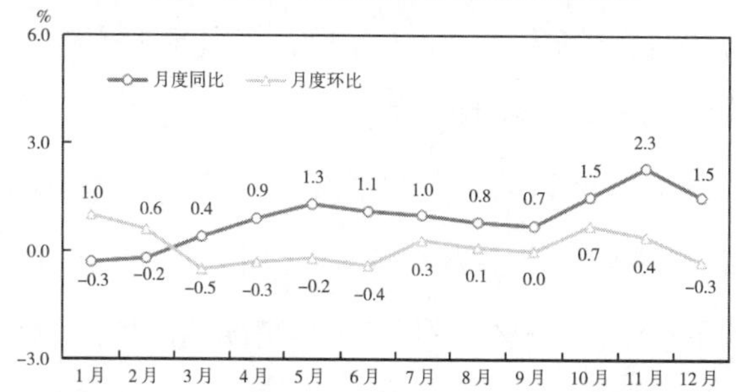

表 2　2021 年居民消费价格比上年涨跌幅度

单位：%

指标	全国	城市	农村
居民消费价格	0.9	1.0	0.7
其中：食品烟酒	-0.3	0.0	-1.2
衣　着	0.3	0.3	0.0
居　住[13]	0.8	0.8	1.1
生活用品及服务	0.4	0.4	0.4
交通通信	4.1	4.2	3.9
教育文化娱乐	1.9	2.0	1.7
医疗保健	0.4	0.3	0.7
其他用品及服务	-1.3	-1.4	-1.2

年末国家外汇储备 32502 亿美元，比上年末增加 336 亿美元。全年人民币平均汇率为 1 美元兑 6.4515 元人民币，比上年升值 6.9%。

新产业新业态新模式加速成长。全年规模以上工业中，高技术制造业[14]增加值比上年增长 18.2%，占规模以上工业增加值的比重为 15.1%；装备制造业[15]增加值增长 12.9%，占规模以上工业增加值的比重为 32.4%。全年规模以

图 6　2017—2021 年年末国家外汇储备

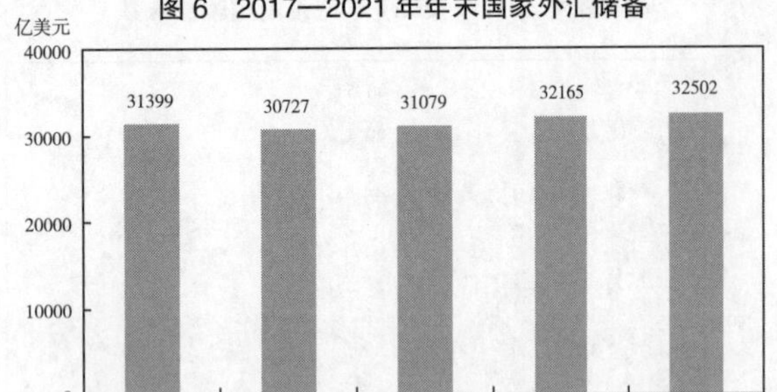

上服务业[16]中，战略性新兴服务业[17]企业营业收入比上年增长 16.0%。全年高技术产业投资[18]比上年增长 17.1%。全年新能源汽车产量 367.7 万辆，比上年增长 152.5%；集成电路产量 3594.3 亿块，增长 37.5%。全年网上零售额[19]130884 亿元，按可比口径计算，比上年增长 14.1%。全年新登记市场主体 2887 万户，日均新登记企业 2.5 万户，年末市场主体总数达 1.5 亿户。

城乡区域协调发展扎实推进。年末全国常住人口城镇化率为 64.72%，比上年末提高 0.83 个百分点。分区域看[20]，全年东部地区生产总值 592202 亿元，比上年增长 8.1%；中部地区生产总值 250132 亿元，增长 8.7%；西部地区生产总值 239710 亿元，增长 7.4%；东北地区生产总值 55699 亿元，增长 6.1%。全年京津冀地区生产总值 96356 亿元，比上年增长 7.3%；长江经济带地区生产总值 530228 亿元，增长 8.7%；长江三角洲地区生产总值 276054 亿元，增长 8.4%。粤港澳大湾区建设、黄河流域生态保护和高质量发展等区域重大战略深入实施。

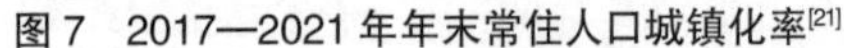
图 7　2017—2021 年年末常住人口城镇化率[21]

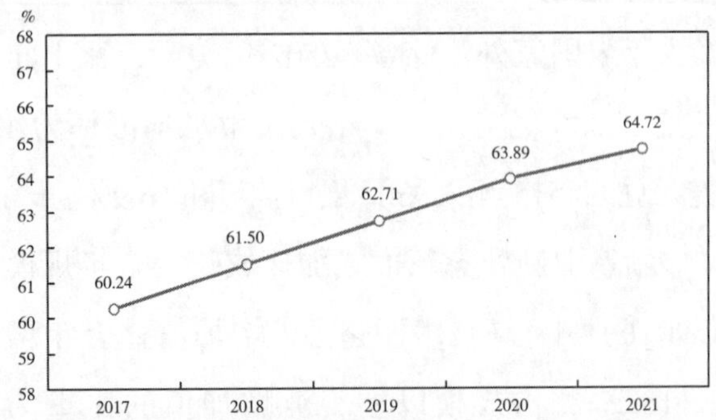

生态环境保护取得新成效。全年全国万元国内生产总值能耗[22]比上年下降 2.7%。在监测的 339 个地级及以上城市中，全年空气质量达标的城市占 64.3%，未达标的城市占 35.7%；细颗粒物($PM_{2.5}$)年平均浓度 30 微克 / 立方米，比上年下降 9.1%。3641 个国家地表水考核断面中，全年水质优良（Ⅰ～Ⅲ类）断面比例为 84.9%，Ⅳ类断面比例为 11.8%，Ⅴ类断面比例为 2.2%，劣Ⅴ类断面比例为 1.2%。

二、农业

全年粮食种植面积 11763 万公顷，比上年增加 86 万公顷。其中，稻谷种植面积 2992 万公顷，减少 15 万公顷；小麦种植面积 2357 万公顷，增加 19 万公顷；玉米种植面积 4332 万公顷，增加 206 万公顷。棉花种植面积 303 万公顷，减少 14 万公顷。油料种植面积 1310 万公顷，减少 3 万公顷。糖料种植面积 146 万公顷，减少 11 万公顷。

全年粮食产量 68285 万吨，比上年增加 1336 万吨，增产 2.0%。其中，夏粮产量 14596 万吨，增产 2.2%；早稻产量 2802 万吨，增产 2.7%；秋粮产量 50888 万吨，增产 1.9%。全年谷物产量 63276 万吨，比上年增产 2.6%。其中，稻谷产量 21284 万吨，增产 0.5%；小麦产量 13695 万吨，增产 2.0%；玉米产量 27255 万吨，增产 4.6%。

图 8　2017—2021 年粮食产量

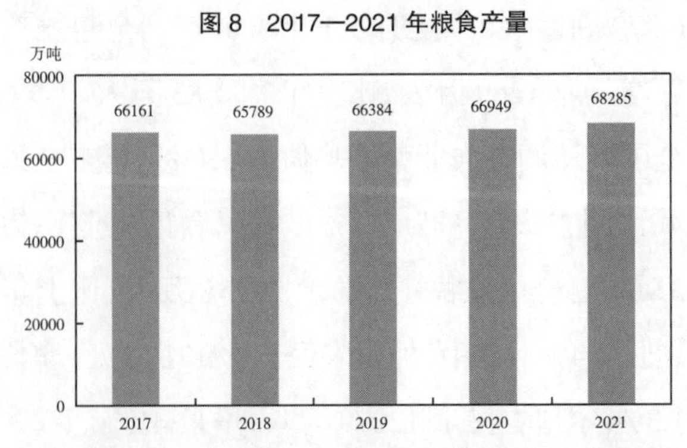

全年棉花产量 573 万吨，比上年减产 3.0%。油料产量 3613 万吨，增产 0.8%。糖料产量

11451万吨，减产4.7%。茶叶产量318万吨，增产8.3%。

全年猪牛羊禽肉产量8887万吨，比上年增长16.3%。其中，猪肉产量5296万吨，增长28.8%；牛肉产量698万吨，增长3.7%；羊肉产量514万吨，增长4.4%；禽肉产量2380万吨，增长0.8%。禽蛋产量3409万吨，下降1.7%。牛奶产量3683万吨，增长7.1%。年末生猪存栏44922万头，比上年末增长10.5%；全年生猪出栏67128万头，比上年增长27.4%。

全年水产品产量6693万吨，比上年增长2.2%。其中，养殖水产品产量5388万吨，增长3.1%；捕捞水产品产量1305万吨，下降1.5%。

全年木材产量9888万立方米，比上年下降3.6%。

全年新增耕地灌溉面积46万公顷，新增高效节水灌溉面积188万公顷。

三、工业和建筑业

全年全部工业增加值372575亿元，比上年增长9.6%。规模以上工业增加值增长9.6%。在规模以上工业中，分经济类型看，国有控股企业增加值增长8.0%；股份制企业增长9.8%，外商及港澳台商投资企业增长8.9%；私营企业增长10.2%。分门类看，采矿业增长5.3%，制造业增长9.8%，电力、热力、燃气及水生产和供应业增长11.4%。

图9　2017—2021年全部工业增加值及其增长速度

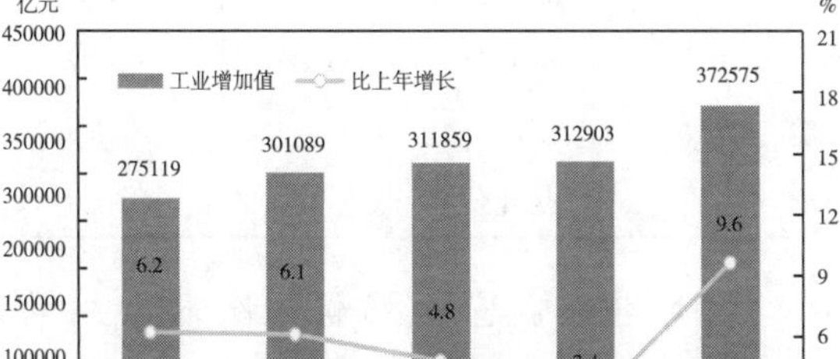

全年规模以上工业中，农副食品加工业增加值比上年增长7.7%，纺织业增长1.4%，化学原料和化学制品制造业增长7.7%，非金属矿物制品业增长8.0%，黑色金属冶炼和压延加工业增长1.2%，通用设备制造业增长12.4%，专用设备制造业增长12.6%，汽车制造业增长5.5%，电气机械和器材制造业增长16.8%，计算机、通信和其他电子设备制造业增长15.7%，电力、热力生产和供应业增长10.9%。

表3　2021年主要工业产品产量及其增长速度[23]

产品名称	单位	产量	比上年增长(%)
纱	万吨	2873.7	9.8
布	亿米	502.0	9.3
化学纤维	万吨	6708.5	9.5
成品糖	万吨	1482.3	3.6
卷烟	亿支	24182.4	1.3
彩色电视机	万台	18496.5	-5.8
其中：液晶电视机	万台	17424.3	-9.5
家用电冰箱	万台	8992.1	-0.3
房间空气调节器	万台	21835.7	3.8
一次能源生产总量	亿吨标准煤	43.3	6.2
原煤	亿吨	41.3	5.7
原油	万吨	19888.1	2.1
天然气	亿立方米	2075.8	7.8
发电量	亿千瓦时	85342.5	9.7
其中：火电[24]	亿千瓦时	58058.7	8.9
水电	亿千瓦时	13390.0	-1.2
核电	亿千瓦时	4075.2	11.3
粗钢	万吨	103524.3	-2.8
钢材[25]	万吨	133666.8	0.9
十种有色金属	万吨	6477.1	4.7
其中：精炼铜（电解铜）	万吨	1048.7	4.6
原铝（电解铝）	万吨	3850.3	3.8
水泥	亿吨	23.8	-0.4
硫酸（折100%）	万吨	9382.7	1.6
烧碱（折100%）	万吨	3891.3	5.9
乙烯	万吨	2825.7	30.8
化肥（折100%）	万吨	5543.6	0.9
发电机组（发电设备）	万千瓦	15954.6	19.2
汽车	万辆	2652.8	4.8
其中：基本型乘用车（轿车）	万辆	976.5	5.7
运动型多用途乘用车（SUV）	万辆	973.6	7.6
大中型拖拉机	万台	41.2	19.4
集成电路	亿块	3594.3	37.5
程控交换机	万线	699.6	-0.4
移动通信手持机	万台	166151.6	13.1
微型计算机设备	万台	46692.0	23.5
工业机器人	万台（套）	36.6	67.9

年末全国发电装机容量 237692 万千瓦，比上年末增长 7.9%。其中[26]，火电装机容量 129678 万千瓦，增长 4.1%；水电装机容量 39092 万千瓦，增长 5.6%；核电装机容量 5326 万千瓦，增长 6.8%；并网风电装机容量 32848 万千瓦，增长 16.6%；并网太阳能发电装机容量 30656 万千瓦，增长 20.9%。

全年规模以上工业企业利润 87092 亿元，比上年增长[27]34.3%。分经济类型看，国有控股企业利润 22770 亿元，比上年增长 56.0%；股份制企业 62702 亿元，增长 40.2%，外商及港澳台商投资企业 22846 亿元，增长 21.1%；私营企业 29150 亿元，增长 27.6%。分门类看，采矿业利润 10391 亿元，比上年增长 190.7%；制造业 73612 亿元，增长 31.6%；电力、热力、燃气及水生产和供应业 3089 亿元，下降 41.9%。全年规模以上工业企业每百元营业收入中的成本为 83.74 元，比上年减少 0.23 元；营业收入利润率为 6.81%，提高 0.76 个百分点。年末规模以上工业企业资产负债率为 56.1%，比上年末下降 0.1 个百分点。全年全国工业产能利用率[28]为 77.5%。

全年建筑业增加值 80138 亿元，比上年增长 2.1%。全国具有资质等级的总承包和专业承包建筑业企业利润 8554 亿元，比上年增长 1.3%，其中国有控股企业 3620 亿元，增长 8.0%。

图 10　2017—2021 年建筑业增加值及其增长速度

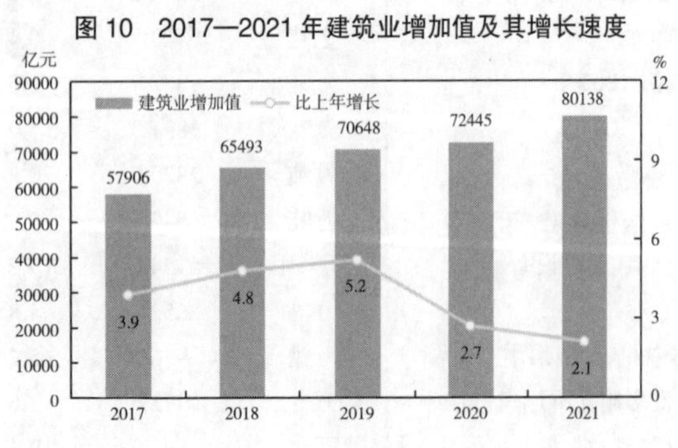

四、服务业

全年批发和零售业增加值 110493 亿元，比上年增长 11.3%；交通运输、仓储和邮政业增加值 47061 亿元，增长 12.1%；住宿和餐饮业增加值 17853 亿元，增长 14.5%；金融业增加值 91206 亿元，增长 4.8%；房地产业增加值 77561 亿元，增长 5.2%；信息传输、软件和信息技术服务业增加值 43956 亿元，增长 17.2%；租赁和商务服务业增加值 35350 亿元，增长 6.2%。全年规模以上服务业企业营业收入比上年增长 18.7%，利润总额增长 13.4%。

图 11　2017—2021 年服务业增加值及其增长速度

全年货物运输总量[29]530 亿吨，货物运输周转量 223574 亿吨公里。全年港口完成货物吞吐量 155 亿吨，比上年增长 6.8%，其中外贸货物吞吐量 47 亿吨，增长 4.5%。港口集装箱吞吐量 28272 万标准箱，增长 7.0%。

表 4　2021 年各种运输方式完成货物运输量及其增长速度

指标	单位	绝对数	比上年增长(%)
货物运输总量	亿吨	529.7	12.3
铁路	亿吨	47.2	5.9
公路	亿吨	391.4	14.2
水路	亿吨	82.4	8.2
民航	万吨	731.8	8.2
管道	亿吨	8.7	5.7
货物运输周转量	亿吨公里	223574.4	13.7
铁路	亿吨公里	33190.7	9.3
公路	亿吨公里	69087.7	14.8
水路	亿吨公里	115577.5	9.2
民航	亿吨公里	278.2	15.8
管道	亿吨公里	5440.3	4.9

全年旅客运输总量 83 亿人次，比上年下降 14.1%。旅客运输周转量 19758 亿人公里，增长 2.6%。

表5 2021年各种运输方式完成旅客运输量及其增长速度

指标	单位	绝对数	比上年增长(%)
旅客运输总量	亿人次	83.0	-14.1
铁路	亿人次	26.1	18.5
公路	亿人次	50.9	-26.2
水路	亿人次	1.6	9.0
民航	亿人次	4.4	5.5
旅客运输周转量	亿人公里	19758.2	2.6
铁路	亿人公里	9567.8	15.7
公路	亿人公里	3627.5	-21.8
水路	亿人公里	33.1	0.4
民航	亿人公里	6529.7	3.5

年末全国民用汽车保有量30151万辆（包括三轮汽车和低速货车732万辆），比上年末增加2064万辆，其中私人汽车保有量26246万辆，增加1852万辆。民用轿车保有量16739万辆，增加1099万辆，其中私人轿车保有量15732万辆，增加1059万辆。

全年完成邮政行业业务总量[30]13698亿元，比上年增长25.1%。邮政业全年完成邮政函件业务10.9亿件，包裹业务0.2亿件，快递业务量1083.0亿件，快递业务收入10332亿元。全年完成电信业务总量[31]16960亿元，比上年增长27.8%。年末移动电话基站数[32]996万个，其中4G基站590万个，5G基站143万个。全国电话用户总数182353万户，其中移动电话用户164283万户。移动电话普及率为116.3部/百人。固定互联网宽带接入用户[33]53579万户，比上年末增加5224万户，其中固定互联网光纤宽带接入用户[34]50551万户，增加5136万户。蜂窝物联网终端用户[35]13.99亿户，增加2.64亿户。互联网上网人数10.32亿人，其中手机上网人数[36]10.29亿人。互联网普及率为73.0%，其中农村地区互联网普及率为57.6%。全年移动互联网用户接入流量2216亿GB，比上年增长33.9%。全年软件和信息技术服务业[37]完成软件业务收入94994亿元，按可比口径计算，比上年增长17.7%。

图12 2017—2021年快递业务量及其增长速度

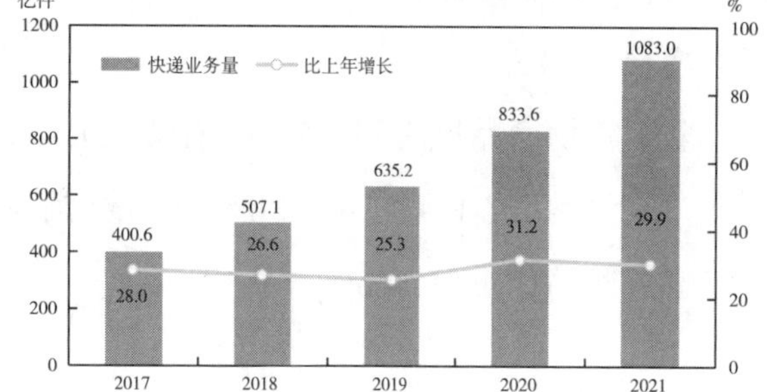

图13 2017—2021年年末固定互联网宽带接入用户数

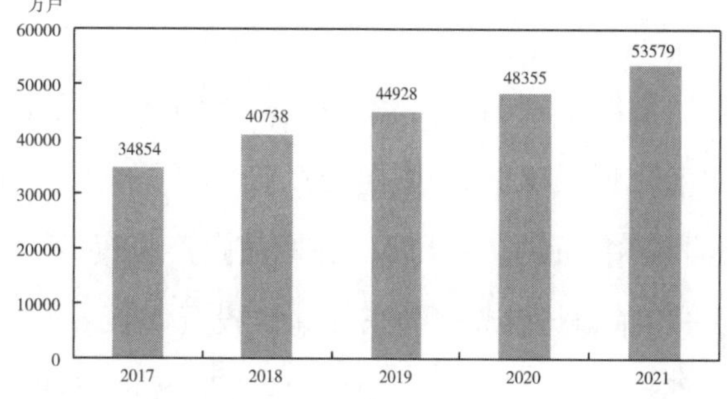

五、国内贸易

全年社会消费品零售总额440823亿元，比上年增长12.5%。按经营地统计，城镇消费品零售额381558亿元，增长12.5%；乡村消费品零售额59265亿元，增长12.1%。按消费类型统计，商品零售额393928亿元，增长11.8%；餐饮收入额46895亿元，增长18.6%。

图14 2017—2021年社会消费品零售总额及其增长速度

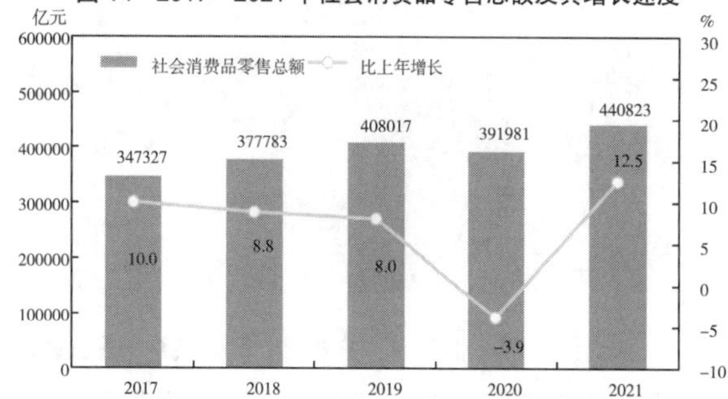

全年限额以上单位商品零售额中，粮油、食品类零售额比上年增长10.8%，饮料类增长20.4%，烟酒类增长21.2%，服装、鞋帽、针纺织品类增长12.7%，化妆品类增长14.0%，金银珠宝类增长29.8%，日用品类增长14.4%，家用电器和音像器材类增长10.0%，中西药品类增长9.9%，文化办公用品类增长18.8%，家具类增长14.5%，通讯器材类增长14.6%，建筑及装潢材

料类增长 20.4%，石油及制品类增长 21.2%,汽车类增长 7.6%。

全年实物商品网上零售额 108042 亿元,按可比口径计算,比上年增长 12.0%,占社会消费品零售总额的比重为 24.5%。

六、固定资产投资

全年全社会固定资产投资 [38]552884 亿元，比上年增长 4.9%。固定资产投资（不含农户）544547 亿元,增长 4.9%。在固定资产投资(不含农户)中,分区域看[39],东部地区投资增长 6.4%，中部地区投资增长 10.2%，西部地区投资增长 3.9%,东北地区投资增长 5.7%。

在固定资产投资(不含农户)中,第一产业投资 14275 亿元,比上年增长 9.1%;第二产业投资 167395 亿元,增长 11.3%;第三产业投资 362877 亿元,增长 2.1%。民间固定资产投资[40] 307659 亿元,增长 7.0%。基础设施投资[41]增长 0.4%。社会领域投资[42]增长 10.7%。

图 15　2021 年三次产业投资占固定资产投资(不含农户)比重

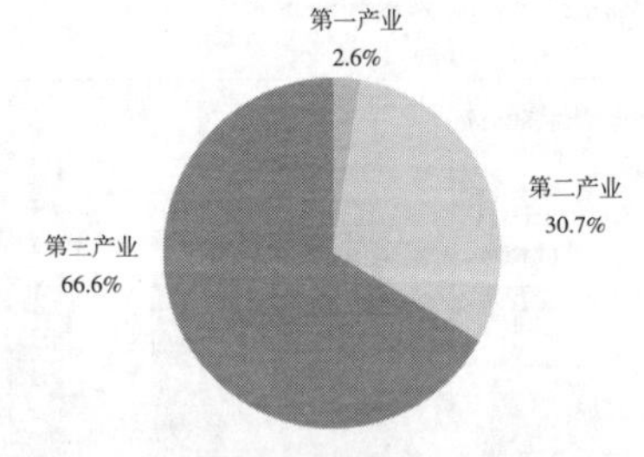

表 6　2021 年分行业固定资产投资(不含农户)增长速度

行业	比上年增长(%)	行业	比上年增长(%)
总计	4.9	金融业	1.9
农、林、牧、渔业	9.3	房地产业[43]	5.0
采矿业	10.9	租赁和商务服务业	13.6
制造业	13.5	科学研究和技术服务业	14.5
电力、热力、燃气及水生产和供应业	1.1	水利、环境和公共设施管理业	−1.2
建筑业	1.6	居民服务、修理和其他服务业	−10.3
批发和零售业	−5.9	教育	11.7
交通运输、仓储和邮政业	1.6	卫生和社会工作	19.5
住宿和餐饮业	6.6	文化、体育和娱乐业	1.6
信息传输、软件和信息技术服务业	−12.1	公共管理、社会保障和社会组织	−38.2

表 7　2021 年固定资产投资新增主要生产与运营能力

指标	单位	绝对数
新增 220 千伏及以上变电设备	万千伏安	24334
新建铁路投产里程	公里	4208
其中:高速铁路	公里	2168
增、新建铁路复线投产里程	公里	2769
电气化铁路投产里程	公里	4189
新改建高速公路里程	公里	9028
港口万吨级码头泊位新增通过能力	万吨 / 年	25368
新增民用运输机场	个	7
新增光缆线路长度	万公里	319

全年房地产开发投资 147602 亿元,比上年增长 4.4%。其中住宅投资 111173 亿元，增长 6.4%;办公楼投资 5974 亿元,下降 8.0%;商业营业用房投资 12445 亿元,下降 4.8%。年末商品房待售面积 51023 万平方米，比上年末增加 1173 万平方米，其中商品住宅待售面积 22761 万平方米,增加 381 万平方米。

全年全国各类棚户区改造开工 165 万套，基本建成 205 万套；全国保障性租赁住房开工建设和筹集 94 万套。

表 8　2021 年房地产开发和销售主要指标及其增长速度

指标	单位	绝对数	比上年增长(%)
投资额	亿元	147602	4.4
其中:住宅	亿元	111173	6.4
房屋施工面积	万平方米	975387	5.2
其中:住宅	万平方米	690319	5.3
房屋新开工面积	万平方米	198895	−11.4
其中:住宅	万平方米	146379	−10.9
房屋竣工面积	万平方米	101412	11.2
其中:住宅	万平方米	73016	10.8
商品房销售面积	万平方米	179433	1.9
其中:住宅	万平方米	156532	1.1
本年到位资金	亿元	201132	4.2
其中:国内贷款	亿元	23296	−12.7
个人按揭贷款	亿元	32388	8.0

七、对外经济

全年货物进出口总额 391009 亿元,比上年增长 21.4%。其中，出口 217348 亿元，增长 21.2%;进口 173661 亿元,增长 21.5%。货物进出口顺差 43687 亿元，比上年增加 7344 亿元。对“一带一路”[44]沿线国家进出口总额 115979 亿元,比上年增长 23.6%。其中,出口 65924 亿元,增长 21.5%;进口 50055 亿元,增长 26.4%。

图 16　2017—2021 年货物进出口总额

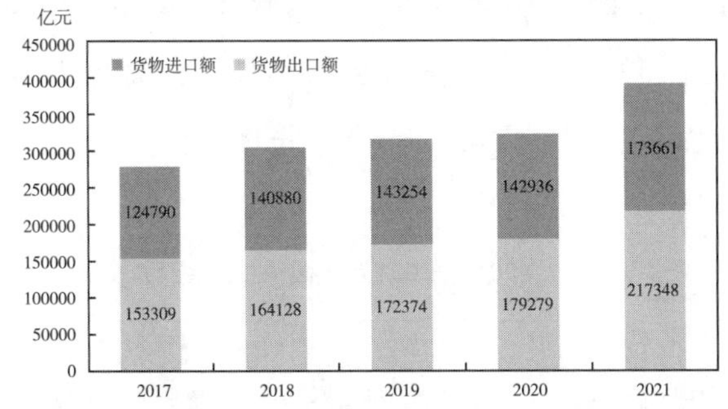

表 9　2021 年货物进出口总额及其增长速度

指标	金额(亿元)	比上年增长(%)
货物进出口总额	391009	21.4
货物出口额	217348	21.2
其中:一般贸易	132445	24.4
加工贸易	53378	9.9
其中:机电产品	128286	20.4
高新技术产品	63266	17.9
货物进口额	173661	21.5
其中:一般贸易	108395	25.0
加工贸易	31601	13.3
其中:机电产品	73657	12.2
高新技术产品	54088	14.7
货物进出口顺差	43687	20.2

表 10　2021 年主要商品出口数量、金额及其增长速度

商品名称	单位	数量	比上年增长(%)	金额(亿元)	比上年增长(%)
钢材	万吨	6690	24.6	5289	67.9
纺织纱线、织物及制品	—	—	—	9384	-12.2
服装及衣着附件	—	—	—	11000	15.6
鞋靴	万双	873231	18.1	3097	26.2
家具及其零件	—	—	—	4772	18.2
箱包及类似容器	万吨	244	21.4	1800	26.1
玩具	—	—	—	2980	28.6
塑料制品	—	—	—	6397	20.5
集成电路	亿个	3107	19.6	9930	23.4
自动数据处理设备及其零部件	—	—	—	16488	12.9
手机	万台	95420	-1.2	9447	9.3
集装箱	万个	484	144.0	1514	198.3
液晶显示板	万个	142439	12.4	1788	30.5
汽车(包括底盘)	万辆	212	95.9	2227	104.6

表 11　2021 年主要商品进口数量、金额及其增长速度

商品名称	单位	数量	比上年增长(%)	金额(亿元)	比上年增长(%)
大豆	万吨	9652	-3.8	3459	26.1
食用植物油	万吨	1039	-3.7	706	24.0
铁矿砂及其精矿	万吨	112432	-3.9	11942	39.6
煤及褐煤	万吨	32322	6.6	2319	64.1
原油	万吨	51298	-5.4	16618	34.4
成品油	万吨	2712	-4.0	1078	31.6
天然气	万吨	12136	19.9	3601	56.3
初级形状的塑料	万吨	3397	-16.4	3950	8.8
纸浆	万吨	2969	-2.7	1296	19.5
钢材	万吨	1427	-29.5	1210	3.9
未锻轧铜及铜材	万吨	553	-17.2	3387	12.5
集成电路	亿个	6355	16.9	27935	15.4
汽车(包括底盘)	万辆	94	0.6	3489	7.6

表 12　2021 年对主要国家和地区货物进出口金额、增长速度及其比重

国家和地区	出口额(亿元)	比上年增长(%)	占全部出口比重(%)	进口额(亿元)	比上年增长(%)	占全部进口比重(%)
东盟	31255	17.7	14.4	25489	22.2	14.7
欧盟	33483	23.7	15.4	20028	12.1	11.5
美国	37224	19.0	17.1	11603	24.2	6.7
日本	10722	8.5	4.9	13298	10.1	7.7
韩国	9617	23.5	4.4	13791	15.1	7.9
中国香港	22641	20.3	10.4	627	30.2	0.4
中国台湾	5063	21.7	2.3	16146	16.5	9.3
巴西	3464	43.4	1.6	7138	20.3	4.1
俄罗斯	4364	24.7	2.0	5122	28.2	2.9
印度	6302	36.6	2.9	1819	25.1	1.0
南非	1365	29.4	0.6	2147	49.4	1.2

全年服务进出口总额 52983 亿元，比上年增长 16.1%。其中,服务出口 25435 亿元,增长 31.4%;服务进口 27548 亿元,增长 4.8%。服务进出口逆差 2113 亿元。

全年外商直接投资(不含银行、证券、保险领域）新设立企业 47643 家，比上年增长 23.5%。实际使用外商直接投资金额 11494 亿元,增长 14.9%,折 1735 亿美元,增长 20.2%。其中“一带一路”沿线国家对华直接投资(含通过部分自由港对华投资）新设立企业 5336 家,增长 24.3%；对华直接投资金额 743 亿元，增长 29.4%,折 112 亿美元,增长 36.0%。全年高技术产业实际使用外资3469亿元，增长17.1%，折522亿美元，增长22.1%。

表13 2021年外商直接投资（不含银行、证券、保险领域）及其增长速度

行业	企业数（家）	比上年增长（%）	实际使用金额（亿元）	比上年增长（%）
总计	47643	23.5	11494	14.9
其中：农、林、牧、渔业	491	-0.4	55	38.4
制造业	4455	19.4	2216	2.8
电力、热力、燃气及水生产和供应业	465	78.9	249	14.9
交通运输、仓储和邮政业	693	17.1	351	1.3
信息传输、软件和信息技术服务业	4053	15.1	1345	18.8
批发和零售业	13379	23.7	1098	34.1
房地产业	1125	-5.5	1571	11.7
租赁和商务服务业	9290	23.7	2193	19.3
居民服务、修理和其他服务业	522	16.8	31	44.6

全年对外非金融类直接投资额7332亿元，比上年下降3.5%，折1136亿美元，增长3.2%。其中，对“一带一路”沿线国家非金融类直接投资额203亿美元，增长14.1%。

表14 2021年对外非金融类直接投资额及其增长速度

行业	金额（亿美元）	比上年增长（%）
总计	1136.4	3.2
其中：农、林、牧、渔业	11.3	-18.7
采矿业	49.8	-2.2
制造业	184.0	-7.9
电力、热力、燃气及水生产和供应业	48.9	75.9
建筑业	55.7	7.9
批发和零售业	176.5	9.8
交通运输、仓储和邮政业	51.0	92.5
信息传输、软件和信息技术服务业	75.3	12.2
房地产业	24.9	-8.8
租赁和商务服务业	366.2	-12.4

全年对外承包工程完成营业额9996亿元，比上年下降7.1%，折1549亿美元，下降0.6%。其中，对“一带一路”沿线国家完成营业额897亿美元，下降1.6%，占对外承包工程完成营业额比重为57.9%。对外劳务合作派出各类劳务人员32万人。

八、财政金融

全年全国一般公共预算收入202539亿元，比上年增长10.7%，其中税收收入172731亿元，增长11.9%。全国一般公共预算支出246322亿元，比上年增长0.3%。全年新增减税降费约1.1万亿元。

图17 2017—2021年全国一般公共预算收入

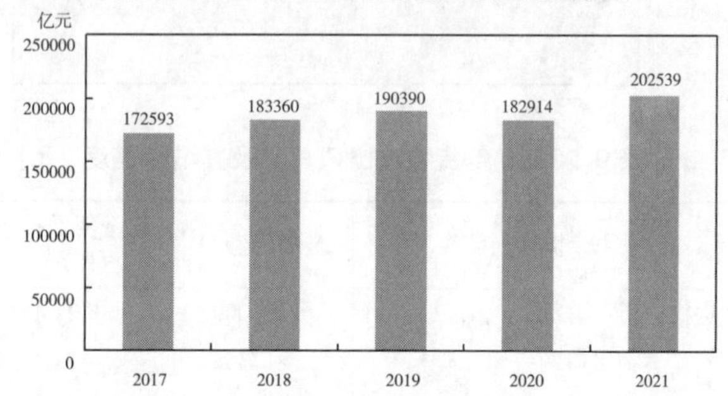

注：图中2017年至2020年数据为全国一般公共预算收入决算数，2021年为执行数。

年末广义货币供应量（M_2）余额238.3万亿元，比上年末增长9.0%；狭义货币供应量（M_1）余额64.7万亿元，增长3.5%；流通中货币（M_0）余额9.1万亿元，增长7.7%。

全年社会融资规模增量[45]31.4万亿元，按可比口径计算，比上年少3.4万亿元。年末社会融资规模存量[46]314.1万亿元，按可比口径计算，比上年末增长10.3%，其中对实体经济发放的人民币贷款余额191.5万亿元，增长11.6%。年末全部金融机构本外币各项存款余额238.6万亿元，比年初增加20.2万亿元，其中人民币各项存款余额232.3万亿元，增加19.7万亿元。全部金融机构本外币各项贷款余额198.5万亿元，增加20.1万亿元，其中人民币各项贷款余额192.7万亿元，增加19.9万亿元。人民币普惠金融贷款[47]余额26.5万亿元，增加5.0万亿元。

年末主要农村金融机构（农村信用社、农村合作银行、农村商业银行）人民币贷款余额242496亿元，比年初增加26607亿元。全部金融

表15 2021年年末全部金融机构本外币存贷款余额及其增长速度

指标	年末数（亿元）	比上年末增长(%)
各项存款	2386062	9.3
其中:境内住户存款	1033118	10.6
其中:人民币	1025012	10.7
境内非金融企业存款	730137	6.1
各项贷款	1985108	11.3
其中:境内短期贷款	520506	5.7
境内中长期贷款	1291149	13.5

机构人民币消费贷款余额548849亿元，增加53181亿元。其中，个人短期消费贷款余额93558亿元,增加6080亿元;个人中长期消费贷款余额455292亿元,增加47101亿元。

全年沪深交易所A股累计筹资[48]16743亿元,比上年增加1326亿元。沪深交易所首次公开发行上市A股481只,筹资5351亿元,比上年增加609亿元,其中科创板股票162只,筹资2029亿元;沪深交易所A股再融资(包括公开增发、定向增发、配股、优先股、可转债转股)11391亿元,增加717亿元。北京证券交易所公开发行股票11只,筹资[49]21亿元。全年各类主体通过沪深交易所发行债券(包括公司债、可转债、可交换债、政策性金融债、地方政府债和企业资产支持证券)筹资86553亿元,比上年增加1776亿元。全国中小企业股份转让系统[50]挂牌公司6932家，全年挂牌公司累计股票筹资260亿元。

全年发行公司信用类债券[51]14.7万亿元,比上年增加0.5万亿元。

全年保险公司原保险保费收入[52]44900亿元,按可比口径计算,比上年增长4.0%。其中,寿险业务原保险保费收入23572亿元，健康险和意外伤害险业务原保险保费收入9657亿元,财产险业务原保险保费收入11671亿元。支付各类赔款及给付15609亿元。其中,寿险业务给付3540亿元,健康险和意外伤害险业务赔款及给付4381亿元,财产险业务赔款7687亿元。

九、居民收入消费和社会保障

全年全国居民人均可支配收入35128元，比上年增长9.1%，扣除价格因素，实际增长8.1%。全国居民人均可支配收入中位数[53]29975元,增长8.8%。按常住地分,城镇居民人均可支配收入47412元,比上年增长8.2%,扣除价格因素,实际增长7.1%。城镇居民人均可支配收入中位数43504元,增长7.7%。农村居民人均可支配收入18931元,比上年增长10.5%,扣除价格因素,实际增长9.7%。农村居民人均可支配收入中位数16902元,增长11.2%。城乡居民人均可支配收入比值为2.50,比上年缩小0.06。按全国居民五等份收入分组[54],低收入组人均可支配收入8333元,中间偏下收入组人均可支配收入18445元，中间收入组人均可支配收入29053元，中间偏上收入组人均可支配收入44949元，高收入组人均可支配收入85836元。全国农民工人均月收入4432元，比上年增长8.8%。全年脱贫县[55]农村居民人均可支配收入14051元,比上年增长11.6%,扣除价格因素,实际增长10.8%。

全年全国居民人均消费支出24100元,比上年增长13.6%，扣除价格因素，实际增长12.6%。其中,人均服务性消费支出[56]10645元,比上年增长17.8%，占居民人均消费支出的比重为44.2%。按常住地分,城镇居民人均消费支出30307元,增长12.2%,扣除价格因素,实际增长11.1%;农村居民人均消费支出15916元,增长16.1%,扣除价格因素,实际增长15.3%。全国居民恩格尔系数为29.8%，其中城镇为28.6%，农村为32.7%。

图 18　2017—2021 年全国居民人均可支配收入及其增长速度

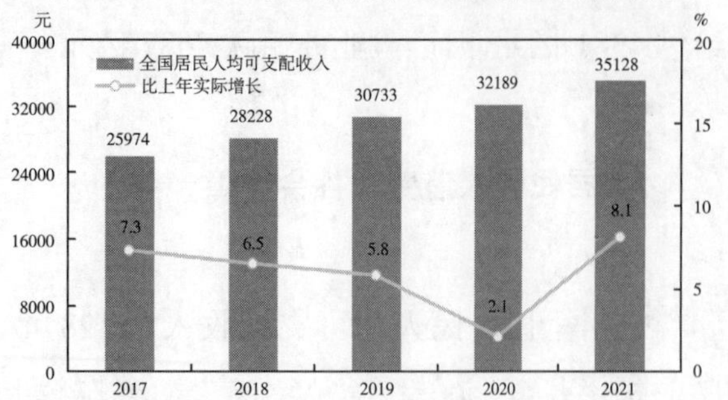

图 19　2021 年全国居民人均消费支出及其构成

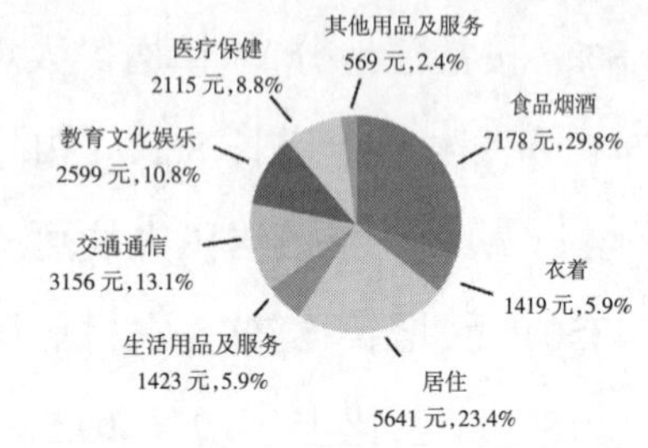

年末全国参加城镇职工基本养老保险人数 48075 万人,比上年末增加 2454 万人。参加城乡居民基本养老保险人数 54797 万人，增加 554 万人。参加基本医疗保险人数 136424 万人,增加 293 万人。其中,参加职工基本医疗保险人数 35422 万人,增加 967 万人;参加城乡居民基本医疗保险人数 101002 万人。参加失业保险人数 22958 万人,增加 1268 万人。年末全国领取失业保险金人数 259 万人。参加工伤保险人数 28284 万人,增加 1521 万人,其中参加工伤保险的农民工 9086 万人,增加 152 万人。参加生育保险人数 23851 万人,增加 283 万人。年末全国共有 738 万人享受城市最低生活保障,3474 万人享受农村最低生活保障,438 万人享受农村特困人员[57]救助供养,全年临时救助[58]1089 万人次。全年国家抚恤、补助退役军人和其他优抚对象 817 万人。

年末全国共有各类提供住宿的民政服务机构 4.3 万个,其中养老机构 4.0 万个,儿童福利和救助保护机构 801 个。民政服务床位[59]840.2 万张,其中养老服务床位 813.5 万张,儿童福利和救助保护机构床位 9.6 万张。年末共有社区服务中心 2.9 万个,社区服务站 47.2 万个。

十、科学技术和教育

全年研究与试验发展（R&D）经费支出 27864 亿元,比上年增长 14.2%,与国内生产总值之比为 2.44%，其中基础研究经费 1696 亿元。国家自然科学基金共资助 4.87 万个项目。截至年末,正在运行的国家重点实验室 533 个,纳入新序列管理的国家工程研究中心 191 个,国家企业技术中心 1636 家,大众创业万众创新示范基地 212 家。国家科技成果转化引导基金累计设立 36 支子基金,资金总规模 624 亿元。国家级科技企业孵化器[60]1287 家,国家备案众创空间[61]2551 家。全年授予专利权 460.1 万件,比上年增长 26.4%;PCT 专利申请受理量[62]7.3 万件。截至年末,有效专利 1542.1 万件,其中境内有效发明专利 270.4 万件。每万人口高价值发明专利拥有量[63]7.5 件。全年商标注册 773.9 万件,比上年增长 34.3%。全年共签订技术合同 67 万项,技术合同成交金额 37294 亿元,比上年增长 32.0%。

图 20　2017—2021 年研究与试验发展(R&D)经费支出及其增长速度

表 16　2021 年专利授权和有效专利情况

指标	专利数（万件）	比上年增长(%)
专利授权数	460.1	26.4
其中:境内专利授权	445.1	27.0
其中:发明专利授权	69.6	31.3
其中:境内发明专利	57.8	33.2
年末有效专利数	1542.1	26.5
其中:境内有效专利	1429.5	28.6
其中:有效发明专利	359.7	17.6
其中:境内有效发明专利	270.4	22.2

全年成功完成52次宇航发射。天问一号探测器成功着陆火星，祝融号火星车驶上火星表面。天和核心舱发射成功，神舟十二号、神舟十三号等任务相继实施，中国人首次进入自己的空间站。羲和号探日卫星成功发射运行。祖冲之二号、九章二号成功研制，我国在超导量子和光量子两种物理体系上实现量子计算优越性。海斗一号全海深无人潜水器打破多项世界纪录。华龙一号自主三代核电机组投入商业运行。

年末全国共有国家质检中心869家。全国现有产品质量、体系和服务认证机构932个，累计完成对87万家企业的认证。全年制定、修订国家标准2815项，其中新制定1900项。全年制造业产品质量合格率[64]为93.08%。

全年研究生教育招生117.7万人，在学研究生333.2万人，毕业生77.3万人。普通、职业本专科[65]招生1001.3万人，在校生3496.1万人，毕业生826.5万人。中等职业教育[66]招生656.2万人，在校生1738.5万人，毕业生484.1万人。普通高中招生905.0万人，在校生2605.0万人，毕业生780.2万人。初中招生1705.4万人，在校生5018.4万人，毕业生1587.1万人。普通小学招生1782.6万人，在校生10779.9万人，毕业生1718.0万人。特殊教育招生14.9万人，在校生92.0万人，毕业生14.6万人。学前教育在园幼儿4805.2万人。九年义务教育巩固率为95.4%，高中阶段毛入学率为91.4%。

图21　2017—2021年本科专科、中等职业教育及普通高中招生人数

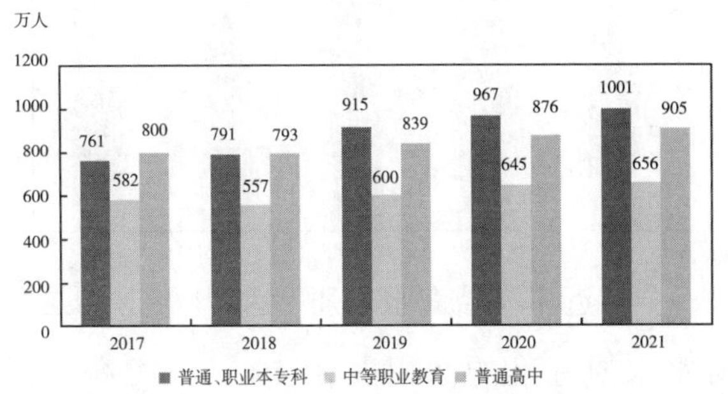

十一、文化旅游、卫生健康和体育

年末全国文化和旅游系统共有艺术表演团体2044个，博物馆3671个。全国共有公共图书馆3217个，总流通[67]72898万人次；文化馆3317个。有线电视实际用户2.01亿户，其中有线数字电视实际用户1.95亿户。年末广播节目综合人口覆盖率为99.5%，电视节目综合人口覆盖率为99.7%。全年生产电视剧194部6736集，电视动画片78372分钟。全年生产故事影片565部，科教、纪录、动画和特种影片[68]175部。出版各类报纸276亿份，各类期刊20亿册，图书110亿册（张），人均图书拥有量[69]7.76册（张）。年末全国共有档案馆4233个，已开放各类档案18931万卷（件）。全年全国规模以上文化及相关产业企业营业收入119064亿元，按可比口径计算，比上年增长16.0%。

全年国内游客32.5亿人次，比上年增长12.8%。其中，城镇居民游客23.4亿人次，增长13.4%；农村居民游客9.0亿人次，增长11.1%。国内旅游收入29191亿元，增长31.0%。其中，城镇居民游客花费23644亿元，增长31.6%；农村居民游客花费5547亿元，增长28.4%

图22　2017—2021年国内游客人次及其增长速度

年末全国共有医疗卫生机构103.1万个，其中医院3.7万个，在医院中有公立医院1.2万个，民营医院2.5万个；基层医疗卫生机构97.7万个，其中乡镇卫生院3.5万个，社区卫生服务中心（站）3.6万个，门诊部（所）30.7万个，村卫

生室59.9万个；专业公共卫生机构1.3万个，其中疾病预防控制中心3380个，卫生监督所(中心)2790个。年末卫生技术人员1123万人，其中执业医师和执业助理医师427万人，注册护士502万人。医疗卫生机构床位957万张，其中医院748万张，乡镇卫生院144万张。全年总诊疗人次[70]85.3亿人次，出院人数[71]2.4亿人。截至年末，全国累计报告新型冠状病毒肺炎确诊病例102314例，累计治愈出院病例94792例，累计死亡4636人。全国累计报告接种新型冠状病毒疫苗283533万剂次。全国共有11937家医疗卫生机构提供新型冠状病毒核酸检测服务，总检测能力达到4168万份/天。

图23　2017—2021年年末卫生技术人员人数

年末全国共有体育场地[72]397.1万个，体育场地面积[73]34.1亿平方米，人均体育场地面积2.41平方米。全年我国运动员在16个运动大项中获得67个世界冠军，共创12项世界纪录。在第32届奥运会上，我国运动员共获得38枚金牌，奖牌总数88枚，位列奥运会金牌榜和奖牌榜第二位。全年我国残疾人运动员在5项国际赛事中获得110个世界冠军。在第16届残奥会上，我国运动员共获得96枚金牌，奖牌总数207枚，第五次蝉联金牌榜和奖牌榜第一位。

十二、资源、环境和应急管理

全年全国国有建设用地供应总量[74]69.0万公顷，比上年增长4.8%。其中，工矿仓储用地17.5万公顷，增长4.9%；房地产用地[75]13.6万公顷，减少12.2%；基础设施用地37.9万公顷，增长12.7%。

全年水资源总量29520亿立方米。全年总用水量5921亿立方米，比上年增长1.9%。其中，生活用水增长5.3%，工业用水增长2.0%，农业用水增长0.9%，人工生态环境补水增长2.9%。万元国内生产总值用水量[76]54立方米，下降5.8%。万元工业增加值用水量31立方米，下降7.0%。人均用水量419立方米，增长1.8%。

全年完成造林面积360万公顷，其中人工造林面积134万公顷，占全部造林面积的37.1%。种草改良面积[77]307万公顷。截至年末，国家级自然保护区474个，国家公园5个。新增水土流失治理面积6.2万平方公里。

初步核算，全年能源消费总量52.4亿吨标准煤，比上年增长5.2%。煤炭消费量增长4.6%，原油消费量增长4.1%，天然气消费量增长12.5%，电力消费量增长10.3%。煤炭消费量占能源消费总量的56.0%，比上年下降0.9个百分点；天然气、水电、核电、风电、太阳能发电等清洁能源消费量占能源消费总量的25.5%，上升1.2个百分点。重点耗能工业企业单位电石综合能耗下降5.3%，单位合成氨综合能耗与上年持平，吨钢综合能耗下降0.4%，单位电解铝综合能耗下降2.1%，每千瓦时火力发电标准煤耗下降0.5%。全国万元国内生产总值二氧化碳排放[78]下降3.8%。

图24　2017—2021年清洁能源消费量占能源消费总量的比重

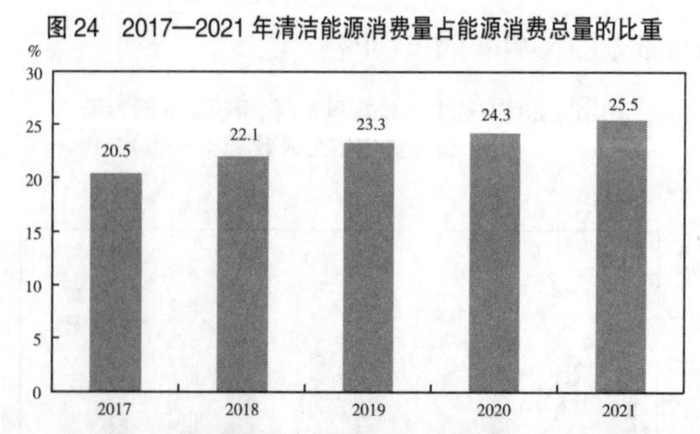

全年近岸海域海水水质[79]达到国家一、二类海水水质标准的面积占81.3%，三类海水占

5.2%，四类、劣四类海水占 13.5%。

在开展城市区域声环境监测的 324 个城市中，全年昼间声环境质量好的城市占 4.9%，较好的占 61.7%，一般的占 31.5%，较差的占 1.9%。

全年平均气温为 10.53℃，比上年上升 0.28℃。共有 5 个台风登陆。

全年农作物受灾面积 1174 万公顷，其中绝收 163 万公顷。全年因洪涝和地质灾害造成直接经济损失 2477 亿元，因干旱灾害造成直接经济损失 201 亿元，因低温冷冻和雪灾造成直接经济损失 133 亿元，因海洋灾害造成直接经济损失 30 亿元。全年大陆地区共发生 5.0 级以上地震 20 次，造成直接经济损失 107 亿元。全年共发生森林火灾 616 起，受害森林面积约 0.4 万公顷。

全年各类生产安全事故共死亡 26307 人。工矿商贸企业就业人员 10 万人生产安全事故死亡人数 1.374 人，比上年上升 5.6%；煤矿百万吨死亡人数 0.045 人，下降 23.7%。道路交通事故万车死亡人数 1.57 人，下降 5.4%。

注释：

[1]本公报中数据均为初步统计数。各项统计数据均未包括香港特别行政区、澳门特别行政区和台湾省。部分数据因四舍五入的原因，存在总计与分项合计不等的情况。

[2]国内生产总值、三次产业及相关行业增加值、地区生产总值、人均国内生产总值和国民总收入绝对数按现价计算，增长速度按不变价格计算。

[3] 两年平均增速是指以 2019 年同期数为基数，采用几何平均的方法计算的增速。

[4]国民总收入，原称国民生产总值，是指一个国家或地区所有常住单位在一定时期内所获得的初次分配收入总额，等于国内生产总值加上来自国外的初次分配收入净额。

[5] 全员劳动生产率为国内生产总值（按 2020 年价格计算）与全部就业人员的比率，根据第七次全国人口普查结果对历史数据进行了修订。

[6]见注释[5]。

[7] 全国人口是指我国大陆 31 个省、自治区、直辖市和现役军人的人口，不包括居住在 31 个省、自治区、直辖市的港澳台居民和外籍人员。

[8]人户分离的人口是指居住地与户口登记地所在的乡镇街道不一致且离开户口登记地半年及以上的人口。

[9]流动人口是指人户分离人口中扣除市辖区内人户分离的人口。市辖区内人户分离的人口是指一个直辖市或地级市所辖区内和区与区之间，居住地和户口登记地不在同一乡镇街道的人口。

[10]2021 年年末，0–14 岁（含不满 15 周岁）人口为 24678 万人，15–59 岁（含不满 60 周岁）人口为 89846 万人。

[11] 年度农民工数量包括年内在本乡镇以外从业 6 个月及以上的外出农民工和在本乡镇内从事非农产业 6 个月及以上的本地农民工。

[12] 农产品生产者价格是指农产品生产者直接出售其产品时的价格。

[13]居住类价格包括租赁房房租、住房保养维修及管理、水电燃料等价格。

[14]高技术制造业包括医药制造业，航空、航天器及设备制造业，电子及通信设备制造业，计算机及办公设备制造业，医疗仪器设备及仪器仪表制造业，信息化学品制造业。

[15]装备制造业包括金属制品业，通用设备制造业，专用设备制造业，汽车制造业，铁路、船舶、航空航天和其他运输设备制造业，电气机械

和器材制造业，计算机、通信和其他电子设备制造业，仪器仪表制造业。

[16]规模以上服务业统计范围包括：年营业收入2000万元及以上的交通运输、仓储和邮政业，信息传输、软件和信息技术服务业，水利、环境和公共设施管理业，卫生行业法人单位；年营业收入1000万元及以上的房地产业（不含房地产开发经营），租赁和商务服务业，科学研究和技术服务业，教育行业法人单位；以及年营业收入500万元及以上的居民服务、修理和其他服务业，文化、体育和娱乐业，社会工作行业法人单位。

[17] 战略性新兴服务业包括新一代信息技术产业、高端装备制造产业、新材料产业、生物产业、新能源汽车产业、新能源产业、节能环保产业和数字创意产业等八大产业中的服务业相关行业，以及新技术与创新创业等相关服务业。2021年战略性新兴服务业企业营业收入增速按可比口径计算。

[18]高技术产业投资包括医药制造、航空航天器及设备制造等六大类高技术制造业投资和信息服务、电子商务服务等九大类高技术服务业投资。

[19] 网上零售额是指通过公共网络交易平台（主要从事实物商品交易的网上平台，包括自建网站和第三方平台）实现的商品和服务零售额。

[20]东部地区是指北京、天津、河北、上海、江苏、浙江、福建、山东、广东和海南10省（市）；中部地区是指山西、安徽、江西、河南、湖北和湖南6省；西部地区是指内蒙古、广西、重庆、四川、贵州、云南、西藏、陕西、甘肃、青海、宁夏和新疆12省（区、市）；东北地区是指辽宁、吉林和黑龙江3省。

[21] 根据第七次全国人口普查结果，对2017-2019年年末常住人口城镇化率数据进行了修订。

[22]万元国内生产总值能耗按2020年价格计算。

[23]2020年部分产品产量数据进行了核实调整，2021年产量增速按可比口径计算。

[24]火电包括燃煤发电量，燃油发电量，燃气发电量，余热、余压、余气发电量，垃圾焚烧发电量，生物质发电量。

[25] 钢材产量数据中含企业之间重复加工钢材。

[26]少量发电装机容量（如地热等）公报中未列出。

[27] 由于统计调查制度规定的调查范围变动、统计执法、剔除重复数据等因素，2021年规模以上工业企业财务指标增速及变化按可比口径计算。

[28] 产能利用率是指实际产出与生产能力（均以价值量计量）的比率。企业的实际产出是指企业报告期内的工业总产值；企业的生产能力是指报告期内，在劳动力、原材料、燃料、运输等保证供给的情况下，生产设备（机械）保持正常运行，企业可实现并能长期维持的产品产出。

[29] 货物运输总量及周转量包括铁路、公路、水路、民航和管道五种运输方式完成量，2021年增速按可比口径计算。

[30]邮政行业业务总量按2020年价格计算。

[31]电信业务总量按2020年价格计算。

[32] 移动电话基站数是指报告期末为小区服务的无线收发信设备，处理基站与移动台之间的无线通信，在移动交换机与移动台之间起中继作用，监视无线传输质量的全套设备数。

[33] 固定互联网宽带接入用户是指报告期末在电信企业登记注册，通过xDSL、FTTx+LAN、FTTH/O以及其他宽带接入方式和普通专线接入公众互联网的用户。

[34] 固定互联网光纤宽带接入用户是指报告期末在电信企业登记注册,通过 FTTH 或 FTTO 方式接入公众互联网的用户。

[35] 蜂窝物联网终端用户是指报告期末接入移动通信网络并开通物联网业务的用户。物联网终端即连接传感网络层和传输网络层,实现远程采集数据及向网络层发送数据的物联网设备。

[36] 手机上网人数是指过去半年通过手机接入并使用互联网的人数。

[37]软件和信息技术服务业包括软件开发、集成电路设计、信息系统集成和物联网技术服务、运行维护服务、信息处理和存储支持服务、信息技术咨询服务、数字内容服务和其他信息技术服务等行业。

[38]根据统计调查方法改革和制度规定,对 2020 年固定资产投资相关数据进行修订,2021 年相关指标增速按可比口径计算。

[39]见注释[20]。

[40] 民间固定资产投资是指具有集体、私营、个人性质的内资调查单位以及由其控股(包括绝对控股和相对控股)的调查单位建造或购置固定资产的投资。

[41]基础设施投资包括交通运输、邮政业,电信、广播电视和卫星传输服务业,互联网和相关服务业,水利、环境和公共设施管理业投资。

[42]社会领域投资包括教育,卫生和社会工作,文化、体育和娱乐业投资。

[43]房地产业投资除房地产开发投资外,还包括建设单位自建房屋以及物业管理、中介服务和其他房地产投资。

[44]“一带一路”是指“丝绸之路经济带”和“21 世纪海上丝绸之路”。

[45] 社会融资规模增量是指一定时期内实体经济从金融体系获得的资金总额。

[46]社会融资规模存量是指一定时期末(月末、季末或年末)实体经济从金融体系获得的资金余额。

[47] 普惠金融贷款包括单户授信小于 1000 万元的小微型企业贷款、个体工商户经营性贷款、小微企业主经营性贷款、农户生产经营贷款、建档立卡贫困人口消费贷款、创业担保贷款和助学贷款。

[48]沪深交易所股票筹资额按上市日统计,筹资额包括了可转债实际转股金额,2020 年、2021 年可转债实际转股金额分别为 1195 亿元、1342 亿元。

[49] 北京证券交易所股票筹资额按上市日统计,筹资额只计入北京证券交易所开市日起新上市公司,精选层平移公司历史筹资数据保留在原全国中小企业股份转让系统统计报表中。

[50]全国中小企业股份转让系统是 2012 年经国务院批准的全国性证券交易场所。全年全国中小企业股份转让系统挂牌公司累计筹资不含优先股,股票筹资按新增股份挂牌日统计。

[51] 公司信用类债券包括非金融企业债务融资工具、企业债券以及公司债、可转债等。

[52] 原保险保费收入是指保险企业确认的原保险合同保费收入。

[53] 人均收入中位数是指将所有调查户按人均收入水平从低到高(或从高到低)顺序排列,处于最中间位置调查户的人均收入。

[54] 全国居民五等份收入分组是指将所有调查户按人均收入水平从低到高顺序排列,平均分为五个等份,处于最低 20%的收入家庭为低收入组,依此类推依次为中间偏下收入组、中间收入组、中间偏上收入组、高收入组。

[55] 脱贫县包括原 832 个国家扶贫开发工作重点县和集中连片特困地区县,以及新疆阿克苏地区 7 个市县。

[56] 服务性消费支出是指住户用于餐饮服务、教育文化娱乐服务和医疗服务等各种生活服务的消费支出。

[57]农村特困人员是指无劳动能力,无生活来源,无法定赡养、抚养、扶养义务人或者其法定义务人无履行义务能力的农村老年人、残疾人以及未满16周岁的未成年人。

[58]临时救助是指国家对遭遇突发事件、意外伤害、重大疾病或其他特殊原因导致基本生活陷入困境,其他社会救助制度暂时无法覆盖或救助之后基本生活暂时仍有严重困难的家庭或个人给予的应急性、过渡性的救助。

[59]民政服务床位除收养性机构外,还包括救助类机构、社区类机构的床位。

[60]国家级科技企业孵化器是指符合《科技企业孵化器管理办法》规定的,以促进科技成果转化、培育科技企业和企业家精神为宗旨,提供物理空间、共享设施和专业化服务的科技创业服务机构,且经过科学技术部批准确定的科技企业孵化器。

[61]国家备案众创空间是指符合《发展众创空间工作指引》规定的新型创新创业服务平台,且按照《国家众创空间备案暂行规定》经科学技术部审核备案的众创空间。

[62]PCT专利申请受理量是指国家知识产权局作为PCT专利申请受理局受理的PCT专利申请数量。PCT(Patent Cooperation Treaty)即专利合作条约,是专利领域的一项国际合作条约。

[63] 每万人口高价值发明专利拥有量是指每万人口本国居民拥有的经国家知识产权局授权的符合下列任一条件的有效发明专利数量:战略性新兴产业的发明专利;在海外有同族专利权的发明专利;维持年限超过10年的发明专利;实现较高质押融资金额的发明专利;获得国家科学技术奖、中国专利奖的发明专利。

[64] 制造业产品质量合格率是指以产品质量检验为手段,按照规定的方法、程序和标准实施质量抽样检测,判定为质量合格的样品数占全部抽样样品数的百分比,统计调查样本覆盖制造业的29个行业。

[65]普通、职业本专科包括普通本科、职业本科、高职(专科)。2021年高职(专科)招生人数统计口径发生变化,包含五年制高职转入专科招生人数。

[66] 中等职业教育包括普通中专、成人中专、职业高中和技工学校。

[67] 总流通人次是指本年度内到图书馆场馆接受图书馆服务的总人次,包括借阅书刊、咨询问题以及参加各类读者活动等。

[68] 特种影片是指采用与常规影院放映在技术、设备、节目方面不同的电影展示方式,如巨幕电影、立体电影、立体特效(4D)电影、动感电影、球幕电影等。

[69] 人均图书拥有量是指在一年内全国平均每人能拥有的当年出版图书册数。

[70] 总诊疗人次是指所有诊疗工作的总人次数,包括门诊、急诊、出诊、预约诊疗、单项健康检查、健康咨询指导(不含健康讲座、核酸检测)人次。

[71] 出院人数是指报告期内所有住院后出院的人数,包括医嘱离院、医嘱转其他医疗机构、非医嘱离院、死亡及其他人数,不含家庭病床撤床人数。

[72]体育场地调查对象不包括军队、铁路系统所属体育场地。

[73]体育场地面积是指体育训练、比赛、健身场地的有效面积。

[74] 国有建设用地供应总量是指报告期内市、县人民政府根据年度土地供应计划依法以出让、划拨、租赁等方式与用地单位或个人签订

出让合同或签发划拨决定书、完成交易的国有建设用地总量。

[75] 房地产用地是指商服用地和住宅用地的总和。

[76]万元国内生产总值用水量、万元工业增加值用水量按2020年价格计算。

[77]种草改良面积是指通过实施播种、栽种等措施增加牧草数量的面积以及通过压盐压碱压沙、土壤改良、围栏封育等措施使草原原生植被、生态得到改善的面积之和。

[78] 万元国内生产总值二氧化碳排放按2020年价格计算。

[79] 近岸海域海水水质采用面积法进行评价。

资料来源：

本公报中城镇新增就业、城镇登记失业率、养老保险、失业保险、工伤保险、技工学校数据来自人力资源和社会保障部；外汇储备、汇率数据来自国家外汇管理局；市场主体、质量检验、国家标准制定修订、制造业产品质量合格率数据来自国家市场监督管理总局；环境监测等数据来自生态环境部；水产品产量、新增高效节水灌溉面积数据来自农业农村部；木材产量、造林面积、种草改良面积、国家级自然保护区、国家公园数据来自国家林业和草原局；新增耕地灌溉面积、水资源总量、用水量、新增水土流失治理面积数据来自水利部；发电装机容量、新增220千伏及以上变电设备、电力消费量数据来自中国电力企业联合会；港口货物吞吐量、港口集装箱吞吐量、公路运输、水路运输、新改建高速公路里程、港口万吨级码头泊位新增通过能力数据来自交通运输部；铁路运输、新建铁路投产里程、增新建铁路复线投产里程、电气化铁路投产里程数据来自中国国家铁路集团有限公司；民航运输、新增民用运输机场数据来自中国民用航空局；管道运输数据来自中国石油天然气集团有限公司、中国石油化工集团有限公司、中国海洋石油集团有限公司、国家石油天然气管网集团有限公司；民用汽车保有量、道路交通事故数据来自公安部；邮政业务数据来自国家邮政局；通信业、软件业务收入、新增光缆线路长度等数据来自工业和信息化部；互联网上网人数、互联网普及率数据来自中国互联网络信息中心；棚户区改造、保障性租赁住房数据来自住房和城乡建设部；货物进出口数据来自海关总署；服务进出口、外商直接投资、对外直接投资、对外承包工程、对外劳务合作等数据来自商务部；财政数据来自财政部；新增减税降费数据来自国家税务总局；货币金融、公司信用类债券数据来自中国人民银行；境内交易场所筹资数据来自中国证券监督管理委员会；保险业数据来自中国银行保险监督管理委员会；医疗保险、生育保险数据来自国家医疗保障局；城乡低保、农村特困人员救助供养、临时救助、民政服务数据来自民政部；优抚对象数据来自退役军人事务部；国家自然科学基金资助项目数据来自国家自然科学基金委员会；国家重点实验室、国家科技成果转化引导基金、国家级科技企业孵化器、国家备案众创空间、技术合同等数据来自科学技术部；国家工程研究中心、国家企业技术中心、大众创业万众创新示范基地等数据来自国家发展和改革委员会；专利、商标数据来自国家知识产权局；宇航发射数据来自国家国防科技工业局；教育数据来自教育部；艺术表演团体、博物馆、公共图书馆、文化馆、旅游数据来自文化和旅游部；电视、广播数据来自国家广播电视总局；电影数据来自国家电影局；报纸、期刊、图书数据来自国家新闻出版署；档案数据来自国家档案局；医疗卫生数据来自国家卫生健康委员会;体育数据来自国家体育总局;残疾人运动员数据来自中国残疾人联合会;国有建设用地供应、海洋灾害造成直接经济损失数据来自自然资源部;平均气温、台风登陆数据来自中国气象局;农作物受灾面积、洪涝和地质灾害造成直接经济损失、干旱灾害造成直接经济损失、低温冷冻和雪灾造成直接经济损失、地震次数、地震灾害造成直接经济损失、森林火灾、受害森林面积、生产安全事故数据来自应急管理部;其他数据均来自国家统计局。

宁夏回族自治区 2021 年国民经济和社会发展统计公报[1]

宁夏回族自治区统计局 国家统计局宁夏调查总队

2022 年 4 月 14 日

2021 年，面对复杂严峻的发展环境，在自治区党委和政府的正确领导下，全区上下深入学习贯彻习近平总书记视察宁夏重要讲话精神，坚决落实党中央、国务院各项决策部署，以建设黄河流域生态保护和高质量发展先行区为统揽，坚持稳中求进工作总基调，完整、准确、全面贯彻新发展理念，主动融入新发展格局，科学统筹常态化疫情防控和经济社会发展，扎实做好"六稳"工作，全面落实"六保"任务，全区经济运行呈现总体平稳、稳中有进的发展态势，主要经济指标保持稳定增长，发展活力持续增强，转型升级积极推进，质量效益明显改善，民生保障更加有力，高质量发展取得新成效，实现了"十四五"良好开局。

一、综合

初步核算，全年全区实现生产总值[2]4522.31 亿元，按不变价格计算，比上年增长 6.7%，两年平均增长 5.3%。其中，第一产业增加值 364.48 亿元，增长 4.7%；第二产业增加值 2021.55 亿元，增长 6.6%；第三产业增加值 2136.28 亿元，增长 7.1%。第一产业增加值占地区生产总值的比重为 8.1%，第二产业增加值比重为 44.7%，第三产业增加值比重为 47.2%。按常住人口计算，人均地区生产总值 62549 元，比上年增长 6.1 %。

图 1　2017—2021 年全区生产总值及其增长速度

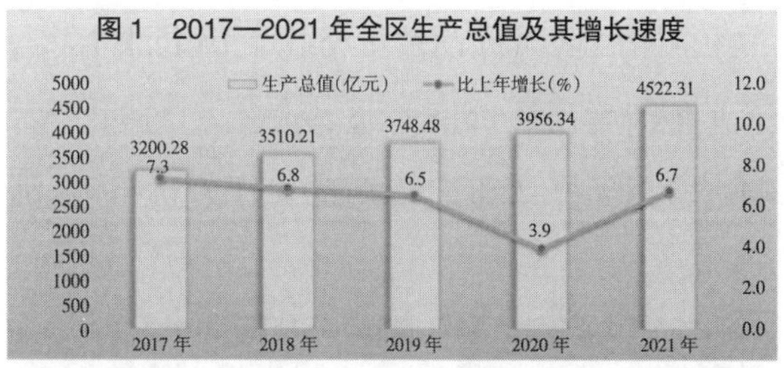

图 2　2017—2021 年全区三次产业增加值占地区生产总值比重

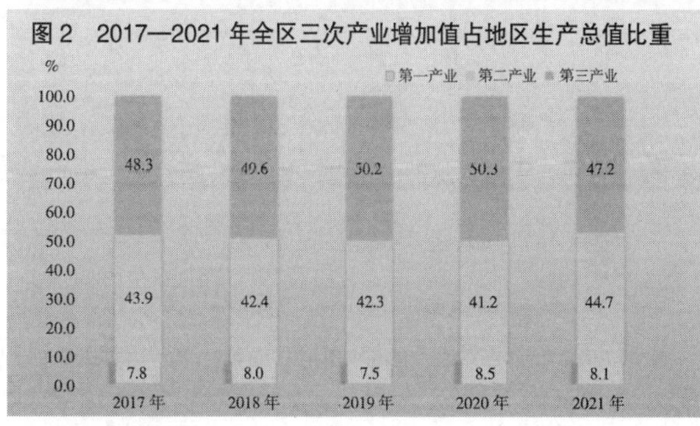

年末全区常住人口 725.0 万人，比上年末增加 4.0 万人。其中城镇常住人口 478.8 万人，占常住人口比重（常住人口城镇化率）为 66.04%，比上年末提高 1.08 个百分点。全年全区出生人口 8.4 万人，出生率为 11.62‰；死亡人口 4.4 万人，死亡率为 6.09‰；自然增长率为 5.53‰。

表 1　2021 年年末全区人口数及其结构

指标	年末数(万人)	比重(%)
年末常住人口	725.0	100.00
其中:城镇	478.8	66.04
乡村	246.2	33.96
其中:男性	370	51.03
女性	355	48.97
其中:0-15 周岁(含不满 16 周岁)	155	21.38
16-59 周岁(含不满 60 周岁)	472	65.10
60 周岁及以上	98	13.52
其中:65 周岁及以上	73	10.07

全年全区城镇新增就业人员8.15万人，农村劳动力转移就业81.27万人，年末全区城镇登记失业率为4.13%。全年全区农民工[3]总量为99.5万人，比上年增加1.4万人，增长1.4%。其中，外出农民工76.3万人，比上年减少0.6万人，下降0.8%；本地农民工23.2万人，增加2.0万人，增长9.4%。

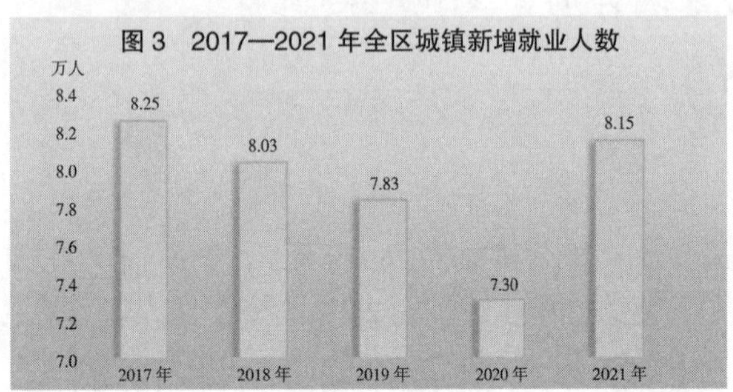

图3 2017—2021年全区城镇新增就业人数

全年全区居民消费价格比上年上涨1.4%，工业生产者出厂价格上涨19.9%，工业生产者购进价格上涨20.8%，农产品生产者价格[4]上涨6.5%。

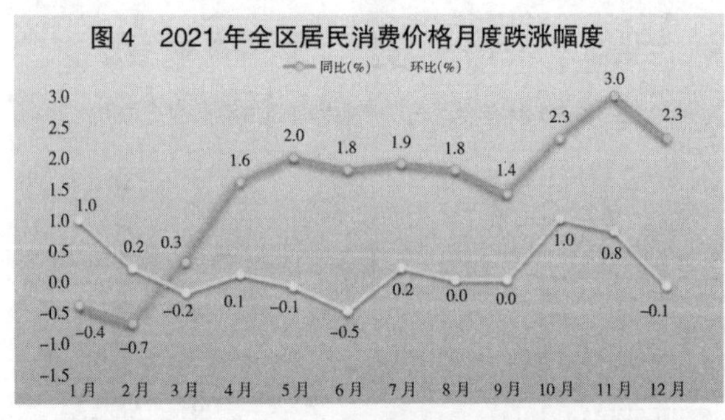

图4 2021年全区居民消费价格月度跌涨幅度

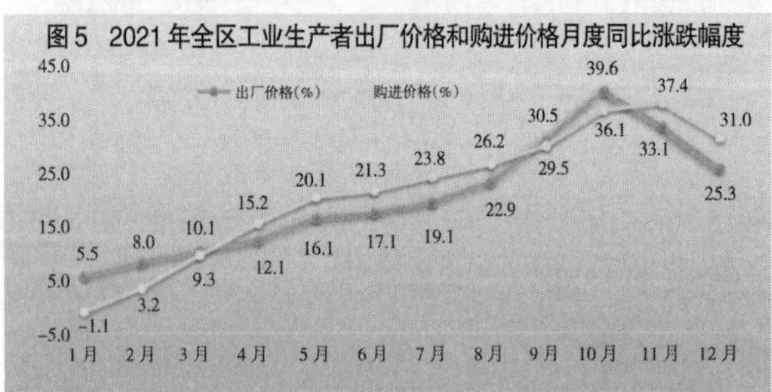

图5 2021年全区工业生产者出厂价格和购进价格月度同比涨跌幅度

新兴动能茁壮成长。高技术和装备制造业快速增长。全年全区规模以上工业高技术制造业[5]增加值比上年增长22.5%，装备制造业[6]增加值比上年增长12.7%，分别比全部规模以上工业增加值增速高14.5个和4.7个百分点。水电、风电、太阳能等可再生能源发电量485.2亿千瓦时，增长37.7%。互联网经济快速发展。全年全区网上零售额[7]302.8亿元，比上年增长46.0%，其中，实物商品网上零售额83.5亿元，增长30.4%。

二、农业

全年全区粮食种植面积1033.93万亩，比上年增加15.18万亩。其中，小麦种植面积100.56万亩，减少38.82万亩；水稻种植面积76.26万亩，减少14.97万亩；玉米种植面积551.13万亩，增加67.04万亩；薯类种植面积149.98万亩，增加7.32万亩。油料种植面积40.88万亩，减少8.62万亩。蔬菜种植面积197.66万亩，减少5.12万亩。瓜果种植面积84.37万亩，减少11.24万亩。园林水果种植面积156.06万亩，减少0.98万亩。

全年全区粮食总产量368.44万吨，比上年减产12.06万吨，下降3.2%，实现十八连丰。其中，夏粮产量19.73万吨，下降32.1%；秋粮产量348.70万吨，下降0.8%。全年全区小麦产量18.95万吨，下降31.8%；水稻产量41.00万吨，下降17.0%；玉米产量263.39万吨，增长5.8%；马铃薯产量(折粮)36.19万吨，下降12.9%。

全年全区蔬菜产量532.94万吨，比上年下降5.9%；红枣产量7.70万吨，下降6.2%；枸杞产量8.60万吨，下降12.2%；油料产量4.81万吨，下降27.7%。全年全区肉类总产量35.0万吨，比上年增长4.7%。其中，猪肉产量9.1万吨，增长13.9%；牛肉产量11.8万吨，增长3.4%；羊肉产量11.5万吨，增长3.4%；禽肉产量2.6万吨，下降11.1%。禽蛋产量12.9万吨，下降7.1%。牛奶产量280.5万吨，增长30.3%。水产品产量16.60万吨，增长2.7%。年末全区生猪存栏85.5万头，下降5.0%；肉牛存栏137.6万头，增长14.0%；奶牛存栏70.2万头，增长22.3%；羊存栏677.1万只，增长13.6%；活家禽存栏1231.0万只，增长4.2%。全年生猪出栏112.5万头，增长14.1%；肉牛出栏72.3万头，增长0.4%；羊出栏645.5万只，增长3.3%；活家禽出栏1224.7万只，下降11.7%。

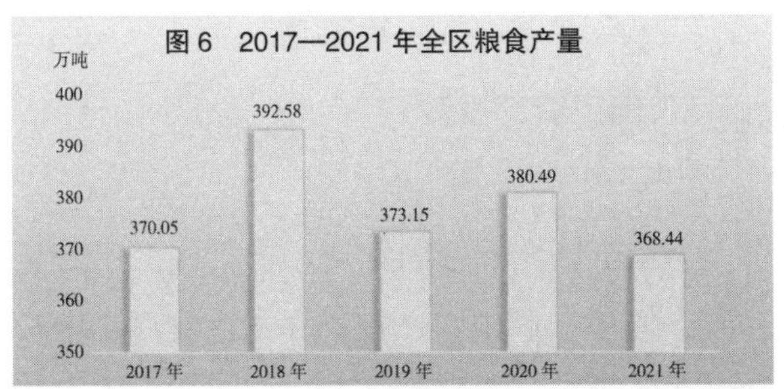

图6 2017—2021年全区粮食产量

表2 2021年全区主要农林牧渔业产品产量及其增长速度

指 标	产量(万吨)	比上年增长(%)
粮食	368.44	-3.2
小麦	18.95	-31.8
水稻	41.00	-17.0
玉米	236.39	5.8
油料	4.81	-27.7
蔬菜	532.94	-5.9
瓜果	185.18	17.5
枸杞	8.60	-12.2
肉类总产量	35.0	4.7
其中:猪、牛、羊肉产量	32.4	6.2
禽蛋	12.9	-7.1
牛奶	280.5	30.3
水产品	16.60	2.7

三、工业和建筑业

全年全区全部工业增加值1677.83亿元，比上年增长7.9%。规模以上工业增加值增长8.0%。在规模以上工业中，分轻重工业看，轻工业增加值增长12.8%，重工业增长7.6%。分经济类型看，国有控股企业增加值增长6.5%；股份制企业增长7.8%，外商及港澳台商投资企业增长5.7%；非公有工业增长9.4%，其中，私营企业增长10.3%。分门类看，采矿业增加值增长11.5%，制造业增长5.8%，电力、热力、燃气及水生产和供应业增长11.8%。

全年全区规模以上工业中，煤炭行业增加值增长15.1%、电力行业增长13.5%、化工行业增长0.6%、冶金行业增长5.3%、有色行业增长2.0%、轻纺行业增长11.9%、机械行业增长3.2%、建材行业下降4.8%、医药行业增长26.5%、其他行业增长18.9%。工业产品销售率为98.3%。

年末全区发电装机容量6214.3万千瓦，比上年末增长4.6%。其中，火电装机容量3333.0万千瓦，增长0.2%；水电装机容量42.6万千瓦，与上年持平；风电装机容量1454.8万千瓦，增长5.7%；太阳能发电装机容量1384.0万千瓦，增长15.6%。

全年全区规模以上工业企业利润462.6亿元，比上年增长1.1倍。分经济类型看，国有控股企业利润106.0亿元，增长1.2倍；股份制企业344.0亿元，增长1.4倍；外商及港澳台商投资企业97.6亿元，增长62.3%。分门类看，采矿业利润68.5亿元，同比扭亏增盈70.0亿元；制造业利润389.4亿元，增长1.5倍；电力、热力、燃气及水生产和供应业利润4.7亿元，下降92.1%。

表3 2021年全区主要工业产品产量及其增长速度

指 标	单位	产量	比上年增长(%)
原煤	万吨	8632.9	5.9
发电量	亿千瓦时	2081.9	10.4
焦炭	万吨	964.7	4.8
原铝(电解铝)	万吨	120.8	1.3
农用化肥(折纯)	万吨	62.4	-6.0
精甲醇	万吨	873.7	10.8
电石(碳化钙)	万吨	442.7	7.8
水泥	万吨	1867.7	-6.1
铁合金	万吨	371.5	10.9
乳制品	万吨	181.8	23.7
金属切削机床	台	2657	35.8

全区具有资质的总承包和专业承包建筑业企业768家，全年完成建筑业总产值681.52亿元，比上年增长6.2%。建筑业企业房屋建筑施工面积1989.74万平方米，下降5.6%；房屋竣工面积839.93万平方米，增长11.0%；竣工产值387.11亿元，增长20.9%。按建筑业总产值计算的劳动生产率38.83万元/人，比上年增长28.3%。

四、服务业

全年全区批发和零售业增加值210.66亿

元，比上年增长 6.7%；交通运输、仓储和邮政业增加值 204.02 亿元，增长 12.1%；住宿和餐饮业增加值 54.50 亿元，增长 10.8%；金融业增加值 331.41 亿元，增长 1.3%；房地产业增加值 191.96 亿元，增长 1.4%；信息传输、软件和信息技术服务业增加值 158.61 亿元，增长 17.4%；租赁和商务服务业增加值 67.53 亿元，增长 2.2%。

全年全区货物运输总量 4.69 亿吨，比上年增长 9.5%；货物运输周转量 812.54 亿吨公里，增长 16.3%。全年全区旅客运输总量 0.38 亿人，下降 0.8%；旅客运输周转量 105.40 亿人公里，增长 5.7%。

表 4　2021 年全区各种运输方式完成运输量及其增长速度

运输方式	货物				旅客			
	运输总量		运输周转量		运输总量		运输周转量	
	绝对值（万吨）	比上年增长(%)	绝对值（万吨）	比上年增长(%)	绝对值（万吨）	比上年增长(%)	绝对值（万吨）	比上年增长(%)
总计	4693.01	9.5	812.54	16.3	3774.48	–0.8	105.40	5.7
铁路	9522.74	9.1	234.50	9.3	720.29	29.03	29.03	19.8
公路	37506.00	9.6	577.70	19.4	2713.00	–6.5	26.81	–5.0
航空	2.27	–22.5	0.33	–11.6	341.19	–1.6	49.56	4.9

年末全区民用汽车保有量（含三轮汽车和低速货车）194.44 万辆，比上年末增长 13.4%。其中，私人汽车保有量 168.09 万辆，增长 8.0%。民用轿车保有量 86.49 万辆，增长 6.7%。其中，私人轿车 82.83 万辆，增长 6.8%。

全年全区完成邮政业务总量 [8]22.46 亿元，比上年增长 24.1%。邮政业完成邮政函件业务 174.39 万件；包裹业务 5.50 万件；快递业务量 9962.97 万件，快递业务收入 15.41 亿元。全年全区完成电信业务总量 [9]104.00 亿元，增长 30.9%。年末全区电话用户总数 914.10 万户，其中移动电话用户 866.12 万户。（固定）互联网宽带接入用户 317.13 万户，比上年增加 33.49 万户。移动互联网用户 750.80 万户，比上年增加 38.09 万户；移动互联网接入流量 149178.00 万 GB，增长 28.9%。

图 7　2017—2021 年年末全区（固定）互联网宽带接入用户数和移动互联网用户数

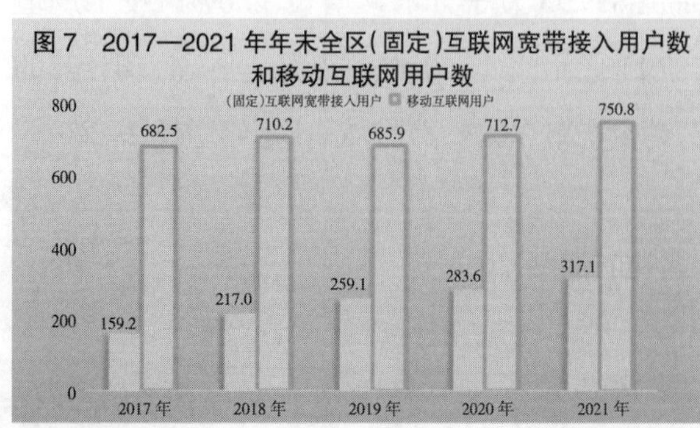

五、固定资产投资

全年全区全社会固定资产投资比上年增长 2.7%。其中，固定资产投资（不含农户）增长 2.2%。

在固定资产投资（不含农户）中，第一产业投资比上年增长 45.7%，第二产业投资下降 1.5%，第三产业投资增长 2.0%。工业投资下降 1.5%，占固定资产投资（不含农户）的比重为 43.8%。基础设施投资[10]下降 2.8%，占固定资产投资（不含农户）的比重为 16.6%。民间固定资产投资[11]增长 3.2%，占固定资产投资（不含农户）的比重为 57.4%。

全年全区房地产开发投资 466.95 亿元，比上年增长 7.8%。其中，住宅投资 344.24 亿元，增长 11.6%；办公楼投资 1.96 亿元，下降 52.0%；商业营业用房投资 55.12 亿元，下降 10.9%。

表 5　2021 年全区房地产开发和销售主要指标及其增长速度

指　标	单位	绝对值	比上年增长（%）
房地产开发投资	亿元	466.95	7.8
房屋施工面积	万平方米	5606.88	0.8
其中：住宅	万平方米	3760.32	3.5
其中：本年新开工面积	万平方米	1396.73	34.4
房屋竣工面积	万平方米	1144.42	48.2
其中：住宅	万平方米	762.80	48.5
商品房销售面积	万平方米	1014.45	–7.4
其中：住宅	万平方米	845.77	–13.0
商品房待售面积	万平方米	1027.40	3.5
其中：住宅	万平方米	309.98	–6.3
商品房销售额	亿元	675.13	–3.3
其中：住宅	亿元	684.93	–6.6
本年实际到位资金	亿元	734.31	3.7
其中：国内贷款	亿元	38.93	–25.1
自筹资金	亿元	129.32	12.5
其他资金来源	亿元	566.06	4.6

六、国内贸易

全年全区实现社会消费品零售总额1335.12亿元，比上年增长2.6%。按经营地统计，城镇消费品零售额1181.49亿元，增长2.8%；乡村消费品零售额153.63亿元，增长0.8%。按消费类型统计，商品零售额1168.41亿元，增长2.8%；餐饮收入额166.71亿元，增长1.4%。

图8　2017—2021年全区社会消费品零售总额及其增长速度

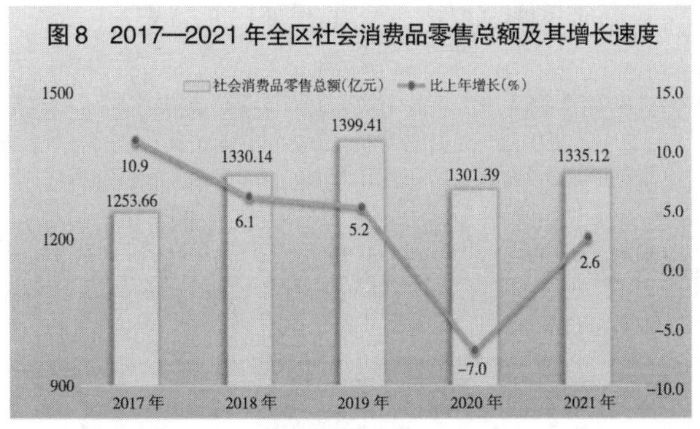

在限额以上单位商品零售额中，粮油、食品类零售额比上年增长0.3%，饮料类增长12.3%，烟酒类增长4.1%，服装、鞋帽、针纺织品类下降14.7%，化妆品类下降1.9%，金银珠宝类增长1.6%，日用品类下降10.0%，家用电器和音像器材类增长12.5%，中西药品类增长0.1%，文化办公用品类下降7.8%，通讯器材类下降17.8%，石油及制品类增长21.1%，汽车类下降0.8%。

七、对外经济[12]

全年全区货物进出口总额214.04亿元，比上年增长73.4%。其中，出口174.81亿元，增长101.7%；进口39.23亿元，增长6.8%。货物贸易进出口差额(出口减进口)135.58亿元。对"一带一路"沿线国家进出口总额67.00亿元，增长71.5%。其中，出口62.96亿元，增长79.8%；进口4.04亿元，下降0.1%。

图9　2017—2021年全区货物进出口总额

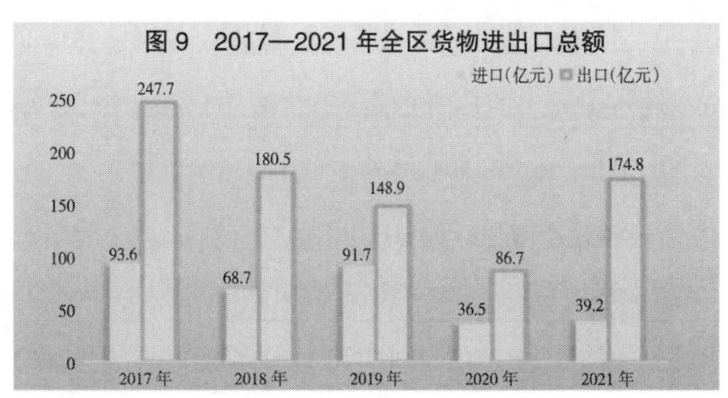

表6　2021年全区主要商品出口金额及其增长速度

商品名称	出口值(亿元)	比上年增长(%)
枸杞	2.21	-19.1
泰乐菌素	7.42	16.0
维生素C及其衍生物	3.21	62.4
双氰胺	11.09	58.7
金属锰	10.93	171.5
钽铌铍制品	4.32	31.3
机床及铸件	4.05	9.3

全年全区新设外商直接投资企业29个，实际使用外资2.93亿美元，比上年增长7.5%。其中，信息传输、软件和信息技术服务业实际使用外资0.9亿美元，增长12.5%。

八、财政金融

全年全区一般公共预算总收入795.06亿元，比上年增长12.9%。其中，地方一般公共预算收入460.01亿元，增长9.7%。在地方一般公共预算收入中，税收收入300.74亿元，增长14.0%，占地方一般公共预算收入的65.4%。

图10　2017—2021年全区地方一般公共预算收入及其增长速度[13]

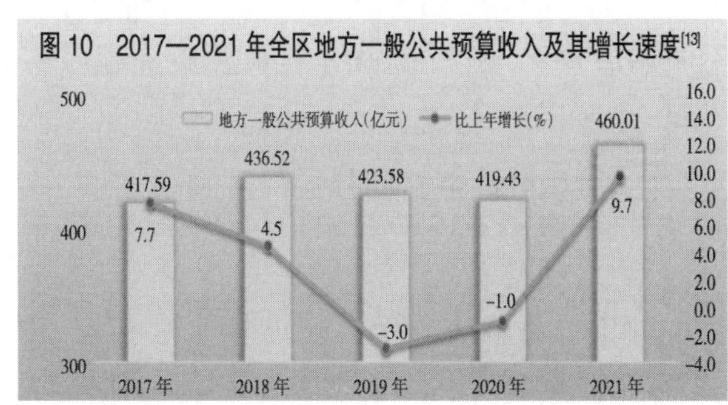

年末全区金融机构本外币各项存款余额7484亿元，其中，人民币各项存款余额7466亿元。金融机构本外币各项贷款余额8461亿元，其中，人民币各项贷款余额8284亿元。

年末全区上市公司16家，总股本213.87亿股，总市值2126.07亿元，比上年末增长56.6%。

其中，流通市值 1130.71 亿元，增长 56.3%。全年证券交易额 14053.09 亿元，增长 10.3%。年末全区在全国中小企业股份转让系统[14]挂牌公司 41 家，比上年末下降 14.6%。

表 7　2021 年年末全区金融机构存贷款余额及其增长速度

指　标	年末数（亿元）	比上年末增长（%）
本外币各项存款余额	7484	4.9
人民币存款余额	7466	4.8
其中：住户存款	4269	8.3
非金融企业存款	1463	−2.4
机关团体及财政性存款	1504	−0.5
本外币各项贷款余额	8461	6.0
人民币贷款余额	8284	6.5
其中：短期贷款	2091	−0.8
中长期贷款	5318	7.9
票据融资	863	17.9

年末全区省级营业性保险分公司 24 家，全年实现保费收入 211.14 亿元，比上年增长 0.2%。其中，财产险收入 65.35 亿元，下降 3.7%；寿险收入 100.80 亿元，增长 4.3%；健康险收入 38.04 亿元，下降 4.8%；意外伤害险收入 6.95 亿元，增长 10.8%。支付各类赔款和给付 73.04 亿元，增长 10.5%。其中，财产险赔款 45.82 亿元，增长 19.4%；寿险业务给付 13.79 亿元，下降 20.9%；健康险给付 11.20 亿元，增长 29.2%；意外伤害险赔款 2.24 亿元，增长 34.7%。

九、居民收入消费和社会保障

全年全区全体居民人均可支配收入 27904 元，比上年增长 8.4%。按常住地分，城镇居民人均可支配收入 38291 元，增长 7.2%；农村居民

图 11　2017—2021 年全区城镇居民人均可支配收入及其增长速度

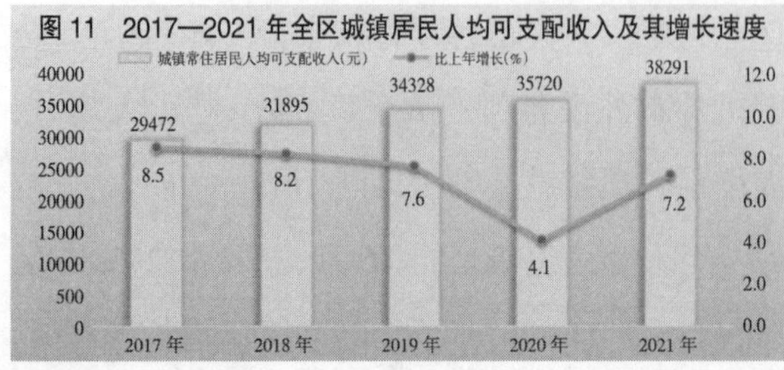

图 12　2017—2021 年全区农村居民人均可支配收入及其增长速度

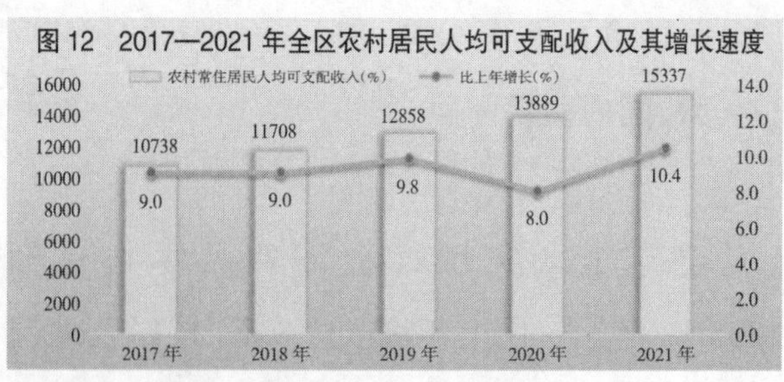

人均可支配收入 15337 元，增长 10.4%。

全年全区居民人均消费支出 20024 元，比上年增长 14.4%。按常住地分，城镇居民人均消费支出 25386 元，增长 13.4%；农村居民人均消费支出 13536 元，增长 15.5%。全区全体居民恩格尔系数为 27.2%，其中城镇为 26.4%，农村为 29.1%。

图 13　2021 年全区城镇居民人均生活消费支出及其构成

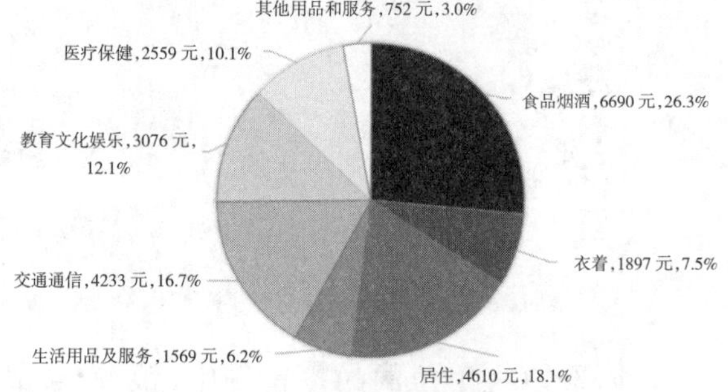

图 14　2021 年全区农村居民人均消费支出及其构成

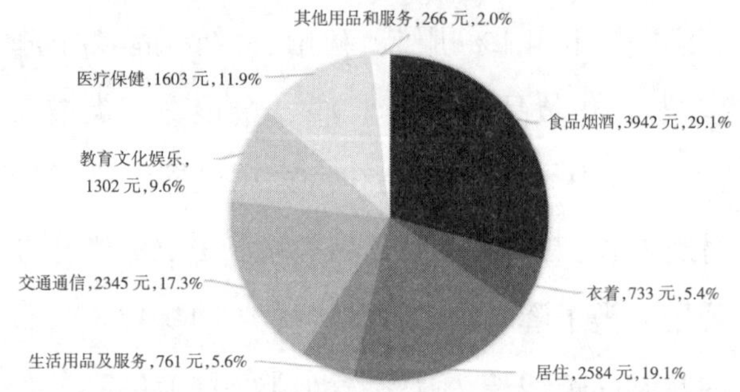

年末全区参加城镇职工基本养老保险人数 252.11 万人，比上年末增加 12.00 万人。参加城乡居民基本养老保险人数 230.74 万人，减少 7.91 万人。参加基本医疗保险人数 663.41 万人，增加 4.65 万人。其中，参加城镇职工基本医疗保险 159.59 万人，增加 6.64 万人；参加城乡居民基本医疗保险 503.82 万人，减少 1.99 万人。参加失业保险人数 109.07 万人，增加 6.34 万人。参加工伤保险人数 143.79 万人，增加 11.23 万人。参加生育保险人数 111.5 万人，增加 6.13 万人。

十、教育、科学技术和文化体育

年末全区各级各类学校3442所(含小学教学点484所),教职工120607人。全年全区学前教育毛入园率为90.2%,小学学龄人口入学率为100%,初中阶段毛入学率为118.3%,高中阶段毛入学率为93.89%,高等教育毛入学率为58.6%,九年义务教育巩固率为100%。

表8 2021年全区各级教育招生、在校、毕业人数

类　别	校数(所)	招生数(人)	在校学生数(人)	毕业学生数(人)
普通高等学校	20	55592	172581	37372
#研究生	0	4536	11527	2611
成人高等学校	1	11665	25632	13233
中等职业教育学校	31	28183	76339	23721
普通中学	318	151774	454301	150473
#高中(含完全中学)	70	57485	167356	50447
#初中(含完全中学)	248	94289	286945	100026
普通小学(含教学点)	1129	103543	603706	94303
幼儿园	1490	103399	261440	104764
特殊教育学校	15	1284	7436	1417

全年全区登记自治区级科技成果399项,比上年增长71.2%。其中,基础理论成果54项,应用技术成果324项,软科学成果21项。全年申请专利量12924件,增长39.4%。其中,发明专利3049件,增长20.8%。专利授权量7709件,增长38.9%。其中,发明专利授权量703件,增长17.6%。全年共签订技术合同3127项,技术合同成交金额25.16亿元。

年末全区拥有国家级工程技术研究中心3个,自治区级工程技术研究中心83个;国家级重点实验室3个,自治区级重点实验室40个(含省部共建国家重点实验室培育基地2个);自治区级产业技术协同创新中心5个,自治区临床医学研究中心25个,自治区技术创新中心404个;国家级企业(集团)技术中心(含分中心)12个,自治区级企业(集团)技术中心83个;国家地方联合工程研究中心26个,自治区工程研究中心50个。

年末全区文化系统共有艺术表演团体44个,博物馆75个。全区共有公共图书馆27个,文化馆27个。预计[15]有线电视在册用户数137.86万户,其中,有线数字电视在册用户131.31万户。年末全区广播节目综合人口覆盖率为99.92%;电视节目综合人口覆盖率为99.98%。全区出版各类报纸14种,出版期刊37种,出版图书2383种。2020年,全区文化及相关产业增加值103.26亿元,比2019年增长1.6%(未扣除价格因素);占全区地区生产总值的比重为2.61%,比2019年降低0.1个百分点。

全年我区运动员参加国际国内比赛共取得金牌5枚、银牌8枚、铜牌16枚。全年有83人达国家一级运动员等级标准,268人达国家二级运动员等级标准,55人获得国家一级裁判员等级称号。

十一、旅游和社会服务

全年全区接待国内外游客3623.67万人次,比上年增长5.7%。其中,国内游客3622.51万人次,增长5.7%。国内旅游收入286.38亿元,增长44.1%。实现旅游总收入286.65亿元,增长44.0%。

年末[16]全区共有各类提供住宿的社会服务机构153个,其中养老服务机构131个,儿童收养救助服务机构10个。社会服务床位27353张(不包括社区床位数),其中养老机构床位25392张(不包括社区日间照料床位5185张、社区全托服务床位1945张),儿童福利和救助机构床位970张。年末全区共有社区服务机构和设施2308个(不包括社区养老服务机构和设施),社区服务中心44个,社区服务站2155个。

十二、资源、环境和应急管理

全年全区水资源总量9.34亿立方米。平均降水量274毫米，比上年下降11.7%。总用水量68.09亿立方米，下降3.0%。其中，生活用水3.67亿立方米，下降0.9%；工业用水4.24亿立方米，增长1.2%；农业用水56.86亿立方米，下降3.0%。万元地区生产总值用水量[17]161.4立方米，下降9.1%；万元工业增加值用水量30.1立方米，下降6.2%。

全年全区完成营造林面积104958公顷，其中人工营造林面积49584公顷。森林抚育面积20285公顷。年末全区自然保护区14个，其中国家级自然保护区9个，自治区级自然保护区5个。

全年[18]黄河干流宁夏段入境至出境断面水质均为Ⅱ类优水质，地表水国控考核断面达到或好于Ⅲ类水质比例为80.0%。5个地级城市环境空气质量平均优良天数为306天，比例为83.8%，细微颗粒($PM_{2.5}$)平均浓度为27微克/立方米，比上年下降18.2%；可吸入颗粒物(PM_{10})平均浓度为62微克/立方米，下降4.6%。全区五地市城市区域昼间噪声等效声级为52.0分贝，比上年下降1.5分贝，昼间区域声环境质量等级为二级，总体水平评价为较好。

全年全区累计发生各类生产经营性事故171起，比上年下降12.8%，死亡166人，下降1.2%。亿元GDP生产安全事故死亡人数为0.037人，下降14.0%。道路交通万车死亡率为2.016，下降11.4%。煤矿生产安全死亡事故7起，死亡7人，煤矿百万吨死亡率为0.081。

注释：

[1]本公报中数据均为初步统计数，正式数据以《宁夏统计年鉴-2022》为准。部分数据因四舍五入的原因，存在总计与分项合计不等的情况。

[2]地区生产总值、各产业增加值绝对数按现价计算，增长速度按不变价格计算。

[3]年度农民工数量包括年内在本乡镇以外从业6个月及以上的外出农民工和在本乡镇内从事非农产业6个月及以上的本地农民工。

[4]农产品生产者价格是指农产品生产者直接出售其产品时的价格。

[5]高技术制造业包括医药制造业，航空、航天器及设备制造业，电子及通信设备制造业，计算机及办公设备制造业，医疗仪器设备及仪器仪表制造业，信息化学品制造业。

[6]装备制造业包括金属制品业，通用设备制造业，专用设备制造业，汽车制造业，铁路、船舶、航空航天和其他运输设备制造业，电气机械和器材制造业，计算机、通信和其他电子设备制造业，仪器仪表制造业。

[7]网上零售额是指通过公共网络交易平台(包括自建网站和第三方平台)实现的商品和服务零售额之和。商品和服务包括实物商品和非实物商品(如虚拟商品、服务类商品等)。

[8]邮政行业业务总量按2020年价格计算。

[9]电信业务总量按2020年价格计算。

[10]基础设施投资包括交通运输、邮政业，电信、广播电视和卫星传输服务业，互联网和相关服务业，水利、环境和公共设施管理业投资。

[11] 民间固定资产投资是指具有集体、私营、个人性质的内资调查单位以及由其控股(包括绝对控股和相对控股）的调查单位建造或购置固定资产的投资。

[12] 货物进出口采用人民币计价。实际使用外商直接投资由于技术原因仍主要沿用美元计价。

[13]2021年数据为初步数，正式数据以自治区财政厅决算数据为准。

[14]全国中小企业股份转让系统又称“新三板”，是2012年经国务院批准设立的全国性证券交易场所。

[15]此数据为自治区广播电视局预计数，正式数据以自治区广播电视局正式公布数据为准。

[16]此部分数据为民政厅预计数，正式数据以民政厅公布数据为准。

[17]万元地区生产总值用水量、万元工业增加值用水量按2020年价格计算。

[18]数据来源于《2021年宁夏生态环境质量状况》。地表水达到或好于Ⅲ类水体比例为15个国控断面监测统计结果；环境空气质量优良天数及比例为未剔除沙尘天气数据，PM_{10}、$PM_{2.5}$平均浓度均为剔除沙尘天气后数据。

资料来源：

本公报中城镇新增就业、登记失业率、社会保障数据来自自治区人力资源和社会保障厅；财政数据来自自治区财政厅；水资源数据来自自治区水利厅；林业数据来自自治区林业和草原局；发电装机容量数据来自国网宁夏电力公司；铁路运输数据来自中国铁路兰州局集团有限公司；公路运输数据来自自治区交通运输厅；民航数据来自西部机场集团宁夏机场有限公司；电信业务总量、电话用户、宽带用户、移动互联网接入流量、互联网普及率等数据来自宁夏通信管理局；货物进出口数据来自银川海关；外商直接投资等数据来自自治区商务厅；民用汽车数据来自自治区公安厅；邮政业务数据来自宁夏邮政管理局；货币金融数据来自人民银行银川中心支行；上市公司数据来自宁夏证监局；保险业数据来自宁夏银保监局；社会服务数据来自自治区民政厅；教育数据来自自治区教育厅；国家工程研究中心、国家工程实验室、企业技术中心等数据来自自治区科技厅；专利数据来自自治区市场监管厅（自治区知识产权局）；艺术表演团体数据来自自治区文化和旅游厅；报纸、期刊、图书数据来自自治区党委宣传部；广播电视数据来自自治区广播电视局；体育数据来自自治区体育局；环境监测数据来自自治区生态环境厅；安全生产数据来自自治区应急管理厅；道路交通事故数据来自公安厅；其他数据均来自自治区统计局和国家统计局宁夏调查总队。

银川市 2021 年国民经济和社会发展统计公报[1]

银川市统计局　国家统计局银川调查队

2021 年，全市上下坚持以习近平新时代中国特色社会主义思想为指导，全面贯彻落实党的十九大和十九届历次全会精神以及习近平总书记视察宁夏重要讲话精神，坚持稳中求进工作总基调，团结带领全市各族人民积极应对经济下行压力和新冠疫情冲击，着力强化稳增长、促改革、调结构、惠民生、防风险，经济运行持续稳中向好，呈现质量更高、效益更好、结构更优的良好态势，各项事业不断进步，顺利实现“十四五”良好开局。

一、综合

初步核算，全年全市实现地区生产总值 2262.95 亿元，按可比价格计算，比上年增长 6.3%[2]。其中，第一产业增加值 83.83 亿元，增长 6.1%；第二产业增加值 1028.32 亿元，增长 6.0%；第三产业增加值 1150.81 亿元，增长 6.5%。三次产业结构为 3.7∶45.4∶50.9，对经济增长的贡献率分别为 3.7%、40.2%和 56.1%。按常住人口计算，人均地区生产总值 78794 元，增长 4.9%。

年末全市常住人口 288.2 万人，比上年末增加 2.0 万人。其中：城镇人口 234.7 万人，占总人口的比重为 81.44%；回族人口 67.3 万人，占总人口的比重为 23.35%；女性人口 141.2 万人，占总人口的比重为 48.99%。人口出生率为 10.97‰，死亡率为 4.18‰，人口自然增长率为 6.79‰。

全年居民消费价格比上年上涨 1.4%，其中，食品烟酒类上涨 1.6%，衣着类下降 0.5%，医疗保健上涨 2.6%，教育文化和娱乐类上涨 1.5%，居住类上涨 0.1%，生活用品及服务类上涨 1.0%，交通和通信类上涨 3.9%，其他用品和服务下降 1.2%。商品零售价格总指数上涨 2.0%。

图 1　2017—2021 年银川市地区生产总值及增速

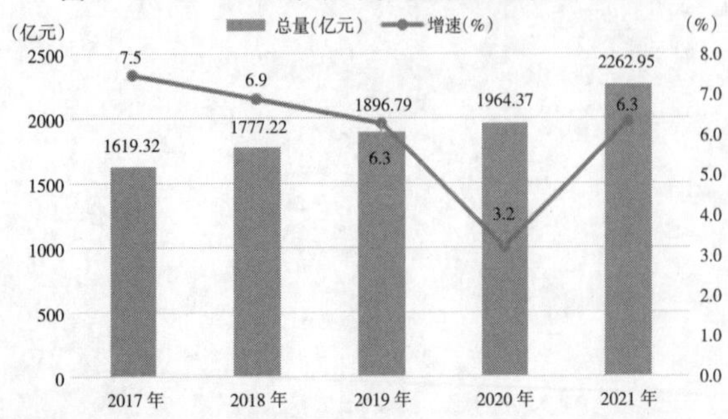

图 2　2021 年银川市居民消费价格月度涨幅

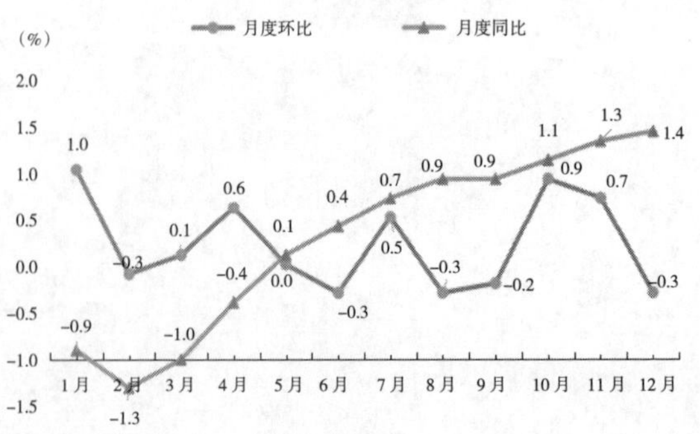

表 1　2021 年银川市居民消费价格比上年涨跌幅度

单位:%

指标名称	2021 年
居民消费价格总指数(CPI)	1.4
服务价格指数	0.8
消费品价格指数	1.8
# 食品烟酒	1.6
衣着	−0.5
居住	0.1
生活用品及服务	1.0
交通和通信	3.9
教育文化和娱乐	1.5
医疗保健	2.6
其他用品和服务	−1.2
商品零售价格总指数	2.0

全年完成地方财政收入 261.11 亿元，比上年增长 5.2%。完成一般公共预算收入 171.19 亿元,增长 8.9%。其中,税收收入 122.45 亿元,增长 10.2%；税收收入占一般公共预算收入的比重为 71.5%。全年完成地方财政支出 361.13 亿元,下降 18.3%。完成一般公共预算支出 292.15 亿元，下降 12.1%。其中，公共安全支出下降 15.9%,教育支出下降 15.9%,科学技术支出增长 20.8%，社会保障和就业支出增长 14.4%,卫生健康支出下降 8.1%，节能环保支出下降 36.5%,城乡社区支出增长 2.7%。

图 3　2017—2021 年银川市一般公共预算收入及增速

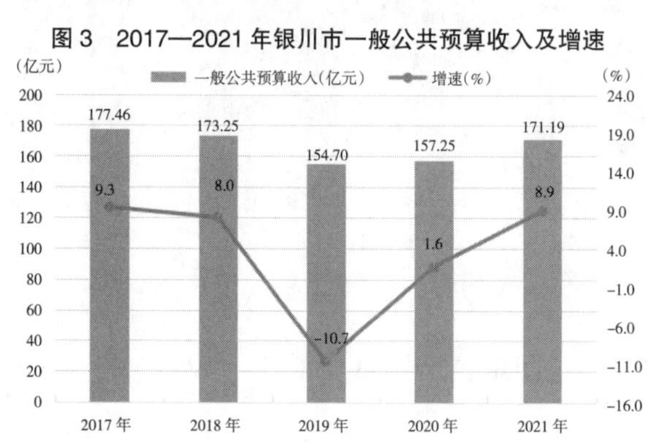

二、农业

全年完成农林牧渔业总产值 173.20 亿元，按可比价格计算,比上年增长 5.5%[3]。其中,农业产值 87.87 亿元,增长 1.2%;林业产值 1.10 亿元,同比增长 93.2%;牧业产值 63.51 亿元,增长 15.5%;渔业产值 11.36 亿元,增长 1.5%;农林牧渔服务业产值 9.36 亿元,增长 4.2%。

全年粮食作物播种面积 121.44 万亩，同比下降 0.2%。其中,小麦播种面积 10.11 万亩,下降 27.5%。蔬菜播种面积 60.43 万亩,园林水果播种面积 35.58 万亩。全年粮食产量 70.47 万吨,增长 1.8%,其中,小麦产量 3.85 万吨,下降 24.7%。蔬菜产量 140.86 万吨,下降 1.2%,园林水果产量 17.47 万吨，增长 73.6%。禽蛋产量 2.28 万吨,下降 17.1%。牛奶产量 87.37 万吨,增长 33.9%。水产品产量 7.62 万吨,增长 0.6%。全年肉类总产量 6.19 万吨,增长 7.4%。其中,猪肉产量 1.75 万吨，增长 11.0%；牛肉产量 1.95 万吨，增长 1.8%；羊肉产量 1.85 万吨，增长 14.6%,禽肉产量 0.64 万吨,下降 2.5%。年末牛存栏 35.93 万头,其中,奶牛存栏 23.33 万头;生猪存栏 15.20 万头，羊只存栏数 97.31 万只,家禽数 196.63 万只。

全年农村用电量 4.01 亿千瓦时，增长 20.1%。

图 4　2017—2021 年银川市粮食产量及增速

三、工业和建筑业

全年全部工业增加值 844.95 亿元，比上年增长 7.8%，其中，规模以上工业增加值增长 8.6%。在规模以上工业中,分轻重工看,轻工业增加值增长 20.3%,重工业增加值增长 7.6%。分经济类型看,国有企业增加值增长 18.9%,股份制企业增加值增长 8.5%，外商及港澳台商投资企业增加值增长 3.9%。全市规模以上非公有制工业企业增加值增长 13.4%。

图 5　2017—2021 年银川市规模以上工业增加值增速

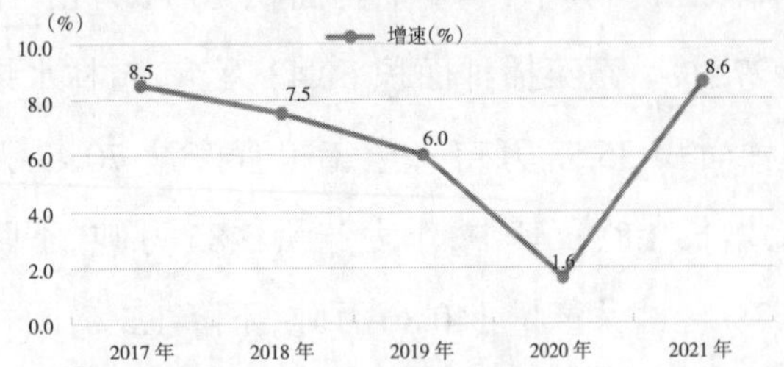

全年规模以上工业中，电力、热力的生产和供应业增加值比上年同期增长 9.1%，石油、煤炭及其他燃料加工业增长 7.4%，煤炭采选业增长 16.8%，化学原料及化学制品制造业下降 6.4%，纺织业增长 54.0%。六大高耗能行业[4]增加值增长 2.3%，占规模以上工业增加值比重为 58.3%；高技术产业增加值增长 35.5%，占规模以上工业增加值比重为 12.9%。

全年规模以上工业企业实现销售产值比上年增长 36.9%，工业产销率为 97.9%。规模以上工业企业营业收入 3334.12 亿元，比上年增长 38.7%；营业成本 2718.71 亿元，增长 39.9%；实现利润总额 268.54 亿元，增长 96.4%。工业品出口交货值 47.89 亿元，应收账款 479.12 亿元。年末规模以上工业企业资产负债率 63.4%，比上年末下降 1.4 个百分点；企业亏损面 27.3%，亏损企业亏损额 54.31 亿元。全年规模以上非公有工业企业实现营业收入 1286.35 亿元，增长 38.2%。

表 2　规模以上工业企业主要产品产量

指　标	单位	2021 年	上年同期	比上年增长%
水泥	万吨	490.63	542.01	–9.5
液体乳	万吨	44.63	36.94	20.8
农用化肥（折纯）	万吨	55.45	56.17	–1.3
金属切削机床	台	2657	1911	39.0
滚动轴承	万套	3636.04	2629.31	38.3
合成氨	万吨	39.05	37.35	4.6
机制纸	万吨	1.45	0.94	53.9
葡萄酒	千升	4586.16	4057.77	13.0
服装	万件	41.92	51.79	–19.1
自来水生产量	万立方米	37392.66	34059.38	9.8
变压器	万千伏安	961.43	1520.79	–36.8
原铝（电解铝）	万吨	57.77	57.22	0.9

全年全市具有资质等级建筑业企业 460 个，实现建筑业总产值 498.20 亿元，比上年增长 5.9%。其中，国有及国有控股企业实现产值 201.05 亿元，增长 9.8%；建筑装修、装饰业实现产值 3.82 亿元，下降 5.6%。房屋建筑施工面积 1405.87 万平方米，下降 2.3%；房屋建筑竣工面积 615.24 万平方米，增长 22.7%。

四、服务业

全年服务业实现增加值 1150.81 亿元，比上年增长 6.5%。其中，批发和零售业增加值 101.22 亿元，增长 5.0%；交通运输、仓储和邮政业增加值 94.18 亿元，增长 11.6%；住宿和餐饮业增加值 26.34 亿元，增长 12.1%；金融业增加值 225.09 亿元，增长 1.6%；房地产业增加值 124.35 亿元，与去年持平；营利性服务业增加值 197.57 亿元，增长 9.2%；非营利性服务业增加值 375.83 亿元，增长 9.3%。

图 6　2017—2021 年银川市服务业增加值及增速

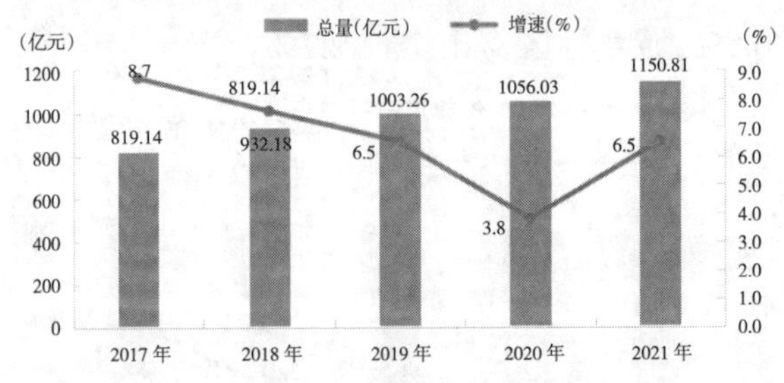

五、固定资产投资

全年固定资产投资比上年下降 3.6%[5]。分投资主体看，国有经济投资下降 18.0%，非国有经济投资增长 4.1%。从投资结构看，第一产业投资增长 1.9 倍，第二产业投资下降 2.6%，第三产业投资下降 7.7%。施工项目计划总投资下降 10.9%。

图 7　2017—2021 年银川市社会固定资产投资增速

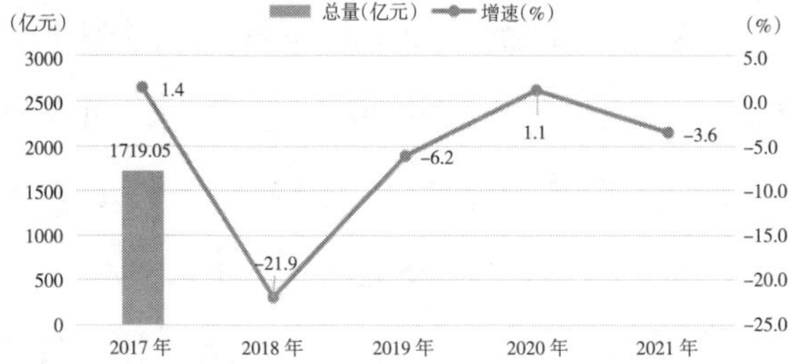

全年完成房地产开发投资 325.79 亿元，比上年增长 4.6%，其中，住宅开发投资 234.13 亿元，增长 5.9%。商品房施工面积 3704.85 万平方米，下降 1.4%，其中，住宅施工面积 2433.28 万平方米，增长 1.3%。商品房销售面积 641.57 万平方米，下降 14.7%，其中，住宅销售面积 528.20 万平方米，下降 21.7%。全年商品房销售额 490.67 亿元，下降 9.8%，其中，住宅销售额 430.11 亿元，下降 13.2%。商品房待售面积 649.77 万平方米，增长 2.2%，其中，住宅待售面积 174.16 万平方米，下降 12.5%。

六、国内贸易

全年实现社会消费品零售总额 788.69 亿元，同比增长 2.3%[6]。分城乡看，城镇消费品零售额增长 2.4%，乡村消费品零售额增长 1.2%。分行业看，批发、零售贸易业零售额增长 2.0%，住宿餐饮业零售额增长 4.3%。分经济类型看，国有经济零售额增长 0.4%，集体经济零售额下降 1.4%，股份制经济零售额增长 1.5%，私营经济零售额增长 0.9%，个体经济零售额增长 3.0%，其他各种经济零售额增长 18.6%。

图 8　2017—2021 年银川市社会消费品零售总额及增速

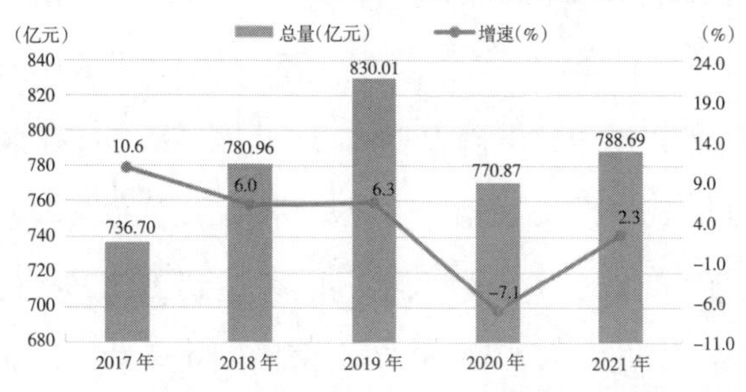

在限额以上企业商品零售中，粮油、食品、饮料及烟酒类增长 4.5%，服装、鞋帽、针纺织品类下降 0.9%，家用电器和音像器材类增长 14.1%，金银珠宝类增长 16.6%，石油及制品类增长 9.1%，通讯器材类下降 17.2%，体育、娱乐用品类下降 26.0%，汽车类下降 1.2%。

全年亿元以上商品交易市场成交额 237.18 亿元，增长 7.6%。

七、对外经济

全年实现进出口总额 132.07 亿元，比上年增长 1.1 倍。其中，出口总额 109.47 亿元，增长 1.4 倍；进口总额 22.60 亿元，增长 27.7%。

图 9　2017—2021 年银川市进出口贸易总额

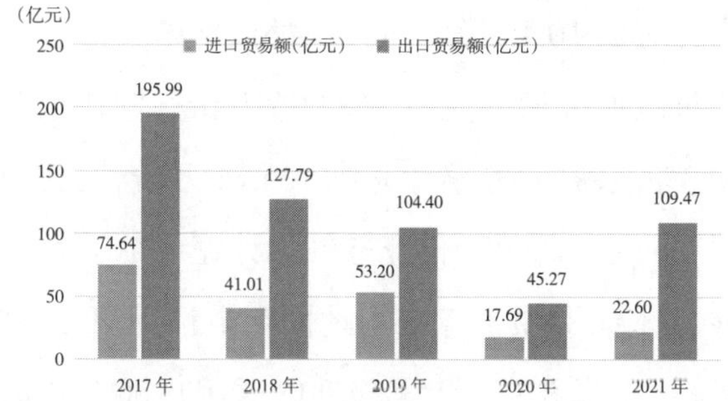

全年新批外资企业数 21 个；合同外资金额 1.70 亿美元，比上年下降 23.0%；实际利用外资 1.18 亿美元，增长 35.0%。

八、交通、邮电和旅游

全年铁路客运量 429.48 万人次，比上年增长 35.6%；铁路货运量 717.74 万吨，增长 21.6%。民航客运量 325.20 万人次，下降 1.6%；民航旅客周转量 47.82 亿人公里，增长 4.5%；民航货运量 2.19 万吨，下降 24.0%；民航货运周转量 3238.50 万吨公里，下降 11.8%[7]。

表 3 2021 年银川市铁路、公路及航空完成运输量及增长速度

指 标	单位	绝对数	比上年增长(%)
客运量			
铁路	万人次	429.48	35.6
民航	万人次	325.2	-1.6
旅客周转量			
民航	万人公里	478239	4.5
货运量			
铁路	万吨	717.74	21.6
民航	万吨	2.19	-24.0
货物周转量			
民航	万吨公里	3238.5	-11.8

年末全市各种民用汽车保有量 109.09 万辆，增长 9.1%，其中，年末私人汽车保有量 103.23 万辆，增长 9.2%。

全年邮政行业业务收入累计完成 16.75 亿元，同比增长 25.4%，其中，邮政公司累计收入完成 6.27 亿元，同比增长 20.4%，快递业务收入累计完成 10.48 亿元，同比增长 28.7%。全年定销报纸业务累计完成 3684.96 万份，同比增长 26.3%；杂志业务累计完成 165.74 万份，同比下降 14.5%；邮政函件业务量累计完成 161.02 万件，下降 13.8%。年末本地固定电话用户 23.10 万户，下降 8.5%；年末移动电话用户 377.61 万户，增长 3.3%；年末互联网宽带接入用户 136.57 万户，增长 10.7%。

全年接待国内游客 1917.82 万人次，比上年增长 14.1%；接待入境游客 0.82 万人次，增长 9.2%。国内旅游总收入 125.38 亿元，增长 10.6%；旅游外汇收入 298.24 万美元，增长 12.2%。

全市共有旅行社 143 家，其中，国际社 25 家，国内社 118 家。全市共有旅游星级饭店 31 家，其中，四星级 19 家，三星级 12 家。

九、金融和保险

年末全市金融机构人民币各项存款余额 4691.32 亿元，比上年末增长 4.5%，其中，住户存款 2323.50 亿元，增长 8.7%。年末全市金融机构人民币各项贷款余额 5979.62 亿元，比上年末增长 8.0%。其中，中长期贷款 4288.04 亿元，增长 8.5%；短期贷款 1104.76 亿元，下降 1.1%。

全年实现保费收入 122.93 亿元，比上年增长 0.6%。其中，财产险保费收入 34.11 亿元，下降 7.0%；人身险保费收入 88.81 亿元，增长 3.8%。全年支付各项赔款及给付额 38.04 亿元，下降 0.8%。其中，财产险赔付 22.27 亿元，增长 5.5%；人身险赔付 15.77 亿元，下降 8.5%。

十、教育和科学技术

年末全市有研究生培养单位 3 个，招生 4257 人，比上年增长 5.0%；在学研究生 11047 人，增长 19.5%；毕业生 2596 人，增长 19.7%。普通高等院校 16 所，招生 4.01 万人，比上年增长 4.1%；在校生 14.02 万人，增长 17.0%，毕业生 2.88 万人，增长 0.7%。成人高校 1 所，在校生 273 人，毕业生 377 人。中等职业学校 16 所，招生 1.29 万人，增长 8.5%；在校生 3.54 万人，增长 3.1%；毕业生 1.04 万人，增长 1.1%。普通高中 28 所，招生 1.99 万人，增长 1.5%；在校生 5.78 万人，增长 3.8%；毕业生 1.75 万人，下降 4.4%。初中学校 59 所，招生 2.93 万人，增长 0.4%；在校生 8.83 万人，增长 1.9%；毕业生 2.77 万人，增长 4.5%。普通小学 202 所，招生 3.78 万人，下降 0.6%；在校生 21.07 万人，增长 5.4%；毕业生 2.89 万人，下降 0.2%。特殊教育学校 4 所，招生 60 人，下降 56.8%；在校生 752 人，下降 4.6%；毕业生 89 人，下降 9.2%。幼儿园 475 所，在园幼儿 10.72 万人，增长 8.6%。学前三年毛入园率达到 114.6%，小学六年巩固率达到 105.2%，初中三年巩固率达到 99.7%。资助困难学生 31780

人次。

有效发明专利拥有量 2843 件，万人发明专利拥有量 9.94 件。

十一、文化、卫生和体育

年末全市拥有艺术表演团体 12 个，文化艺术馆、文化馆 8 个，公共图书馆 8 个，博物馆 19 个，全国重点文物保护单位 11 处。广播电台 6 座，电视台 6 座，广播综合人口覆盖率、电视综合人口覆盖率均达到 100%，有线广播电视覆盖用户 114 万户。

年末全市拥有卫生机构 1350 个，其中，医院和卫生院 116 个(医院 80 个)。卫生机构床位 17985 张，其中，医院、卫生院床位 16691 张。卫生技术人员 29473 人，其中，执业医师及执业助理医师 11326 人，注册护士 13620 人。疾病预防控制中心 8 个，卫生技术人员 224 人；妇幼保健机构 6 个，卫生技术人员 1730 人；乡镇卫生院 36 个，床位数 567 张，卫生技术人员 1166 人。卫生监督所 7 个，卫生技术人员 101 人。全市国家免疫规划疫苗报告接种率 99.8%。

全年获得全国冠军 1 个，获得金牌 4 块，银牌 1 块，铜牌 2 块。

十二、人民生活和社会保障

全年城镇新增就业人数 6.43 万人，年末城镇登记失业率 4.34%，比上年末上涨 0.47 个百分点。

全年全市城镇居民人均可支配收入 42412 元，比上年增加 2996 元，增长 7.6%。城镇居民人均消费性支出 29073 元，增长 9.0%。城镇居民家庭恩格尔系数为 27.0%。

图 10　2017—2021 年银川城镇居民人均可支配收入及增速

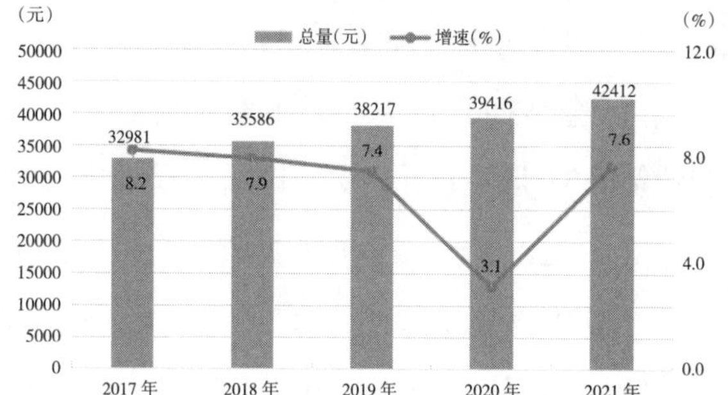

表 4　城镇居民每百户主要消费品拥有量

指标	单位	2021 年	2020 年	比上年增长(%)
空调器	台	42.0	34.8	20.7
淋浴热水器	台	100.0	100.9	-0.9
彩电	台	101.9	102.4	-0.5
电冰箱	台	100.4	100.1	0.3
移动电话	部	238.8	246.5	-3.1
家用电脑	台	68.4	85.8	-20.3
微波炉	台	66.0	70.9	-6.9
家用汽车	辆	56.5	51.6	9.5
摩托车	辆	2.5	5.1	-51.0
洗衣机	台	100.7	100.6	0.1
照相机	架	13.9	23.2	-40.1
健身器材	套	7.9	10.3	-23.3

全年全市农村居民人均可支配收入 18170 元，比上年增加 1742 元，增长 10.6%。农村居民人均生活消费支出 14668 元，增长 10.1%。农村居民家庭恩格尔系数为 31.9%。

图 11　2017—2021 年农村居民人均可支配收入及增速

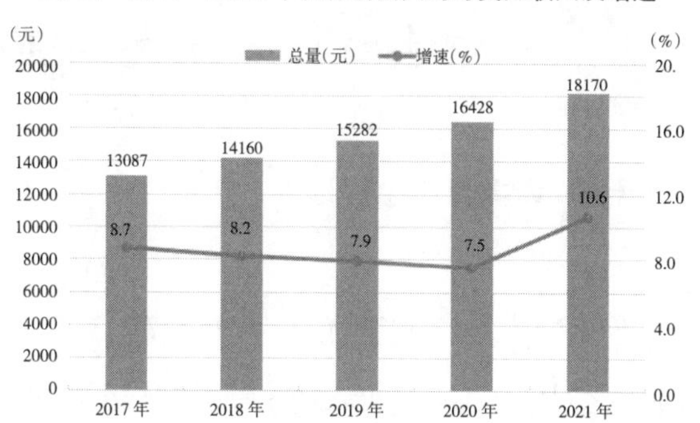

全年生态移民地区农村居民人均可支配收入 11162 元，比上年增长 18.3%。

年末全市参加基本养老保险 152.56 万人，比上年增长 4.3%。其中，参加城镇职工基本养老保险 108.11 万人，参加城乡居民社会养老保险 38.09 万人。参加基本医疗保险 209.42 万人，比上年增长 3.9%，其中，参加城镇职工基本医疗保险 92.25 万人,参加城乡居民基本医疗保险 117.17 万人。参加失业保险 64.79 万人。

年末全市拥有各类养老服务机构 41 个,共有床位 9533 张。全市享受城镇居民最低生活保障人数为 1.28 万人,全年发放城镇居民最低生活保障金 0.82 亿元;农村享受最低保障人数 2.16 万人,发放农村最低生活保障金 1.1 亿元。使用城乡医疗救助资金 7346 万元,城乡特困人员享受医疗救助人数 9.51 万人次。城镇建立各种社区服务站 293 个。全年筹集社会公益资金 511 万元,直接接受社会捐赠 763.4 万元。

十三、城市建设

年末城市建成区面积 194.69 平方公里[8]。城市道路长度 774.4 公里,城市道路面积 2819.4 万平方米。污水年排放量 18348 万立方米,污水处理率 97.8%。年末建成区绿化覆盖面积 8090.90 公顷;年末建成区园林绿地面积 8013.09 公顷,建成区公园绿地面积 2566.77 公顷。

年末全市公共汽车线路 192 条,公共汽车运营车辆 1797 辆;公交标准运营车辆 2325.7 标台,每万人拥有公交车辆 11.7 标台。

十四、环境与应急管理

全年城市空气质量优良天数(实况)307 天,优良天数比例(实况)84.1%。区域噪声平均值 52.4 分贝,交通干线噪声平均值 66.7 分贝。城市饮用水源水质达标率 100%,黄河银川段水质达到二类。全年完成工业企业环境污染治理项目 95 个,投入资金 17.16 亿元。

全年发生各类生产安全事故 61 起,死亡 62 人,受伤 30 人。亿元 GDP 生产安全事故死亡人数 0.027 人。道路交通生产安全事故 24 起,死亡 25 人,受伤 23 人。

注:

[1]本公报中数据均为初步统计数。

[2]地区生产总值、各产业增加值和人均地区生产总值绝对数按现行价格计算,增长速度按不变价格计算。根据第四次全国经济普查结果及有关制度规定,对 2000-2018 年地区生产总值进行了修订。

[3]2017 年农业相关数据为第三次农业普查修正数据。

[4]六大高耗能行业分别为:化学原料和化学制品制造业、非金属矿物制品业、黑色金属冶炼和压延加工业、有色金属冶炼和压延加工业、石油加工炼焦和核燃料加工业、电力热力生产和供应业。

[5]自 2018 年起,不再公布固定资产投资总量。

[6]根据第四次全国经济普查结果及有关制度规定,对 1992-2019 年社会消费品零售总额数据进行了修订。

[7]自 2018 年起,取消铁路货物周转量和旅客周转量两项指标。自 2019 年起,取消公路客运量、公路货运量和公路货物周转量三项指标。

[8]2021 年变更调查未结束,此数据为 2020 年变更调查年末数。

资料来源:

本公报中财政数据来自市财政局;货物进出口数据来自银川海关;外商投资等数据来自市商务局;铁路数据来自中国铁路兰州局集团有限公司;民航数据来自西部机场集团宁夏机场有限公司;民用汽车数据来自市公安局交通警察分局机动车辆管理所;邮政业务相关数据来自银川市邮政管理局;电话用户、宽带用户等数据来自宁夏通信管理局;文化、旅游和广播电视相关数据来自市文化旅游广电局;金融数据来自人民银行银川中心支行;保险数据来自中国银行保险监督管理委员会宁夏监管局;教育数据来自市教育局;专利数据来自市市场监督管理局;卫生数据来自市卫生健康委员会;体育数据来自市体育局;劳动就业数据来自市人力资源和社会保障局;医疗保险数据来自市医疗保障局;社会保障相关数据来自市民政局;绿化覆盖数据来自市园林管理局;公交运营数据来自市交通运输局;环境监测数据来自市生态环境局;应急管理数据来自市应急管理局;城市建设数据来自市自然资源局;其他数据均来自市统计局和国家统计局银川调查队。

综　合

1-1　行政区划及区划面积

（2021）

县(市)区	镇（个）	乡（个）	街道办事处（个）	居民委员会（个）	村民委员会（个）	区划面积（平方公里）
总　计	20	6	27	293	282	9025.38
市区	6	2	24	232	82	2305.86
兴庆区	2	2	11	105	43	828.26
金凤区	2	0	6	63	20	353.00
西夏区	2	0	7	64	19	1124.60
永宁县	5	1	1	29	66	1178.68
贺兰县	4	1	1	17	64	1531.87
灵武市	5	2	1	15	70	4008.97

1-1　行政区划及区划面积(续表)

县(市)区	年末总人口（万人）	人口密度（人/平方公里）	乡、镇、街道办事处名称
总　计	288.2	319	
市区	191.8	832	
兴庆区	81.3	982	大新镇、掌政镇、通贵乡、月牙湖乡、文化街街道办事处、凤凰北街街道办事处、玉皇阁北街街道办事处、富宁街街道办事处、解放西街街道办事处、前进街街道办事处、新华街街道办事处、中山南街街道办事处、银古路街道办事处、丽景街街道办事处、胜利街街道办事处
金凤区	65.2	1847	良田镇、丰登镇、长城中路街道办事处、北京中路街道办事处、黄河东路街道办事处、满城北街街道办事处、上海西路街道办事处、贺兰山中路街道办事处
西夏区	45.3	403	兴泾镇、镇北堡镇、文昌路街道办事处、北京西路街道办事处、西花园路街道办事处、宁华路街道办事处、朔方路街道办事处、贺兰山西路街道办事处、怀远路街道办事处
永宁县	32.4	275	李俊镇、闽宁镇、杨和镇、望洪镇、望远镇、胜利乡、团结西路街道办事处
贺兰县	34.4	225	习岗镇、金贵镇、立岗镇、洪广镇、常信乡、富兴街街道办事处
灵武市	29.6	74	临河镇、东塔镇、崇兴镇、马家滩镇、郝家桥镇、白土岗乡、梧桐树乡、城区街道办事处

1-2 气象

（2021）

月 份	平均气温(℃)				降水量(毫米)			
	银川	永宁	贺兰	灵武	银川	永宁	贺兰	灵武
一 月	-5.1	-5.3	-5.9	-5.9				
二 月	2.8	2.4	2.0	1.7	1.3	3.3	0.3	2.9
三 月	7.7	7.0	7.2	6.8	27.6	25.5	35.4	35.3
四 月	12.1	11.8	11.8	11.7	14.5	13.6	14.4	19.7
五 月	18.7	18.5	18.3	17.5	14.0	15.1	11.5	12.1
六 月	23.5	22.9	22.7	22.5	11.1	11.9	23.8	13.3
七 月	27.2	25.9	26.4	26.2	1.0	0.9	8.4	0.9
八 月	23.0	22.0	22.4	22.2	8.8	12.3	9.3	14.8
九 月	19.4	18.6	19.0	17.9	48.0	50.1	43.2	70.9
十 月	9.6	9.5	9.3	8.8	5.9	6.0	7.7	6.7
十一月	0.8	1.5	0.3	0.2	14.1	14.5	10.5	15.7
十二月	-3.9	-3.6	-4.6	-4.4				

1-2 气象

（2021）

月 份	蒸发量(毫米)				日照时数(小时)			
	银川	永宁	贺兰	灵武	银川	永宁	贺兰	灵武
一 月	44.7				212.7	223.4	210.9	218.5
二 月	78.4				202.6	213.2	202.5	214.4
三 月	121.1				210.3	210.7	201.4	203.3
四 月	104.3				192.2	201.2	182.7	188.2
五 月	161.6				288.3	297.2	285.3	281.2
六 月	154.5				250.6	261.0	231.2	245.6
七 月	195.2				325.6	337.9	327.3	310.9
八 月	156.7				226.1	240.6	237.1	221.1
九 月	97.1				218.7	227.5	230.7	207.4
十 月	72.7				164.0	191.2	180.7	180.2
十一月	47.8				221.0	243.4	220.3	242.1
十二月	36.5				206.8	227.1	205.4	220.8

情况

平均风速(米/秒)				平均相对湿度(%)			
银川	永宁	贺兰	灵武	银川	永宁	贺兰	灵武
1.5	3.5	1.2	3.2	38	38	42	40
1.5	2.9	1.0	2.6	37	40	41	40
1.6	2.4	1.1	2.3	41	46	45	47
2.0	2.6	1.1	2.6	49	51	53	53
1.9	2.7	1.0	2.4	36	38	40	45
1.4	2.1	0.8	2.0	45	50	51	53
1.4	1.8	0.7	2.3	47	55	54	53
1.6	1.9	0.8	2.1	52	58	58	57
1.1	1.7	0.6	1.8	64	68	68	73
1.1	1.5	0.5	1.8	61	60	63	64
1.2	2.4	0.6	2.3	57	56	63	57
1.4	2.7	0.8	2.6	49	47	55	46

情况(续表)

大风日数(日)				雨日数(日)			
银川	永宁	贺兰	灵武	银川	永宁	贺兰	灵武
	6		4				
			1	1	6	1	2
				3	4	8	4
1	2	1	3	7	4	5	10
	2		2	4	4	5	5
				4	4	5	3
			1	2	6	6	2
				7	3	6	7
				6	4	6	4
				5	5	4	7
	2		1	2	2	2	2
	3		1				

1-3　主要年份地区生产总值

单位:万元　　　　　　　　　　　　（按当年价格计算）

年　份	地区生产总值	第一产业	第二产业	工业	建筑业	第三产业	交通运输、仓储和邮政业	批发和零售业、住宿和餐饮业	人均地区生产总值（元/人）
1949	2025	1484	130	118	12	411	74	63	86
1950	2498	1885	149	131	18	464	84	125	103
1951	3486	2725	227	191	36	534	112	168	137
1952	3374	2343	396	278	118	635	146	186	126
1953	3833	2587	490	348	142	756	218	220	133
1954	4152	2715	560	384	176	877	278	260	134
1955	5064	3317	729	509	220	1018	346	278	154
1956	5443	3192	949	688	261	1302	486	337	159
1957	5716	2986	1143	963	180	1587	572	404	162
1958	8370	3380	2022	1359	663	2968	1189	746	221
1959	11758	3415	4481	3240	1241	3862	1214	1286	276
1960	13424	2691	6059	4612	1447	4674	1345	1463	288
1961	11225	3103	3632	3052	580	4490	1067	1483	240
1962	9188	3181	2664	2296	368	3343	786	980	211
1963	10284	3970	2772	2354	418	3542	827	1097	241
1964	10696	3739	3121	2532	589	3836	920	1124	240
1965	13338	5137	4222	3059	1163	3979	1078	1156	284
1966	17623	5516	7267	5947	1320	4840	1348	1369	363
1967	16109	4547	7650	6573	1077	3912	1089	1081	322
1968	16347	4374	7929	5491	2438	4044	1017	1149	309
1969	20202	5205	10172	8025	2147	4825	1311	1226	360
1970	24481	6111	12335		1480	6035	1457	1478	415
1971	26132	7584	11418		973	7130	1789	1851	427
1972	27538	7756	12016		1305	7766	1930	1997	433
1973	28904	9152	11993		1388	7759	2040	2069	437
1974	30101	7711	14523		1389	7867	2093	2157	439
1975	34183	8139	17494		1365	8550	2328	2287	483
1976	30851	6777	16035		1479	8039	2161	2125	423
1977	33148	7078	17356		1894	8714	2648	2271	441
1978	38222	7902	20245		1893	10075	3202	2535	494
1979	41938	8639	22247		2803	11052	3084	2820	527
1980	44412	10750	21982		3468	11680	3529	3194	546
1981	46487	13019	21089		4949	12379	3559	3655	559

1-3 主要年份地区生产总值(续表)

单位:万元　　（按当年价格计算）

年份	地区生产总值	第一产业	第二产业			第三产业			人均地区生产总值(元/人)
				工业	建筑业		交通运输、仓储和邮政业	批发和零售业、住宿和餐饮业	
1982	54549	16983	22778	17496	5282	14788	4862	4013	641
1983	64259	20044	27625	21848	5777	16590	5311	4590	740
1984	76756	24199	32715	24739	7976	19842	6685	4797	869
1985	94160	26286	42656	31326	11330	25218	8202	6837	1045
1986	111227	29980	49522	35973	13549	31725	9453	7813	1210
1987	132621	35567	55887	42430	13457	41167	11107	9072	1398
1988	168776	41278	67884	56327	11557	59614	11914	13203	1730
1989	207904	47293	87458	76787	10671	73153	14607	14841	2081
1990	231978	54868	92126	79482	12644	84984	11931	18579	2269
1991	270931	56593	112312	95973	16339	102026	15862	24997	2596
1992	320781	62329	138547	111057	27490	119905	18397	33689	3021
1993	432948	67372	202716	169764	32952	162860	26548	48531	4007
1994	571199	94993	268989	208527	60462	207217	32032	57667	5180
1995	717130	120037	310488	250658	59830	286605	44982	65922	6374
1996	827908	132842	367624	277398	90226	327442	61481	70838	7228
1997	951001	150519	406055	300693	105362	394427	7645	78802	8152
1998	1040857	155596	431705	303314	128391	453556	92422	96850	8769
1999	1145303	148970	473950	331604	142346	522383	107746	111132	9518
2000	1324515	143520	556866	394752	162114	624129	129350	128487	10703
2001	1508366	149840	616570	446503	170066	741956	153289	145927	11770
2002	1675036	155463	664070	486880	177190	855503	166079	163641	12748
2003	1967559	147152	809695	574195	235501	1010712	184151	192121	14795
2004	2375159	174757	1006751	797088	209663	1193651	190181	226703	17541
2005	2650127	188816	1139274	906973	232301	1322037	198209	264078	19039
2006	3115227	202650	1372309	1090546	281763	1540268	212796	315003	21840
2007	4306346	234035	1922121	1549948	372172	2150190	311526	375154	29347
2008	5725102	281980	2519952	2011268	508684	2923170	438413	535352	36440
2009	6286740	307100	2814844	2182290	632554	3164796	468086	549233	37464
2010	7947720	378981	3657729	2821309	836420	3911010	576169	676512	42888
2011	9556698	442621	4616273	3608017	1008256	4497804	681402	773719	46187
2012	10637227	477270	5164640	4084146	1080495	4995317	699602	775028	48876
2013	11773017	517564	5603803	4432479	1171907	5651650	743416	845663	52202
2014	12637049	526023	5989251	4682036	1307920	6121775	674294	843564	53737
2015	13175520	580570	6015565	4700518	1316986	6579386	783890	894642	53942
2016	14112129	580612	6325220	4968418	1357907	7206297	761065	962046	55943
2017	16193187	613482	7388323	5964460	1425770	8191382	781101	1073506	61739
2018	17772217	682838	7767550	6301780	1467908	9321829	754863	1168461	65892
2019	18967882	642251	8290709	6631244	1663037	10034922	834906	1256507	68609
2020	19643676	757220	8326161	6557164	1772193	10560295	850284	1198423	69283
2021	22629522	838257	10283213	8449475	1836587	11508051	941766	1012153	78520

1-4 主要年份地区生产总值构成

单位:%　　　　　　　　　　（按当年价格计算）

年 份	地区生产总值	第一产业	第二产业	工业	建筑业	第三产业	交通运输、仓储和邮政业	批发和零售业、住宿和餐饮业
1949	100.0	73.3	6.4	5.8	0.6	20.3	3.7	3.1
1950	100.0	75.5	6.0	5.2	0.8	18.5	3.4	5.0
1951	100.0	78.2	6.5	5.5	1.0	15.3	3.2	4.8
1952	100.0	69.4	11.8	8.2	3.6	18.8	4.3	5.5
1953	100.0	67.5	12.8	9.1	3.7	19.7	5.7	5.7
1954	100.0	65.4	13.5	9.3	4.2	21.1	6.7	6.3
1955	100.0	65.5	14.4	10.1	4.3	20.1	6.8	5.5
1956	100.0	58.6	17.5	12.6	4.9	23.9	8.9	6.2
1957	100.0	52.2	20.0	16.9	3.1	27.8	10.0	7.1
1958	100.0	40.4	24.2	16.2	8.0	35.4	14.2	8.9
1959	100.0	29.1	38.1	27.6	10.5	32.8	10.3	10.9
1960	100.0	20.0	45.2	34.4	10.8	34.8	10.0	10.9
1961	100.0	27.6	32.4	27.2	5.2	40.0	9.5	13.2
1962	100.0	34.6	29.0	25.0	4.0	36.4	8.6	10.7
1963	100.0	38.6	27.0	22.9	4.1	34.4	8.0	10.7
1964	100.0	35.0	29.2	23.7	5.5	35.8	8.6	10.5
1965	100.0	38.5	31.7	22.9	8.8	29.8	8.1	8.7
1966	100.0	31.3	41.2	33.7	7.5	27.5	7.6	7.8
1967	100.0	28.2	47.5	40.8	6.7	24.3	6.8	6.7
1968	100.0	26.8	48.5	33.6	14.9	24.7	6.2	7.0
1969	100.0	25.8	50.4	39.7	10.7	23.8	6.5	6.1
1970	100.0	25.0	50.4	44.3	6.1	24.6	6.0	6.0
1971	100.0	29.0	43.7	40.0	3.7	27.3	6.8	7.1
1972	100.0	28.2	43.6	38.9	4.7	28.2	7.0	7.3
1973	100.0	31.7	41.5	36.7	4.8	26.8	7.1	7.2
1974	100.0	25.6	48.2	43.6	4.6	26.2	7.0	7.2
1975	100.0	23.8	51.2	47.2	4.0	25.0	6.8	6.7
1976	100.0	22.0	52.0	47.2	4.8	26.0	7.0	6.9
1977	100.0	21.4	52.4	46.6	5.8	26.2	8.0	6.9
1978	100.0	20.7	53.0	48.0	5.0	26.3	8.4	6.6
1979	100.0	20.6	53.0	46.4	6.6	26.4	7.4	6.7
1980	100.0	24.2	49.5	41.7	7.8	26.3	7.9	7.2
1981	100.0	28.0	45.4	34.7	10.7	26.6	7.7	7.9

1-4 主要年份地区生产总值构成(续表)

单位:%　　　　（按当年价格计算）

年 份	地区生产总值	第一产业	第二产业	工业	建筑业	第三产业	交通运输、仓储和邮政业	批发和零售业、住宿和餐饮业
1982	100.0	31.1	41.8	32.1	9.7	27.1	8.9	7.4
1983	100.0	31.2	43.0	34.0	9.0	25.8	8.3	7.1
1984	100.0	31.5	42.6	32.2	10.4	25.9	8.7	6.2
1985	100.0	27.9	45.3	33.3	12.0	26.8	8.7	7.3
1986	100.0	27.0	44.5	32.3	12.2	28.5	8.5	7.0
1987	100.0	26.8	42.1	32.0	10.1	31.1	8.4	6.8
1988	100.0	24.5	40.2	33.4	6.8	35.3	7.1	7.8
1989	100.0	22.7	42.1	36.9	5.2	35.2	7.0	7.1
1990	100.0	23.7	39.7	34.3	5.4	36.6	5.1	8.0
1991	100.0	20.8	41.5	35.4	6.1	37.7	5.9	9.2
1992	100.0	19.4	43.2	34.6	8.6	37.4	5.7	10.5
1993	100.0	15.6	46.8	39.2	7.6	37.6	6.1	11.2
1994	100.0	16.6	47.1	36.5	10.6	36.3	5.6	10.1
1995	100.0	16.7	43.3	35.0	8.3	40.0	6.3	9.2
1996	100.0	16.0	44.4	33.5	10.9	39.6	7.4	8.6
1997	100.0	15.8	42.7	31.6	11.1	41.5	8.0	8.3
1998	100.0	14.9	41.5	29.1	12.4	43.6	8.9	9.3
1999	100.0	13.0	41.4	29.0	12.4	45.6	9.4	9.7
2000	100.0	10.8	42.0	29.8	12.2	47.1	9.8	9.7
2001	100.0	9.9	40.9	29.6	11.3	49.2	10.2	9.7
2002	100.0	9.3	39.6	29.1	10.6	51.1	9.9	9.8
2003	100.0	7.5	41.2	29.2	12.0	51.4	9.4	9.8
2004	100.0	7.4	42.4	33.6	8.8	50.3	8.0	9.5
2005	100.0	7.1	43.0	34.2	8.8	49.9	7.5	10.0
2006	100.0	6.5	44.1	35.0	9.0	49.4	6.8	10.1
2007	100.0	5.4	44.6	36.0	8.6	49.9	7.2	8.7
2008	100.0	4.9	44.0	35.1	8.9	51.1	7.7	9.4
2009	100.0	4.9	44.8	34.7	10.1	50.3	7.4	8.7
2010	100.0	4.8	46.0	35.5	10.5	49.2	7.2	8.5
2011	100.0	4.6	48.3	37.8	10.6	47.1	7.1	8.1
2012	100.0	4.5	48.6	38.4	10.2	47.0	6.6	7.3
2013	100.0	4.4	47.6	37.6	10.0	48.0	6.3	7.2
2014	100.0	4.2	47.4	37.1	10.3	48.4	5.3	6.7
2015	100.0	4.4	45.7	35.7	10.0	49.9	5.9	6.8
2016	100.0	4.1	44.8	35.2	9.6	51.1	5.4	6.8
2017	100.0	3.8	45.6	36.8	8.8	50.6	4.8	6.6
2018	100.0	3.8	43.7	35.5	8.3	52.5	4.2	6.6
2019	100.0	3.4	43.7	35.0	8.8	52.9	4.4	6.7
2020	100.0	3.9	42.4	33.4	9.0	53.7	4.3	6.1
2021	100.0	3.7	45.4	37.3	8.1	50.9	4.2	4.5

1-5 主要年份地区生产总值指数

单位:%　　　　（上年 =100）

年份	地区生产总值	第一产业	第二产业	工业	建筑业	第三产业	交通运输、仓储和邮政业	批发和零售业、住宿和餐饮业
1950	106.0	104.6	114.1	111.1	147.4	113.5	111.5	169.4
1951	131.9	133.5	154.3	146.3	185.7	115.9	132.7	129.1
1952	113.9	110.5	181.6	149.8	325.0	116.2	131.0	112.4
1953	112.4	111.6	120.5	120.9	117.2	113.7	148.9	111.3
1954	114.5	113.9	123.4	123.1	128.8	113.1	128.2	111.4
1955	114.1	113.2	120.6	118.8	133.2	115.8	124.5	106.8
1956	107.9	103.3	129.1	134.6	115.3	125.1	141.4	115.1
1957	96.1	89.2	116.8	136.6	68.6	120.6	116.8	123.5
1958	130.8	117.6	192.6	155.9	378.4	145.7	208.1	190.3
1959	128.4	100.3	215.4	228.9	192.7	148.2	102.1	172.4
1960	99.6	79.8	130.2	135.6	115.5	106.3	111.5	111.1
1961	77.7	89.1	54.2	59.4	42.3	94.0	79.7	88.5
1962	103.0	124.3	81.8	86.1	62.3	87.4	73.2	67.8
1963	127.2	142.7	102.1	99.9	104.4	112.7	105.4	122.8
1964	101.5	95.2	113.1	107.6	147.7	110.9	111.5	104.2
1965	126.3	129.6	144.2	130.5	207.4	104.7	116.4	105.7
1966	128.2	112.6	180.6	207.4	113.5	121.4	125.8	122.1
1967	88.3	90.3	89.8	91.6	81.3	80.3	80.4	72.9
1968	100.3	95.9	113.7	91.9	229.1	91.2	92.6	106.8
1969	115.3	104.1	131.7	152.5	87.3	117.3	128.2	104.6
1970	114.5	101.8	125.8	138.3	62.4	125.3	110.6	122.9
1971	98.6	95.8	93.0	98.5	56.3	118.7	124.1	125.6
1972	104.7	100.1	107.3	104.9	153.8	108.6	108.4	106.6
1973	104.5	103.9	103.9	103.4	109.9	106.6	105.1	102.4
1974	107.6	102.6	112.1	113.5	95.5	108.0	103.2	102.9
1975	111.2	102.5	120.5	122.8	90.9	108.2	110.8	104.2
1976	88.7	75.5	95.3	94.1	100.7	95.8	93.3	87.9
1977	106.9	110.0	103.5	102.4	93.5	110.2	113.6	98.3
1978	111.1	108.8	114.7	112.0	158.4	106.3	122.1	113.7
1979	107.1	100.3	111.0	106.9	150.0	107.8	100.7	110.5
1980	105.3	114.7	98.6	93.7	146.2	108.7	114.6	109.2
1981	101.5	110.1	92.9	86.2	102.3	107.4	99.6	107.9

1-5 主要年份地区生产总值指数(续表)

单位:%

(上年 =100)

年　份	地区生产总值	第一产业	第二产业	工业	建筑业	第三产业	交通运输、仓储和邮政业	批发和零售业、住宿和餐饮业
1982	114.8	123.8	108.0	108.7	106.1	114.7	126.9	117.1
1983	118.6	117.8	120.9	124.9	115.2	116.2	109.4	116.9
1984	116.7	118.9	116.9	112.1	140.7	113.3	121.1	101.7
1985	121.5	104.6	132.8	129.4	155.8	127.4	124.2	144.5
1986	111.7	113.7	108.5	106.3	109.8	115.1	108.3	110.2
1987	107.4	95.9	107.1	114.6	97.8	121.5	118.0	105.3
1988	110.5	103.0	110.7	118.8	84.9	117.2	103.4	122.8
1989	109.5	106.6	105.0	110.6	59.7	118.2	104.6	105.2
1990	106.5	102.0	104.4	104.0	111.2	112.5	89.1	129.2
1991	112.7	104.1	116.2	113.8	137.2	114.4	128.7	130.3
1992	111.8	101.7	117.5	113.0	131.4	111.3	110.2	122.0
1993	114.6	98.9	122.6	126.3	101.0	113.5	124.9	128.1
1994	109.5	106.9	113.0	109.8	148.4	106.1	113.1	101.1
1995	109.3	105.7	106.7	109.4	90.4	114.8	117.9	95.9
1996	110.2	106.4	115.0	110.2	150.7	105.6	123.5	103.4
1997	110.3	109.5	107.5	105.5	120.9	114.5	121.7	104.2
1998	109.2	106.8	108.0	105.4	122.5	111.8	120.3	123.4
1999	109.2	101.9	108.3	108.0	121.6	113.4	120.1	110.8
2000	109.6	102.8	109.4	110.0	103.4	112.5	117.1	111.4
2001	109.6	103.7	107.0	108.8	102.6	113.3	120.5	114.5
2002	110.1	102.8	110.8	110.9	110.6	111.1	110.7	116.2
2003	112.5	101.2	114.5	112.0	121.0	113.0	104.9	118.2
2004	111.6	103.6	115.6	125.2	92.8	109.5	105.8	111.8
2005	110.5	104.2	113.2	117.3	99.7	109.1	104.8	112.4
2006	111.4	107.3	115.4	117.9	105.5	108.5	101.7	110.7
2007	112.0	103.7	114.7	116.7	106.1	110.6	108.3	105.2
2008	111.5	107.5	112.8	114.3	105.3	110.7	110.0	107.8
2009	110.6	107.0	111.8	111.3	114.1	109.9	102.1	108.9
2010	113.7	106.2	117.4	117.9	115.2	110.9	109.2	114.4
2011	111.5	104.9	117.2	119.2	110.3	106.7	115.6	112.7
2012	110.5	105.7	114.1	115.3	109.5	107.2	105.6	94.1
2013	109.5	103.8	110.6	111.2	108.5	108.7	104.3	102.2
2014	109.3	105.0	110.8	109.4	116.3	107.9	96.4	101.3
2015	108.6	104.8	109.2	108.8	110.8	108.2	99.0	105.4
2016	107.6	104.4	106.5	107.2	103.6	108.9	102.3	105.7
2017	107.5	104.2	106.3	108.5	98.4	108.7	96.8	111.2
2018	106.9	103.6	106.3	107.8	100.5	107.6	97.1	106.2
2019	106.3	102.1	106.4	106.0	108.0	106.5	111.2	105.1
2020	103.2	100.7	102.8	101.9	106.7	103.8	104.9	95.6
2021	106.3	106.1	106.0	107.8	99.0	106.5	111.6	105.0

1-6 主要年份地区生产总值指数

单位：%　　　　（1952年=100）

年份	地区生产总值	第一产业	第二产业	工业	建筑业	第三产业	交通运输、仓储和邮政业	批发和零售业、住宿和餐饮业
1949	62.8	64.8	31.3	76.2	23.3	65.4	51.1	122.4
1950	66.6	67.8	35.7	84.4	33.1	74.2	57.6	237.3
1951	87.8	90.5	55.1	37.7	23.5	86.0	75.1	83.6
1952	100.0	100.0	100.0	100.0	100.0	100.0	100.0	100.0
1953	112.4	111.6	120.5	120.9	117.2	113.7	148.9	111.3
1954	128.7	127.1	148.6	148.8	151.0	128.6	190.9	124.0
1955	146.8	144.0	179.2	176.8	201.1	149.0	237.7	132.4
1956	158.4	148.8	231.4	238.0	231.8	186.3	336.0	152.4
1957	152.2	132.7	270.4	325.1	159.0	224.8	392.5	188.2
1958	199.1	156.0	520.7	506.8	601.8	327.6	816.8	358.2
1959	255.7	156.5	1121.6	1160.1	1159.7	485.5	834.0	617.5
1960	254.5	124.8	1459.9	1573.1	1339.4	516.2	929.9	686.1
1961	197.8	111.2	791.5	934.4	566.6	485.3	741.1	607.2
1962	203.8	138.2	647.3	804.5	353.0	424.3	542.5	411.7
1963	259.2	197.1	660.6	803.7	368.5	478.0	571.8	505.5
1964	263.1	187.6	747.3	864.8	544.3	530.4	637.5	526.8
1965	332.3	243.2	1078.0	1128.6	1128.8	555.3	742.1	556.8
1966	425.8	273.8	1947.1	2340.6	1281.2	674.3	933.5	679.9
1967	376.1	247.4	1748.2	2144.0	1041.6	541.5	750.6	495.6
1968	377.2	237.3	1987.9	1970.4	2386.4	493.9	695.0	529.3
1969	434.8	247.1	2618.3	3004.8	2083.3	579.3	891.0	553.7
1970	497.9	251.5	3292.6	4155.6	1300.0	725.6	985.5	680.4
1971	490.8	241.1	3060.7	4093.3	731.9	861.4	1223.0	854.6
1972	513.7	241.2	3284.5	4293.9	1125.7	935.8	1325.7	911.1
1973	536.8	250.7	3412.7	4439.9	1237.1	997.7	1393.3	932.9
1974	577.5	257.3	3825.3	5039.2	1181.4	1077.9	1437.9	960.0
1975	642.3	263.7	4611.1	6188.2	1073.9	1165.8	1593.2	1000.3
1976	570.0	199.2	4393.2	5823.1	1081.4	1116.9	1486.5	879.3
1977	609.5	219.2	4547.6	5962.8	1011.1	1230.9	1688.6	864.3
1978	668.6	238.6	5101.4	6678.4	1601.7	1303.3	2061.8	982.7
1979	716.4	239.3	5662.2	7139.2	2402.5	1405.6	2076.2	1085.9
1980	754.7	274.5	5583.6	6689.4	3512.4	1527.2	2379.4	1185.8
1981	766.0	302.3	5188.0	5766.3	3593.2	1640.7	2369.8	1279.5

1-6 主要年份地区生产总值指数(续表)

单位:%　　（1952年=100）

年份	地区生产总值	第一产业	第二产业	工业	建筑业	第三产业	交通运输、仓储和邮政业	批发和零售业、住宿和餐饮业
1982	879.3	374.0	5604.9	6268.0	3812.4	1881.2	3007.3	1498.3
1983	1043.2	440.6	6776.7	7828.7	4391.9	2186.5	3290.0	1751.5
1984	1217.3	523.8	7920.5	8775.9	6179.4	2478.2	3984.2	1781.3
1985	1479.6	547.7	10518.8	11356.1	9627.5	3156.3	4948.4	2573.9
1986	1653.2	623.0	11409.0	12071.5	10571.0	3633.4	5359.1	2836.5
1987	1774.8	597.3	12214.4	13833.9	10338.4	4415.4	6323.7	2986.8
1988	1960.5	615.0	13518.5	16434.7	8777.3	5175.3	6538.7	3667.8
1989	2147.5	655.6	14198.8	18176.8	5240.1	6118.8	6839.5	3858.5
1990	2287.5	668.8	14819.0	18903.9	5827.0	6885.9	6094.0	4985.2
1991	2576.9	696.3	17215.5	21512.6	7994.6	7877.4	7843.0	6495.7
1992	2880.1	708.4	20219.9	24309.3	10504.9	8768.6	8643.0	7924.8
1993	3299.8	700.7	24790.4	30702.6	10609.9	9954.8	10795.1	10151.6
1994	3612.5	748.8	28014.3	33711.5	15745.2	10560.1	12209.2	10263.3
1995	3947.8	791.1	29881.2	36880.3	14233.6	12119.3	14394.7	9842.5
1996	4350.4	841.5	34371.7	40642.1	21450.1	12798.3	17777.4	10177.1
1997	4796.4	921.1	36953.3	42877.4	25933.1	14658.1	21635.1	10604.6
1998	5236.5	983.9	39893.9	45192.8	31768.1	16394.0	26027.1	13086.0
1999	5719.2	1003.1	43216.9	48808.2	38630.0	18591.8	31258.5	14499.3
2000	6268.2	1031.2	47279.3	53689.1	39943.4	20915.8	36603.7	16152.3
2001	6870.0	1069.4	50584.0	58407.7	40985.6	23694.6	44104.8	18495.4
2002	7564.6	1099.3	56049.2	64762.4	45333.4	26316.1	48812.1	21492.4
2003	8510.1	1112.5	64174.0	72516.8	54864.2	29743.5	51198.8	25397.5
2004	9493.9	1152.5	74210.3	90788.7	50888.7	32561.6	54193.9	28396.7
2005	10490.7	1200.9	83982.3	106521.2	50746.4	35537.7	56770.9	31926.4
2006	11682.5	1288.6	96918.0	125632.2	53534.1	38542.7	57738.1	35346.5
2007	13079.7	1336.3	111188.8	146626.2	56775.8	42625.2	62558.8	37198.7
2008	14578.7	1436.5	125409.0	167665.3	59783.8	47194.7	68800.5	40108.2
2009	16118.2	1537.1	140158.5	186644.4	68191.8	51845.3	70244.5	43684.7
2010	18319.9	1632.4	164581.1	219996.9	78530.8	57487.7	76680.1	49966.1
2011	20419.4	1712.4	192850.1	262238.9	86655.8	61367.9	88642.4	56318.7
2012	22555.2	1810.0	219958.4	302404.7	94858.9	65799.2	93638.9	52999.3
2013	24688.9	1878.7	243282.8	336144.0	102950.5	71551.4	97661.0	54152.4
2014	26975.1	1972.7	269606.9	367880.2	119684.7	77210.0	94140.6	54852.8
2015	29295.0	2067.4	294424.4	400111.1	132669.4	83573.0	93225.2	57804.5
2016	31517.4	2157.9	313444.9	429063.1	137471.5	91010.3	95369.4	61090.6
2017	33865.5	2248.7	333266.0	465414.5	135305.0	98956.4	92337.8	67956.3
2018	36188.7	2330.1	354420.1	501716.8	135918.3	106448.0	89616.8	72167.6
2019	38453.4	2377.2	376960.8	531685.9	146853.0	113367.7	99685.5	75878.8
2020	39683.9	2393.8	387515.7	541787.9	156692.2	117675.7	104570.1	72540.1
2021	42184.0	2539.8	410766.6	584047.4	155125.3	125324.6	116700.2	76167.1

1-7 分行业增加值及构成

（2021 年按当年价格计算）

指　标	增加值(万元)		构成(%)	
	地区	市区	地区	市区
地区生产总值	22629522	13350597	100.0	100.0
第一产业	838257	223316	3.7	1.7
第二产业	10283213	4115255	45.4	30.8
工业	8449475	3042715	37.3	22.8
建筑业	1836587	2583683	8.1	19.4
第三产业	11508051	9012026	50.9	67.5
交通运输仓储和邮政业	941766	629107	4.2	4.7
批发和零售业	1012153	694839	4.5	5.2
住宿和餐饮业	263421	206235	1.2	1.5
金融业	2250904	2017768	9.9	15.1
房地产业	1243498	972698	5.5	7.3
其他服务业	5734035	4457580	25.3	33.4
营利性服务业	1975714	1594967	8.7	11.9
非营利性服务业	3758321	2862613	16.6	21.4

1-8 主要年份人均社会经济发展主要指标

指标	单位	1958年	1978年	1985年	1990年
地区生产总值(当年价格)	元	221	494	1045	2269
农林牧渔业总产值	元	111	167	383	774
主要农产品产量					
粮食	公斤		402	476	577
牛奶	公斤		3	9	24
肉类	公斤		3	7	13
水产品总产量	公斤		0.13	1	7
主要工业产品产量					
原煤	吨	0.17	0.62	0.77	1.03
轮胎外胎	条		0.39	0.38	0.62
水泥	吨		0.04	0.10	0.30
农用化肥	吨		0.20	0.05	0.23
地方财政收入	元	20	97	162	225
地方财政支出	元	27	88	136	219
社会消费品零售总额	元	134	292	714	1329
城镇非私营单位在岗职工年平均工资	元	404	723	1123	2030
城镇居民人均可支配收入	元	222	346	815	1581
城镇居民人均消费支出	元	210	306	703	1433
农村居民人均可支配收入	元		131	488	934
农村居民人均生活消费支出	元		103	380	765
城镇居民住宅面积	平方米		4.20	6.46	7.24
农民生活用房面积	平方米		10.19	15.88	18.28
普通高等学校在校生数	人/万人		32	64	71

1-8 主要年份人均社会

指　标	单位	1995 年	2000 年	2005 年
地区生产总值(当年价格)	元	6374	10703	19039
农林牧渔业总产值	元	1641	1904	2522
主要农产品产量				
粮食	公斤	609	669	599
牛奶	公斤	56	64	153
肉类	公斤	27	38	37
水产品总产量	公斤	12	20	28
主要工业产品产量				
原煤	吨	1.80	3.01	6.07
轮胎外胎	条	1.47	1.57	2.19
水泥	吨	0.46	0.67	1.28
农用化肥	吨	0.31	0.41	0.42
地方财政收入	元	235	771	1791
地方财政支出	元	382	1005	2468
社会消费品零售总额	元	2725	4479	8139
城镇非私营单位在岗职工年平均工资	元	4872	8956	18424
城镇居民人均可支配收入	元	3932	5622	8852
城镇居民人均消费支出	元	3541	5369	7311
农村居民人均可支配收入	元	1683	2712	3493
农村居民人均生活消费支出	元	1449	1886	2836
城镇居民住宅面积	平方米	8.60	14.22	18.90
农民生活用房面积	平方米	19.75	27.26	31.17
普通高等学校在校生数	人/万人	88	129	294

经济发展主要指标(续表)

2013 年	2014 年	2015 年	2016 年	2017 年	2018 年	2019 年	2020 年	2021 年
51372	52401	53268	54873	60560	65329	67530	68643	78520
4542	4435	4683	4539	4624	5046	4725	5305	6014
372	333	337	325	311	303	236	242	245
182	222	199	183	189	198	202	228	303
23	21	20	20	24	23	22	21	22
29	28	29	29	28	26	26	26	26
25.85								
0.72	0.64	0.56	0.79	0.67	0.38	0.24	0.00	
2.84	2.41	2.11	2.08	2.33	1.86	1.87	1.85	1.70
0.24	0.12	0.26	0.17	0.12	0.11	0.12	0.20	
9743	10438	9858	8851	8396	8660	7708	8676	9060
13430	15283	15032	15438	14678	16223	16013	15437	12530
22321	23497	24825	25897	27551	28707	29550	26937	27366
57112	59086	65643	70840	77206	87291	94559	105653	114235
24169	26118	28261	30478	32981	35586	38217	39416	42412
16844	20401	21694	22898	23125	25506	27717	26670	29074
8830	10275	11148	12037	13087	14160	15282	16428	18170
8631	9334	10119	11061	11507	12322	12966	13318	14668
31.08		31.00	31.00	31.50	36.47	36.60	36.61	37.03
37.14	36.96	37.00	36.00	36.50	34.20	34.75	33.69	34.67
386	405	396	385	380	382	396	419	486

1-9 主要年份国民经济

指 标	单位	1958年	1978年	1985年	1990年	1995年
年末总人口	万人	40.10	78.67	91.06	103.45	113.53
回族人口	万人	11.40	19.12	22.44	25.40	28.01
人口自然增长率	‰					8.34
国民经济核算						
地区生产总值	亿元	0.84	3.82	9.42	23.20	71.71
第一产业	亿元	0.34	0.79	2.63	5.49	12.00
第二产业	亿元	0.20	2.02	4.27	9.21	31.05
第三产业	亿元	0.30	1.01	2.52	8.50	28.66
农业						
农林牧渔业总产值	亿元	0.42	1.29	3.45	7.91	18.47
粮食总产量	万吨		31.09	42.91	58.99	68.55
肉类总产量	万吨		0.27	0.62	1.29	3.04
水产品产量	万吨		0.01	0.12	0.73	1.28
固定资产投资						
全社会固定资产投资额	亿元	0.23	0.86	5.50	6.55	22.75
#基本建设	亿元	0.23	0.84	3.49	3.64	10.51
更新改造	亿元			1.32	1.73	4.33
房地产开发	亿元				0.21	3.84
各类房屋施工面积	万平方米	38.35	50.29	225.55	139.81	241.10
各类房屋竣工面积	万平方米	27.28	22.70	124.12	93.95	153.04
运输邮电						
公路货运周转量	亿吨公里	0.49	1.75	3.03	3.68	5.96
公路客运周转量	亿吨公里	0.01	1.24	3.06	4.96	7.46
邮电业务总量	亿元		0.02	0.05	0.23	1.30

和社会发展主要指标

2000 年	2005 年	2013 年	2014 年	2015 年	2016 年	2017 年	2018 年	2019 年	2020 年	2021 年
126.46	142.43	229.17	241.16	247.34	257.18	267.39	272.04	280.88	286.17	288.2
33.17	36.95	55.14	60.47	63.67	66.17	68.89	70.43	72.44	66.82	67.3
9.00	6.31	6.73	6.71	6.35	8.11	8.49	6.27	9.04		6.79
132.45	265.01	1177.30	1263.70	1317.55	1411.21	1619.32	1777.22	1896.79	1964.37	2262.95
14.35	18.88	51.76	52.60	58.06	58.06	61.35	68.28	64.23	75.72	83.83
55.69	113.93	560.38	598.93	601.56	632.52	738.83	776.76	829.07	832.62	1028.32
62.41	132.20	565.17	612.18	657.94	720.63	819.14	932.18	1003.49	1056.03	1150.81
23.46	35.10	103.76	106.41	115.88	116.64	123.65	137.28	132.73	151.82	173.32
82.40	83.43	85.30	80.33	83.45	83.57	83.29	82.42	66.29	69.23	70.47
4.65	5.16	5.28	5.09	4.99	5.15	6.41	6.35	6.20	5.88	6.30
2.58	3.94	6.55	6.86	7.11	7.37	7.37	7.16	7.26	7.58	7.62
52.39	201.65	1149.00	1392.76	1540.88	1723.31	1719.05				
20.49	90.54	725.58	885.15	922.13	1150.81	1102.50				
10.44	23.98	71.04	87.17	185.48	38.14	140.21				
12.66	56.61	330.81	388.90	409.17	474.94	402.82	295.25	275.35	311.43	325.79
455.27	1129.75	6087.01	5370.03	5093.87	5355.61	5140.87	3999.98	3971.61	3756.64	3704.85
311.58	618.89	725.82	915.98	896.61	1009.88	1069.58	797.66	556.80	498.97	666.23
17.09	23.21	160.44	164.34	137.08	113.30	103.25	69.50			
13.40	16.04	25.14	30.32	31.84	31.15	27.73	21.77			
7.30	21.82	36.61	36.54	37.49	34.83	34.71	33.42	39.68	42.89	67.98

1-9 主要年份国民经济

指　标	单位	1958年	1978年	1985年	1990年	1995年
国内商业						
社会消费品零售总额	亿元	0.51	2.26	6.44	13.59	30.44
国有经济	亿元	0.23	1.43	3.60	6.52	14.32
股份制经济	亿元					0.27
财政、金融						
地方财政收入	亿元	0.08	0.73	1.32	2.30	2.64
地方财政支出	亿元	0.10	0.68	1.22	2.24	4.30
金融机构存款余额	亿元	0.59	4.97	9.51	22.54	86.38
金融机构贷款余额	亿元	0.61	5.03	9.86	31.18	90.01
人民生活与物价						
城镇非私营单位在岗职工年平均工资	元	404	723	1123	2030	4872
城镇居民人均可支配收入	元	222	346	815	1581	3932
城镇居民人均消费性支出	元	210	306	703	1433	3541
农村居民人均可支配收入	元		131	488	934	1683
农民人均生活消费支出	元		103	380	765	1449
城乡居民储蓄存款余额	亿元	0.04	0.39	3.04	12.26	49.34
居民消费价格指数(以上年价格为100)	%	102.4	100.6	108.9	106.3	117.3
商品零售价格指数(以上年价格为100)	%	101.7	100.7	108.6	102.9	114.7
教育、卫生						
高等学校在校学生数	万人	0.03	0.27	1.11	1.23	1.46
普通高等学校	万人	0.03	0.25	0.58	0.73	0.99
中等专业学校在校学生数	万人	0.23	0.19	0.44	0.65	1.26
普通中学在校学生数	万人	0.53	6.68	7.25	6.96	6.52
小学在校学生数	万人	0.23	12.65	12.80	12.33	12.36
卫生机构数	个	96	312	433	510	134
医院个数	个	14	60	59	54	76
卫生机构床位数	张	501	2859	3495	4491	5759
卫生技术人员	人	992	4280	6252	7876	7552
医生	人	487	2000	2758	4082	3845

和社会发展主要指标(续表)

2000 年	2005 年	2013 年	2014 年	2015 年	2016 年	2017 年	2018 年	2019 年	2020 年	2021 年
55.42	113.30	511.52	566.64	614.02	666.01	736.70	780.96	830.01	770.87	788.69
11.11	7.69	7.08	7.08	4.76	4.54	5.16	3.84	4.27	4.89	4.94
9.90	28.66	211.76	216.41	178.08	176.59	177.78	174.82	197.41	204.54	175.49
9.50	24.93	223.29	251.73	243.83	227.62	224.50	235.60	216.50	248.29	261.11
12.38	34.36	307.78	368.56	371.81	397.04	392.49	441.34	449.78	441.76	361.13
223.23	612.69	2340.93	2608.97	3017.77	3343.40	3587.23	3704.56	4013.77	4488.01	4691.32
205.31	551.71	2660.62	3185.93	3653.98	4076.57	4460.31	4797.87	5150.67	5535.00	5979.62
8956	18424	57112	59086	65643	70840	77206	87291	94559	105653	114235
5622	8852	23776	26118	28261	30478	32981	35586	38217	39416	42412
5369	7311	16844	20401	21694	22898	23125	25506	27717	26670	29074
2712	3493	8830	10275	11148	12037	13087	14160	15282	16428	18170
1886	2836	8631	9334	10119	11061	11507	12322	12966	13318	14668
99.82	264.95	1015.22	1089.89							
99.2	101.7	103.5	102.1	101.6	101.7	101.7	102.2	102.2	101.8	101.4
97.7	100.6	102.3	100.8	100.2	100.8	101.5	102.7	101.1	100.5	102
2.89	6.00	11.72	12.07	12.35	12.76	10.69	11.03	11.32	12.08	14.05
1.59	4.09	8.85	9.35	9.80	9.89	10.16	10.40	11.12	11.99	14.02
2.30	3.07									
7.70	10.73	12.86	13.06	13.02	12.94	13.04	13.46	13.88	14.24	14.62
13.60	14.25	15.19	15.69	16.21	16.76	17.36	18.41	19.00	19.98	21.07
137	158	931	939	964	967	1027	1105	1195	1337	1350
39	59	54	53	53	65	70	86	74	78	80
6166	8058	12898	13688	14079	15494	16675	17348	17113	17621	17985
7932	8619	17562	19288	20408	22077	23603	25449	26674	28262	29474
4033	3660	6429	7059	7578	8306	8990	9684	10295	11124	11326

1-10 主要年份国民经济

单位:%

指　标	1958年	1978年	1985年	1990年	1995年	2000年
人口						
农业与非农业结构						
农业	73.4	68.4	63.0	56.2	51.8	48.5
非农业	26.6	31.6	37.0	43.8	48.2	51.5
性别结构						
男性	54.2	51.8	50.8	51.1	50.9	50.8
女性	45.8	48.2	49.2	48.9	49.1	49.2
地域结构						
市区	37.0	41.3	43.6	46.4	48.0	50.7
县	44.4	38.0	35.4	32.4	30.7	29.1
市	18.6	20.7	21.0	21.2	21.3	20.2
单位从业人员结构						
第一产业	7.4	9.2	13.1	10.7	8.4	8.6
第二产业	21.5	54.6	45.7	45.3	49.2	42.0
第三产业	71.1	36.2	41.2	44.0	42.4	49.4
国民经济核算						
地区生产总值						
第一产业	40.4	20.7	27.9	23.7	16.7	10.8
第二产业	24.2	53.0	45.3	39.7	43.3	42.0
第三产业	35.5	26.3	26.8	36.6	40.0	47.1
农业						
农林牧渔业总产值结构						
农业	89.2	86.2	75.6	70.6	68.3	63.2
林业	1.8	2.2	4.7	5.4	0.7	1.9
牧业	8.7	11.6	18.7	19.8	26.6	29.6
渔业	0.3	0.1	1.0	4.2	4.4	5.3
工业						
规上工业增加值经济类型结构						
国有企业	74.4	81.5	75.7	84.8	64.7	23.8
集体企业	25.5	18.3	17.6	13.6	10.6	5.1
其他企业	0.1	0.2	6.7	1.6	24.7	71.1
规上工业增加值轻重工业结构						
轻工业	61.4	39.4	46.3	35.3	22.9	24.2
重工业	38.6	60.6	53.7	64.7	77.1	75.8

和社会发展结构指标

2005年	2013年	2014年	2015年	2016年	2017年	2018年	2019年	2020年	2021年
38.4	25.7	25.3	24.3	23.9	22.5	21.9	20.2	19.8	18.6
61.6	74.3	74.7	75.7	76.1	77.5	78.1	79.8	80.2	81.4
50.5	50.9	51.2	51.0	50.4	49.5	49.3	49.2	50.9	51.0
49.5	49.1	48.8	49.0	49.6	50.5	50.7	50.8	49.1	49.0
56.2	65.2	65.3	65.0	65.1	65.4	65.6	66.2	66.5	66.5
27.3	23.0	23.3	23.4	23.7	23.7	23.7	23.4	23.2	23.2
16.5	11.8	11.4	11.6	11.2	10.9	10.7	10.4	10.3	10.3
6.1	3.0	2.2	1.9	1.7	1.4	0.9	0.8	0.5	0.5
50.3	41.4	42.8	41.5	39.4	39.1	39.8	37.4	38.4	36.5
43.6	55.6	55.0	56.6	58.9	59.5	59.3	61.8	61.1	63.0
7.1	4.4	4.2	4.4	4.1	3.8	3.8	3.4	3.9	3.7
43.0	47.6	47.4	45.7	44.8	45.6	43.7	43.7	42.4	45.4
49.9	48.0	48.4	49.9	51.1	50.6	52.5	52.9	53.7	50.9
59.4	61.6	60.2	65.1	63.8	60.9	60.8	55.9	55.1	50.6
1.5	2.0	1.2	1.1	0.9	0.8	0.8	1.1	0.9	0.9
28.9	25.4	26.9	22.2	22.9	25.8	26.5	30.3	31.9	36.5
7.7	5.9	6.1	5.8	6.3	6.4	6.0	6.2	6.2	6.7
23.8	18.8	7.2	4.8	4.8	4.9	5.8	5.9	5.7	4.6
0.5									
75.7	81.2	92.8	95.2	95.2	95.1	94.2	94.1	94.3	95.4
25.9	16.2	20.0	22.2	23.0	14.2	8.8	8.6	7.7	7.1
74.1	83.8	80.0	77.8	77.0	85.8	91.2	91.4	92.3	92.9

1-10 主要年份国民经济

单位:%

指　标	1958年	1978年	1985年	1990年	1995年	2000年
企业规模结构						
大中型企业	10.1	34.0	30.8	47.2	66.0	69.5
小微型企业	89.9	66.0	69.2	52.8	34.0	30.5
固定资产投资						
投资经济类型结构						
第一产业		11.2	5.0	2.4	2.3	1.9
第二产业		44.4	50.7	63.5	48.9	34.9
第三产业		44.4	44.3	34.1	48.8	63.2
社会消费品零售总额						
经济类型结构						
国有经济	45.1	63.2	56.0	48.0	50.7	28.1
集体经济	37.8	26.4	23.4	26.8	16.7	6.0
其他经济	17.1	10.4	20.6	25.2	32.6	65.9
行业结构						
批发零售贸易业	83.8	79.9	79.2	93.3	87.4	86.2
餐饮业	3.8	4.0	3.6	4.7	10.3	12.1
其他	12.4	2.0	17.2	2.0	2.3	1.7
居民生活消费						
城镇居民人均生活消费结构						
食品烟酒类	60.0	58.8	47.9	52.9	44.1	34.1
衣着类	16.2	14.6	18.6	15.3	17.4	12.9
居住	12.3	2.2	4.0	4.4	3.7	5.5
交通通讯	0.5	1.2	2.6	2.0	6.8	9.1
医疗保健类	0.4	0.5	0.8	2.5	2.6	7.5
农村居民人均生活消费结构						
食品烟酒类		72.5	64.2	47.5	28.3	42.4
衣着类		22.9	14.7	11.6	9.3	8.4
居住		4.6	7.4	9.5	14.7	17.6
交通通讯					2.9	4.9
医疗保健类					3.6	8.6
财政收入占地区生产总值的比例	9.2	19.0	14.0	9.9	3.7	7.2
固定资产投资占地区生产总值比例	27.6	22.4	58.4	28.2	31.7	40.7

和社会发展结构指标(续表)

2005年	2013年	2014年	2015年	2016年	2017年	2018年	2019年	2020年	2021年
70.3	80.3	73.1	71.3	71.1	77.0	76.5	81.0	79.9	81.3
29.7	19.7	26.9	28.7	28.9	23.0	23.5	19.0	20.1	18.7
0.1	0.8	1.3	2.0	1.6	3.7	1.2	1.7	1.0	1.0
48.0	40.3	34.6	40.3	41.7	35.4	38.5	37.3	42.7	42.7
51.9	58.9	64.1	57.7	56.7	60.9	60.3	61.0	56.3	56.3
14.1	1.7	1.6	1.0	0.9	0.9	0.7	0.5	0.6	0.6
1.2	0.4	0.4	0.1	0.1	0.7	0.3	0.5	0.1	0.1
84.7	97.9	98.0	98.9	99.0	98.4	99.0	99.0	99.2	99.2
84.8	90.2	90.5	86.5	89.2	90.1	90.0	91.0	94.9	88.2
14.4	8.5	8.5	12.5	9.9	9.0	9.1	8.1	4.6	11.5
0.8	1.3	1.0	1.0	0.9	0.9	0.9	0.9	0.4	0.3
35.8	32.3	27.0	27.0	25.9	25.7	25.4	25.2	27.2	27.0
12.0	11.8	9.8	9.7	8.6	8.7	9.0	8.4	8.1	8.0
9.3	7.9	18.1	18.9	17.8	18.4	19.0	18.8	20.9	20.5
11.2	15.9	13.9	13.6	16.2	14.6	14.8	15.1	14.4	15.5
8.5	7.9	8.4	8.0	9.3	9.5	9.2	9.2	9.5	8.7
37.1	32.1	28.3	29.4	28.0	28.0	28.3	28.9	28.9	31.9
7.3	8.5	8.7	8.6	8.5	8.5	8.1	7.8	7.8	7.0
22.4	22.4	20.6	20.5	18.7	19.0	16.9	18.6	18.6	19.0
8.2	12.2	12.2	13.5	15.9	16.0	17.5	16.7	16.7	15.9
9.0	9.6	11.1	11.1	9.3	9.9	11.2	9.5	9.5	10.3
9.4	19.0	19.9	18.5	16.1	13.9	13.3	11.4	12.6	11.5
68.7	89.1	100.3	103.1	106.5	95.3				

1-11 平均每天主要

指　标	单位	1958年	1978年	1985年	1990年	1995年
地区生产总值(当年价格)	万元	23	105	258	636	1965
农业总产值	万元	11	35	95	217	506
地方财政收入	万元	2	21	40	63	72
地方财政支出	万元	3	19	33	61	118
主要工业产品产量						
原煤	万吨		0.1	0.2	0.3	0.6
金属切削机床	台		1	1	1	3
轮胎外胎	条		825	940	1740	4519
水泥	吨		86	236	835	1411
饮料酒	千升	3	1	21	43	77
乳制品	吨			2	9	12
农用化肥	吨		413	119	644	941
社会消费品零售总额	万元	14	62	176	372	834
进出口总额	万美元		8	15	23	74
全社会固定资产投资额	万元	6	23	151	179	623
邮电业务总量	万元		1	1	6	36
公路货运周转量	万吨公里	13	48	83	101	163
公路客运周转量	万吨公里		34	84	136	204
金融机构存款余额	万元	16	131	241	563	2367
金融机构贷款余额	万元	17	133	250	792	2466
城市供水总量	万立方米		1	4	20	32
城市公交客运总量	万人次		5	16	16	13

社会经济活动

2000 年	2005 年	2013 年	2014 年	2015 年	2016 年	2017 年	2018 年	2019 年	2020 年	2021 年
3527	8043	35316	38045	40928	44321	49404	52095	51967	53671	61999
643	962	2843	2915	3175	3196	3388	3761	3636	4148	4749
260	683	6117	6897	6680	6236	6151	6455	5931	6784	7154
339	941	8432	10097	10186	10878	10753	12092	12323	12070	9894
1.0	3.2	16.2								
2	4	6	6	5	4	6	7	4	5	7
5288	8344	4545	4213	3802	5532	4894	2816	1813		
2253	4883	17811	15952	14323	14640	16757	13888	14426	14504	13442
111	234	746	791	785	738	708	594	600	558	588
19	136	601	721	671	654	750	910	937	1058	1061
1370	1585	1490	777	1785	1178	915	832	938	1539	1519
1518	3104	14014	15525	16823	18247	20184	21396	22740	21062	21608
70	144	660	1233	895						
1435	5525	31479	38158	42216	47214	47097				
200	598	1003	1001	1027	954	951	916	1087	1172	1863
468	636	5423	4503	3756	3104	2829	1904			
367	440	833	831	872	853	760	596			
6116	16786	64135	71479	82679	91600	98280	101495	109966	122623	126885
5625	15115	72894	87286	100109	111687	122200	131448	141114	151229	163825
33	28	32	27	30	31	38	39	41	49	58
18	25	82	83	84	85	80	76	82	52	51

1-12　银川市主要经济指标

指　标	单位	全国
年末总人口	万人	141260
地区生产总值	亿元	1143670
第一产业	亿元	83086
第二产业	亿元	450904
工业	亿元	372575
第三产业	亿元	609680
全社会固定资产投资	亿元	544547
房地产开发投资	亿元	147602
社会消费品零售总额	亿元	440823
进出口总额	亿元	391009
出口额	亿元	217348
实际利用外资	亿美元	1735
金融机构存款余额	亿元	2386000
金融机构贷款余额	亿元	2323000
城镇非私营单位在岗职工年平均工资	元	106837
城镇居民人均可支配收入	元	47412
农村居民人均可支配收入	元	18931
居民消费价格指数	%	100.9
工业生产者出厂价格指数	%	110.3

与全国、全区对比

全区	银川市	银川市占全区比重%
725	288.2	39.8
4522.31	2262.98	50.0
364.48	83.83	23.0
2021.55	1028.32	50.9
1677.83	844.95	50.4
2136.28	1150.81	53.9
466.95	325.79	69.8
1335.12	788.69	59.1
214.04	132.07	61.7
174.81	109.47	62.6
2.93	1.18	40.3
7465.77	4693.12	62.9
8284.28	5979.62	72.2
105266	114235	110.0
38291	42412	110.8
15337	18170	118.5
101.4	101.4	–
119.9	117.0	–

1-13 主要年份银川市分县(市)区

指标	单位	地区					
		2017年	2018年	2019年	2020年	2021年	2021年比2020年增长%
总人口	万人	267.39	272.04	280.88	286.17	288.2	0.7
单位从业人员	万人	35.43	35.27	37.51	34.97	36.03	3.0
第一产业	万人	0.50	0.31	0.30	0.18	0.18	0.0
第二产业	万人	13.84	14.04	14.01	13.42	13.17	-1.9
第三产业	万人	21.09	20.92	23.20	21.37	22.68	6.1
地区生产总值	亿元	1619.32	1777.22	1896.79	1964.37	2262.95	6.3
第一产业	亿元	61.35	68.28	64.23	75.72	83.83	6.1
第二产业	亿元	738.83	776.76	829.07	832.62	1028.32	6.0
工业增加值	亿元	596.45	630.18	663.12	655.72	844.95	7.8
第三产业	亿元	819.14	932.18	1003.49	1056.03	1150.81	6.5
农、林、牧、渔业总产值	亿元	123.65	137.28	132.73	151.82	173.32	6.5
畜牧业产值	亿元	31.95	36.35	40.16	48.50	63.22	15.2
粮食产量	万吨	83.29	82.42	66.29	69.23	70.47	1.8
蔬菜产量	万吨	156.74	152.07	141.38	142.54	140.86	-1.2
水产品产量	万吨	7.37	7.16	7.26	7.58	7.62	0.5
肉类总产量	万吨	6.41	6.35	6.20	5.88	6.30	7.1
猪牛羊肉产量	万吨	5.49	5.34	5.18	5.10	5.54	8.6
全社会固定资产投资	亿元	1719.05					-3.6
房地产开发投资	亿元	402.82	295.25	275.35	311.43	325.79	4.6
社会消费品零售额	亿元	736.69	780.96	830.01	770.87	788.69	2.3
批发和零售业	亿元	506.47	497.31	711.08	731.67	692.54	-5.3
住宿和餐饮业	亿元	55.84	55.42	118.93	39.20	96.15	145.3
地方财政收入	亿元	224.50	235.50	216.50	248.29	261.11	5.2
地方公共财政预算收入	亿元	177.46	173.25	154.71	157.26	171.19	8.9
地方财政支出	亿元	392.49	441.34	449.78	441.76	361.13	-18.3
在岗职工年平均工资	元	77206	87291	94559	105653	114235	8.1
城镇居民人均可支配收入	元	32981	35586	38217	39416	42412	7.6
城镇居民人均消费性支出	元	23125	25506	27717	26667	29074	9.0
农村居民人均可支配收入	元	13087	14160	15282	16428	18170	10.6
农民人均生活消费性支出	元	11507	12322	12966	13318	14668	10.1
普通中学在校生	万人	13.04	13.46	13.88	14.24	14.62	2.7
小学在校生	万人	17.36	18.41	19.00	19.98	21.07	5.5
卫生技术人员	万人	2.40	2.54	2.70	2.80	2.95	5.4
医生	万人	0.90	0.97	1.00	1.10	1.13	2.7

国民经济和社会发展主要指标

市区					
2017 年	2018 年	2019 年	2020 年	2021 年	2021 年 比 2020 年 增长%
174.84	178.55	185.91	190.36	191.8	0.8
27.27	27.88	29.26			
0.19	0.17	0.11			
9.52	10.53	10.14			
17.56	17.18	19.00			
946.95	1058.67	1139.57	1177.65	1335.06	6.7
18.22	20.09	18.96	21.23	22.33	4.8
294.47	301.04	326.72	327.13	411.53	8.2
208.30	215.84	223.37	224.23	304.27	12.1
634.26	737.54	793.89	829.29	901.20	6.2
37.93	41.20	39.99	44.63	46.69	4.8
11.71	12.07	12.13	13.52	15.91	7.9
19.09	19.70	14.56	15.72	15.84	0.7
26.87	27.29	31.32	32.06	33.99	6.0
0.71	1.20	1.03	1.00	1.00	0.0
1.47	1.43	1.40	1.36	1.10	-19.1
1.33	1.20	1.13	0.89	0.96	7.9
851.71					-9.7
307.25	232.80	218.84	245.66	239.86	-2.4
534.84	572.15	605.14	569.42	583.04	2.4
336.61	323.23	348.92	547.12	504.68	-7.8
44.22	42.72	35.95	22.29	78.36	251.5
149.48	168.31	160.10	186.29	179.67	-3.6
123.43	120.95	108.48	106.72	112.74	5.6
247.97	286.92	282.63	289.48	228.75	-21.0
79775	90042	98204			
8.60	8.77	9.08	9.34	9.68	3.6
10.78	11.56	12.26	13.14	14.07	7.1
2.35	2.15	2.25	2.34	2.40	2.6
0.73	0.82	0.87	0.93	0.94	1.1

1-13 主要年份银川市分县(市)区

指 标	单位	兴庆区					
		2017 年	2018 年	2019 年	2020 年	2021 年	2021 年比 2020 年增长%
总人口	万人	79.11	79.67	80.38	80.90	81.3	0.5
单位从业人员	万人	14.86	15.51	10.89			
第一产业	万人	0.05	0.04	0.02			
第二产业	万人	5.63	6.83	2.26			
第三产业	万人	9.18	8.65	8.62			
地区生产总值	亿元	442.51	490.49	531.58	551.05	600.05	5.2
第一产业	亿元	7.75	8.50	7.94	8.82	11.75	5.9
第二产业	亿元	63.41	64.60	23.98	73.33	89.20	1.4
工业增加值	亿元	21.76	22.03	73.42	22.87	34.86	1.9
第三产业	亿元	371.35	417.39	450.22	468.90	499.10	5.8
农、林、牧、渔业总产值	亿元	15.67	17.02	16.51	23.30	24.09	6.0
畜牧业产值	亿元	4.21	4.58	4.62	6.82	7.53	4.1
粮食产量	万吨	7.45	5.70	4.51	4.77	4.85	1.7
蔬菜产量	万吨	14.16	15.53	16.23	16.29	17.49	7.4
水产品产量	万吨	0.65	0.64	0.65	0.61	0.61	0.0
肉类总产量	万吨				0.51	0.58	13.7
猪牛羊肉产量	万吨				0.44	0.49	11.4
全社会固定资产投资	亿元	313.46					10.1
房地产开发投资	亿元	84.21	78.10	66.88	75.45	58.97	-21.9
社会消费品零售额	亿元	329.40	347.30	357.76	340.09	349.59	2.8
批发和零售业	亿元	242.92	230.16	244.21	329.97	304.26	-7.8
住宿和餐饮业	亿元	29.84	31.54	25.66	10.12	45.34	348.0
地方财政收入	亿元	13.22	11.44	9.71	8.53	8.97	5.2
地方公共财政预算收入	亿元	13.22	11.44	9.71	8.53	7.43	-12.9
地方财政支出	亿元	36.27	36.72	40.54	35.72	26.30	-26.4
在岗职工年平均工资	元	84007	97722	99126			
城镇居民人均可支配收入	元	35452	38307	41218	42364	45080	6.4
城镇居民人均消费性支出	元	24885	29379	32054	30060	32415	7.8
农村居民人均可支配收入	元	14788	15904	17129	18354	20557	12.0
农民人均生活消费性支出	元	12469	13430	14380	13912	15364	10.4
普通中学在校生	万人	3.79	3.96	4.15	4.27	4.39	2.8
小学在校生	万人	5.78	6.10	6.29	6.53	6.84	4.7
卫生技术人员	万人	1.30	1.33	1.33	1.37	1.37	0.0
医生	万人	0.48	0.51	0.52	0.54	0.54	0.0

国民经济和社会发展主要指标(续表1)

金凤区					
2017年	2018年	2019年	2020年	2021年	2021年比2020年增长%
52.31	54.99	60.77	64.45	65.2	1.2
7.15	7.21	13.49			
0.01	0.01	0.01			
1.32	1.37	5.73			
5.82	5.83	7.75			
222.23	267.85	290.38	301.66	332.01	4.3
4.35	4.78	4.55	5.35	3.36	3.1
49.92	49.44	54.52	59.34	65.28	0.1
21.10	21.15	22.07	25.85	33.25	8.8
167.96	213.63	231.31	236.97	263.37	5.3
10.17	11.05	10.72	6.99	6.92	3.0
3.74	4.06	4.07	1.51	1.72	-3.6
2.06	1.86	1.21	1.27	1.30	2.4
9.00	7.72	10.55	11.49	11.97	4.2
0.39	0.35	0.17	0.17	0.17	0.0
			0.16	0.15	-6.3
			0.15	0.13	-13.3
351.79					-12.0
199.40	146.00	136.77	145.72	150.42	3.2
144.72	158.15	176.37	161.97	164.38	1.5
70.34	67.80	75.62	151.44	139.84	-7.7
11.01	7.93	8.95	10.53	24.54	133.0
6.42	7.08	7.45	7.69	8.33	8.3
6.42	7.08	8.00	7.69	6.48	-15.7
22.53	25.43	24.92	27.01	17.81	-34.1
79287	82676	106109			
35560	38348	41191	43578	47208	8.3
24724	26394	28564	29009	32461	11.9
11629	12669	13708	14602	16138	10.5
10983	12155	13168	13661	15156	10.9
2.32	2.40	2.53	2.70	2.89	7.0
2.66	3.04	3.48	4.01	4.60	14.7
0.51	0.57	0.66	0.69	0.74	7.2
0.17	0.22	0.26	0.27	0.29	7.4

1-13 主要年份银川市分县(市)区

指　标	单位	西夏区					
		2017 年	2018 年	2019 年	2020 年	2021 年	2021 年比 2020 年增长%
总人口	万人	43.42	43.89	44.76	45.00	45.3	0.6
单位从业人员	万人	5.26	5.16	4.88			
第一产业	万人	0.13	0.12	0.09			
第二产业	万人	2.58	2.34	2.15			
第三产业	万人	2.55	2.70	2.63			
地区生产总值	亿元	282.20	300.33	317.61	324.94	403.00	11.7
第一产业	亿元	6.12	6.81	6.47	7.06	7.22	3.8
第二产业	亿元	181.14	187.00	198.78	194.45	257.05	13.2
工业增加值	亿元	165.44	172.66	177.32	175.51	236.16	14.0
第三产业	亿元	94.95	106.52	112.36	123.43	138.73	9.9
农、林、牧、渔业总产值	亿元	12.09	13.13	12.76	14.34	15.68	3.7
畜牧业产值	亿元	3.76	3.43	3.44	5.20	6.66	16.2
粮食产量	万吨	9.58	12.14	8.84	9.68	9.68	0.0
蔬菜产量	万吨	3.71	4.04	4.54	4.27	4.53	6.1
水产品产量	万吨	0.32	0.22	0.21	0.22	0.22	0.0
肉类总产量	万吨				0.36	0.37	2.8
猪牛羊肉产量	万吨				0.31	0.34	9.7
全社会固定资产投资	亿元	186.47					-23.0
房地产开发投资	亿元	23.64	8.71	15.19	24.49	30.48	24.5
社会消费品零售额	亿元	60.72	66.69	71.01	67.36	69.05	2.5
批发和零售业	亿元	23.35	25.27	29.09	65.71	60.58	-7.8
住宿和餐饮业	亿元	3.37	3.25	1.34	1.65	8.48	413.9
地方财政收入	亿元	5.67	6.11	5.17	4.92	4.61	-6.3
地方公共财政预算收入	亿元	5.67	6.11	5.17	4.92	3.23	-34.3
地方财政支出	亿元	19.23	32.94	24.55	21.29	15.38	-27.8
在岗职工年平均工资	元	68050	75521	75491			
城镇居民人均可支配收入	元	26985	29191	31302	32611	34929	7.1
城镇居民人均消费性支出	元	21023	22447	22478	21264	22388	5.3
农村居民人均可支配收入	元	10975	11820	12835	13609	15008	10.3
农民人均生活消费性支出	元	10938	11876	12169	12767	13709	7.4
普通中学在校生	万人	2.49	2.41	2.40	2.37	2.41	1.7
小学在校生	万人	2.34	2.42	2.49	2.59	2.66	2.7
卫生技术人员	万人	0.23	0.24	0.26	0.28	0.29	3.6
医生	万人	0.08	0.09	0.10	0.11	0.11	0.0

国民经济和社会发展主要指标(续表 2)

永宁县					
2017 年	2018 年	2019 年	2020 年	2021 年	2021 年 比 2020 年 增长%
30.76	31.23	31.93	32.19	32.4	0.7
2.20	1.93	1.88			
0.04	0.02	0.02			
0.95	0.71	0.57			
1.21	1.20	1.30			
108.38	100.10	100.89	110.19	130.35	9.8
15.37	17.45	15.95	19.64	22.07	5.5
43.89	33.02	26.52	26.51	35.07	16.6
30.53	20.10	16.83	16.86	21.55	8.7
49.13	49.63	58.42	64.04	73.22	8.3
29.04	32.82	30.47	35.03	42.52	5.8
5.21	5.80	6.26	8.08	9.51	6.3
26.38	26.03	21.61	22.19	22.11	–0.4
50.64	50.26	50.03	54.10	49.55	–8.4
0.79	0.75	0.60	0.55	0.40	–27.3
1.04	1.07	1.12	1.28	1.44	12.5
0.78	0.80	0.83	1.04	1.14	9.6
134.77					20.5
33.81	15.82	8.07	14.16	33.16	134.1
28.05	29.37	31.71	26.22	26.95	2.8
18.11	19.22	20.62	21.20	24.12	13.8
2.11	1.76	2.05	5.02	2.83	–43.6
15.20	9.86	8.78	13.11	21.74	65.8
12.66	6.54	7.17	8.76	10.27	17.2
32.47	34.60	39.96	34.81	38.43	10.4
58699	67459	72113			
29211	30730	33032	33698	36601	8.6
21052	22033	22842	23114	24064	4.1
12855	13871	14994	16040	17914	11.7
10094	10988	11703	12657	14759	16.6
1.70	1.78	1.85	1.87	1.90	1.6
2.36	2.33	2.40	2.49	2.55	2.4
0.09	0.11	0.11	0.11	0.15	36.4
0.02	0.04	0.04	0.04	0.05	25.0

1-13 主要年份银川市分县(市)区

指 标	单位	贺兰县					
		2017 年	2018 年	2019 年	2020 年	2021 年	2021 年比 2020 年增长%
总人口	万人	32.76	33.11	33.83	34.18	34.4	0.6
单位从业人员	万人	2.32	1.96	2.03			
第一产业	万人	0.11	0.00	0.08			
第二产业	万人	1.14	0.74	0.70			
第三产业	万人	1.07	1.22	1.25			
地区生产总值	亿元	124.73	134.02	138.95	143.29	158.50	5.0
第一产业	亿元	17.37	19.28	17.78	21.29	23.51	5.6
第二产业	亿元	41.71	44.37	45.29	37.56	45.05	4.2
工业增加值	亿元	29.23	26.09	31.65	27.74	34.18	3.8
第三产业	亿元	65.65	70.37	75.88	84.44	89.94	5.1
农、林、牧、渔业总产值	亿元	35.09	39.08	37.40	43.21	49.77	6.0
畜牧业产值	亿元	6.61	7.94	9.38	11.41	15.40	7.4
粮食产量	万吨	21.21	19.39	15.85	16.35	17.47	6.9
蔬菜产量	万吨	71.04	68.66	51.23	48.10	49.01	1.9
水产品产量	万吨	4.66	4.65	5.29	5.80	6.00	3.4
肉类总产量	万吨	1.01	1.02	0.96	0.99	1.08	9.1
猪牛羊肉产量	万吨	0.78	0.78	0.76	0.83	0.92	10.8
全社会固定资产投资	亿元	215.14					10.0
房地产开发投资	亿元	46.25	40.81	41.94	46.22	48.06	4.0
社会消费品零售额	亿元	139.92	142.39	154.33	140.59	143.20	1.9
批发和零售业	亿元	136.90	139.72	151.74	132.66	134.42	1.3
住宿和餐饮业	亿元	7.03	7.54	8.05	7.93	8.78	10.7
地方财政收入	亿元	19.91	17.35	16.62	15.67	18.76	19.7
地方公共财政预算收入	亿元	11.06	11.60	12.09	12.60	13.23	5.0
地方财政支出	亿元	42.07	38.91	44.60	43.39	35.75	-17.6
在岗职工年平均工资	元	59593	66067	66366			
城镇居民人均可支配收入	元	28641	31051	33660	35195	37474	6.5
城镇居民人均消费性支出	元	18376	19784	21500	22156	24735	11.6
农村居民人均可支配收入	元	13668	14780	15928	17249	18910	9.6
农民人均生活消费性支出	元	13278	13948	14863	15266	16660	9.1
普通中学在校生	万人	1.35	1.40	1.48	1.54	1.58	2.6
小学在校生	万人	2.17	2.26	2.36	2.42	2.52	4.1
卫生技术人员	万人	0.11	0.14	0.16	0.18	0.19	5.6
医生	万人	0.03	0.05	0.06	0.07	0.07	0.0

国民经济和社会发展主要指标(续表3)

灵武市					
2017年	2018年	2019年	2020年	2021年	2021年比2020年增长%
29.04	29.15	29.21	29.44	29.6	0.5
3.64	3.51	4.34			
0.16	0.12	0.09			
2.22	2.06	2.60			
1.26	1.32	1.65			
439.26	484.43	517.38	533.23	639.04	4.8
10.38	11.47	11.54	13.56	15.91	10.0
358.77	398.32	430.55	441.42	536.68	3.8
328.39	368.14	391.27	386.88	484.95	5.5
70.11	74.65	75.30	78.26	86.45	9.0
21.60	24.19	24.87	28.95	34.35	11.1
8.42	10.54	12.40	15.49	22.41	32.0
16.62	17.31	14.27	14.98	15.05	0.5
8.20	5.87	8.80	8.28	8.31	0.4
0.56	0.57	0.34	0.22	0.22	0.0
2.89	2.83	2.72	2.57	2.69	4.7
2.60	2.56	2.46	2.34	2.51	7.3
517.42					-0.3
15.52	5.80	6.49	5.39	4.70	-12.8
33.89	37.06	38.84	34.65	35.52	2.5
14.85	15.13	17.82	30.68	29.33	-4.4
2.48	3.39	1.63	3.96	6.19	56.3
39.91	39.98	30.99	33.22	40.93	23.2
30.31	34.18	26.96	29.18	34.95	19.8
69.98	80.90	82.59	74.14	58.82	-20.7
79324	87525	93065			
30624	32860	35252	35887	38810	8.1
19415	21515	22465	21623	23339	7.9
13659	14848	16032	17312	18874	9.0
11338	11824	12297	11913	12920	8.5
1.39	1.42	1.46	1.49	1.45	-2.7
2.06	2.02	1.98	1.94	1.92	-1.0
0.18	0.15	0.15	0.06	0.21	250.0
0.04	0.06	0.06	0.08	0.08	0.0

主要统计指标解释

【地区生产总值】 是按市场价格计算的地区生产总值的简称。它是一个国家(地区)所有常住单位在一定时期内生产活动的最终成果。地区生产总值有三种表现形态,即价值形态、收入形态和产品形态。从价值形态看,它是所有常住单位在一定时期内所生产的全部货物和服务价值超过同期投入的全部非固定资产货物和服务价值的差额,即所有常住单位的增加值之和;从收入形态看,它是所有常住单位在一定时期内所创造并分配给常住单位和非常住单位的初次分配收入之和;从产品形态看,它是最终使用的货物和服务减去进口货物和服务。在实际核算中,地区生产总值的三种表现形态表现为三种计算方法,即生产法、收入法和支出法。三种方法分别从不同的方面反映地区生产总值及其构成。

地区生产总值同社会总产值、国民收入的区别。从核算范围看,社会总产值和国民收入都只计算物质生产部门的劳动成果,而地区生产总值除计算物质生产部门劳动成果外,还计算非物质生产部门的劳动成果。从这三个指标的价值构成看,社会总产值计算了社会产品的全部价值;地区生产总值计算了生产产品和提供劳务过程中增加的价值,即增加值,不计算中间产品和中间劳务投入的价值;而国民收入除了不计算中间产品价值外,还不包括固定资产折旧价值,即只计算净产值。

【三次产业】 是根据社会生产活动历史发展的顺序对产业结构的划分,产品直接取自自然界的部门称为第一产业,对初级产品进行再加工的部门称为第二产业,为生产和消费提供各种服务的部门称为第三产业。

第一产业:农业(包括种植业、林业、牧业、渔业等)。

第二产业:工业(包括采掘业、制造业、自来水、电力、蒸气、热水、煤气)和建筑业。

第三产业:除第一、第二产业以外的其他各业。

【当年价格】 指报告期的实际价格,如工厂的出厂价格,农产品的收购价格,商业的零售价格等。按当年价格计算,是指一些以货币表现的物量指标如工农业总产值、地区生产总值等,按照当年的实际价格来计算总量。使用当年价格是为了使国民经济各项指标互相衔接,便于考察当年经济效益,便于对生产和流通、生产和分配、生产和消费进行经济核算的综合平衡。按当年价格计算的价值指标,在不同年份之间进行对比时,因为包含有各年间价格变动因素,不能确切地反映实物量的增减变动。必须消除价格变动因素后,才能真实反映经济发展动态。因此,在计算增长速度时都使用按可比价格计算。

【可比价格】 指计算各种总量指标所采用的扣除了价格变动因素的价格,可进行不同时期总量指标的对比。按可比价格计算总量指标有两种方法:一种是直接用产品产量乘某一年的不变价格计算;另一种是用价格指数进行缩减。

【不变价格】 指以同类产品某年的平均价格作为固定价格,用于计算各年的产品价值。按不变价格计算的产品价值消除了价格变动因素,不同时期对比可以反映生产的发展速度。新中国成立后,随着工农业产品价格水平的变化,国家统计局先后五次制定了全国统一的工业产品不变价格和农业产品不变价格，从 1952 年到 1957 年使用 1952 年工（农）业产品不变价格，从 1957 年到 1970 年使用 1957 年不变价格，从 1971 年到 1980 年使用 1970 年不变价格，从 1981 年到 1990 年使用 1980 年不变价格，从 1991 年开始使用 1990 年不变价格。

【平均增长速度】 我国计算平均增长速度有两种方法：一种是习惯上经常使用的“水平法”，又称几何平均法，是以间隔期最后一年的水平同基期水平对比来计算平均每年增长（或下降）速度；另一种是“累计法”，又称代数平均法或方程法，是以间隔期内各年水平的总和同基期水平对比来计算平均每年增长（或下降）速度。在一般正常情况下，两种方法计算的平均每年增长速度比较接近，但在经济发展不平衡、出现大起大落时，两种方法计算的结果差别较大。

2

人口及劳动力

2-1 主要年份人口发展情况

单位:万户、万人

年 份	总户数	总人口		回族人口	女性人口	非农业人口	城镇人口	人口自然增长率(‰)	平均人口	
			市区							市区
1949	4.53	23.63	7.25	7.25	11.12	3.98			23.63	7.25
1950	4.92	24.77	7.78	7.14	11.35	4.29			24.20	7.51
1951	5.07	26.01	8.53	7.48	12.12	4.86			25.39	8.15
1952	5.62	27.66	8.97	8.30	12.62	4.87			26.84	8.75
1953	6.27	30.02	9.98	8.88	13.68	5.69			28.84	9.48
1954	6.81	32.16	11.31	9.26	14.75	6.86			31.09	10.65
1955	6.50	33.64	11.14	9.95	15.62	6.74			32.90	11.22
1956	7.08	34.68	11.24	10.72	15.80	6.66			34.16	11.19
1957	7.46	35.79	11.66	10.94	16.50	7.87			35.23	11.45
1958	7.35	40.10	14.82	11.41	18.37	10.65			37.94	13.24
1959	9.07	45.16	19.06	11.01	20.20	14.45			42.63	16.94
1960	9.72	48.07	22.49	11.01	21.78	16.66			46.62	20.78
1961	9.06	45.33	20.64	10.30	20.78	15.47			46.70	21.56
1962	8.97	41.70	17.86	10.54	19.63	13.13			43.51	19.25
1963	9.09	43.51	18.72	10.98	20.36	14.12			42.60	18.29
1964	9.17	45.52	20.31	11.25	21.36	13.92			44.51	19.51
1965	9.56	48.50	21.26	11.87	22.71	15.24			47.01	20.79
1966	9.97	48.61	20.72	12.19	22.83	15.36			48.56	20.99
1967	10.10	51.52	22.08	12.50	24.22	16.87			50.06	21.40
1968	10.72	54.36	23.17	13.24	25.94	17.18			52.94	22.62
1969	11.10	57.97	24.37	14.04	27.47	18.06			56.16	23.77
1970	11.68	60.07	25.95	15.04	28.73	18.05			59.02	25.16
1971	11.95	62.30	26.77	14.82	29.73	19.04			61.19	26.36
1972	12.40	64.98	27.92	15.68	31.18	20.23			63.64	27.35
1973	12.77	67.41	28.77	16.40	32.42	21.00			66.19	28.34
1974	13.45	69.64	29.29	16.94	33.56	21.47			68.53	29.03
1975	14.14	71.86	29.94	17.44	34.77	22.09			70.75	29.61
1976	14.85	74.14	30.84	17.96	35.88	23.04			73.00	30.39
1977	15.45	76.17	31.40	18.47	36.88	23.52			75.15	31.12
1978	16.05	78.67	32.52	19.12	37.89	24.87			77.42	31.96
1979	17.16	80.41	33.52	19.57	39.05	26.34			79.54	33.02
1980	16.84	82.25	34.45	20.07	39.96	27.90			81.33	33.99
1981	17.49	84.11	35.38	20.68	40.92	28.99			83.18	34.92
1982	18.20	86.22	36.39	21.13	42.00	30.00			85.16	35.89

2-1 主要年份人口发展情况(续表)

单位:万户、万人

年份	总户数	总人口		回族人口	女性人口	非农业人口	城镇人口	人口自然增长率(‰)	平均人口	
			市区							市区
1983	18.71	87.40	37.13	21.37	42.59	30.74			86.81	36.76
1984	19.53	89.19	38.33	22.04	43.55	31.89			88.30	37.73
1985	20.22	91.06	39.69	22.44	44.83	33.67			90.16	39.01
1986	21.04	93.35	41.18	23.05	45.55	37.34			91.90	40.43
1987	22.30	96.33	43.36	23.60	46.76	40.11			94.84	42.27
1988	23.53	98.76	44.99	24.24	47.97	42.12			97.55	44.18
1989	24.43	101.00	46.51	24.77	49.34	43.84			99.88	45.75
1990	25.75	103.45	48.02	25.40	50.62	45.34			102.23	47.26
1991	26.57	105.27	49.10	25.76	51.50	46.47			104.36	48.56
1992	27.31	107.08	50.13	26.21	52.41	47.70			106.18	49.61
1993	28.13	109.02	51.34	26.80	53.50	49.11			108.05	50.73
1994	29.64	111.50	53.13	27.38	54.70	53.19			110.26	52.23
1995	29.47	113.53	54.49	28.01	55.69	54.70		8.34	112.52	53.81
1996	31.00	115.55	55.86	28.52	56.78	56.13		9.13	114.54	55.17
1997	31.80	117.77	57.34	28.99	57.83	59.21		8.95	116.65	56.60
1998	33.42	119.63	58.60	29.37	58.91	61.63		9.06	118.70	57.97
1999	34.48	121.03	59.38	29.85	59.69	63.23		8.84	120.33	58.99
2000	38.11	126.46	64.17	33.17	62.27	65.07		9.00	123.75	61.77
2001	38.49	129.84	65.49	34.73	64.00	67.71		8.25	128.15	64.83
2002	39.78	132.96	69.28	35.76	65.60	70.06		9.81	131.40	67.39
2003	40.77	133.01	71.82	34.38	65.56	79.20		7.23	132.99	70.55
2004	43.75	137.79	75.82	36.04	67.86	84.06		7.54	135.40	73.82
2005	45.47	140.60	79.03	36.43	69.55	86.67		6.31	139.19	77.43
2006	47.62	144.68	82.97	37.27	71.64	91.61		6.29	142.64	81.00
2007	49.58	148.79	86.08	38.61	73.80	94.91		6.81	146.74	84.53
2008	52.69	165.43	102.49	43.33	82.28	109.52	115.67	6.08	163.54	102.06
2009	55.81	170.18	105.82	44.81	84.72	113.71	121.00	6.49	167.81	104.16
2010	63.67	200.45	129.91	46.21	96.68	130.18	145.32	7.23	185.31	117.87
2011	73.55	213.38	139.14	50.74	103.86		157.88	5.77	206.91	134.53
2012	74.69	221.89	145.08	52.51	108.93		164.92	7.11	217.64	142.11
2013	78.22	229.17	149.32	55.14	112.41		170.37	6.73	225.53	147.20
2014	83.85	241.16	157.49	60.47	117.61		180.23	6.71	235.17	153.41
2015	85.31	247.34	160.80	63.67	121.16		187.31	6.35	244.25	159.15
2016	88.52	257.18	167.41	66.17	127.68		195.59	8.11	252.26	164.11
2017	92.88	267.39	174.84	68.89	135.11		207.20	8.49	262.28	171.13
2018	93.82	272.04	178.55	70.43	137.80		212.52	6.27	269.72	176.70
2019	101.20	280.88	185.91	72.44	142.57		224.28	9.04	276.46	182.23
2020	114.71	286.17	190.36	66.82	140.65		229.58		283.53	188.13
2021	115.5	288.2	191.8	67.3	141.2		234.7	6.79	287.2	191.1

2-2 户数、人口及变动情况

（2021） 单位：万户、万人、‰

指 标	总计	市区	兴庆区	西夏区	金凤区	永宁县	贺兰县	灵武市
年末总户数、总人口								
总户数	115.5	78.1	33.7	18.0	26.4	12.6	13.5	11.3
总人口	288.2	191.8	81.3	45.3	65.2	32.4	34.4	29.6
男	147.0	96.5	40.9	23.1	32.5	16.6	17.7	16.2
女	141.2	95.3	40.4	22.2	32.7	15.8	16.7	13.4
平均人口	287.2	191.0	81.1	45.1	64.8	32.3	34.3	29.5
平均每户人数	2.50	2.46	2.41	2.51	2.47	2.58	2.55	2.62
性别比(以女性为100)	104	101	101	104	99	105	106	121
人口变动								
出生率	10.97	11.20	9.49	10.20	14.04	11.76	10.20	9.49
死亡率	4.18	3.82	4.32	3.99	3.09	4.64	4.96	5.08
自然增长率	6.79	7.38	5.17	6.21	10.95	7.12	5.24	4.41
分民族人口								
汉族	216.31	149.06	65.80	33.91	49.35	23.93	26.99	16.33
回族	67.30	39.03	14.29	10.16	14.58	8.04	7.08	13.15
其他少数民族	4.59	3.71	1.21	1.23	1.27	0.43	0.33	0.12

2-3 婚姻状况

指 标	单位	2020 年	2021 年
登记结婚	对	13445	13559
协议离婚	对	6846	4202
涉外婚姻	对	21	13
结婚	对	17	11
离婚	对	4	2
法院调离、判离	对	1520	2099
调离	对	1008	1609
判离	对	512	490

2-4　主要年份全社会

单位:万人

地　区	2012年			2013年		
	就业人数合计	城镇就业人数	乡村就业人员	就业人数合计	城镇就业人数	乡村就业人员
银川市	115.80	86.08	29.73	118.65	88.20	30.45
兴庆区	37.26	36.35	0.91	37.66	36.39	1.27
西夏区	19.14	16.85	2.30	19.51	17.21	2.31
金凤区	19.32	15.07	4.24	20.13	15.76	4.37
永宁县	12.92	4.86	8.06	13.55	5.20	8.35
贺兰县	13.20	5.57	7.63	13.76	6.07	7.69
灵武市	13.97	7.38	6.59	14.03	7.58	6.45

2-4　主要年份全社会

单位:万人

地　区	2017年			2018年		
	就业人数合计	城镇就业人数	乡村就业人员	就业人数合计	城镇就业人数	乡村就业人员
银川市	130.46	101.09	29.37	132.28	103.33	28.94
兴庆区	38.60	34.37	4.22	38.74	34.56	4.18
西夏区	21.18	18.93	2.25	21.35	19.08	2.27
金凤区	25.52	20.49	5.03	26.74	21.42	5.32
永宁县	15.01	8.76	6.25	15.18	9.11	6.07
贺兰县	15.98	9.46	6.53	16.10	9.77	6.33
灵武市	14.17	9.08	5.09	14.17	9.40	4.77

就业人员情况

2014年			2015年			2016年		
就业人数合计	城镇就业人数	乡村就业人员	就业人数合计	城镇就业人数	乡村就业人员	就业人数合计	城镇就业人数	乡村就业人员
122.35	91.44	30.91	124.11	93.99	30.12	126.99	96.58	30.41
38.19	36.01	2.18	38.38	35.41	2.97	38.39	34.15	4.24
20.15	17.82	2.33	20.34	18.16	2.18	20.80	18.57	2.23
21.56	17.05	4.51	21.97	17.78	4.19	23.48	19.00	4.48
13.90	5.87	8.03	14.05	6.56	7.49	14.64	7.54	7.10
14.61	6.78	7.83	15.04	7.53	7.51	15.44	8.49	6.95
13.94	7.91	6.03	14.33	8.55	5.78	14.25	8.83	5.41

就业人员情况(续表)

2019年			2020年			2021年		
就业人数合计	城镇就业人数	乡村就业人员	就业人数合计	城镇就业人数	乡村就业人员	就业人数合计	城镇就业人数	乡村就业人员
134.38	107.30	27.08	138.35	109.99	28.36	138.75	111.35	27.45
38.45	34.98	3.47	39.03	34.93	4.10	39.14	35.17	3.97
21.42	19.44	1.98	21.64	19.60	2.04	21.71	19.73	1.97
29.07	23.98	5.09	31.18	25.36	5.82	31.27	25.64	5.63
15.28	9.47	5.81	15.63	9.91	5.72	15.68	10.14	5.54
16.18	10.14	6.04	16.60	10.61	6.00	16.65	10.85	5.81
13.98	9.29	4.68	14.26	9.59	4.68	14.31	9.78	4.53

2-5 主要年份城镇非私营单位就业人员和劳动报酬情况

年 份	全部就业人员(人)	按经济类型分			按三次产业分			全部单位就业人员劳动报酬(万元)			在岗职工平均工资(元)
		国有	集体	其他	一产	二产	三产	国有	集体	其他	
1949	2093	2093			85	470	1538	61			291
1950	2625	2625			118	546	1961	78			297
1951	3645	3645			364	667	2614	116			318
1952	6422	6422			587	1688	4147	170			265
1953	7547	7547			883	1755	4909	281			372
1954	10823	10823			1076	3764	5983	309			286
1955	14253	14253			1561	4738	7954	380			267
1956	19438	19438			1818	7999	9621	481			247
1957	24365	24365			2712	7324	14329	1125			462
1958	55830	48722	7108		4110	12016	39704	1973	283		404
1959	75111	67958	7153		9884	17891	47336	4106	463		608
1960	102037	95039	6998		24956	16714	60367	5455	458		579
1961	80752	73717	7035		19144	15489	46119	4810	497		657
1962	61922	54284	7638		14467	8665	38790	3721	564		692
1963	61617	53891	7726		13698	8065	39854	3584	546		670
1964	61719	53719	8000		9132	7907	44680	3968	606		741
1965	76401	68613	7788		14354	10321	51726	4179	481		610
1966	81640	73748	7892		16834	12832	51974	5041	536		683
1967	85143	77265	7878		14621	14549	55973	5087	535		660
1968	87991	79956	8035		17786	18028	52177	5344	562		671
1969	92262	84100	8162		18051	21064	53147	4960	517		594
1970	98280	89753	8527		18455	26082	53743	6436	621		718
1971	90098	81728	8370		7366	28751	53981	5106	527		625
1972	99599	86739	12860		8889	29262	61448	5764	852		664
1973	99575	86690	12885		9278	27078	63219	6116	908		705
1974	104789	90583	14206		4844	28747	71198	6304	1004		697
1975	110702	96334	14368		5453	31900	73349	6575	733		660
1976	121335	103194	18141		5910	34171	81254	6975	967		655
1977	131687	106757	24930		6155	35171	90361	7362	1298		658
1978	140432	119913	20519		12987	76690	50755	8758	1240		723
1979	172876	147906	24970		28757	87308	56811	11040	1208		725
1980	179562	155695	23867		27932	89417	62213	12873	1945		845
1981	184320	160582	23738		19772	84092	80456	13568	1634		844
1982	195580	167623	27957		29545	97124	68911	14331	1980		854
1983	205000	173416	31584		30534	99140	75326	15744	2330		893
1984	213989	177679	36310	509	30506	103021	80462	18465	3220	70	1031

2-5 主要年份城镇非私营单位就业人员和劳动报酬情况(续表)

年 份	全部就业人员(人)	按经济类型分			按三次产业分			全部单位就业人员劳动报酬(万元)			在岗职工平均工资(元)
		国有	集体	其他	一产	二产	三产	国有	集体	其他	
1985	227504	188042	39462	463	29724	103918	93862	21243	3703	75	1123
1986	239109	198900	40209	531	29882	106677	102550	26484	4275	89	1316
1987	245636	206741	38386	509	29084	109716	106836	29355	4256	70	1400
1988	258697	219259	38975	463	29459	117262	111976	36172	5090	75	1621
1989	263150	224812	37807	531	29150	117440	116560	41681	5114	89	1804
1990	273130	232506	40013	611	29109	123701	120320	48167	6187	125	2030
1991	285992	242130	43147	715	29535	132204	124253	53653	7190	133	2168
1992	294964	250421	43044	1499	30487	126229	138248	63671	8631	284	2497
1993	286423	246224	35827	4372	25338	112844	148240	73796	9962	1187	2973
1994	298067	247197	38468	12402	27376	143979	126712	102737	12232	5729	4049
1995	300455	245332	39729	15394	25275	147718	127462	121134	15976	9960	4872
1996	292323	242851	33327	16145	24267	138476	129580	129480	15975	10935	5311
1997	302497	240231	35450	26816	24984	144183	133330	134443	21163	20730	5814
1998	270154	205418	23513	41223	24021	122597	123536	138258	15032	31538	6665
1999	262622	201497	21249	39876	23326	112295	127001	153426	15392	32685	7475
2000	256896	196906	19932	40058	22064	108001	126831	175568	17601	37367	8956
2001	242774	186461	16176	40137	21183	97812	123779	205138	16151	40684	10802
2002	238082	178375	15881	43826	19790	98553	119739	230735	16001	47760	11930
2003	288100	150722	8747	128631	21717	140882	125501	214125	8679	179234	13496
2004	288168	144760	6226	137182	18812	144160	125196	225972	9201	210971	15243
2005	291110	155832	5254	130024	17847	146241	127022	295553	9374	250918	18424
2006	295087	149499	4680	140908	12245	149952	132890	338458	9065	349326	23226
2007	292187	147703	4211	140273	14068	140914	137205	421883	10680	425923	28600
2008	289750	148292	2790	138668	13538	137391	138821	482799	9826	490599	33247
2009	296622	148135	2673	145814	12718	140974	142930	516595	10846	571061	36799
2010	300705	150687	2823	147195	12170	139485	149050	577227	12153	695780	43195
2011	313032	165037	2411	145584	11974	141976	159082	734679	12822	766228	49937
2012	335100	178408	2278	154414	11196	139294	184610	1014411	14902	878445	54270
2013	350361	160862	2663	186836	10546	145183	194632	968844	19339	1049976	57112
2014	365267	156625	1828	206814	8006	156437	200824	1007343	11354	1228439	59086
2015	372450	148438	2104	221908	7198	154536	210716	1029750	16885	1324595	65643
2016	354587	146882	1917	205788	5985	139750	208852	1118421	13873	1302974	70840
2017	354341	144824	1957	207560	5031	138406	210904	1222423	17230	1484158	77206
2018	352674	143819	1212	207643	3060	140416	209198	1310834	10896	1710592	87291
2019	375067	144654	1007	229406	3016	140088	231963	1356333	5986	2026785	94559
2020	349788				1835	134219	213734				105653
2021	360350				1831	131670	226849				114235

2-6 全市城镇非私营单位就业人员人数

单位：人

指 标	就业人员期末人员	女性	在岗	其他就业人员	就业人员平均人数	在岗	其他就业人员
总 计	**360350**	**148655**	**346138**	**14212**	**361665**	**346075**	**15591**
农、林、牧、渔业	1831	365	1658	172	1883	1671	212
采矿业	43002	6973	42912	90	43483	43423	60
制造业	51886	11139	51535	351	51384	51136	248
电力、热力、燃气及水生产和供应业	21851	5748	21804	47	21625	21579	46
建筑业	14931	3158	13359	1572	17095	15476	1619
批发和零售业	19848	12675	19319	529	20115	19560	555
交通运输、仓储和邮政业	16451	6691	16270	181	16593	16397	196
住宿和餐饮业	2459	1487	2447	12	2450	2441	9
信息传输、软件和信息技术服务业	6304	2848	6291	13	6131	6112	19
金融业	23389	13881	17988	5401	25123	18340	6783
房地产业	14199	6770	13738	461	14278	13877	401
租赁和商务服务业	8757	2722	8682	75	7411	7337	74
科学研究和技术服务业	12534	3490	12317	218	11988	11754	234
水利、环境和公共设施管理业	5369	2020	5244	125	5647	5442	205
居民服务、修理和其他服务业	464	171	398	66	465	397	69
教育	39776	26341	37935	1840	39195	37419	1776
卫生和社会工作	26120	19116	24906	1214	25703	24512	1191
文化、体育和娱乐业	5743	2807	5683	60	5910	5841	69
公共管理、社会保障和社会组织	45435	20252	43651	1784	45186	43360	1826

2-7 全市城镇非私营单位就业人员劳动报酬

（2021）

指　标	就业人员工资总额(万元)	在岗	其他就业人员	就业人员平均工资(元)	在岗	其他就业人员
总　计	4037237	3953385	83852	111629	114235	53784
农、林、牧、渔业	8818	7936	882	46828	47493	41593
采矿业	726406	726069	337	167055	167208	56117
制造业	471609	469173	2436	91782	91750	98430
电力、热力、燃气及水生产和供应业	328879	328637	242	152080	152293	52556
建筑业	158694	146358	12336	92829	94570	76186
批发和零售业	126186	124547	1639	62731	63674	29517
交通运输、仓储和邮政业	133799	132989	811	80638	81106	41404
住宿和餐饮业	12644	12588	56	51611	51572	62228
信息传输、软件和信息技术服务业	77298	77168	130	126076	126257	68037
金融业	311665	269143	42522	124055	146748	62692
房地产业	103250	101906	1344	72314	73435	33519
租赁和商务服务业	50013	49741	272	67487	67796	36823
科学研究和技术服务业	140892	140019	873	117522	119120	37298
水利、环境和公共设施管理业	39771	39186	585	70429	72008	28524
居民服务、修理和其他服务业	3280	2902	378	70488	73138	55135
教育	428113	422995	5118	109226	113042	28818
卫生和社会工作	366970	359042	7928	142775	146476	66585
文化、体育和娱乐业	59367	59113	254	100460	101211	36831
公共管理、社会保障和社会组织	489582	483873	5709	108349	111594	31269

2-8 全市城镇私营单位就业人员人数

单位:人

指 标	就业人员期末人员	女性	在岗	其他就业人员	就业人员平均人数	在岗	其他就业人员
总 计	220602	88596	207633	12969	220630	205585	15045
农、林、牧、渔业	2989	1082	2828	161	3071	2733	338
采矿业	687	77	673	14	701	684	17
制造业	43963	14268	43219	743	43287	42486	800
电力、热力、燃气及水生产和供应业	1854	598	1803	52	2027	1983	43
建筑业	43393	9913	36095	7297	44512	34883	9629
批发和零售业	33061	14945	32457	603	32677	32041	636
交通运输、仓储和邮政业	7858	2705	7260	598	8075	7425	649
住宿和餐饮业	4911	2585	4685	226	4943	4740	203
信息传输、软件和信息技术服务业	4125	1810	4039	87	4077	4009	68
金融业	579	240	482	97	620	498	122
房地产业	19335	8897	19119	216	19806	19394	412
租赁和商务服务业	19575	9902	18085	1490	19256	18506	750
科学研究和技术服务业	11512	4224	11172	340	11653	11281	372
水利、环境和公共设施管理业	5859	3035	5816	44	5328	5299	29
居民服务、修理和其他服务业	3791	1737	3377	414	3773	3365	407
教育	11155	8727	10727	428	10919	10510	409
卫生和社会工作	3990	2931	3903	88	3933	3846	88
文化、体育和娱乐业	1964	918	1894	70	1973	1900	73

2-9 全市城镇私营单位就业人员劳动报酬

指 标	就业人员工资总额(万元)	在岗劳务	其他就业人员	就业人员平均工资(元)	在岗劳务	其他就业人员
总 计	**1258801**	**1164285**	**94516**	**57055**	**56633**	**62821**
农、林、牧、渔业	17098	15736	1363	55676	57578	40301
采矿业	6933	6826	107	98942	99810	63670
制造业	274686	270607	4079	63457	63693	50958
电力、热力、燃气及水生产和供应业	17975	17776	199	88697	89633	45856
建筑业	268414	200581	67834	60301	57500	70448
批发和零售业	169402	167060	2342	51842	52139	36837
交通运输、仓储和邮政业	50394	46543	3851	62410	62682	59301
住宿和餐饮业	21656	20978	678	43811	44254	33444
信息传输、软件和信息技术服务业	24897	24744	154	61071	61719	22737
金融业	4618	3594	1025	74495	72102	84303
房地产业	94322	92357	1965	47623	47622	47701
租赁和商务服务业	122472	118037	4435	63602	63783	59131
科学研究和技术服务业	69337	67339	1998	59499	59692	53655
水利、环境和公共设施管理业	17446	17265	181	32744	32584	61558
居民服务、修理和其他服务业	17020	14689	2331	45111	43647	57201
教育	46895	45719	1177	42949	43500	28775
卫生和社会工作	25569	24958	611	65003	64899	69556
文化、体育和娱乐业	9666	9478	188	48992	49874	25894

主要统计指标解释

【人口数】 指一定时点、一定地区范围内有生命的个人总和。

年度统计的年末人口数指每年 12 月 31 日 24 时的人口数。

【城镇人口和乡村人口】 城镇人口是指居住在城镇范围内的全部常住人口；乡村人口是除上述人口以外的全部人口。

【就业人员】 指年满 16 周岁,为取得报酬或经营利润,在调查周内从事了 1 小时(含 1 小时)以上劳动的人员；或由于在职学习、休假等原因在调查周内暂时未工作的人员；或由于停工、单位不景气等原因临时未工作的人员。

【单位就业人员】 指报告期末最后一日在本单位工作，并取得工资或其他形式劳动报酬的人员数。该指标为时点指标,不包括最后一日当天及以前已经与单位解除劳动合同关系的人员,是在岗职工、劳务派遣人员及其他就业人员之和。就业人员不包括:

(1)离开本单位仍保留劳动关系,并定期领取生活费的人员；

(2)在本单位实习的各类在校学生；

(3) 本单位以劳务外包形式使用的人员，如:建筑业整建制使用的人员。

【在岗职工】 指在本单位工作且与本单位签订劳动合同，并由单位支付各项工资和社会保险、住房公积金的人员,以及上述人员中由于学习、病伤、产假等原因暂未工作仍由单位支付工资的人员。在岗职工还包括:

(1) 应订立劳动合同而未订立劳动合同人员(如使用的农村户籍人员)；

(2)处于试用期人员；

(3)编制外招用的人员,如临时人员；

(4)派往外单位工作,但工资仍由本单位发放的人员(如挂职锻炼、外派工作等情况)。

【工资总额】 指根据《关于工资总额组成的规定》(1990 年 1 月 1 日国家统计局发布的一号令)进行修订,本单位在报告期内(季度或年度) 直接支付给本单位全部就业人员的劳动报酬总额。包括计时工资、计件工资、奖金、津贴和补贴、加班加点工资、特殊情况下支付的工资,是在岗职工工资总额、劳务派遣人员工资总额和其他就业人员工资总额之和。

工资总额是税前工资，包括单位从个人工资中直接为其代扣或代缴的房费、水费、电费、住房公积金和社会保险基金个人缴纳部分等。

工资总额不论是计入成本的还是不计入成本的，不论是以货币形式支付的还是以实物形式支付的,均应列入工资总额的计算范围。

【平均工资】 指单位就业人员在一定时期内平均每人所得的工资额。它表明一定时期工资收入的高低程度，是反映就业人员工资水平的主要指标。计算公式为:

平均工资 = 报告期就业人员工资总额 ÷ 报告期就业人员平均人数

3

农　业

3-1 主要年份农林牧渔业总产值

（按当年价格计算）

单位:万元

年 份	农、林、牧渔业总产值	农业		林业	牧业	渔业
			种植业			
1949	1878	1594	1513	9	265	11
1950	2422	2022	1939	11	378	11
1951	3570	3065	2962	17	475	13
1952	3044	2616	2517	19	397	12
1953	3342	2901	2784	27	402	12
1954	3435	3029	2886	23	371	13
1955	4154	3711	3549	29	401	13
1956	4107	3701	3487	48	345	13
1957	3658	3220	3049	49	376	13
1958	4197	3742	3570	76	366	13
1959	4196	3678	3487	83	419	17
1960	3329	2784	2586	115	412	18
1961	3780	3160	2946	108	492	20
1962	3667	3035	2874	108	513	12
1963	5087	4171	3962	239	661	16
1964	4952	3961	3766	246	728	17
1965	6347	5075	4803	404	850	21
1966	7293	5853	5550	506	915	19
1967	6338	5122	4831	352	846	18
1968	6043	4757	4476	409	860	17
1969	7061	5761	5436	412	873	16
1970	8167	6240	5898	840	1068	18
1971	10117	7651	7232	183	2262	20
1972	10390	7159	6695	195	2897	16
1973	12292	8987	8716	245	2917	4
1974	10957	9527	9253	126	1146	4
1975	11579	9802	9529	178	1433	7
1976	9872	7946	7686	170	1593	9
1977	10979	9240	8773	190	1376	5
1978	12931	11149	10382	272	1504	6
1979	14735	12464	11102	430	1835	6
1980	17428	15446	15041	435	1532	15

3-1 主要年份农林牧渔业总产值(续表)

(按当年价格计算) 单位:万元

年 份	农、林、牧渔业总产值	农业	种植业	林业	牧业	渔业
1981	22347	19655	18098	446	2214	32
1982	27746	24721	23168	544	2428	53
1983	29844	26291	24529	855	2589	109
1984	32730	27116	26868	1598	3816	200
1985	34486	26068	25379	1606	6458	354
1986	40376	31413	30729	1104	7238	621
1987	47899	37709	36749	955	8095	1140
1988	62901	45291	44079	1290	14344	1976
1989	70137	53103	51638	1581	12840	2613
1990	79146	55864	55471	4245	15706	3331
1991	84975	61169	60275	5104	15315	3387
1992	88628	62770	61559	3995	17458	4405
1993	95826	68064	66106	1003	21342	5417
1994	136904	96774	93243	974	32398	6758
1995	184665	126159	123673	1167	49168	8171
1996	207459	144688	141700	1088	53255	8428
1997	229701	157343	154171	1166	61927	9265
1998	240193	166193	162779	1149	62415	10436
1999	232177	153460	150435	4182	64212	10323
2000	234643	148279	147025	4450	69435	12479
2001	248946	149497	147110	4271	80762	14416
2002	253094	149833	148000	4351	83030	15880
2003	251400	141388	141250	7087	85826	17099
2004	310885	184096	184096	4596	97939	24254
2005	350995	208512	208512	5148	101516	27063
2006	388734	238321	238321	4984	104641	29005
2007	449334	277285	277285	6941	116977	25337
2008	553922	329930	329930	8935	154829	32474
2009	603415	380644	380644	11320	142761	36747
2010	747789	466580	466580	12531	191404	42010
2011	877486	542009	542009	13492	230657	50521
2012	953351	577879	577879	14732	250875	62908
2013	1041007	622170	622170	20262	283485	61063
2014	1069539	620092	620092	13124	311248	64936
2015	1158223	727475	727475	13176	283605	67490
2016	1167430	715400	715400	10576	296931	73895
2017	1236546	752550	752550	9684	319487	78870
2018	1372820	834896	834896	10944	363548	82490
2019	1327292	741857	741857	14667	401633	82884
2020	1518166	837224	837224	13369	485004	93441
2021	1733246	876850	876850	14863	632234	115652

3-2 主要年份农林牧渔业总产值指数

（按可比价格计算，以上年为100）　　单位：%

年　份	农、林、牧渔业总产值	农业	林业	牧业	渔业
1950	106.0	103.5	80.0	119.9	100.0
1951	136.0	138.9	214.0	122.8	267.5
1952	110.4	110.9	165.2	106.5	77.2
1953	110.8	112.2	174.7	101.3	105.8
1954	109.3	111.0	100.7	100.0	57.7
1955	114.3	116.2	124.1	101.5	123.2
1956	104.8	104.3	298.5	89.2	240.5
1957	86.0	83.4	93.5	104.6	31.3
1958	118.3	118.9	166.8	100.5	178.4
1959	100.8	97.4	128.3	113.5	76.9
1960	80.8	74.5	127.7	97.3	99.5
1961	92.8	95.8	59.3	101.4	46.5
1962	119.5	117.5	130.6	127.6	220.1
1963	143.6	137.8	236.5	129.4	181.1
1964	98.3	94.9	104.7	110.0	44.3
1965	134.3	131.2	171.8	118.6	164.1
1966	109.7	110.1	114.1	103.2	66.4
1967	92.3	94.5	79.1	97.7	69.4
1968	95.7	90.9	113.9	101.2	143.9
1969	105.7	112.6	88.0	95.6	77.3
1970	103.9	93.9	153.6	103.7	174.5
1971	97.3	105.1	21.1	178.4	13.8
1972	101.0	93.3	108.0	121.4	511.2
1973	106.4	115.0	105.1	88.9	97.3
1974	784.5	125.8	63.9	51.8	60.8
1975	13.8	100.5	137.7	119.4	215.5
1976	78.9	74.3	87.9	102.0	63.8
1977	116.2	122.6	116.9	90.6	133.1
1978	110.6	111.5	138.3	100.2	100.0
1979	99.3	97.5	111.4	103.9	104.8
1980	112.9	118.4	87.3	95.0	118.2

3-2 主要年份农林牧渔业总产值指数(续表)

(按可比价格计算,以上年为100)　　单位:%

年　份	农、林、牧渔业总产值	农业	林业	牧业	渔业
1981	107.9	108.4	102.0	106.0	106.0
1982	118.5	117.9	143.5	109.1	109.1
1983	106.4	104.2	125.6	111.5	111.5
1984	114.6	108.7	158.4	125.1	125.1
1985	103.8	99.6	91.1	140.8	140.8
1986	105.9	108.5	73.7	111.0	111.0
1987	101.2	101.7	80.8	103.0	103.0
1988	108.9	109.8	85.3	107.1	107.1
1989	105.3	106.1	98.6	97.8	97.8
1990	106.3	96.2	223.1	125.0	125.0
1991	104.6	103.0	130.6	98.7	98.7
1992	96.8	97.4	69.0	106.9	106.9
1993	100.9	104.7	16.4	116.3	116.3
1994	106.6	104.6	80.6	113.2	113.2
1995	109.3	103.4	105.7	127.5	127.5
1996	110.0	109.5	96.9	112.4	112.4
1997	108.7	108.3	114.7	109.3	109.3
1998	107.1	104.8	109.8	110.8	110.8
1999	104.4	100.6	203.2	105.6	105.6
2000	106.3	103.5	115.1	110.6	110.6
2001	105.0	102.3	92.2	110.3	110.3
2002	102.7	99.3	109.0	106.0	106.0
2003	96.8	93.8	171.7	95.8	95.8
2004	109.6	112.9	79.1	103.6	103.6
2005	105.5	107.2	112.0	102.7	102.7
2006	108.4	110.2	207.7	102.9	102.9
2007	107.5	114.3	96.8	103.1	103.1
2008	108.7	109.7	118.1	102.6	102.6
2009	108.1	108.2	126.7	104.4	104.4
2010	107.2	103.5	179.5	114.3	114.3
2011	105.3	104.7	107.7	105.1	105.1
2012	106.0	104.4	109.2	107.5	107.5
2013	104.3	102.3	137.5	102.7	102.7
2014	105.6	103.9	64.8	112.0	112.0
2015	104.0	108.0	85.7	94.8	94.8
2016	104.3	104.3	77.3	104.1	104.1
2017	104.4	103.8	88.9	106.7	106.7
2018	103.7	103.1	112.4	106.2	98.5
2019	102.2	101.8	133.3	100.0	110.2
2020	101.6	97.4	81.4	108.9	106.8
2021	106.5	102.3	111.2	115.2	101.5

3-3 主要年份农林牧渔业总产值指数

（按可比价格计算，以 1952 为 100）　　单位：%

年 份	农、林、牧渔业总产值	农业	林业	牧业	渔业
1953	110.8	112.2	174.4	101.4	87.7
1954	121.1	124.6	175.6	101.3	100.0
1955	138.4	144.7	218.0	102.9	103.7
1956	145.1	150.9	650.6	91.8	108.6
1957	124.7	125.9	608.3	95.9	108.6
1958	147.6	149.8	1014.8	96.4	108.6
1959	148.7	145.8	1302.0	109.4	136.3
1960	120.2	108.6	1662.6	106.5	140.0
1961	111.5	104.1	986.4	107.9	131.3
1962	133.3	122.3	1288.1	137.8	88.6
1963	191.4	168.5	3045.9	178.3	127.6
1964	188.2	159.9	3188.8	196.1	127.6
1965	252.6	209.7	5476.7	232.6	164.7
1966	277.1	230.9	6248.6	240.1	161.7
1967	255.9	218.2	4944.5	234.7	149.4
1968	244.9	198.3	5629.1	237.4	137.0
1969	258.9	223.4	4955.4	226.9	137.0
1970	268.9	209.7	7613.2	235.4	128.4
1971	261.6	220.5	1608.6	419.7	108.6
1972	264.2	205.6	1737.5	509.7	75.3
1973	281.0	236.4	1826.5	453.3	16.3
1974	2204.8	297.3	1167.3	234.6	16.9
1975	303.8	298.8	1607.6	280.2	34.5
1976	239.7	221.9	1412.5	285.7	46.3
1977	278.5	272.0	1651.3	258.8	25.9
1978	320.5	307.9	2851.8	276.9	25.9
1979	318.1	300.3	3177.7	287.7	27.2
1980	359.2	355.4	2775.3	273.4	32.1

3-3 主要年份农林牧渔业总产值指数(续表)

(按可比价格计算,以1952为100) 单位:%

年 份	农、林、牧渔业总产值	农业	林业	牧业	渔业
1981	387.5	385.4	2831.8	289.8	66.7
1982	459.1	454.5	4063.5	316.2	153.1
1983	488.4	473.3	5103.5	352.5	197.5
1984	559.8	514.5	8082.4	441.0	396.3
1985	580.8	512.6	7361.2	621.1	611.1
1986	615.0	556.1	5425.9	689.5	912.4
1987	622.1	565.7	4384.7	710.1	1459.3
1988	677.4	621.3	3741.2	760.2	2312.4
1989	713.0	659.4	3687.1	743.3	3237.0
1990	757.8	634.0	8227.1	928.9	3864.2
1991	792.9	652.7	10748.2	916.4	4180.3
1992	767.5	635.7	7411.8	979.8	4834.6
1993	774.2	665.5	1214.1	1139.7	5497.5
1994	824.9	696.1	978.8	1290.0	6156.8
1995	902.0	719.9	1034.1	1644.2	6842.0
1996	991.8	788.5	1002.4	1847.7	7156.8
1997	1077.8	854.1	1149.4	2018.9	7802.5
1998	1154.5	895.4	1262.4	2236.1	9081.5
1999	1205.3	900.8	2564.7	2361.7	11597.5
2000	1280.6	932.5	2952.9	2612.5	12837.0
2001	1344.9	953.5	2723.5	2880.2	14086.4
2002	1380.6	947.1	2969.4	3054.0	15977.8
2003	1336.8	888.0	5097.7	2925.0	17181.5
2004	1465.7	1002.1	4032.9	3029.0	20791.4
2005	1546.2	1074.3	4517.0	3110.2	21799.7
2006	1676.0	1184.0	9381.4	3199.2	23729.0
2007	1802.1	1353.4	9082.1	3297.7	25432.8
2008	1958.3	1484.2	10725.0	3383.4	30529.5
2009	2116.9	1605.9	13588.6	3532.3	33002.4
2010	2277.8	1662.2	24391.6	4037.4	36731.6
2011	2398.6	1740.3	26269.7	5692.8	40074.2
2012	2542.5	1816.8	28686.6	6119.7	44442.3
2013	2651.8	1858.6	39444.0	6284.9	51242.0
2014	2800.3	1931.1	25559.7	7039.1	54572.7
2015	2912.3	2085.6	21904.7	6673.1	56701.0
2016	3037.5	2175.3	22802.8	7353.8	59422.6
2017	3171.2	2257.9	20271.7	7846.5	61145.9
2018	3288.5	2327.9	22785.4	8333.0	60228.7
2019	3360.8	2369.8	30372.9	8333.0	66372.0
2020	3414.6	2407.8	24723.5	9074.6	70885.3
2021	3636.5	2463.2	27492.5	10453.9	71948.6

3-4　主要年份农民生活情况及主要农产品产量

年　份	农民人均纯收入（元）	农村居民人均生活消费支出（元）	农民人均生活用房（平方米）	粮食产量（吨）	肉类产量（吨）	牛奶产量（吨）	禽蛋产量（吨）	蔬菜产量（吨）	水果产量（吨）	水产品产量（吨）
1978	131	103	10.19	310876	2678	2216			8516	97
1979	157	116	11.00	284150	2916	984			10174	101
1980	201	155	11.81	342624	3724	2739			8070	113
1981	298	191	12.61	397025	4281	2838			10110	188
1982	442	273	13.43	442365	4097	3500			9413	296
1983	447	276	14.24	462195	5473	4157			9339	466
1984	478	304	15.05	484005	4666	5651			12925	747
1985	488	380	15.88	429065	6203	8081			15551	1214
1986	573	457	16.36	480097	11070	11255	5741		1596	1824
1987	658	536	16.85	472011	10794	13432	5512		19031	2898
1988	727	576	17.34	514213	12560	15917	5769		19761	4647
1989	859	727	18.22	540498	13133	18947	6361		25382	6525
1990	934	765	18.28	589904	12926	24057	6516	282312	22273	7280
1991	971	765	19.02	612797	17014	29269	6215	273444	9417	7955
1992	977	785	19.27	578382	19108	35835	6755	249556	27050	9166
1993	1016	914	20.13	602581	20654	38438	7118	269711	31900	10419
1994	1336	1109	20.11	659909	23188	48050	9030	270407	28262	11738
1995	1683	1449	19.75	685534	30364	62858	11407	336380	41670	12813
1996	2212	1849	22.03	779537	34242	74558	13148	370634	46293	13602
1997	2578	2147	24.09	815924	35986	77501	14880	390504	46293	15195
1998	2811	1945	25.27	885305	41338	71216	17667	431349	46115	17182
1999	2657	1948	26.41	914116	45645	73415	17761	430633	62880	22044
2000	2712	1886	27.26	823967	46516	78903	19975	572113	62312	25823
2001	2858	2009	27.19	847511	52763	104822	21059	510440	76658	33337
2002	2932	1902	27.27	844114	54777	113842	21303	520652	64343	31326
2003	2984	2224	28.40	684527	58795	140134	20674	562710	86525	32833
2004	3324	2510	28.56	801508	52597	165329	11203	526949	92303	37615
2005	3493	2836	31.17	834345	51623	213294	11340	573445	113285	39405
2006	3800	2902	33.94	879841	50202	222775	9347	685197	111457	42961
2007	4303	3576	35.48	827505	39295	275678	14759	778551	123543	33734
2008	4917	4119	35.76	886219	42973	335385	14454	994344	165343	44163
2009	5389	4817	38.33	913417	46614	318801	15049	1113214	188695	45926
2010	6161	5394	38.90	879142	49633	354098	16512	1269280	187640	49510
2011	7070	6707	39.92	861547	49772	387525	15589	1378422	202848	53313
2012	8068	7089	44.69	861547	49744	401076	21094	1411762	233491	60323
2013	8830	8631	37.14	852983	52785	416489	15492	1428116	252379	65522
2014	10275	9334	36.96	803311	50916	534254	20334	1446217	270736	68597
2015	11148	10119	36.78	834490	49868	493392	22287	1605566	287716	71098
2016	12037	11061	36.48	835718	51510	471819	21946	1673320	300467	73669
2017	13087	11507	37.28	832900	64063	504037	38293	1567391	207188	73739
2018	14160	12322	34.20	824241	63492	539463	38322	1520669	206480	71627
2019	15282	12966	34.75	662902	61598	568718	35831	1413808	247996	72583
2020	16428	13318	33.69	692324	58800	652377	27542	1425373	100639	75806
2021	18170	14668	34.67	704677	63013	873678	22835	1408564	333554	76247

3-5 农林牧渔业总产值及增加值

（2021）

单位:万元

指　标	银川市	兴庆区	金凤区	西夏区	永宁县	贺兰县	灵武市
总产值							
农林牧渔业	**1733246**	**240884**	**69176**	**156820**	**425176**	**497707**	**343484**
农业	876850	131255	39838	65011	308444	235868	96434
林业	14863	661	352	3150	2620	3386	4693
牧业	632234	75299	17207	66628	95075	153977	224048
渔业	115652	8642	2580	3122	6550	91128	3630
农林牧渔服务业	93647	25027	9199	18908	12486	13347	14679
增加值							
农林牧渔业	**897683**	**133432**	**39466**	**84219**	**228611**	**243567**	**168388**
第一产业	838257	117512	33614	72190	220699	235146	159096
农林牧渔服务业	59426	15920	5852	12028	7912	8421	9292

注:增加值数据为快报数。

3-6 农业基本情况及从业人员

（2021）

指　标	单位	银川市	兴庆区	金凤区	西夏区	永宁县	贺兰县	灵武市
乡村人口与从业人员								
乡村户数	户	208902	33596	16408	14717	55934	46983	41264
乡村人口数	人	693678	107747	54635	47587	194785	133113	155811
男	人	358255	56042	28873	24350	101960	67086	79944
女	人	335423	51705	25762	23237	92825	66027	75867
乡村劳动力资源数	人	433867	66609	29144	29602	116368	92778	99366
男	人	229590	35575	17001	16092	62068	47379	51475
女	人	204277	31034	12143	13510	54300	45399	47891
乡村从业人员数合计	人	352268	55426	26717	26700	86417	71534	85474
男	人	188452	29194	15670	14719	46330	37836	44703
从事农业人员数	人	104900	11112	10519	5754	31471	20910	25134
女	人	163816	26232	11047	11981	40087	33698	40771
从事农业人员数	人	91320	8470	7752	7128	26598	17681	23691

3-7 农业主要能源物资消耗及农用水利建设情况

（2021）

指标	单位	银川市	兴庆区	金凤区	西夏区	永宁县	贺兰县	灵武市
农用化肥施用量(实物量)	吨	177274	16818	5827	26461	47865	50408	29895
氮肥	吨	89420	9234	1535	14933	22362	27335	14021
磷肥	吨	32660	4182	1178	3077	7882	10931	5410
钾肥	吨	12885	871	834	2420	5226	1899	1635
复合肥	吨	42309	2531	2280	6031	12395	10243	8830
农用塑料薄膜使用量	公斤	2080222	339408	63411	64366	579454	606985	426598
地膜使用量	公斤	773692	134879	34245	19301	140273	330096	114898
地膜覆盖面积	亩	177900	22888	11786	3409	33911	80864	25042
农用柴油使用量	吨	30863	3380	1207	7200	9130	7664	2283
农药使用量	公斤	672217	43741	10946	167703	156127	211342	82358
农用机油使用量	公斤	228974	16596	2470	29092	64970	35159	80688
农业生产用煤	吨	5401	768	170	1750	2582	73	58

3-8 主要农产品生产情况

（2021）

指　标	银川市		兴庆区		金凤区		西夏区	
	播种面积（亩）	产量（吨）	播种面积（亩）	产量（吨）	播种面积（亩）	产量（吨）	播种面积（亩）	产量（吨）
农作物总播种面积	2356821		221212		81099		223683	
复种面积	108131							
粮食作物	1214445	704677	91088	48514	23129	13043	150690	96839
谷物	1208445	704389	91088	48514	23129	13043	150690	96839
夏收谷物	101060	38540	6559	2269	1172	398	1070	372
小麦	101060	38540	6559	2269	1172	398	1070	372
冬小麦								
春小麦	101060	38540	6559	2269	1172	398	1070	372.36
秋收谷物	1107385	665848	84529	46244	21957	12644	149620	96467
稻谷	330165	181091	44609	24089	4457	2407	41120	22904
有机稻								
玉米	777220	484757	39920	22156	17500	10238	108500	73563
套种玉米	508	267						
燕麦								
豆类	6000	288						
人豆	6000	288						
油料作物	3645	860			1198	251	1322	333
胡麻籽								
葵花籽	3575	848			1198	251	1322	333
中草药材	43076	4982	28934	2959			4437	896
人参								
枸杞	16991	2504	10588	1103			4437	896
麻黄								
蔬菜(含菜用瓜)	604254	1408564	44964	174931	34298	119655	14596	45323
瓜果类	53911	158860	13780	31386	8491	23268	340	973
西瓜	38802	137360	5807	22462	7751	22155	178	636
香瓜(甜瓜)	4831	10672	2510	4999	8	23	111	194
草莓	2178	4981	352	1056	732	1090	25	29
其他作物	437490	1510730	42446	125658	13983	44852	52298	130602
青饲料	368862	1419618	26883	100750	13983	44852	28343	104145
牧草	68478	90887	15563	24908			23955	26457
饲料用青贮玉米面积	276494		26883		13983		9387	

3-8 主要农产品生产情况(续表)

(2021)

指 标	永宁县		贺兰县		灵武市	
	播种面积（亩）	产量（吨）	播种面积（亩）	产量（吨）	播种面积（亩）	产量（吨）
农作物总播种面积	744148		708762		377918	
复种面积			99114		9017	
粮食作物	384100	221135	311200	174663	254238	150484
谷物	378100	220847	311200	174663	254238	150484
夏收谷物	66800	25918	23200	8723	2259	858
小麦	66800	25918	23200	8723	2259	858
冬小麦						
春小麦	66800	25918.4	23200	8723	2259	858
秋收谷物	311300	194928	288000	165939	251979	149625
稻谷	37500	22013	120300	64481	82179	45198
有机稻						
玉米	273800	172916	167700	101459	169800	104427
套种玉米			508	267		
燕麦						
豆类	6000	288				
大豆	6000	288				
油料作物	420	119	420	94	285	63
胡麻籽						
葵花籽	370	111	400	90	285	63
中草药材	3812	303	5706	790	187	34
人参						
枸杞	167	18	1776	486	23	1
麻黄						
蔬菜(含菜用瓜)	243749	495494	233319	490093	33329	83068
瓜果类	9531	28484	14905	49761	6864	24988
西瓜	5764	23268	13712	47265	5590	21574
香瓜(甜瓜)	322	861	606	1181	1274	3414
草莓	586	1596	483	1210		
其他作物	102536	361023	143212	609262	83015	239333
青饲料	99488	357637	138867	604213	61298	208021
牧草	3048	3386	4195	4824	21717	31312
饲料用青贮玉米面积	62368		112411		51462	

3-9 蔬菜及特种作物生产情况

（2021）

指　标	银川市		兴庆区		金凤区		西夏区	
	播种面积（亩）	产量（吨）	播种面积（亩）	产量（吨）	播种面积（亩）	产量（吨）	播种面积（亩）	产量（吨）
蔬菜合计	**604254**	**1408564**	**44964**	**174931**	**34298**	**119655**	**14596**	**45323**
叶菜类	376403	615758	12360	33022	1493	3848	5903	12212
芹菜	21327	94804	4053	16596	142	438	3326	9798
油菜	7166	13032	1726	3447	66	198	62	78
菠菜	4717	7682	183	451			8	11
其他	343193	500241	6398	12528	1285	3212	2507	2325
白菜类	10350	38084	681	1858	1867	6962	175	636
大白菜	8218	33467	270	729	1819	6764	128	495
其他	2132	4617	411	1129	48	198	47	141
甘蓝类	40327	110256	930	1876	2375	9865	817	1518
卷心菜	16860	57063	223	683	1615	6460	175	509
其他	23467	53193	707	1193	760	3405	642	1009
块根、块茎类	24212	72002	66	257	6972	15169	91	312
白萝卜	6844	22039	2	1	592	880	41	95
胡萝卜	469	1320	64	256	30	105		
生姜								
马铃薯	660	1923					4	16
山药								
其他	16239	46720			6350	14184	46	201
瓜菜类	12461	57341	3252	16427	7	21	1722	10893
黄瓜	8891	42295	2216	12862	7	21	1213	6514
南瓜	172	485	150	450			20	35
冬瓜	645	4838					482	4328
西葫芦	2330	7967	808	2666			3	7
其他	423	1756	78	449			4	9
菜用豆类	10705	25785	3649	8555	96	240	69	98
豇豆	907	1621	374	561			10	19
四季豆	9378	23342	2940	7350	96	240	55	65
其他	420	822	335	644			4	14
茄果类	105230	442754	23956	111574	20925	80973	3667	15022
茄子	3846	15994	291	1917			573	1843
辣椒	19139	40174	7639	16773	935	2375	378	580
西红柿	81119	384605	16026	92884	19990	78598	2686	12536
其他	1126	1981					30	63
葱蒜类	17782	36510	18	46	563	1840	2151	4556
大葱	2928	7168	12	29	440	1540	2105	4467
蒜头	5	5						
韭菜	14114	26475	6	17	123	300	44	87
其他	736	2863					2	2
水生菜类	528	807						
莲藕	528	807						
茭白								
其他								
其他蔬菜	6257	4497	52	49			1	1
黄花菜	1722	1114	52	49				
枸杞苗	2261	503						
其他	2274	2880					1	1
食用菌		4770		1267		737		75
干品								
香菇								
黑木耳								
鲜品		4770		1267		737		75
蘑菇		4770		1267		737		75
特种作物								
花卉种植面积（公顷）	4501		3863				51	
鲜切花（枝）		24557105		24397105				
盆栽观赏植物（盆）		17369915		15858914				1177401

3-9 蔬菜及特种作物生产情况(续表)

(2021)

指　标	永宁县		贺兰县		灵武市	
	播种面积(亩)	产量(吨)	播种面积(亩)	产量(吨)	播种面积(亩)	产量(吨)
蔬菜合计	**243749**	**495494**	**233319**	**490093**	**33329**	**83068**
叶菜类	189296	315613	163627	246843	3724	4220
芹菜	6287	25106	7464	42671	55	195
油菜	625	1103	4687	8206		
菠菜	233	438	4293	6782		
其他	182151	288967	147183	189184	3669	4025
白菜类	6112	21578	1427	6741	88	309
大白菜	4609	18814	1304	6356	88	309
其他	1503	2764	123	385		
甘蓝类	7723	22765	23747	63444	4735	10788
卷心菜	6611	19617	5094	21556	3142	8238
其他	1112	3148	18653	41888	1593	2550
块根、块茎类	14207	46936	2687	8808	189	520
白萝卜	5331	17966	738	2675	140	422
胡萝卜	340	820	35	139		
生姜						
马铃薯	607	1809			49	98
山药						
其他	7929	26341	1914	5994		
瓜菜类	1966	6895	5135	21957	379	1148
黄瓜	1431	4785	3645	16965	379	1148
南瓜	2					
冬瓜			163	510		
西葫芦	346	1445	1173	3849		
其他	187	665	154	633		
菜用豆类	3639	8452	2988	7871	264	569
豇豆	127	188	349	815	47	38
四季豆	3473	8143	2597	7013	217	531
其他	39	121	42	43		
茄果类	18898	68409	27341	124882	10442	41894
茄子	1252	3772	1180	6552	550	1910
辣椒	3122	4638	6061	12849	1003	2959
西红柿	13434	58111	20094	105451	8889	37025
其他	1090	1888	6	30		
葱蒜类	1696	2895	1057	4199	12298	22974
大葱	190	515	181	617		
蒜头	5	5				
韭菜	1449	2298	194	799	12298	22974
其他	52	78	682	2783		
水生菜类			528	807		
莲藕			528	807		
茭白						
其他						
其他蔬菜	212	190	4782	3652	1210	605
黄花菜			460	460	1210	605
枸杞苗			2261	503		
其他	212	190	2061	2689		
食用菌		1761		889		41
干品						
香菇						
黑木耳						
鲜品		1761		889		41
蘑菇		1761		889		41
特种作物						
花卉种植面积(公顷)	370		217			
鲜切花(枝)		160000				
盆栽观赏植物(盆)				333600		

3-10 水果、枸杞生产情况

（2021）

指　标	银川市				兴庆区			
	合计		设施农业		合计		设施农业	
	播种面积（亩）	产量（吨）	播种面积（亩）	产量（吨）	播种面积（亩）	产量（吨）	播种面积（亩）	产量（吨）
园林水果	355816	174694	16228	16331	8640	2383	962	879
本年新增面积	2113		194		36		36	
苹果	46428	34201	8	16	2315	393		
本年新增苹果面积	569							
红富士苹果	27534	22363						
国光苹果	2361	2177						
梨	4393	4190						
雪花梨								
鸭梨	14	18						
葡萄	218454	108047	13771.56	14577	3501	907	451	569
酿造用葡萄	184463	59229			510	41		
枣	72120	17597	1833	1109	663	25.6	62	12
桃	6121	6197	69	146	105	2.5	25	
杏	2517	1423	48	80	101	7	8	
其他园林水果	5783	3039	498	403	1955	1048	416	298
食用坚果		451						
核桃		450						
枸杞	16991	2504	5	2	10588	1103		
本年新增枸杞面积	5							
枸杞结果面积	6093				5700			

3-10 水果、枸杞生产情况(续表 1)

(2021)

指 标	金凤区				西夏区			
	合计		设施农业		合计		设施农业	
	播种面积（亩）	产量（吨）	播种面积（亩）	产量（吨）	播种面积（亩）	产量（吨）	播种面积（亩）	产量（吨）
园林水果	**5838**	**5267**	**2636**	**4951**	**31733**	**259101**	**29**	**15**
本年新增面积	443				650			
苹果	1282	67			8550	5757		
本年新增苹果面积	241				89			
红富士苹果					3286	3644		
国光苹果					72	179		
梨	63	11			2400	1703		
雪花梨								
鸭梨					1	2		
葡萄	3647	5125	2636	4951	18855	17588	29	15
酿造用葡萄					15688	16607		
枣	71	18			782	369		
桃	620	35			332	326		
杏	82	3			493	157		
其他园林水果	73	8			321	11		
食用坚果								
核桃								
枸杞					**4437**	**896**		
本年新增枸杞面积								
枸杞结果面积					150			

3-10 水果、枸杞生产情况(续表 2)

(2021)

指　标	永宁县				贺兰县				灵武市			
	合计		设施农业		合计		设施农业		合计		设施农业	
	播种面积(亩)	产量(吨)	播种面积(亩)	产量(吨)	播种面积(亩)	产量(吨)	播种面积(亩)	产量(吨)	播种面积(亩)	产量(吨)	播种面积(亩)	产量(吨)
园林水果	180720	87381	10210	8210	28716	14758	973	1411	100169	38994	1418	865
本年新增面积					713		158		271			
苹果	6872	8588			1820	2356	8	16	25589	17040		
本年新增苹果面积	6				63				170			
红富士苹果	4800	5512			1540	1279			17908	11928		
国光苹果	1100	1210							1189	788		
梨	63	65			30	37			1837	2374		
雪花梨												
鸭梨					13	16						
葡萄	166035	73203	9650	7650	25002	10312	792	1051	1414	912	214	341
酿造用葡萄	146335	38685			21930	3896						
枣	1467	709	560	560	720	96	7	13	68417	16380	1204	524
桃	3700	4168			251	738	44	146	1113	927		
杏	626	248			260	304.4	40	80	955	704		
其他园林水果	1957	400			633	915	82	105	844	657		
食用坚果		451										
核桃		450										
枸杞	167	18	5	2	1776	486			23	1		
本年新增枸杞面积	5											
枸杞结果面积	133				110							

3-11 林业生产情况

（2021）

指 标	单位	银川市	兴庆区	金凤区	西夏区	永宁县	贺兰县	灵武市
造林面积	公顷	11011	466	207	2053	646	1185	6454
按造林方式分								
新造林	公顷	5704	213	107	1666	313	618	2787
人工造林	公顷	4371	213	107	333	313	618	2787
飞播造林	公顷							
新封山(沙)育林	公顷	1333			1333			
退化林修复	公顷	5307	253	100	387	333	567	3667
人工更新	公顷							
新造林按经济成分分								
公有经济造林	公顷	5677	213	107	1666	313	618	2760
国有经济造林	公顷	3057	180	107	1666	313	618	173
集体经济造林	公顷	2620	33					2587
非公有经济造林	公顷	27						27
新造林按林种主导功能分								
用材林	公顷							
经济林	公顷	172	33		12		127	
防护林	公顷	5532	180	107	1654	313	491	2787
薪炭林	公顷							
特种用途林	公顷							
森林抚育面积	公顷	3617			3333	284		
四旁(零星)植树	株	413219		4000	398219	11000		
年末实有封山(沙)育林面积	公顷	1800			1800			
种子生产								
林木种子产量	吨	6.4						6.4
良种	吨	6.4						6.4
穗条产量	条(根)	0						
草种产量	吨	3.15						3.15
苗木生产								
育苗面积	公顷	4440	206	143	156	1127	1943	865
新育	公顷	49	4		25	8	12	
葡萄育苗	公顷	17				17		
枸杞育苗	公顷	16			11	5		
苗木产量	株	159954444	59839900	4724300	5934634	48971000	15622810	24861800
良种	株	2362400				2200000		162400
木材采伐	立方米	6813			3103	3571		139
村及村以下采伐	立方米	3571				3571		

3-12 渔业生产情况

（2021）

指 标	单位	银川市	兴庆区	金凤区	西夏区	永宁县	贺兰县	灵武市
水产品总产量	**吨**	**76247**	**6140**	**1720**	**2212**	**3950**	**60000**	**2225**
淡水捕捞	吨	1394	70	190		399	735	
鱼类	吨	1376	70	190		381	735	
黄河鲤鱼	吨	501	27			106	368	
虾蟹类	吨	18				18		
淡水养殖	吨	74853	6070	1530	2212	3551	59265	2225
鱼类	吨	74001	5997	1469	2192	3485	58644	2214
鲤鱼	吨	31299	2791	640	800	1601	25015	452
鲢鱼	吨	5849	647	372	347	317	3976	190
鳙鱼		5437	312	55	100	282	4598	90
鲫鱼	吨	6798	337	102	205	349	5727	78
草鱼	吨	22210	1881	300	700	850	17273	1206
叉尾鮰	吨	1554	20		40		1321	173
鲶鱼	吨	33				15	16	2
鲈鱼	吨	343					332	11
其他		478	9			71	386	12
虾蟹类	吨	817	73	61	20	31	621	11
南美白对虾	吨	154	20	42			92	
河蟹	吨	663	53	19	20	31	529	11
淡水养殖面积	公顷	6722	1129	233	183	888	3875	414
池塘养殖	公顷	5084	643	127	175	257	3718	164
湖泊养殖	公顷	1514	486	106	8	631	157	126
河沟养殖	公顷							
水库养殖	公顷	124						124
稻田养鱼面积	公顷	1384	106		422		853	3
稻田养蟹面积	公顷	1051	67		228	67	685	4

3-13　畜牧业生产情况

（2021）

指　标	单位	银川市	兴庆区	金凤区	西夏区	永宁县	贺兰县	灵武市
年末牲畜存栏								
大牲畜	头	362637	48471	12138	40722	47327	68936	145043
牛	头	359297	47853	12118	40664	45811	67859	144992
肉牛	头	125961	12305	7146	17058	35275	19132	35045
奶牛	头	233336	35548	4972	23606	10536	48727	109947
马	头	575			49	402	124	
驴	头	2724	618	20		1088	947	51
骡	头	15				11	4	
骆驼	头	26			9	15	2	
猪	头	152041	15983	702	3742	22625	24962	84027
能繁殖的母猪	头	16251	1656	97	94	4037	1954	8413
羊	只	973055	53964	23813	34904	156378	165389	538607
山羊	只	116904	9620			6578	26717	73989
绵羊	只	856151	44344	23813	34904	149800	138672	464618
滩羊	只	22418	196	13898				8324
活家禽	百只	19663	445	968	1484	7335	7505	1926
活鸡	百只	19077	439	968	1382	7335	7074	1879
肉鸡	百只	3640	29			1845	683	1083
蛋鸡	百只	15436	410	968	1382	5490	6391	795
家兔	只	115217	97780	11600	2300	1337	2200	
当年出栏数								
大牲畜	头	117497	12130	5044	10994	33857	26365	29107
牛	头	115727	11827	5038	10994	32863	26036	28969
马	头	326				196		130
驴	头	1429	303	6		783	329	8
骡	头							
		15				15		
猪	头	215856	22844	2870	14584	30286	33732	111540
羊	只	1023892	50944	10600	19083	218127	119664	605474
山羊	只	118908	9194			6127	18969	84618

3-13　畜牧业生产情况(续表)

（2021）

指　标	单位	银川市	兴庆区	金凤区	西夏区	永宁县	贺兰县	灵武市
绵羊	只	904984	41750	10600	19083	212000	100695	520856
宰杀羊羔(供宰杀二毛的羊羔)	只							
活家禽	百只	30636	664	706	1155	13556	6846	7711
活鸡	百只	29536	641	706	1070	13400	6098	7622
活鸭	百只	349	1			150	126	73
家兔	只	355715	335066	8800	2000	1549	8300	
肉类总产量	**吨**	**63013**	**5765**	**1479**	**3688**	**14398**	**10814**	**26869**
猪肉	吨	17511	1856	241	1178	2493	2632	9112
牛肉	吨	19472	2148	899	1920	5181	4438	4886
羊肉	吨	18461	922	180	343	3772	2100	11144
山羊	吨	1642	174			173	378	917
绵羊	吨	16820	748	180	343	3600	1722	10227
禽肉	吨	6432	138	140	228	2828	1388	1709
鸡肉	吨	3449	138	140		982	557	1632
马肉	吨	42				26		17
驴肉	吨	152	31	1		84	35	1
骡肉	吨							
兔肉	吨	3	670	18	3	2	22	
奶类产量	**吨**	**873678**	**134372**	**23608**	**126761**	**37823**	**258043**	**293070**
牛奶	吨	873678	134372	23608	126761	37823	258043	293070
绵羊毛产量	**吨**	**1242**	**95**	**38**	**9**	**547**	**255**	**297**
细羊毛产量	吨	45				25	1	19
半细羊毛产量	吨	567	95	38	9	93	254	79
山羊毛产量	**吨**	**35**			**1**	**5**	**18**	**11**
山羊粗毛	吨	26				4	15	7
山羊绒	吨	9			1	2	4	3
滩羊皮产量	**张**	**2277**				**2277**		
兔毛	**公斤**	**1716**					**1716**	
鹿茸产量	**公斤**	**3000**			**1000**		**2000**	
天然蜂蜜产量	**吨**	**93**	**13**	**6**		**24**	**50**	
禽蛋产量	**吨**	**22835**	**1034**	**1084**	**1759**	**9154**	**8425**	**1380**
鸡蛋产量	吨	22835	1034	1084	1759	9154	8425	1380

主要统计指标解释

【乡村户数】 指长期(一年以上)居住在乡镇(不包括城关镇)行政管理区域内的住户,还包括居住在城关镇所辖行政村范围内的农村住户。户口不在本地而在本地居住一年及以上的住户也包括在本地农村住户内;有本地户口,但举家外出谋生一年以上的住户，无论是否保留承包耕地都不包括在本地农村住户范围内。不包括乡村地区内的国有经济的机关、团体、学校、企业、事业单位的集体户。

【乡村人口数】 指乡村地区常住居民户数中的常住人口数，即经常在家或在家居住 6 个月以上，而且经济和生活与本户连成一体的人口。外出从业人员在外居住时间虽然在 6 个月以上,但收入主要带回家中,经济与本户连为一体,仍视为家庭常住人口;在家居住,生活和本户连成一体的国家职工、退休人员也为家庭常住人口。但是现役军人、中专及以上(走读生除外)的在校学生以及常年在外(不包括探亲、看病等）且已有稳定的职业与居住场所的外出从业人员,不应当作家庭常住人口。

【乡村劳动力资源数】 指乡村人口中劳动年龄以上(16 周岁)能够参加生产经营活动的人员。

【乡村从业人员】 指乡村人口中 16 岁以上实际参加生产经营活动并取得实物或货币收入的人员，既包括劳动年龄内经常参加劳动的人员，也包括超过劳动年龄但经常参加劳动的人员。但不包括户口在家的在外学生、现役军人和丧失劳动能力的人，也不包括待业人员和家务劳动者。从业人员年龄为 16 岁以上。从业人员按从事主业时间最长(时间相同按收入)分为农业从业人员、工业从业人员、建筑业从业人员、交运仓储及邮电通讯业从业人员、信息传输、计算机服务和软件业、批零贸易及餐饮业从业人员、住宿和餐饮业从业人员、其他从业人员。

【谷物】 是指禾本科和蓼科粮食作物。这类作物具体包括稻谷、小麦、玉米、谷子、高粱和其他谷物;其他谷物包括大麦、燕麦、荞麦等。

【中草药材】 指人工种植、以获取药材为目的、主要用于中药配伍以及中成药加工的药材作物面积。包括药用真菌的面积。

【猪、牛、羊肉产量】 指值本调查期内出栏猪、牛、羊折算出的鲜、冷鲜冷冻猪牛羊肉的总量,按胴体重计算。

【水产品产量】 指渔业(捕捞和养殖)生产活动的最终有效成果，包括全部海水和淡水鱼类、甲壳类(虾、蟹)、贝类、头足类、藻类和其他类渔业产品的最终产量。不包括渔业生产过程中的中间成果,如鱼苗、鱼种、亲鱼、转塘鱼、存塘鱼和自用作饵料的产品等。水产品在上岸前已经腐烂变质，不能供人食用或加工成其他制品的,不统计在水产品产量中。

【淡水水域养殖产量】 指在淡水水域中人工投放苗种(不包括灌江纳苗)并进行人工饲养管理的、并已捕捞起水的水产品产量。稻田养殖起水产品产量也计入淡水水域养殖产量中。淡水养殖产品包括鱼类、甲壳类(虾、蟹)、贝类、藻类和其他类产品。

【农林牧渔业总产值】 农林牧渔业总产值是以货币表现的农林牧渔业的全部产品产量和对农林牧渔业生产活动进行的各种支持性服务活动的价值。它反应一定时期内农林牧渔业生产总规模和总成果,是观察农林牧渔业生产水平和发展速度,研究农林牧渔业内部比例关系、农林牧渔业与工业、农林牧渔业与国家建设、人民生活比例关系的重要指标,同时也是计算农林牧渔业劳动生产率和农林牧渔业增加值的基础资料。

【农林牧渔业增加值】 指农、林、牧、渔及农林牧渔服务业生产货物或提供服务活动而增加的价值，为农林牧渔业现价总产值扣除农林牧渔业现价中间投入后的余额。

工　业

4-1 主要年份工业产品产量

年 份	轮胎外胎（万条）	水泥（万吨）	金属切削机床（台）	变压器（万千伏安）	味精（吨）	乳制品（吨）
1978	30.10	3.13	439	3.50	35	
1979	32.00	2.82	437	4.00		
1980	29.30	2.96	385	7.33		
1981	8.50	1.84	239	3.00	24	205
1982	16.20	3.35	245	2.66	53	258
1983	25.60	5.47	356	4.31	55	308
1984	29.50	5.77	406	6.49	48	527
1985	34.30	8.60	400	12.15	55	759
1986	38.45	10.09	392	13.88	87	1068
1987	57.01	14.70	417	18.65	151	1355
1988	67.08	28.34	480	19.61	250	1779
1989	69.10	35.11	403	24.73	423	3292
1990	63.51	30.46	289	24.54	433	3128
1991	75.62	32.26	228	23.90	393	4033
1992	103.59	36.96	337	26.54	420	7404
1993	123.56	38.11	386	33.90	500	4811
1994	144.20	47.19	1649	25.00	567	4643
1995	164.95	51.51	994	25.00	800	4329
1996	192.24	59.90	829	30.06	1000	5991
1997	186.74	60.95	983	36.82	1235	5079
1998	191.24	74.77	455	40.81	880	6531
1999	167.98	85.20	659	46.73	1567	7742
2000	193.00	82.22	909	67.00	2419	6760
2001	182.00	87.70	1298	124.00	3592	7814
2002	224.31	123.06	1816	116.02	3032	6099
2003	241.53	208.52	1953	105.00	14979	5621
2004	293.60	196.48	1095	73.25	24236	6876
2005	304.56	178.23	1418	67.66	24159	49656
2006	389.59	219.52	1892	159.41	32018	64688
2007	395.54	261.55	2494	224.85	62151	73347
2008	337.16	277.93	2458	178.90	66660	50159
2009	225.62	332.27	1620	685.27	75635	46553
2010	210.44	458.53	3110	43.55	84711	37433
2011	188.38	475.89	3762	705.43		24115
2012	141.91	509.22	2570	174.75		196140
2013	165.89	650.06	2370	713.63		219417
2014	153.76	582.24	2146	1141.10	201917	263074
2015	138.77	522.80	1669	1424.50	217920	244975
2016	201.90	534.36	1545	1156.09	222390	237777
2017	178.63	623.80	2094	664.68	186410	274262
2018	102.77	506.93	2438	1016.49	156702	332165
2019	66.17	526.55	1610	1398.01	216082	341939
2020		530.83	1886	1520.79	251608	387404
2021		490.63	2657	961.43	239445	469923

注：1.自 2020 年起，规模以上工业企业中无生产轮胎外胎企业；
2.2011 年至 2013 年工业统计报表制度产品产量目录中无该类产品。

4-1 主要年份工业产品产量(续表)

年 份	饮料酒（千升）	农用化肥（万吨）	服装（万件）	中成药（吨）	合成氨（万吨）	铁合金（万吨）	滚动轴承（万套）	配混合饲料（万吨）
1978	424	15.07			4.84		12.00	
1979	743	3.64			5.98		6.40	
1980	855	3.62		200	5.49	0.14	3.09	
1981	2889	3.08	94.80	188	4.71	0.06		
1982	3658	3.84		191	5.55	0.07		
1983	4867	3.96	77.78	222	5.51	0.11		
1984	5830	4.84	100.76	230	6.80	0.11		
1985	7600	4.36		172	6.27	0.13		
1986	13345	4.83		222	11.00	0.44	20.10	
1987	14553	5.31	107.26	243	6.73			
1988	16800	5.73		340	7.59	1.16		
1989	16300	18.68	192.46	277	23.25			
1990	15800	23.50	171.34	255	29.90	1.73	195.06	
1991	16200	26.96	158.55	322	33.62	0.76	200.00	
1992	14103	28.79	139.36	281	34.84	1.26	171.40	
1993	21970	25.22	74.02	402	25.99	2.32	197.00	
1994	21848	27.96	119.31	317	35.14	3.54	203.55	
1995	28063	34.34	193.75	354	40.66	3.21	349.69	
1996	31270	32.07	72.00	392	39.76	4.53	309.37	
1997	28068	32.97	129.20	385	4.59	3.68	283.46	
1998	28468	36.35		300	45.52	3.04	622.67	
1999	43712	43.02	37.72	349	52.95	4.09	655.00	
2000	40390	50.00	51.00	461	63.00	5.38	735.00	2.02
2001	43934	57.00	120.00	453	72.00	5.80	459.00	3.11
2002	77449	66.68	132.34	459	82.93	7.38	354.30	4.58
2003	66167	63.67	120.85	512	79.69	10.83	254.45	4.57
2004	95015	69.20	96.62	481	85.89	12.49	215.45	9.42
2005	85439	57.84	57.57	802	75.16	11.46	199.72	12.33
2006	76888	55.80	41.35	1013	74.02	15.75	176.28	12.27
2007	103363	57.90	169.54	762	78.38	11.80	205.90	11.20
2008	120124	74.91	243.74	671	89.66	10.35	161.97	15.91
2009	146343	72.61	319.97	869	84.26	7.04	114.32	22.70
2010	159947	69.02	362.44	926	79.75	6.39	133.59	19.46
2011	181920	80.56	411.70	943	92.31	11.75	96.40	23.14
2012	172088	66.02	493.70	400	84.15	11.23	80.70	24.73
2013	272200	54.38	631.01	665	69.32	17.57	94.61	25.83
2014	288878	28.35	836.83	564	36.87	16.16	183.48	29.32
2015	286681	65.16	1236.00	730	30.61	7.24	594.09	27.10
2016	265853	43.01	1269.86	843	33.27	3.58	681.79	28.35
2017	253122	33.41	696.52	428	23.73	2.62	1809.10	31.21
2018	216929	30.37	94.82	567	12.47	3.63	2589.58	29.63
2019	219072	34.23	103.41	600	14.04	2.39	2380.07	39.22
2020	204193	56.17	60.34	613	37.35	0.91	3372.27	51.63
2021	214682	55.45	41.92	594.97	39.05	1.18	3636.04	60.75

4-2　规模以上工业企业主要产品产量

产　品	单位	2020 年	2021 年
小麦粉	万吨	6.61	7.59
大米	万吨	14.48	15.07
配混合饲料	万吨	51.63	60.75
乳制品	万吨	38.74	46.99
啤酒	万千升	19.96	21.01
葡萄酒	万千升	0.46	0.46
服装	万件	60.34	41.92
机制纸	万吨	1.49	1.45
农用化肥	万吨	56.17	55.45
单晶硅	万千克	4582.34	3219.89
中成药	吨	613.41	594.97
初级形态塑料	万吨	346.77	346.88
十种有色金属	万吨	58.35	63.60
集成电路	万块	125.58	212.62
塑料制品	万吨	5.92	6.04
水泥	万吨	530.83	490.63
钢材	万吨	19.43	15.75
铁合金	万吨	0.91	1.18
铸铁件	万吨	4.11	4.76
金属切削机床	台	1886	2657
起重机	吨	7656	29844
滚动轴承	万套	3372.27	3636.04
变压器	万千伏安	1520.79	961.43
低压开关板	面	20281	15453
工业机器人	套	157	175
电工仪器仪表	万台	280.10	265.09
自来水生产量	万立方米	34059.38	37392.66

4-3 全市规模以上工业

（2021）

指　标	企业单位数（个）	亏损企业	年初存货	产成品
总　计	**428**	**110**	**2169733**	**697571**
按地区分				
兴庆区	29	6	38687	20983
金凤区	45	5	170874	70990
西夏区	84	24	475809	137053
永宁县	61	15	203399	37152
贺兰县	72	22	231526	76826
灵武市	137	38	1049438	354567
按轻重工分				
轻工业	116	29	599555	190924
重工业	312	81	1570178	506647
按企业规模分				
大型企业	16	2	1142034	357200
中型企业	46	10	399125	131873
小型企业	366	98	628574	208498
纯小型企业	305	77	581925	197702
微型企业	61	21	46649	10796
按登记注册类型分				
内资企业	401	106	1973113	643036
国有企业	9	2	11747	2105
中央企业	5	1	11677	2105
地方企业	4	1	70	
有限责任公司	105	25	917867	274119
国有独资公司	19	5	584173	174660
其他有限责任公司	86	20	333695	99458
股份有限公司	9	3	166761	41398
私营企业	277	76	876159	325393
私营独资企业	5	1	2045	1154
私营有限责任公司	253	71	786344	276634
私营股份有限公司	19	4	87770	47605
其他企业	1		580	21
港、澳、台商投资企业	7	1	85457	33694
合资经营企业(港或澳、台资)	3	1	65684	24828
港澳台商独资经营企业	3		19773	8865
其他港澳台商投资企业	1			
外商投资企业	20	3	111163	20841
中外合资经营企业	9	1	30963	8398
外资企业	9	2	75447	11577
其他外商投资企业	2		4753	867
在总计中:亏损企业	110	110	438823	115765
在总计中:国有控股企业	82	23	910784	243960

企业主要经济指标

单位:万元

资产总计	流动资产总计	应收账款	存货	产成品
54296847	**15884052**	**4855259**	**2628404**	**907353**
6824634	1421109	773539	68661	41699
2398713	1292536	479094	200128	84958
9116635	4320131	1973162	555122	172866
1476618	742072	144268	244577	43989
2882234	1701479	280029	257545	96017
31598014	6406725	1205167	1302372	467825
5394959	3150997	437541	733544	241651
48901889	12733055	4417719	1894860	665702
31746662	7964696	2460569	1266730	444681
9664380	2985472	617318	596094	185037
12885805	4933883	1777373	765580	277635
10484455	4046441	1317285	706694	263955
2401351	887443	460089	58886	13680
48515062	14515427	4535177	2381234	831368
5897883	1192320	449335	17179	4699
5739899	1135992	404068	16944	4538
157985	56328	45267	234	162
28005635	5018386	1305130	1071758	314964
15869190	2242999	557012	618623	190406
12136445	2775388	748118	453135	124558
3232372	1039299	132862	222102	51424
11378313	7264628	2647846	1069850	460202
55052	26853	3754	11903	4648
9995145	6408833	2525602	948700	398768
1328115	828942	118490	109247	56787
860	794	5	345	79
4614991	754440	95372	106944	50259
4326117	645479	25532	86367	41752
282690	104471	66199	19936	8406
6184	4490	3641	642	101
1166795	614184	224710	140225	25726
267895	142060	38113	43188	13118
783814	424365	174684	84544	11163
115086	47759	11914	12494	1445
9585581	2953286	782082	558253	153110
33608612	5869531	1635335	1057297	290176

4-3 全市规模以上工业

(2021)

指　标	企业单位数(个)	亏损企业	年初存货	产成品
按工业行业大类分				
煤炭开采和洗选业	8	1	552388	173903
农副食品加工业	30	3	105757	27361
食品制造业	17	5	79204	25475
酒、饮料和精制茶制造业	10	4	126318	5883
纺织业	14	7	109131	53438
纺织服装、服饰业	2		571	299
皮革、毛皮、羽毛及其制品和制鞋业	4	2	25871	10178
木材加工及木、竹、藤、棕、草制品业	1		717	2
家具制造业	1	1	2025	361
造纸和纸制品业	4		9398	4732
印刷和记录媒介复制业	3		3169	1071
石油、煤炭和其他燃料加工业	5		98324	30022
化学原料和化学制品制造业	49	7	249636	96301
医药制造业	13	1	81319	29724
化学纤维制造业	2		26943	14475
橡胶和塑料制品业	11	3	22021	14910
非金属矿物制品业	36	12	34994	13842
黑色金属冶炼和压延加工业	3	1	2555	1616
有色金属冶炼和压延加工业	15	7	25345	7560
金属制品业	29	12	67616	25223
通用设备制造业	30	7	125143	35903
专用设备制造业	12	2	70289	40203
汽车制造业	1			
铁路、船舶、航空航天和其他运输设备制造业	1		59	
电气机械和器材制造业	23	7	50373	35323
计算机、通信和其他电子设备制造业	14	7	165906	35598
仪器仪表制造业	3		6861	2921
废弃资源综合利用业	11	2	19160	5938
金属制品、机械和设备修理业	3		171	
电力、热力生产和供应业	52	16	92307	417
燃气生产和供应业	11	2	15152	4794
水的生产和供应业	10	1	1012	101

企业主要经济指标(续表 1)

单位:万元

资产总计	流动资产总计	应收账款	存货	产成品
14982891	2098512	360831	589173	192170
422793	263178	60998	104949	28359
1117276	534628	53734	129104	32192
405082	229028	12289	135519	7218
1267341	669002	149526	136903	62720
11194	6447	1579	729	244
57609	47055	13911	26262	8510
2774	1661	334	717	2
9894	2772	574	1897	323
55022	32244	11612	8410	5049
39226	21327	9190	3763	1073
1687095	844249	5305	116253	29001
7655533	1508769	102448	324220	152374
1460920	1040069	53632	123105	59162
321102	145776	12047	29289	15270
137337	105416	34133	23795	17743
663747	411940	275108	37684	18418
54161	20731	634	5552	3942
215924	109542	9828	42517	20542
625763	331137	109810	81361	24792
895253	537094	179422	130386	33260
397472	336235	115541	94106	59320
27771	8271	8085	45	
6077	5934	3186	180	
1335192	979006	754730	80946	48465
2556808	1522577	847216	182766	52024
80745	66420	25682	8875	2648
172086	106531	40251	27788	17340
15911	14124	6122	632	120
15074200	3170998	1337713	156089	465
1255667	489694	180767	23782	14479
1286984	223687	79021	1606	130

4-3 全市规模以上工业

（2021）

指 标	固定资产原价	累计折旧
总 计	48110202	18986710
按地区分		
兴庆区	8375218	4440213
金凤区	1075703	360138
西夏区	6636877	2996901
永宁县	851207	459435
贺兰县	1041171	390536
灵武市	30130027	10339488
按轻重工分		
轻工业	2161593	978546
重工业	45948609	18008164
按企业规模分		
大型企业	31101437	13091470
中型企业	7893826	3292031
小型企业	9114939	2603208
纯小型企业	7301935	2222372
微型企业	1813004	380836
按登记注册类型分		
内资企业	45034065	18175886
国有企业	8462096	4687896
中央企业	8326788	4651265
地方企业	135308	36631
有限责任公司	28816600	10260469
国有独资公司	17240262	6446644
其他有限责任公司	11576338	3813825
股份有限公司	3422426	1808265
私营企业	4332847	1419225
私营独资企业	28539	2826
私营有限责任公司	3702061	1190890
私营股份有限公司	602247	225509
其他企业	96	31
港、澳、台商投资企业	2410011	586330
合资经营企业(港或澳、台资)	2294603	528970
港澳台商独资经营企业	113697	57218
其他港澳台商投资企业	1711	142
外商投资企业	666127	224494
中外合资经营企业	144954	54135
外资企业	484835	157288
其他外商投资企业	36339	13071
在总计中:亏损企业	8222824	2821694
在总计中:国有控股企业	38849129	16114195

企业主要经济指标(续表2)

单位:万元

本年折旧	负债合计	流动负债合计	应付账款
2089960	34436216	21474516	5866981
340515	4296857	2952737	882833
45750	1142703	635507	296893
337355	4240719	2837516	1157188
38141	780893	660231	165689
52537	2148142	1824147	993100
1275662	21826901	12564378	2371278
119239	3254901	2772877	1240046
1970722	31181315	18701638	4626935
1351836	19753311	12956643	3463257
315765	6151113	3957163	1027275
422360	8531792	4560710	1376448
337357	6707985	3649494	1021939
85003	1823807	911216	354509
1949782	32184595	20007604	5644559
343829	3545194	2502181	759695
338968	3439950	2451952	757866
4861	105244	50229	1829
1215564	20825962	11172378	2228973
718838	11368176	5706290	1086366
496726	9457786	5466088	1142607
164254	1500983	954541	176197
226134	6311513	5377561	2479545
477	28473	28473	15641
201248	5808963	4912930	2368960
24408	474077	436158	94944
2	943	943	149
108070	1717029	1109675	105541
100920	1527359	992085	50473
7008	186702	114623	54987
142	2968	2968	81
32108	534591	357236	116881
7933	140978	119688	29313
23767	371432	215367	71479
409	22181	22181	16089
350009	7306250	4091347	1329223
1628071	23886700	13329848	2755079

4-3　全市规模以上工业

（2021）

指　标	固定资产原价	累计折旧
按工业行业大类分		
煤炭开采和洗选业	16139234	6149598
农副食品加工业	197957	81976
食品制造业	583211	328758
酒、饮料和精制茶制造业	239968	101504
纺织业	331519	89919
纺织服装、服饰业	7084	2880
皮革、毛皮、羽毛及其制品和制鞋业	14227	4161
木材加工及木、竹、藤、棕、草制品业	1344	256
家具制造业	7058	3670
造纸和纸制品业	19151	8093
印刷和记录媒介复制业	17664	11390
石油、煤炭和其他燃料加工业	1992046	1117684
化学原料和化学制品制造业	5832144	1609285
医药制造业	527205	274711
化学纤维制造业	137083	33056
橡胶和塑料制品业	50840	30369
非金属矿物制品业	451246	242591
黑色金属冶炼和压延加工业	41882	14348
有色金属冶炼和压延加工业	93924	10585
金属制品业	232134	77685
通用设备制造业	434653	221439
专用设备制造业	53798	18467
汽车制造业	13188	
铁路、船舶、航空航天和其他运输设备制造业	429	331
电气机械和器材制造业	314509	72237
计算机、通信和其他电子设备制造业	1053254	267017
仪器仪表制造业	16583	5870
废弃资源综合利用业	56691	13599
金属制品、机械和设备修理业	4384	2801
电力、热力生产和供应业	18183742	7796021
燃气生产和供应业	565240	203529
水的生产和供应业	496814	192881

企业主要经济指标(续表 3)

单位:万元

本年折旧	负债合计	流动负债合计	应付账款
671753	10721103	5652187	1020642
10970	210842	204096	67942
31918	601303	539344	130116
11251	212030	197481	45279
17922	779949	639674	413498
341	9417	8223	2407
507	39547	39547	16462
23	2341	2198	397
396	3610	3610	597
1359	36586	36582	12196
679	20646	5967	1707
84538	459017	444138	52221
242264	4660514	3475356	424243
28418	1072598	956522	484270
12023	158427	65382	42667
2033	77297	74870	10134
22684	380057	363087	220819
732	41702	40712	4949
1784	168902	162730	19802
13155	373262	289817	96751
21000	391870	327965	149193
2785	174920	164838	43852
	22677		
27	2129	2129	504
21522	762829	683750	470054
81465	691449	576625	316895
1526	38672	33334	9757
3149	79691	66067	14655
419	5533	5533	3044
778212	10767815	5646900	1602134
13727	721092	514959	101810
11379	748392	250893	87984

4-3 全市规模以上工业

（2021）

指 标	所有者权益合计	实收资本	国家资本
总 计	19859741	12446861	4796074
按地区分			
兴庆区	2527776	1686628	1160126
金凤区	1256009	666777	291183
西夏区	4875916	2639857	650719
永宁县	695724	267141	3000
贺兰县	734091	621741	128047
灵武市	9770225	6564717	2562998
按轻重工分			
轻工业	2140057	1291966	206335
重工业	17719684	11154895	4589739
按企业规模分			
大型企业	11993351	6282160	3483471
中型企业	3513266	2668847	416594
小型企业	4353124	3495854	896008
纯小型企业	3775581	3070560	821493
微型企业	577543	425294	74515
按登记注册类型分			
内资企业	16329576	11291466	4796074
国有企业	2352690	1857141	1146907
中央企业	2299949	1822509	1112599
地方企业	52741	34632	34308
有限责任公司	7179672	5977178	2950504
国有独资公司	4501014	2596859	1664526
其他有限责任公司	2678658	3380320	1285978
股份有限公司	1731389	1012298	589163
私营企业	5065910	2444849	109500
私营独资企业	26579	26638	
私营有限责任公司	4185292	2042590	109500
私营股份有限公司	854038	375620	
其他企业	-84		
港、澳、台商投资企业	2897962	864596	
合资经营企业(港或澳、台资)	2798758	764832	
港澳台商独资经营企业	95988	96765	
其他港澳台商投资企业	3216	3000	
外商投资企业	632203	290799	
中外合资经营企业	126916	92172	
外资企业	412382	149802	
其他外商投资企业	92905	48825	
在总计中:亏损企业	2278442	2765787	639758
在总计中:国有控股企业	9721911	8008286	4680816

企业主要经济指标(续表 4)

单位:万元

集体资本	法人资本	个人资本	港澳台资本	外商资本
150619	6705434	642491	63712	88532
4141	490832	27467		4062
142315	129414	35819	51674	16371
	1819926	99047	11288	58877
	127768	136373		
4001	430835	58109	750	
163	3706659	285675		9221
3664	852646	214443	11288	3591
146956	5852787	428048	52424	84941
	2722874	72947		2867
	1973757	209706		68791
150619	2008802	359838	63712	16874
150619	1678792	339070	63712	16874
	330011	20768		
146479	5769469	576125		3320
	710234			
	709910			
	324			
142315	2762490	121869		
	932061	272		
142315	1830430	121597		
	363337	56479		3320
4164	1933407	397778		
	26638			
722	1613708	318660		
3441	293061	79118		
	739740	61917	62940	
	700490	61917	2425	
	37000		59765	
	2250		750	
4141	196225	4449	772	85212
4141	67108	4049		16874
	80693		772	68338
	48425	400		
3501	1894892	220119	3197	4320
140815	3130932	55270		453

4-3 全市规模以上工业

（2021）

指　标	所有者权益合计	实收资本	国家资本
按工业行业大类分			
煤炭开采和洗选业	4260900	2228142	997502
农副食品加工业	211951	99896	
食品制造业	515973	121950	1301
酒、饮料和精制茶制造业	193051	75990	8758
纺织业	487393	572053	108507
纺织服装、服饰业	1777	3053	660
皮革、毛皮、羽毛及其制品和制鞋业	18063	10914	
木材加工及木、竹、藤、棕、草制品业	433	433	
家具制造业	6285	5000	
造纸和纸制品业	18436	12938	
印刷和记录媒介复制业	18580	12276	7038
石油、煤炭和其他燃料加工业	1228078	845302	589163
化学原料和化学制品制造业	2995018	1873826	681675
医药制造业	388322	190464	10000
化学纤维制造业	162675	107800	70070
橡胶和塑料制品业	60040	17790	
非金属矿物制品业	283690	187824	2090
黑色金属冶炼和压延加工业	12459	6022	
有色金属冶炼和压延加工业	47022	80614	35000
金属制品业	252501	176840	
通用设备制造业	503382	311825	
专用设备制造业	222552	40562	
汽车制造业	5094		
铁路、船舶、航空航天和其他运输设备制造业	3948	825	
电气机械和器材制造业	572363	203788	48500
计算机、通信和其他电子设备制造业	1865359	684871	993
仪器仪表制造业	42073	14649	
废弃资源综合利用业	92395	45203	5000
金属制品、机械和设备修理业	10377	8131	
电力、热力生产和供应业	4306385	3916183	2162575
燃气生产和供应业	534575	269471	52819
水的生产和供应业	538592	322226	14423

企业主要经济指标(续表 5)

单位:万元

集体资本	法人资本	个人资本	港澳台资本	外商资本
	1210657	19982		
163	76658	20484		2591
	100965	18684		1000
	47045	12096	8091	
59	448784	14703		
	1600	793		
	7846	3068		
		433		
		5000		
	2217	10721		
	822	4415		
	254135	2005		
500	1016465	165965		9221
	116260	64204		
	37730			
	10275	4318	3197	
2000	138128	45606		
	6022			
	21351	24263		
	108297	64926	750	2867
	170703	72332		68791
	30633	9929		
		825		
3441	113703	38144		
	666925	16953		
	14409	240		
	33363	6840		
	7881	250		
140315	1602786	10507		
	211847	4805		
4141	247927		51674	4062

4-3 全市规模以上工业

（2021）

指　标	营业收入	营业成本
总　计	**33771750**	**27584285**
按地区分		
兴庆区	6701971	6322248
金凤区	1024650	756533
西夏区	7657883	5956255
永宁县	981172	859121
贺兰县	1242460	983779
灵武市	16163614	12706350
按轻重工分		
轻工业	2931201	2371851
重工业	30840549	25212434
按企业规模分		
大型企业	22598072	17644874
中型企业	4786477	4209303
小型企业	6387202	5730108
纯小型企业	5787176	5216445
微型企业	600026	513663
按登记注册类型分		
内资企业	31243207	25822326
国有企业	6361559	6125976
中央企业	6334378	6111705
地方企业	27181	14270
有限责任公司	12565481	10107039
国有独资公司	7185188	5549991
其他有限责任公司	5380294	4557048
股份有限公司	3315729	2268025
私营企业	8996770	7317467
私营独资企业	83728	81360
私营有限责任公司	7483423	6353234
私营股份有限公司	1429619	882873
其他企业	3669	3821
港、澳、台商投资企业	1829311	1245855
合资经营企业(港或澳、台资)	1697217	1151587
港澳台商独资经营企业	124041	87522
其他港澳台商投资企业	8053	6746
外商投资企业	699233	516104
中外合资经营企业	209014	169907
外资企业	438703	304480
其他外商投资企业	51515	41716
在总计中:亏损企业	3443379	3700621
在总计中:国有控股企业	20605503	17136537

企业主要经济指标(续表 6)

单位:万元

销售费用	管理费用	研发费用
358726	999385	311040
14644	98467	36698
42314	48127	27699
60490	152039	103507
16756	48151	18818
53072	59065	34225
171451	593536	90094
113642	114916	73294
245084	884469	237747
156369	670871	169254
97183	145167	57342
105174	183346	84443
103546	170626	80910
1628	12720	3534
291451	912088	287779
1225	110984	20052
1197	109786	20052
28	1199	
128107	544992	77769
76762	391954	34341
51345	153038	43428
20235	75371	19571
141885	180734	170386
231	1520	
109927	155506	150557
31726	23708	19829
	7	
50933	56653	11539
45278	47317	11473
5648	9168	
8	168	67
16342	30644	11722
4428	9776	6009
11423	18359	2902
491	2510	2811
29071	92207	26532
116109	676806	78136

4-3 全市规模以上工业

（2021）

指　标	营业收入	营业成本
按工业行业大类分		
煤炭开采和洗选业	6852875	4987682
农副食品加工业	510746	432196
食品制造业	1101806	964017
酒、饮料和精制茶制造业	149027	99823
纺织业	283198	264959
纺织服装、服饰业	13046	10341
皮革、毛皮、羽毛及其制品和制鞋业	16478	15940
木材加工及木、竹、藤、棕、草制品业	3371	3130
家具制造业	5576	4106
造纸和纸制品业	64876	57170
印刷和记录媒介复制业	26378	19798
石油、煤炭和其他燃料加工业	3692967	2295536
化学原料和化学制品制造业	4219364	3051515
医药制造业	447349	288946
化学纤维制造业	201276	120558
橡胶和塑料制品业	85407	71400
非金属矿物制品业	412221	349054
黑色金属冶炼和压延加工业	92830	88530
有色金属冶炼和压延加工业	708507	704980
金属制品业	285348	251707
通用设备制造业	544440	423619
专用设备制造业	217128	147208
汽车制造业	15200	11472
铁路、船舶、航空航天和其他运输设备制造业	5228	2425
电气机械和器材制造业	1005152	932134
计算机、通信和其他电子设备制造业	2389410	1916427
仪器仪表制造业	56154	38230
废弃资源综合利用业	506023	485109
金属制品、机械和设备修理业	17526	15055
电力、热力生产和供应业	8972903	8822073
燃气生产和供应业	669218	591634
水的生产和供应业	200721	117511

企业主要经济指标(续表 7)

单位:万元

销售费用	管理费用	研发费用
77887	414810	31806
22304	13905	9746
43771	33936	13446
11618	7518	1552
1996	5967	1988
1274	605	983
217	692	703
7	45	135
964	916	380
1730	2250	2148
1114	3086	1131
20585	48390	6265
60657	139466	31600
18156	36715	28838
5402	3894	7958
4414	3953	3338
15977	24791	2965
233	1096	40
3620	5312	1840
4469	14657	9948
19260	37368	14960
9150	8091	17971
	1845	
351	822	313
11944	14220	12270
680	19803	62442
3535	3875	4958
4552	4401	444
157	1384	584
421	123467	34394
4239	8436	3982
8043	13671	1915

4-3 全市规模以上工业

（2021）

指 标	财务费用	利息费用	营业利润
总 计	877260	777511	2683562
按地区分			
兴庆区	117522	118717	136881
金凤区	15963	13862	130199
西夏区	93328	99171	543948
永宁县	16535	14873	11211
贺兰县	28790	26676	63469
灵武市	605122	504212	1797853
按轻重工分			
轻工业	50159	50070	183741
重工业	827100	727441	2499821
按企业规模分			
大型企业	457191	362601	2532938
中型企业	152696	153789	165298
小型企业	267373	261121	-14674
纯小型企业	195925	189947	-3664
微型企业	71448	71174	-11010
按登记注册类型分			
内资企业	833125	739114	1758775
国有企业	84466	78830	65519
中央企业	80168	74591	58924
地方企业	4298	4239	6595
有限责任公司	600796	506214	557384
国有独资公司	337766	241380	296699
其他有限责任公司	263030	264834	260685
股份有限公司	47040	51107	87839
私营企业	100824	102963	1048237
私营独资企业	189	187	423
私营有限责任公司	99050	100738	585017
私营股份有限公司	1585	2038	462797
其他企业			-204
港、澳、台商投资企业	29087	20775	814578
合资经营企业(港或澳、台资)	25190	16807	795175
港澳台商独资经营企业	3897	3969	18342
其他港澳台商投资企业			1061
外商投资企业	15048	17622	110208
中外合资经营企业	3301	3548	17046
外资企业	12268	14047	86019
其他外商投资企业	-521	27	7144
在总计中:亏损企业	204147	193698	-585786
在总计中:国有控股企业	684965	585733	612172

企业主要经济指标(续表 8)

单位:万元

利润总额	亏损企业亏损总额	本年应付职工薪酬	从业人员平均人数(人)
2697048	549755	2489872	146453
147023	5212	282821	14191
133869	2409	87399	8087
519687	63255	366067	28430
10529	8248	62975	6464
76590	26713	92317	11373
1809349	443919	1598294	77908
198170	27139	195654	22182
2498877	522615	2294218	124271
2467034	8864	1869772	92922
176928	183921	310243	23674
53086	356970	309857	29857
63891	284469	290837	29085
-10805	72500	19021	772
1781069	546678	2275662	128167
69356	2380	321201	13935
62479	2377	320474	13822
6878	4	727	113
574278	487274	1418753	61995
286290	101721	1072476	41763
287988	385553	346277	20232
62610	9052	153953	8720
1074809	47972	381715	43517
502	26	2905	380
627917	45773	315148	37210
446390	2173	63663	5927
16		40	
805643	1004	157531	14154
786201	1004	149119	13501
18381		8173	616
1062		240	37
110335	2073	56678	4132
17679	180	18149	1364
86236	1893	34101	2267
6420		4429	501
-549755	549755	214401	16822
601960	488824	1794806	75215

4-3 全市规模以上工业

（2021）

指 标	财务费用	利息费用	营业利润
按工业行业大类分			
煤炭开采和洗选业	306398	214138	495687
农副食品加工业	3570	3242	28141
食品制造业	10945	14051	28346
酒、饮料和精制茶制造业	1672	1560	16274
纺织业	10029	9905	−2223
纺织服装、服饰业	192	216	−287
皮革、毛皮、羽毛及其制品和制鞋业	361	318	−1473
木材加工及木、竹、藤、棕、草制品业	18	18	30
家具制造业	137	131	−397
造纸和纸制品业	794	776	787
印刷和记录媒介复制业	761	562	930
石油、煤炭和其他燃料加工业	−2117	818	509846
化学原料和化学制品制造业	98382	90870	1207333
医药制造业	17498	14762	52972
化学纤维制造业	1639	2124	61957
橡胶和塑料制品业	478	439	770
非金属矿物制品业	2865	2297	11439
黑色金属冶炼和压延加工业	596	616	2151
有色金属冶炼和压延加工业	2961	2404	−9915
金属制品业	7309	9262	3978
通用设备制造业	2211	3418	47238
专用设备制造业	1572	1179	32928
汽车制造业	−3		1750
铁路、船舶、航空航天和其他运输设备制造业	−6		1220
电气机械和器材制造业	3414	4134	39913
计算机、通信和其他电子设备制造业	−1808	4970	385316
仪器仪表制造业	−6	107	8231
废弃资源综合利用业	1599	1675	9744
金属制品、机械和设备修理业	−5		162
电力、热力生产和供应业	353197	339884	−321142
燃气生产和供应业	29558	30157	27219
水的生产和供应业	23049	23480	44635

企业主要经济指标(续表 9)

单位:万元

利润总额	亏损企业亏损总额	本年应付职工薪酬	从业人员平均人数(人)
478467	378	1150373	44070
33048	320	24258	2534
33237	7086	58706	5871
17177	4336	13098	1331
-4265	10521	21661	3353
523		5727	1082
-905	1424	856	201
62		105	22
-268	268	2120	271
1418		4251	596
1484		3801	532
462631		123399	6452
1201337	3898	261339	21284
54074	342	44118	4711
61893		10743	830
1577	1862	4508	731
14136	9422	29302	3402
582	310	1891	235
-8309	9795	7832	1029
5036	4376	31521	3173
51123	14717	65752	6020
33711	2061	20595	2134
1750			
1278		1306	92
41473	1616	41405	4211
382276	2451	95154	9751
8559		8184	557
34813	51	7839	911
415		5529	473
-284014	467405	418666	18121
27960	3138	13574	1192
44767	3978	12261	1281

主要统计指标解释

【工业总产值】 是指工业企业在报告期内生产的以货币形式表现的工业最终产品和提供工业劳务活动的总价值量。

工业总产值计算应遵循的三个原则：工业生产的原则、最终产品的原则、“工厂法”原则。

工业总产值的内容包括三部分：生产的成品价值、对外加工费收入、自制半成品在制品期末期初差额价值。

【实收资本】 指企业各投资者实际投入的资本(或股本)总额，包括货币、实物、无形资产等各种形式的投入。实收资本按投资主体可分为国家资本、集体资本、法人资本、个人资本、港澳台资本和外商资本。

【资产总计】 指企业过去的交易或者事项形成的、由企业拥有或者控制的、预期会给企业带来经济利益的资源。包括企业拥有的土地、办公楼、厂房、机器、运输工具、存货等实物资产和现金、存款、应收账款和预付账款等金融资产。资产一般按流动性（资产的变现或耗用时间长短)分为流动资产和非流动资产。其中流动资产可分为货币资金、交易性金融资产、应收票据、应收账款、预付款项、其他应收款、存货等;非流动资产可分为长期股权投资、固定资产、无形资产及其他非流动资产等。

【负债合计】 指企业过去的交易或者事项形成的，预期会导致经济利益流出企业的现时义务。包括银行贷款、借款、应付账款、应付职工工资、应付职工福利费、应交税金等企业负有偿还责任的债务。负债一般按偿还期长短分为流动负债和非流动负债。执行企业会计准则或《小企业会计准则》的企业:负债合计=流动负债合计+非流动负债合计；执行其他企业会计制度的企业负债包括流动负债和长期负债。

流动负债指负债满足下列条件之一的应归为流动负债:(1)预计在一个正常营业周期中清偿;(2)主要为交易目的而持有;(3)自资产负债表日起一年内到期应予清偿;(4)企业无权自主地将清偿推迟至资产负债表日后一年以上。包括短期借款、应付票据、应付账款、应付职工薪酬、应交税费等项目。

【所有者权益合计】 指企业资产扣除负债后由所有者享有的剩余权益。公司的所有者权益又称股东权益。包括实收资本、资本公积、盈余公积、未分配利润等。

【营业收入】 指企业从事销售商品、提供劳务和让渡资产使用权等生产经营活动形成的经济利益流入。包括“主营业务收入”和“其他业务收入”。

5

能　源

5-1 银川市全社会能源消费量

单位：万吨标准煤

指 标	2014年	2015年	2016年	2017年	2018年	2019年	2020年	2021年
全社会能源消费量	1870.13	2309.96	2398.23	3158.03	3714.61	4016.43	4209.49	4169.74
第一产业	10.81	12.46	11.55	12.08	11.04	12.30	12.32	12.56
第二产业	1679.76	2117.29	2202.91	2954.26	3516.97	3808.17	4002.52	3953.96
工业	1658.49	2095.17	2180.14	2931.03	3494.52	3783.98	3978.21	3928.38
规模以上工业	1601.30	2056.38	2141.20	2890.85	3452.02	3744.32	3944.68	3895.33
规模以下工业	49.59	31.20	35.60	36.73	39.53	36.73	31.73	31.25
损失量	7.59	7.59	3.34	3.45	2.97	2.92	1.80	1.80
建筑业	21.27	22.11	22.77	23.24	22.45	24.19	24.31	25.58
第三产业	115.64	115.39	116.07	121.69	116.64	121.62	120.22	125.33
交通运输、仓储邮电	52.63	48.21	48.69	50.30	46.96	50.60	50.61	53.25
批发、零售和住宿餐饮	30.55	33.60	33.88	35.49	34.56	35.23	33.51	34.83
其他	32.46	33.58	33.50	35.91	35.12	35.80	36.10	37.25
生活消费	63.93	64.79	67.70	70.00	69.96	74.34	74.43	77.89
城镇	49.70	49.66	51.20	53.00	54.96	57.12	57.31	56.30
农村	14.23	15.17	16.50	17.00	15.00	17.22	17.12	21.59

5-2 银川市能源加工转换情况

（2021）

指 标	单位	合计	火电	供热	洗煤	炼焦	炼油	天然气液化
投入量	万吨标准煤	6249.3	2596.6	326.1	440.5	561.8	2214.4	109.9
产出量	万吨标准煤	3952.7	1129.3	280.0	434.3	515.6	1486.6	106.8
转换损失量	万吨标准煤	2296.6	1467.3	46.1	6.2	46.1	727.8	3.0
转换效率	%	63.3	43.5	85.9	98.6	91.8	67.1	97.2

5-3 规上工业能源消费量及单位工业增加值能耗下降率

（2021）

地 区	规模以上工业能源消费量（万吨标准煤）	单位工业增加值能耗下降率（%）
银川市	3895.33	-8.8
兴庆区	15.66	8.4
金凤区	10.69	-4.5
西夏区	284.47	-9.3
永宁县	90.81	-10.9
贺兰县	55.65	-4.3
灵武市	3438.04	-6.4
宁 东	3426.52	-5.9

5-4 全市规模以上工业

指 标	单 位	年初产成品库存量	产品产量	
			2021 年	上年同期
原煤	吨	1903615.93	69013765.63	64832376.59
无烟煤	吨	239177		
炼焦烟煤	吨	174260	3650000	3350000
一般烟煤	吨	1490178.93	65363765.63	61482376.59
褐煤	吨			
洗精煤(用于炼焦)	吨	17349.02	3810263.28	2804462.74
其他洗煤	吨	630789.68	2720198.34	1993638.65
焦炭	吨	10675	4606981.95	4512227
型煤及其他煤制品	吨			
煤焦油	吨			
煤气	万立方米		111697.32	115476.80
煤制天然气	万立方米			
煤制石脑油	吨		1266251	1153837
煤制汽油	吨			
煤制柴油	吨	12547	614004	666484
煤制航空燃料	吨			
煤制石蜡	吨			
其他煤制油产品	吨	41545.00	3907157.16	1969931.00
天然气	万立方米			
常规天然气	万立方米			
非常规天然气	万立方米			
液化天然气	吨	5110.54	631415.38	627699.30
原油	吨			
原油加工量	吨		4228896	3694558
汽油	吨	4953	1910549	1645445
煤油	吨	7132	179609	144353
柴油	吨	13152	1421086	1299172
润滑油	吨			
燃料油	吨	5318	54811	48673
石脑油	吨	734	55841	51845
溶剂油	吨			
石蜡	吨			
石油焦	吨		20578.31	
石油沥青	吨			
燃料气	吨	2902	156928	85616
其他石油制品	吨	973	16804	14833

企业能源生产、销售与库存

销售量				企业自用及其他		期末产成品库存量	
2021 年	上年同期	销往省外		2021 年	上年同期	2021 年	上年同期
		2021 年	上年同期				
69379246.79	66601702.94	5330960.00	3224110.94	5392233.34	3676879.24	882452.94	1903615.93
10968	13668			1195978	1647155	232303	239177
3462704	3289462	3154976	1635551			361156	174260
65905574.79	63298572.94	2175984.00	1588559.94	4196255.34	2029724.24	288993.94	1490178.93
922746.44	443579.69			2887516.84	2360883.05	89758.70	17349.02
3900020.53	3339221.62	655097.72	978681.49	124131.47	233756.39	453893.18	630789.68
4543991.82	4440824.92	3180794.27	3019760.94		147361.30	11470.00	10675.00
111697.32	115476.8	48323.65					
				1266251	1153837		
603628	664962	229989.00	276941.00	584.00	6883.00	22339.00	12547.00
3516159.16	1712844	807126	766867	366815	236589	65728	41545
625732.48	635646.07	177756.48	173085.07			10793.04	5110.54
1897611	1653984			129	210	17762	5025
176594	140773			1		10146	7132
1433815	1292674			388	543	35	13212
55751	50093	55751	50093			4378	5318
56054	51845	56054	51845		51804	521	734
16008.01						4570.30	
157358	83775	157358	83775			2472	2902
16501	14943	16501	14943			1276	973

5-4 全市规模以上工业

指 标	单位	年初产成品库存量	产品产量	
			2021 年	上年同期
固态生物燃料	吨			
液态生物燃料	吨			
气态生物燃料	万立方米			
发电量	万千瓦小时		9897707.15	9706809.25
火力发电量	万千瓦小时		9186897.56	9104859.55
水力发电量	万千瓦小时			
核能发电量	万千瓦小时			
风力发电量	万千瓦小时		336437.45	271301.23
太阳能发电量	万千瓦小时		374372.14	330648.47
潮汐能发电量	万千瓦小时			
地热能发电量	万千瓦小时			
其他发电量	万千瓦小时			
热力	百万千焦		106176648.10	97096606.30
太阳能供热	百万千焦			
生物质能供热	百万千焦			
地热能供热	百万千焦			
化石燃料供热	百万千焦		88265559.69	83271812.26
废料燃烧供热	百万千焦			
电热锅炉供热	百万千焦			
热泵供热	百万千焦			
余热余压供热	百万千焦		17911088.42	13824794.04
其他能源供热	百万千焦			

企业能源生产、销售与库存(续表)

销售量				企业自用及其他		期末产成品库存量	
2021 年	上年同期	销往省外		2021 年	上年同期	2021 年	上年同期
		2021 年	上年同期				
8129660.39	7988096.21			1549080	1530667.23		
7436781.15	7397143.76			1529697.01	1518228.37		
325097.79	261923.96			12437.72	9969.76		
367781.45	329028.49			6945.27	2469.10		
58167099.89	53432039.23	1163712.69	1036073.25	48241482.36	32827944.76		
58146399	53412613.18	1143011.80	1016647.20	30330393.94	19017251.96		
20700.89	19426.05	20700.89	19426.05	17911088.42	13810692.80		

5-5 全市规模以上工业企业

（2021）

指 标	年初库存量	购进量	购自省外
原煤(吨)	2537946.21	94841600.38	53283272.63
无烟煤(吨)	226728.00	6178868.76	5319940.19
炼焦烟煤(吨)	46395.00	1370970.21	1347712.85
一般烟煤(吨)	2264823.21	87291761.41	46615619.59
褐煤(吨)			
洗精煤(用于炼焦)(吨)	127883.00	3348480.92	2548720.18
其他洗煤(吨)	50.00	1603006.80	128.00
煤制品(吨)	419.00	45641.00	45641.00
焦炭(吨)	20256.15	342815.47	336183.09
其他焦化产品(吨)	7345.01	79312.77	
焦炉煤气(万立方米)		105591.47	
天然气(气态)(万立方米)	2.10	214145.89	
液化天然气(液态)(吨)	28.00	2712.30	243.62
氢气(万立方米)			
原油(吨)	78896.00	4230896.00	4230896.00
汽油(吨)	12.42	2079.73	14.47
煤油(吨)	219.75	604.03	
柴油(吨)	1792.57	26271.30	0.25
燃料油(吨)	864.85	419.36	
液化石油气(吨)	2542.80	27276.00	
石脑油(吨)			
润滑油(吨)	8.39	1664.87	1.26
溶剂油			
石油焦(吨)	22983.17	127839.99	123730.99
其他石油制品(吨)	17.93	1196.16	85.37
热力(百万千焦)		10392068.85	
电力(万千瓦时)		2066206.92	
煤矸石(用于燃料)(吨)		585136.04	
城市生活垃圾(用于燃料)		757546.12	
余热余压(百万千焦)			
其他燃料(吨标准煤)		457.00	
能源合计(吨标准煤)			

能源购进、消费与库存情况

购进金额(千元)	工业生产消费	用于原材料	运输工具消费	期末库存量
40480712.97	99426962.25	11927726.37		2603694.14
4605960.40	5600621.95	5012023.60		101151.36
731570.86	1403414.44			30549.88
35143181.71	92422925.86	6915702.77		2471992.90
4016556.94	6168602.71			122868.37
403108.82	1695914.11			25.00
72959.35	45677.00			383.00
282714.18	357342.93	344751.50		5728.69
298435.41	79641.10	6934.09		7016.68
1265552.19	105591.47	83787.00		
4472108.96	213846.88	43478.00	7.34	
10961.03	2730.73		523.41	9.57
15251418.00	4228896.00			80896.00
17220.90	1948.07		1348.00	10.79
3401.79	454.10			363.68
167005.38	26443.74	497.00	10991.11	1438.83
2661.96	505.52			778.70
103092.49	422252.11	419822.83		391.29
	1266222.69	1266222.69		
23506.20	1645.41			27.88
285746.13	116212.67	88165.50		34610.49
19022.19	1187.99			25.92
438341.88	39820762.42			
8368730.41	3524370.48		2.73	
64717	585136.04			
	673041.39			
	16785315.85			
813.29	457.00			
60891216.05	88111463.32	2610404.24		

5-6 全市规模以上工业企业

（2021）

指　标	单位	工业生产消费量	加工转换投入合计	火力发电	供热
原煤	吨	97952467.40	77406561.92	44772940.20	4969162.85
无烟煤	吨	5563051.35	1806004.35		
炼焦烟煤	吨	1403414.44	73899.47		73899.47
一般烟煤	吨	90986001.61	75526658.10	44772940.20	4895263.38
褐煤	吨				
洗精煤（用于炼焦）	吨	6168602.71	6168602.71		
其他洗煤	吨	1695914.11	50134.00	49981.00	153.00
煤制品	吨	45677.00	45677.00		45677.00
焦炭	吨	344751.50			
其他焦化产品	吨	72707.01	72707.01		
焦炉煤气	万立方米	63943.63			
天然气（气态）	万立方米	198709.41	140591.89	33135.91	15454.17
液化天然气（液态）	吨	78.54			
氢气	万立方米				
原油	吨	4228896.00	4228896.00		
汽油	吨	686.45			
煤油	吨	438.16			
柴油	吨	12992.21	836.44	836.44	
燃料油	吨	505.52	505.52	457.62	47.90
液化石油气	吨	419822.83	419822.83		
炼厂干气	吨				
石脑油	吨	1266222.69	1266222.69		
润滑油	吨	1204.99			
其他石油制品	吨	957.18			
热力	百万千焦	32356653.98			
电力	万千瓦时	2130687.82			
煤矸石（用于燃料）	吨	585136.04	585136.04	564139.67	20996.37
城市生活垃圾（用于燃料）	吨	673041.39	673041.39	673041.39	
余热余压	百万千焦	16785315.85	1026235.21	1026235.21	
其他燃料	吨标准煤				
能源合计	吨标准煤	84581258.55	63002183.97	26290685.7	3333029.18

能源购进、消费与库存附表情况

						能源加工转换产出	回收利用
原煤入洗	炼焦	炼油及煤制油	制气	天然气液化	煤制品加工		
8412138.63		19252320.24					
1219666.00		586338.35					
7192472.63		18665981.89					
	6168602.71					3345902.85	
						3637899.61	
						4606981.95	
		72707.01				346286.12	
						111697.32	
				92001.81			
						631414.99	
		4228896.00					
						1910549.00	
						179609.00	
						2035090.00	
						54811.00	
		419822.83				576751.00	
		1266222.69				1322092.00	
						3504138.16	
						82119863.69	
						9186897.56	
						861672.78	
							17911088.42
4405414.05	5617746.49	22256528.68		1098735.49		39522947.59	610768.12

5-7 全市规模以上工业分品种分行业能源消费

（2021）

指 标	原煤（吨）	无烟煤（吨）	炼焦烟煤（吨）	一般烟煤（吨）	褐煤（吨）	洗精煤（吨）
合 计	**99426962**	**5600622**	**1403414**	**92422926**		**6168603**
采矿业	**34057790**			**34057790**		
煤炭开采和洗选业	34057790			34057790		
制造业	**21236216**	**5600622**	**1403414**	**14232179**		**6168603**
农副食品加工业						
食品制造业	957234			957234		
酒、饮料和精制茶制造业						
纺织业	14			14		
纺织服装、服饰业						
皮革、毛皮、羽毛及其制品和制鞋业						
木材加工及木、竹、藤、棕、草制品业						
家具制造业						
造纸及纸制品业						
印刷和记录媒介复制业						
文教、工美、体育和娱乐用品制造业						
石油、煤炭及其他燃料加工业	5887474	35311		5852163		6168603
化学原料及化学制品制造业	13168689	5563051	1403414	6202223		
医药制造业	526069			526069		
化学纤维制造业	43226			43226		
橡胶和塑料制品业						
非金属矿物制品业	642076			642076		
黑色金属冶炼和压延加工业	9174			9174		
有色金属冶炼和压延加工业	2260	2260				
金属制品业						
通用设备制造业						
专用设备制造业						
汽车制造业						
铁路、船舶、航空航天和其他运输设备制造业						
电气机械及器材制造业						
仪器仪表制造业						
废弃资源综合利用业						
电力、热力、燃气及水的生产和供应业	**44132956**			**44132956**		
电力、热力生产和供应	44132956			44132956		
燃气生产和供应业						
水的生产和供应业						

5-7 全市规模以上工业分品种分行业能源消费(续表1)

(2021)

指标	其他洗煤(吨)	煤制品(吨)	焦炭(吨)	其他焦化产品(吨)	焦炉煤气(万立方米)	天然气(气态)(万立方米)	液化天然气(液态)(吨)
合计	1695914	45677	357343	79641	105591	213847	2731
采矿业						14377	
煤炭开采和洗选业						14377	
制造业	1645933		357343	6934	105591	59158	2728
农副食品加工业						839	
食品制造业						1532	
酒、饮料和精制茶制造业						937	
纺织业						198	
纺织服装、服饰业						68	
皮革、毛皮、羽毛及其制品和制鞋业						73	
木材加工及木、竹、藤、棕、草制品业							
家具制造业							
造纸及纸制品业						228	
印刷和记录媒介复制业						99	
文教、工美、体育和娱乐用品制造业							
石油、煤炭及其他燃料加工业				6934			26
化学原料及化学制品制造业	1645780		344752		105591	48496	442
医药制造业	153					378	
化学纤维制造业							
橡胶和塑料制品业						340	
非金属矿物制品业						1083	789
黑色金属冶炼和压延加工业			12492				
有色金属冶炼和压延加工业			99			2426	
金属制品业						1046	
通用设备制造业						395	
专用设备制造业						35	
汽车制造业							
铁路、船舶、航空航天和其他运输设备制造业							
电气机械及器材制造业						397	
仪器仪表制造业						2	
废弃资源综合利用业						586	1471
电力、热力、燃气及水的生产和供应业	49981	45677				139758	
电力、热力生产和供应	49981	45677				47193	
燃气生产和供应业						92486	
水的生产和供应业						79	

5-7 全市规模以上工业分品种

（2021）

指　标	原油(吨)	汽油(吨)	煤油(吨)
合　计	4228896	1948	454
采矿业		243	
煤炭开采和洗选业		243	
制造业	4228896	1155	16
农副食品加工业		118	
食品制造业		129	
酒、饮料和精制茶制造业			
纺织业		18	
纺织服装、服饰业		17	
皮革、毛皮、羽毛及其制品和制鞋业			
木材加工及木、竹、藤、棕、草制品业			
家具制造业			
造纸及纸制品业		38	
印刷和记录媒介复制业		13	
文教、工美、体育和娱乐用品制造业			
石油、煤炭及其他燃料加工业		6	
化学原料及化学制品制造业	4228896	418	
医药制造业		13	
化学纤维制造业			
橡胶和塑料制品业			
非金属矿物制品业		62	
黑色金属冶炼和压延加工业			
有色金属冶炼和压延加工业			
金属制品业		20	
通用设备制造业		137	16
专用设备制造业		49	
汽车制造业			
铁路、船舶、航空航天和其他运输设备制造业		14	
电气机械及器材制造业		63	
仪器仪表制造业		28	
废弃资源综合利用业		12	
电力、热力、燃气及水的生产和供应业		519	
电力、热力生产和供应		305	
燃气生产和供应业		86	
水的生产和供应业		128	

分行业能源消费(续表 2)

柴油(吨)	燃料油(吨)	液化石油气(吨)	石脑油(吨)	润滑油(吨)
26444	506	422252	1266223	1645
5293		419823	1266223	1634
5293		419823	1266223	1634
19290		2429		11
218				
168				
63				
1				
1995				
3900		2419		
1				
7				
11749				
46				
464				
263				
94		6		11
3				
28		4		
4				
286				
1847	506			
1766	506			
1				
80				

5-7 全市规模以上工业分品种

（2021）

指 标	石油焦（吨）	其他石油制品（吨）	热力（百万千焦）
合 计	116213	1188	39820762
采矿业		1014	683880
煤炭开采和洗选业		1014	683880
制造业	116213	174	38459694
农副食品加工业			82536
食品制造业			9147044
酒、饮料和精制茶制造业			
纺织业			
纺织服装、服饰业			
皮革、毛皮、羽毛及其制品和制鞋业			
木材加工及木、竹、藤、棕、草制品业			
家具制造业			
造纸及纸制品业			4123
印刷和记录媒介复制业			
文教、工美、体育和娱乐用品制造业			
石油、煤炭及其他燃料加工业	4024		585133
化学原料及化学制品制造业			22888189
医药制造业			4878206
化学纤维制造业			
橡胶和塑料制品业			
非金属矿物制品业			
黑色金属冶炼和压延加工业			
有色金属冶炼和压延加工业	112189		
金属制品业			
通用设备制造业		174	9144
专用设备制造业			
汽车制造业			
铁路、船舶、航空航天和其他运输设备制造业			
电气机械及器材制造业			
仪器仪表制造业			
废弃资源综合利用业			865319
电力、热力、燃气及水的生产和供应业			485867
电力、热力生产和供应			110923
燃气生产和供应业			374944
水的生产和供应业			

分行业能源消费(续表 3)

电力（万千瓦时）	煤矸石用于燃料（吨）	城市垃圾用于燃料（吨）	生物质废料用于燃料（吨）	余热余压（百万千焦）	其他燃料（吨标准煤）
3524370	585136	673041	117	16785316	457
808923				15738380	
808923				15738380	
1754808			117	1026235	457
6382			117		200
70691					
4669					
26113					
184					
352					
53					
213					
1119					
563					
31563					257
566961					
99693					
10904					
3780					
47263				1026235	
9255					
805773					
14893					
9627					
1787					
48					
18					
36669					
291					
5944					
699191	585136	673041		20701	
625933	585136	673041		20701	
39479					
33779					

5-8 全市规模以上工业企业水消费

（2021）

指　标	取水总量(万立方米)	外供水量(万立方米)
地表淡水	40337.31	
地下淡水	5843.59	
自来水	16889.35	40425.28
陆地苦咸水	0.07	
矿井水	756.28	
再生水(中水)	1156.92	
其他水	0.07	108.15

补充指标

指　标	2021 年(万立方米)	上年同期(万立方米)
外排水量	18936.28	19784.20
重复用水量	907535.55	793147.86
污水处理企业污水处理量	15759.21	15334.13

主要统计指标解释

【能源消费量】 指能源使用企业(单位)在报告期内实际消费的各种能源的数量。能源消费量分实物量和标准量两种。能源消费实物量是按照报表规定的、体现物质形态属性的计量单位(如:吨、立方米)计算的能源消费量;能源消费标准量是按照能源标准计量单位(如:吨标准煤)计算的能源消费量。

【综合能源消费量】 指企业(单位)在报告期内工业生产实际消费的各种能源(扣除能源加工转换和能源回收利用等重复因素)的总和。计算综合能源消费量时,需要将各种能源品种的消费量换算成按照标准计量单位(如:吨标准煤)计量的消费量。

【能源加工转换投入】 能源加工转换,指为了特定的用途,将一种能源(一般为一次能源),经过一定的工艺,加工或转换成另外一种能源(二次能源)。

【取水量】 指企业从各种水源直接提取或者从市场购买的用于厂区、办公区内工业生产活动的水量,以实际获得的新水量为准。

用于工业生产活动的水量,包括主要生产用水、辅助生产用水(如机修、运输、空压站等)和附属生产用水(如绿化、办公室、浴室、食堂、厕所、保健站等),不包括非工业生产单位的用水量(如基建用水、厂内居民家庭用水和企业附属幼儿园、学校、对外营业的浴室、游泳池等的用水量)和居民生活用水量。

取水量包括企业取自地表、地下、城镇供水工程的水,外购的再生水(中水)、其他水或水的产品,以及企业为生产外供水或水产品而取用的水。不包括重复用水量、直流冷却水量、未利用直接排放的矿井水和雨水量、污水处理企业处理的污(废)水量、水力发电动力用水量。

【外供水量】 指企业外供给其他单位的水或水产品的量,以离厂水量为准。包括外供给其他企业或市场的原水、自来水、海水淡化水、矿泉水、纯净水等。不包括直流冷却水量、再生水(中水)、未利用直接排放的矿井水和雨水量、北方地区供暖企业供给城镇热力网内循环的热水量、进入城镇污水管网和直接排到自然环境中的水量。

【重复用水量】 指在确定的用水单元或系统内,所有未经处理和处理后又重复使用的水量总和。重复用水量不包括北方地区城镇热力网内循环的热水、火力发电设备内进行汽水循环的除盐水。

【工业生产能源消费量】 指工业企业为进行工业生产活动所消费的能源。主要包括:(1)用于本企业产品生产、工业性作业的能源,包括用于原料、材料、燃料、动力的能源;作为能源加工转换企业,还包括用作加工转换的能源;(2)产品生产工程中作为辅助材料使用的能源;(3)生产工艺过程使用的能源;(4)新技术研究、新产品试制、科学试验使用的能源;(5)为了工业生产活动而在进行的各种修理过程中使用的能源;(6)生产区内的劳动保护用能等。

6

固定资产投资

6-1 主要年份全社会固定资产投资

单位:万元、平方米

年 份	全社会固定资产投资	基本建设投资	更新改造投资	房地产开发投资		新增固定资产	各类房屋施工面积		各类房屋竣工面积	
					住宅			住宅面积		住宅面积
1950	53	53				31	1467	1143	1100	800
1951	108	108				48	8000	5571	6000	3900
1952	445	445				224	6133	2857	4600	2000
1953	524	524				256	15600	5000	11700	3500
1954	715	715				387	26133	11231	19600	7300
1955	641	641				314	37733	18000	28300	11700
1956	667	667				363	70286	26462	49200	17200
1957	447	447				218	33857	13538	23700	8800
1958	2313	2313				750	383541	201987	272755	131987
1959	4840	4840				1048	441690	215213	318090	133746
1960	6397	6397				4188	463863	271040	332120	167240
1961	2400	2400				497	237231	130333	154200	78200
1962	666	666				464	29846	3833	19400	2300
1963	1066	1066				830	68462	18667	44500	11200
1964	2403	2403				2006	160923	75273	104600	41400
1965	4927	4927				3498	224061	100913	147599	56322
1966	5727	5727				3809	525333	248545	315200	136700
1967	3313	3313				349	58828	3091	37095	1700
1968	3776	3776				688	864784	43285	523517	26349
1969	3261	3261				1872	828898	143303	502565	72603
1970	4623	4623				2113	609499	29600	370699	14800
1971	5050	5050				2110	271931	162000	186198	81000
1972	4957	4957				2985	272935	126620	171547	66720
1973	5294	5294				3077	316289	124406	195381	64606
1974	5599	5599				3477	345613	129454	138739	46787
1975	6065	6065				4091	367316	126226	175353	56230
1976	5950	5950				3002	404323	130909	157000	57854
1977	6047	6047				4564	402883	131114	179555	60785
1978	8560	8376				5243	502900	148000	227020	72000
1979	11905	10919	862			8008	837493	388562	311284	134805
1980	16265	13699	2362			12648	1070119	524200	610119	284000
1981	15339	10653	3726			12949	1031995	542744	637528	315157
1982	18258	12208	4566			14997	1587654	997424	1186744	766054
1983	21385	11012	8241			15461	1093897	618285	498977	320511
1984	29330	15407	9384			19559	1887950	995322	1142746	686193

6-1 主要年份全社会固定资产投资(续表)

单位:万元、平方米

年份	全社会固定资产投资	基本建设投资	更新改造投资	房地产开发投资	住宅	新增固定资产	各类房屋施工面积	住宅面积	各类房屋竣工面积	住宅面积
1985	55005	34872	13160			30347	2255500	1109428	1241225	701528
1986	66084	43894	17423			39289	2037959	943686	1346280	744614
1987	75101	51668	18597			55585	1532013	582122	965840	395009
1988	56292	33375	13822			33629	1409844	674239	982568	495398
1989	56419	29761	16852			38038	1158405	591582	781511	413010
1990	65500	36431	17340	2149	1764	48913	1398073	802355	939523	600655
1991	87636	44318	21405	8965	8372	60555	1899668	1195878	1303969	906242
1992	146519	78744	37615	13663	10400	151708	2410361	1324909	1578398	974386
1993	194002	84407	52851	22540	12104	173246	2969490	1811726	1987984	1384739
1994	246885	126134	66092	24037	19790	219909	2311284	1283794	1610092	990857
1995	227456	105098	43262	38376	28000	189329	2410970	1532772	1530400	1167180
1996	315463	154291	83632	41086	28111	252909	2600454	1442603	1761583	1178097
1997	380733	191802	60937	48590	31059	314142	4038255	2892013	3014031	2307205
1998	511270	277336	75541	88455	58856	359110	3931877	2559940	2611550	1799054
1999	516344	256873	70575	104919	59640	378007	4396176	2519022	3274393	1995085
2000	523923	204858	104399	126616	74690	525341	4552693	2652779	3115842	2087221
2001	560558	201025	106508	177941	98121	516897	4569637	2653177	3061367	1947532
2002	729627	326252	91328	240498	164659	479996	5766251	3485057	3093144	1992760
2003	1433939	620045	186981	393550	279647	1015596	9967477	6478985	6115154	4313808
2004	1717373	616663	257489	488078	295523	1007747	10510923	5643948	5390303	3441758
2005	2016507	905404	239750	566134	346375	1113990	11297484	6752154	6188935	4246691
2006	2328456	1284219	257813	576808	405861	1429210	11564933	6798205	5792179	3747578
2007	2926906	1689254	368149	627154	443118	1337848	12610230	7419524	6053179	4212773
2008	3656897	2280467	355143	786051	569594	2322089	13430521	8285362	5673344	3672797
2009	4921031	3307601	388898	995984	743543	2944037	17293716	10113633	6291230	4380586
2010	6486862	3927344	396627	1608188	1160756	2026383	25667621	14592765	6505184	4534215
2011	7338479	4194479	860018	2076719	1436173	6861875	34052766	18774469	8943919	4939024
2012	9187292	5226518	991762	2757023	1755066	3850184	39484833	22688905	8143678	6131097
2013	11490012	7255830	710424	3308094	1956800	5474655	60870147	27188302	7258174	5159194
2014	13927640	8851536	871698	3888952	2390099	8033073	53700347	29097660	9159764	5658438
2015	15408842	9221349	1854836	4091711	2541048	12193828	50938672	26997768	8966054	4812046
2016	17233117	11508090	381420	4749414	2781617	8134934	53556127	27069704	10098795	5634651
2017	17190497	11024960	1402146	4028246	2402498	10076165	51408742	26183709	10695805	5343113
2018	–	–	–	–	–	–	39999763	24091164	7976648	5554774
2019	–	–	–	–	–	–	39716117	23827026	5567994	3858823
2020	–	–	–	–	–	–	37566373	24018732	4989682	3191763
2021	–	–	–	–	–	–	37048482	24332818	6662282	4450623

6-2 按国民经济行业分的固定资产投资增长情况

（2021）

单位：%

指 标	总 计	市区	永宁县	贺兰县	灵武市
按国民经济行业分	−3.6	−9.7	20.5	10.0	−0.3
第一产业	187.8	134.8	16.3	110.8	430.3
农、林、牧、渔业	207.0	287.6	11.6	188.0	381.2
第二产业	−2.6	−5.0	−10.5	105.9	−5.2
工业	−2.6	−5.0	−10.5	105.9	−5.2
采矿业	2.5	321.0			−15.6
制造业	−11.7	−26.2	145.1	55.9	−8.7
电力、燃气及水的生产和供应业	28.1	44.0	−85.6	311.1	18.7
建筑业					
第三产业	−7.7	−11.7	27.8	−4.6	−2.5
批发和零售业	152.6	12244.0	−100.0	23.4	
交通运输、仓储和邮政业	−59.5	−55.6	−84.7	−7.4	−4.3
住宿和餐饮业					
信息传输、计算机服务和软件业	−8.4	−76.4		285.2	439.5
金融业					
房地产业	4.1	−2.7	126.4	4.4	−13.8
租赁和商务服务业	−65.7	−65.5		−82.6	−100.0
科学研究、技术服务和地质勘查业	−51.2	−36.3	−32.1	−68.7	−69.6
水利、环境和公共设施管理业	−46.5	−41.3	106.3	−69.9	−43.8
居民服务和其他服务业					
教育	51.2	40.1	0.9	86.3	270.6
卫生、社会保障和社会福利业	−24.7	−22.6	19.1	−52.0	−33.3
文化、体育和娱乐业	26.9	29.2	−32.9	−13.3	448.1
公共管理和社会组织	50.2	51.5	−41.8	28.9	312.9

6-3 各种分组的固定资产投资增长情况

（2021）　　单位:%

指　标	总　计	市区	永宁县	贺兰县	灵武市
全社会固定资产投资	-3.6	-9.7	20.5	10.0	-0.3
新建	-12.2	-23.9	-12.5	31.4	-4.0
扩建	8.0	95.1	-94.8	-58.2	27.4
改建和技术改造	7.5	55.3	274.7	0.5	-3.8
迁建					
单纯购置	-76.8	240.0	7.3		-5.3
房地产开发投资	4.6	-2.4	134.1	4.0	-12.8
按构成分					
建筑工程	-12.4	-13.2	15.5	-0.3	-24.4
安装工程	-72.7	-63.8	-50.9	-10.1	-82.2
设备工器具购置	174.9	50.7	-67.8	50.4	390.1
其他费用	86.8	39.3	121.6	123.7	21808.7
按隶属关系分					
中央	7.7	-63.7	-13.5	-26.3	126.1
地方	-63.6	-40.2	-80.6	-55.4	-82.8
自治区	33.3	25.5	30.0	14.9	62.5
地市县属					
其他					
按经济类型分					
内资	-7.0	-11.1	15.7	9.7	-8.5
国有	-27.5	-29.6	-83.2	50.4	16.1
有限责任公司	-4.4	-0.5	72.1	-21.6	-12.8
国有独资公司	-19.2	-25.7	393.6	351.2	-24.4
其他有限责任公司	2.4	6.2	59.8	-32.9	1.2
股份有限公司	-19.7	-63.0	346.3	100.3	401.7
私营	-1.2	-6.9	79.5	31.0	-13.2
其他内资	35.1	-81.5	865.4	-40.6	162.4
港、澳、台商投资	7.4	11.6	-57.9	61.2	7.7
外商投资	167.3	14.3	4744.7	714.3	1079.6

6-4 全社会固定资产投资资金及房屋建筑面积

（2021） 单位:%

指 标	总 计	市区	永宁县	贺兰县	灵武市
本年资金来源合计	0.6	−7.8	26.8	88.9	2.6
上年末结余资金	55.1	52.3	747.7	93.1	−40.3
本年资金来源小计	−5.4	−15.9	17.7	88.0	3.5
按资金来源分					
国家预算内资金	11.6	32.1	−60.6	221.9	−45.4
国内贷款	6.9	−4.3	−70.9	317.3	18.7
债券	−17.0	20.7	−100.0	−97.9	−49.8
利用外资	436.7	−100.0			4346.0
自筹资金	−6.3	−25.4	86.1	253.4	−4.7
其他资金	−9.0	−14.4	145.7	18.3	22.8
各类房屋施工面积	−2.5	−5.6	38.9	−6.1	−41.0
住宅	2.2	−1.8	50.6	−4.1	−31.2
新建					
扩建					
改建和技术改造					
迁建					
房地产开发	−2.5	−5.6	38.9	−6.1	−41.0
各类房屋竣工面积	22.1	29.1	51.5	1.7	−4.5
住宅	15.4	18.8	721.7	−1.9	−10.2
新建					
扩建					
改建和技术改造					
迁建					
房地产开发	22.1	29.1	51.5	1.7	−4.5

6-5 按行业分的项目建设规模增长情况

（2021）　　单位：%

指　标	在建总规模	新开工项目	施工项目个数	新开工项目
按国民经济行业分	**-7.4**	**28.7**	**-0.5**	**8.7**
第一产业	46.4	357.6	-4.3	40.6
农、林、牧、渔业	46.4	357.6	-4.3	40.6
第二产业	6.5	10.0	14.3	5.9
工业	6.5	10.0	14.3	5.9
采矿业	-23.0	0.0	-14.3	0.0
制造业	6.3	11.8	14.8	5.1
电力、燃气及水的生产和供应业	34.0	5.0	15.9	8.2
建筑业				
第三产业	-18.5	54.5	-5.6	6.9
批发和零售业	151.4	-9.0	58.3	0.0
交通运输、仓储和邮政业	-54.2	14.9	-21.6	-21.7
住宿和餐饮业				
信息传输、计算机服务和软件业	-35.9	-31.8	13.0	0.0
金融业				
房地产业	-15.9	71.5	-6.7	13.5
租赁和商务服务业	-1.2	9.9	-15.8	0.0
科学研究、技术服务和地质勘查业	-25.4	6.0	0.0	20.0
水利、环境和公共设施管理业	-12.8	90.8	-9.4	18.6
居民服务和其他服务业	0.0	0.0	0.0	0.0
教育	-8.2	8.0	-1.6	6.1
卫生、社会保障和社会福利业	-7.6	1.2	2.0	-7.7
文化、体育和娱乐业	-9.8	0.0	-7.0	0.0
公共管理和社会组织	10.0	5.8	17.1	0.0

6-6 按行业分的项目建设投产情况

（2021） 单位:个,%

指 标	在建项目数	建成投产项目	项目投产率
按国民经济行业分	1824	295	16.2
第一产业	111	21	18.9
农、林、牧、渔业	111	21	18.9
第二产业	518	91	17.6
工业	518	91	17.6
采矿业	10	1	10.0
制造业	395	51	12.9
电力、燃气及水的生产和供应业	113	39	34.5
建筑业			
第三产业	1195	183	15.3
批发和零售业	15	2	13.3
交通运输、仓储和邮政业	77	10	13.0
住宿和餐饮业	4		
信息传输、计算机服务和软件业	41	45	109.8
金融业			
房地产业	529	52	9.8
租赁和商务服务业	14	1	7.1
科学研究、技术服务和地质勘查业	15	4	26.7
水利、环境和公共设施管理业	264	50	18.9
居民服务和其他服务业	5		
教育	115	5	4.3
卫生、社会保障和社会福利业	46	4	8.7
文化、体育和娱乐业	34	6	17.6
公共管理和社会组织	36	4	11.1
国际组织			

6-7 房地产开发企业投资情况

（2021）　　单位：个、万元、平方米

指　标	总计	国有经济	私营经济	其他有限责任公司	外商投资
企业个数	349	12	200	131	6
计划总投资	26468556	1832518	10326848	12734210	1574980
自开始建设累计完成投资	16532193	1133421	7042451	7258581	1097740
本年完成投资	3257863	117357	1405425	1549138	185943
按构成分					
建筑工程	2217508	98108	995899	992102	131399
安装工程	80142	3050	25759	43516	7817
设备工器具购置	27530	1191	9524	11987	4828
其他费用	932683	15008	374243	501533	41899
旧建筑物购置费	8280		8280		
土地购置费	830116	10753	344526	433016	41821
按工程用途分					
住宅	2341259	79304	987099	1134786	140070
90 平方米及以下	60770	1285	31819	27666	
90-144 平方米	1831495	50521	767151	905698	108125
144 平方米以上	448994	27498	188129	201422	31945
办公楼	18627	237	8148	10242	
商业营业用房	388725	30090	169574	166306	22755
其他	509252	7726	240604	237804	23118
本年新增固定资产	2647420	78408	861988	1453279	253745
上年末结余资金	1397580	122551	532169	559780	183080
本年实际到位资金	5609298	125141	2240008	2824980	419169
国内贷款	349396	5000	189150	155246	
银行贷款	343696	5000	189150	149546	
非银行金融机构贷款	5700			5700	
自筹资金	797670	25143	413108	359419	
定金及预收款	3348697	55208	1161554	1728450	403485
个人按揭贷款	1048902	36580	426888	569750	15684
其他到位资金	64633	3210	49308	12115	
本年各项应付款合计	986087	53800	483853	422120	26314
工程款	724200	50813	307892	343001	22494
待开发土地面积	4109685	63891	1927122	1983878	134794
本年土地购置面积	1626425		853698	772727	
本年土地成交价款	477446		210053	267393	
拆迁补偿费					

6-7 房地产开发企业投资情况(续表 1)

（2021） 单位:个、万元、平方米

指　标	银川市	市区	兴庆区	金凤区	西夏区	永宁县	贺兰县	灵武市
企业个数	349	262	106	145	11	32	35	20
计划总投资	26468556	19935612	7371802	11201622	1362188	3180115	3109195	243634
自开始建设累计完成投资	16532193	13031961	4327329	8035610	669022	1190214	2125317	184701
本年完成投资	3257863	2398647	589651	1504202	304794	331644	480552	47020
按构成分								
建筑工程	2217508	1537810	437999	896370	203441	268038	367791	43869
安装工程	80142	56358	11921	37403	7034	1299	21893	592
设备工器具购置	27530	17311	2255	13537	1519	58	9888	273
其他费用	932683	787168	137476	556892	92800	62249	80980	2286
旧建筑物购置费	8280	8280			8280			
土地购置费	830116	721608	117369	529168	75071	49228	57115	2165
按工程用途分								
住宅	2341259	1677947	388759	1057916	231272	253952	367007	42353
90 平方米及以下	60770	42824	23650	9628	9546	1094	16367	485
90-144 平方米	1831495	1306473	330069	767856	208548	222823	268534	33665
144 平方米以上	448994	328650	35040	280432	13178	30035	82106	8203
办公楼	18627	16986	5331	10584	1071	78	1563	
商业营业用房	388725	306705	124224	169566	12915	39656	41249	1115
其他	509252	397009	71337	266136	59536	37958	70733	3552
本年新增固定资产	2647420	2051417	600102	1351778	99537	77861	443588	74554
上年末结余资金	1397580	1157555	298852	847685	11018	33017	204708	2300
本年实际到位资金	5609298	4664703	1261579	3290363	112761	277494	554557	112544
国内贷款	349396	332896	171550	142346	19000	16300		200
银行贷款	343696	327196	166350	141846	19000	16300		200
非银行金融机构贷款	5700	5700	5200	500				
自筹资金	797670	571725	215214	309906	46605	116407	73947	35591
定金及预收款	3348697	2913427	651591	2226018	35818	80317	303657	51296
个人按揭贷款	1048902	804971	205206	590288	9477	46196	172278	25457
其他到位资金	64633	41684	18018	21805	1861	18274	4675	
本年各项应付款合计	986087	796054	271058	483529	41467	50209	134246	5578
工程款	724200	633481	192250	425451	15780	39476	49442	1801
待开发土地面积	4109685	1938420	699621	1056745	182054	764745	1316622	89898
本年土地购置面积	1626425	634704	215627	368369	50708	508117	433897	49707
本年土地成交价款	477446	272303	47076	201479	23748	108342	86799	10002
拆迁补偿费								

6-7 房地产开发企业投资情况(续表 2)

（2021）　　单位:个、万元、平方米

指　标	资质等级				
	一级	二级	三级	四级	暂定
企业个数	9	66	84	43	147
计划总投资	2097842	6390687	2646948	4694140	10638939
自开始建设累计完成投资	1389228	4386700	1900589	2500195	6355481
本年完成投资	200567	750747	197123	385523	1723903
按构成分					
建筑工程	171749	587347	163644	241061	1053707
安装工程		11198	7771	6694	54479
设备工器具购置		2385	2385	1028	21732
其他费用	28818	149817	23323	136740	593985
旧建筑物购置费			8280		
土地购置费	11142	136661	13253	132364	536696
按工程用途分					
住宅	147413	547845	149065	274331	1222605
90 平方米及以下	139	28256	2967	971	28437
90-144 平方米	113303	448904	127949	230212	911127
144 平方米以上	33971	70685	18149	43148	283041
办公楼		2849	1745	6045	7988
商业营业用房	13321	103045	7976	84717	179666
其他	39833	97008	38337	20430	313644
本年新增固定资产	194216	800233	290020	328419	1034532
上年末结余资金	104041	454544	54709	133654	650632
本年实际到位资金	471633	1399505	370113	568755	2799292
国内贷款	57500	76446	5150		210300
银行贷款	57500	76446	5150		204600
非银行金融机构贷款					5700
自筹资金	44940	85250	60660	5909	600911
定金及预收款	287787	896921	227980	401722	1534287
个人按揭贷款	79074	316778	66450	158175	428425
其他到位资金	2332	24110	9873	2949	25369
本年各项应付款合计	38177	263363	56694	98967	528886
工程款	26568	206706	45029	94850	351047
待开发土地面积	166826	1017831	627641	340836	1956551
本年土地购置面积	214739	456847	49707		905132
本年土地成交价款	35108	198460	10002		233876
拆迁补偿费					

6-8 房地产开发企业财务状况

（2021）　　单位:万元

指　标	总计	国有经济	私营经济	其他有限责任公司	外商投资
年初存货	**14583431**	**709933**	**8246574**	**4987603**	**639321**
年末资产负债					
流动资产合计	23528704	1153883	12391165	8857002	1126655
应收账款	675039	31815	421287	211710	10226
存货	14329236	612144	8121379	5139007	456707
固定资产原价	1032471	107573	555587	368018	1294
房屋和构筑物	632543	69420	362049	200729	344
机器设备	60185	17596	14025	28226	338
累计折旧	366523	36063	213607	116259	594
本年折旧	49181	6940	24729	17352	160
在建工程	252187	7266	182586	62334	
无形资产	94764	6679	50548	37528	10
土地使用权	75850	6597	37451	31802	
资产总计	26343793	1411432	13711232	10057815	1163315
流动负债合计	20099700	1097281	10916427	7252222	833771
负债合计	22557915	1207608	12320999	8162837	866471
所有者权益合计	3785878	203824	1390233	1894978	296844
实收资本	2911041	122754	1203024	1438263	147000
个人资本	1319616		1203024	110692	5900

6-8 房地产开发企业财务状况(续表 1)

（2021）

单位:万元

指 标	总计	国有经济	私营经济	其他有限责任公司	外商投资
损益及分配					
营业收入	5130822	340567	2164081	2108076	518098
主营业务收入	5057990	339982	2115317	2089294	513398
土地转让收入	647		647		
商品房销售收入	4869215	329789	1993867	2032431	513128
自持物业收入	61206	2835	49352	8980	40
房屋出租收入	58238	2063	48564	7571	40
其他收入	126923	7358	71451	47884	230
营业成本	3985469	293106	1671771	1653322	367270
主营业务成本	3932579	290912	1637796	1639345	364526
税金及附加	199984	8952	94579	70556	25897
其他业务利润	14278	18	12475	1786	
销售费用	155826	8214	60258	75436	11918
管理费用	191395	17740	94227	73486	5942
研发费用					
财务费用	85880	2431	30912	54205	-1668
利息收入	2817	2081	-2385	1821	1300
利息支出	90194	4242	29623	56306	23
资产减值损失	13368	1416	312	11650	-10
公允价值变动收益	13340		62	13278	
投资收益	8992	2243	3828	2766	155
其他收益	5350	403	1859	3072	16
营业利润	526582	11355	217771	188536	108920
营业外收入	17128	5996	4638	6239	255
营业外支出	47034	677	23908	22148	302
利润总额	496676	16674	198502	172627	108873
所得税费用	156707	6604	51403	71411	27290
人工成本及增值税					
应付职工薪酬	129256	20582	50541	48124	10009
应交增值税	181447	4997	76297	81183	18970

6-8 房地产开发企业财务状况(续表 2)

(2021)　　单位:万元

指　标	银川市	市区				永宁县	贺兰县	灵武市
			兴庆区	金凤区	西夏区			
年初存货	14583431	12195408	4292221	7634252	268935	960177	1121726	306121
年末资产负债								
流动资产合计	23528704	18987718	6687998	11773666	526054	1882888	1966572	691527
应收账款	675039	530858	217698	291637	21524	76155	34897	33129
存货	14329236	11664428	4276698	7096054	291676	1274758	1017894	372156
固定资产原价	1032471	812029	364084	397512	50434	61246	141988	17209
房屋和构筑物	632543	468125	243630	182939	41557	45097	118801	519
机器设备	60185	48492	14636	33584	272	731	10069	894
累计折旧	366523	296635	152963	126721	16950	20158	45153	4577
本年折旧	49181	39942	18769	19096	2077	2563	6464	212
在建工程	252187	168040	154321	7974	5745	25358	54593	4195
无形资产	94764	52346	28285	12968	11093	29895	2030	10493
土地使用权	75850	36582	22035	3551	10996	27178	1951	10139
资产总计	26343793	21455036	7848862	12978262	627912	2006554	2147403	734800
流动负债合计	20099700	16018664	5590491	9957034	471139	1633288	1817487	630262
负债合计	22557915	18050863	6474035	11013333	563495	1892005	1952923	662124
所有者权益合计	3785878	3404173	1374828	1964929	64416	114549	194480	72675
实收资本	2911041	2413967	897123	1468880	47963	201815	221331	73928
个人资本	1319616	1115745	610598	490147	15000	89109	61083	53679

6-8 房地产开发企业财务状况(续表3)

（2021） 单位:万元

指 标	银川市	市区	兴庆区	金凤区	西夏区	永宁县	贺兰县	灵武市
损益及分配								
营业收入	5130822	4295754	1380011	2834551	81192	87611	652594	94862
主营业务收入	5057990	4248540	1351629	2815926	80985	64767	649916	94767
土地转让收入	647	647	647	0				
商品房销售收入	4869215	4090485	1317634	2697661	75190	62087	622374	94269
自持物业收入	61206	58365	22485	30666	5214	958	1872	11
房屋出租收入	58238	55397	21194	28989	5214	958	1872	11
其他收入	126923	99043	10863	87598	582	1723	25671	487
营业成本	3985469	3316047	1044860	2200862	70325	73001	515750	80671
主营业务成本	3932579	3285865	1033971	2181655	70239	53035	513124	80555
税金及附加	199984	167623	78420	87071	2131	4754	25705	1902
其他业务利润	14278	11007	2373	8449	186	2653	601	18
销售费用	155826	125462	41579	82305	1578	9099	17865	3400
管理费用	191395	152719	71395	73261	8064	11739	22735	4201
研发费用								
财务费用	85880	78194	18798	55344	4052	1439	6221	26
利息收入	2817	4204	3389	784	31	156	–1506	–37
利息支出	90194	82748	18135	60560	4053	990	6418	38
资产减值损失	13368	12114	695	11376	43		1195	59
公允价值变动收益	13340	13278	–344	13622			62	
投资收益	8992	8759	6077	2624	59	73	160	
其他收益	5350	2224	822	1400	2		1521	1606
营业利润	526582	467856	130818	341978	–4940	–12348	64865	6209
营业外收入	17128	11361	2228	3928	5205	1951	3603	213
营业外支出	47034	35643	14401	20843	399	1327	9839	225
利润总额	496676	443574	118645	325062	–134	–11724	58629	6197
所得税费用	156707	139336	43633	94947	756	117	15362	1892
人工成本及增值税								
应付职工薪酬	129256	99455	38306	55458	5691	7561	20149	2091
应交增值税	181447	148744	34522	109356	4866	6598	18704	7401

6-8 房地产开发企业财务状况(续表 4)

(2021)　　单位:万元

指　标	资质等级				
	一级	二级	三级	四级	暂定
年初存货	**2207795**	**4726740**	**2326728**	**1570034**	**3752135**
年末资产负债					
流动资产合计	2504370	7523626	3590862	2466325	7443522
应收账款	25501	284769	86705	48910	229155
存货	1726073	4755760	2320894	1413520	4112990
固定资产原价	80897	517129	206868	155176	72401
房屋和构筑物	62688	335813	120927	65397	47717
机器设备	735	14493	31857	695	12406
累计折旧	23763	205907	77824	33157	25871
本年折旧	3293	22582	8717	8433	6156
在建工程	796	178364	3938	699	68390
无形资产	528	23543	34438	15079	21175
土地使用权		19312	29586	11072	15880
资产总计	3078746	8453017	3946385	2850114	8015530
流动负债合计	2127092	6840335	2873195	2037392	6221687
负债合计	2397560	7497941	3254697	2443877	6963841
所有者权益合计	681186	955076	691689	406237	1051690
实收资本	231020	596701	791925	468217	823178
个人资本	199096	338283	355413	47865	378959

6-8 房地产开发企业财务状况(续表5)

（2021）

单位:万元

指　标	资质等级				
	一级	二级	三级	四级	暂定
损益及分配					
营业收入	981903	1494738	468023	475680	1710478
主营业务收入	971435	1462527	447798	474558	1701672
土地转让收入			647		0
商品房销售收入	944638	1429807	424966	460601	1609204
自持物业收入	24265	23843	5187	2589	5322
房屋出租收入	24265	22919	4311	1449	5293
其他收入	2533	8877	16998	11369	87146
营业成本	765030	1139564	370353	373750	1336772
主营业务成本	753516	1115450	358303	373546	1331765
税金及附加	50583	52907	18637	24159	53698
其他业务利润	819	5711	7781	25	-58
销售费用	17198	39176	15410	19478	64565
管理费用	34258	61014	31093	22820	42209
研发费用					
财务费用	14862	14121	11417	37213	8267
利息收入	1248	617	141	2018	-1207
利息支出	14357	18471	5901	39503	11962
资产减值损失	300	1122	-723	11000	1669
公允价值变动收益				13622	-282
投资收益	3280	3781	649	1240	42
其他收益	243	1679	1498	1376	555
营业利润	103195	192293	23983	3497	203614
营业外收入	5825	3303	4894	368	2739
营业外支出	5413	11085	14533	5488	10516
利润总额	103608	184511	14344	-1623	195836
所得税费用	18187	50240	14898	10735	62647
人工成本及增值税					
应付职工薪酬	20348	37883	13833	16331	40861
应交增值税	13405	47707	21878	14297	84160

6-9 房地产开发房屋施工、竣工面积

（2021） 单位：平方米、万元、套

指　标	总　计	国有经济	私营经济	其他有限责任公司	外商投资
房屋施工面积	**37048482**	**1645001**	**17201401**	**16265709**	**1936371**
住宅	24332818	1093443	10938108	10846042	1455225
90平方米及以下	1403602	111348	1004129	288125	
144平方米以上	4463659	279522	1599464	2133314	451359
办公楼	1433858	1134	828609	604115	
商业营业用房	3993130	150229	2313932	1449751	79218
其他	7288676	400195	3120752	3365801	401928
本年新开工面积	9446878	278883	4200129	4482438	485428
住宅	6701450	121000	3097577	3146202	336671
90平方米及以下	32995	7315		25680	
144平方米以上	1036158	83315	464143	423036	65664
办公楼	77765		1459	76306	
商业营业用房	631703	95467	251029	262452	22755
其他	2035960	62416	850064	997478	126002
房屋竣工面积	**6662282**	**356997**	**2264154**	**3481796**	**559335**
住宅	4450623	224690	1496136	2320109	409688
90平方米及以下	124735	47278	54302	23155	
144平方米以上	888575	69012	214818	517691	87054
办公楼	163648		98687	64961	
商业营业用房	621446	10600	226680	358240	25926
其他	1426565	121707	442651	738486	123721
不可销售面积	498902	94040	136160	247641	21061
住宅	123505	69440	12436	41629	
90平方米及以下	49507	34720		14787	
144平方米以上	3764			3764	
办公楼	17372		17372		
商业营业用房	112543		11535	101008	
其他	245482	24600	94817	105004	21061
住宅竣工套数	**35106**	**1905**	**12203**	**17834**	**3164**
90平方米及以下	1918	618	956	344	
144平方米以上	5159	339	1279	2967	574
房屋竣工价值	**1918310**	**78408**	**594096**	**1093510**	**152296**
住宅	1310177	46062	402095	743122	118898
90平方米及以下	31637	10178	14651	6808	
144平方米以上	291073	13647	63598	189235	24593
办公楼	59486		25248	34238	
商业营业用房	215238	2427	65968	138690	8153
其他	333409	29919	100785	177460	25245

6-9　房地产开发房屋施工、竣工面积(续表 1)

（2021）　　　　单位:平方米、万元、套

指　标	银川市	市区	兴庆区	金凤区	西夏区	永宁县	贺兰县	灵武市
房屋施工面积	**37048482**	**26548587**	**9088064**	**14787467**	**2673056**	**5012735**	**4837086**	**650074**
住宅	24332818	16684345	5095008	9618707	1970630	3583244	3569392	495837
90 平方米及以下	1403602	1161848	550146	489934	121768	102360	135284	4110
144 平方米以上	4463659	3188884	555999	2501740	131145	313550	855324	105901
办公楼	1433858	1402740	538407	857877	6456	11491	19627	
商业营业用房	3993130	2865300	1692403	1008631	164266	656461	395007	76362
其他	7288676	5596202	1762246	3302252	531704	761539	853060	77875
本年新开工面积	9446878	6258411	1598070	3468984	1191357	1540623	1488529	159315
住宅	6701450	4365789	1066222	2395049	904518	1100359	1091227	144075
90 平方米及以下	32995	30626	21794	7636	1196	2369		
144 平方米以上	1036158	718277	98734	495807	123736	110657	183910	23314
办公楼	77765	77765	76306	1459				
商业营业用房	631703	412510	132906	237155	42449	132552	84426	2215
其他	2035960	1402347	322636	835321	244390	307712	312876	13025
房屋竣工面积	**6662282**	**5029933**	**1690399**	**2991569**	**347965**	**191371**	**1176056**	**264922**
住宅	4450623	3202753	931253	2037889	233611	144610	904826	198434
90 平方米及以下	124735	98902	17896	67964	13042		21864	3969
144 平方米以上	888575	516397	160374	356023		1776	319556	50846
办公楼	163648	150354	51990	98364			13294	
商业营业用房	621446	492196	253087	205270	33839	13151	87955	28144
其他	1426565	1184630	454069	650046	80515	33610	169981	38344
不可销售面积	498902	459891	175203	234789	49899	845	35627	2539
住宅	123505	120098	1906	97805	20387	72	3335	
90 平方米及以下	49507	49507		40628	8879			
144 平方米以上	3764	3764	367	3397				
办公楼	17372	5652		5652			11720	
商业营业用房	112543	107370	102090	4412	868	773	4400	
其他	245482	226771	71207	126920	28644		16172	2539
住宅竣工套数	**35106**	**25563**	**7391**	**16179**	**1993**	**1256**	**6768**	**1519**
90 平方米及以下	1918	1513	330	1028	155		346	59
144 平方米以上	5159	2960	937	2023		12	1861	326
房屋竣工价值	**1918310**	**1454086**	**463967**	**904782**	**85337**	**46861**	**353769**	**63594**
住宅	1310177	940467	256197	625974	58296	38549	286400	44761
90 平方米及以下	31637	25306	5051	16665	3590		5339	992
144 平方米以上	291073	169806	49377	120429		398	107568	13301
办公楼	59486	55435	11109	44326			4051	
商业营业用房	215238	177319	88319	80026	8974	2729	26692	8498
其他	333409	280865	108342	154456	18067	5583	36626	10335

6-9 房地产开发房屋施工、竣工面积(续表 2)

（2021）

单位:平方米、万元、套

指 标	资质等级				
	一级	二级	三级	四级	暂定
房屋施工面积	**2734970**	**8812011**	**4829526**	**3990328**	**16681647**
住宅	1965769	5785678	2975749	2498253	11107369
90 平方米及以下	41958	410358	295349	146973	508964
144 平方米以上	349418	1085158	326399	362696	2339988
办公楼		250173	370708	312869	500108
商业营业用房	180601	964547	544231	573556	1730195
其他	588600	1811613	938838	605650	3343975
本年新开工面积	521589	1953024	511884	735096	5725285
住宅	390262	1407763	391743	584328	3927354
90 平方米及以下				236	32759
144 平方米以上	68664	115313	74893	59477	717811
办公楼					77765
商业营业用房	22137	157269	13843	28194	410260
其他	109190	387992	106298	122574	1309906
房屋竣工面积	**741548**	**2247408**	**568095**	**782649**	**2322582**
住宅	540487	1389987	338847	513397	1667905
90 平方米及以下	21991	38330	15673	34956	13785
144 平方米以上	89679	240358	30795	63076	464667
办公楼		111906	51742		
商业营业用房	47254	195475	84554	118491	175672
其他	153807	550040	92952	150761	479005
不可销售面积	5199	135558	62587	220946	74612
住宅	3407	23746	3625	69440	23287
90 平方米及以下		11162	3625	34720	
144 平方米以上					3764
办公楼		11720	5652		
商业营业用房	773	7943	1940	92495	9392
其他	1019	92149	51370	59011	41933
住宅竣工套数	**4195**	**11076**	**3065**	**4194**	**12576**
90 平方米及以下	337	586	313	389	293
144 平方米以上	425	1391	188	371	2784
房屋竣工价值	**176294**	**617197**	**176051**	**233299**	**715469**
住宅	134745	383356	100867	145483	545726
90 平方米及以下	4121	10946	4890	7722	3958
144 平方米以上	23739	69029	10034	22960	165311
办公楼		44678	14808		
商业营业用房	10062	61424	32759	51860	59133
其他	31487	127739	27617	35956	110610

6-10 房地产开发商品房销售与出租情况

（2021）　　单位：平方米、万元、套

指　标	总计	国有经济	私营经济	其他有限责任公司	外商投资
房屋出租面积	**321749**	**14564**	**274241**	**32944**	
住宅	12177		12177		
90平方米及以下	11686		11686		
144平方米以上	398		398		
办公楼	41431	11016	13321	17094	
商业营业用房	244413	3548	225015	15850	
其他	23728		23728		
商品房销售面积	**6415742**	**312274**	**2842748**	**2772037**	**488683**
住宅	5281975	252082	2238532	2344826	446535
90平方米及以下	101518	7998	63317	30203	
144平方米以上	763701	75194	352138	278370	57999
办公楼	119992		74255	45737	
商业营业用房	453873	9309	297103	118507	28954
其他	559902	50883	232858	262967	13194
现房销售面积	1142010	75859	775353	280745	10053
住宅	507061	58388	326204	112978	9491
90平方米及以下	68727	4386	45581	18760	
144平方米以上	157938	9641	68814	70375	9108
办公楼	100969		58740	42229	
商业营业用房	263516	3440	222458	37056	562
其他	270464	14031	167951	88482	
期房销售面积	5273732	236415	2067395	2491292	478630
住宅	4774914	193694	1912328	2231848	437044
90平方米及以下	32791	3612	17736	11443	
144平方米以上	605763	65553	283324	207995	48891
办公楼	19023		15515	3508	
商业营业用房	190357	5869	74645	81451	28392
其他	289438	36852	64907	174485	13194
商品房销售额	**4906701**	**252324**	**2003578**	**2234951**	**415848**
住宅	4301054	224132	1706017	1995815	375090
90平方米及以下	57602	4183	37290	16129	
144平方米以上	745488	87852	325206	284567	47863
办公楼	82871		44893	37978	
商业营业用房	362894	11791	194604	123790	32709
其他	159882	16401	58064	77368	8049
现房销售额	575811	32835	369132	166658	7186
住宅	285908	26694	177851	74666	6697
90平方米及以下	34061	2008	22814	9239	
144平方米以上	113581	10328	43434	53297	6522

6-10 房地产开发商品房销售与出租情况(续表1)

(2021) 单位:平方米、万元、套

指　标	总计	国有经济	私营经济	其他有限责任公司	外商投资
办公楼	69848		34151	35697	
商业营业用房	155543	3046	119019	32989	489
其他	64512	3095	38111	23306	
期房销售额	4330890	219489	1634446	2068293	408662
住宅	4015146	197438	1528166	1921149	368393
90平方米及以下	23541	2175	14476	6890	
144平方米以上	631907	77524	281772	231270	41341
办公楼	13023		10742	2281	
商业营业用房	207351	8745	75585	90801	32220
其他	95370	13306	19953	54062	8049
商品住宅销售套数	**42224**	**1875**	**18100**	**18720**	**3529**
90平方米及以下	1538	100	1015	423	
144平方米以上	4511	450	2120	1590	351
现房销售套数	4314	471	2928	878	37
90平方米及以下	1076	53	731	292	
144平方米以上	859	47	388	391	33
期房销售套数	37910	1404	15172	17842	3492
90平方米及以下	462	47	284	131	
144平方米以上	3652	403	1732	1199	318
待售面积	**6497742**	**221724**	**3786970**	**2377149**	**111899**
住宅	1741572	77023	916073	725697	22779
90平方米及以下	310731	51996	185323	73412	
144平方米以上	369065	20398	203573	126021	19073
办公楼	638104	20338	418329	199437	
商业营业用房	2592840	28559	1662361	864611	37309
其他	1525226	95804	790207	587404	51811
待售1-3年(含1年)	1872319	29181	908792	906993	27353
住宅	662231	1601	210932	432803	16895
90平方米及以下	20591		8834	11757	
144平方米以上	84224	1601	31755	33973	16895
办公楼	136197		102511	33686	
商业营业用房	598772	4404	360077	223833	10458
其他	475119	23176	235272	216671	
待售3年以上(含3年)	3226027	192079	2114346	911849	7753
住宅	748434	75422	451676	218868	2468
90平方米及以下	244087	51996	135331	56760	
144平方米以上	217701	18797	146316	52588	
办公楼	366893	20338	265535	81020	
商业营业用房	1534075	24155	1052251	454347	3322
其他	576625	72164	344884	157614	1963

6-10 房地产开发商品房销售与出租情况(续表 2)

（2021）　　单位:平方米、万元、套

指　标	银川市	市区	兴庆区	金凤区	西夏区	永宁县	贺兰县	灵武市
房屋出租面积	321749	293958	164977	128981			27791	
住宅	12177	12177	12177					
90 平方米及以下	11686	11686	11686					
144 平方米以上	398	398	398					
办公楼	41431	41431	33127	8304				
商业营业用房	244413	221155	111982	109173			23258	
其他	23728	19195	7691	11504			4533	
商品房销售面积	6415742	4525399	1289523	2599228	636648	490483	1183046	216814
住宅	5281975	3797638	998964	2214465	584209	437414	927085	119838
90 平方米及以下	101518	56974	28414	16914	11646	13111	27453	3980
144 平方米以上	763701	486001	144921	335482	5598	38828	231954	6918
办公楼	119992	82858	28269	54589		13068	24066	
商业营业用房	453873	237087	92558	127750	16779	36559	158595	21632
其他	559902	407816	169732	202424	35660	3442	73300	75344
现房销售面积	1142010	580373	230973	230622	118778	95110	337275	129252
住宅	507061	280566	111969	90446	78151	58656	132375	35464
90 平方米及以下	68727	33238	12596	12783	7859	13111	18398	3980
144 平方米以上	157938	63561	35329	26482	1750	22519	71560	298
办公楼	100969	63835	21156	42679		13068	24066	
商业营业用房	263516	84847	36039	33289	15519	20999	139226	18444
其他	270464	151125	61809	64208	25108	2387	41608	75344
期房销售面积	5273732	3945026	1058550	2368606	517870	395373	845771	87562
住宅	4774914	3517072	886995	2124019	506058	378758	794710	84374
90 平方米及以下	32791	23736	15818	4131	3787		9055	
144 平方米以上	605763	422440	109592	309000	3848	16309	160394	6620
办公楼	19023	19023	7113	11910				
商业营业用房	190357	152240	56519	94461	1260	15560	19369	3188
其他	289438	256691	107923	138216	10552	1055	31692	
商品房销售额	4906701	3732960	899753	2409548	423659	280322	813693	79726
住宅	4301054	3301315	754626	2142963	403726	251957	691334	56448
90 平方米及以下	57602	39634	21438	12137	6059	4810	12021	1137
144 平方米以上	745488	498335	125665	368972	3698	28815	214727	3611
办公楼	82871	62579	19974	42605		5127	15165	
商业营业用房	362894	240131	84514	142677	12940	22677	88884	11202
其他	159882	128935	40639	81303	6993	561	18310	12076
现房销售额	575811	331661	128422	164225	39014	42271	167929	33950
住宅	285908	168575	73846	72272	22457	26752	77632	12949
90 平方米及以下	34061	20380	7557	9054	3769	4810	7734	1137
144 平方米以上	113581	54663	30542	23186	935	13155	45642	121

6-10 房地产开发商品房销售与出租情况(续表 3)

（2021）

单位:平方米、万元、套

指　标	银川市	市区				永宁县	贺兰县	灵武市
			兴庆区	金凤区	西夏区			
办公楼	69848	49556	15367	34189		5127	15165	
商业营业用房	155543	72462	24505	36545	11412	10011	64145	8925
其他	64512	41068	14704	21219	5145	381	10987	12076
期房销售额	4330890	3401299	771331	2245323	384645	238051	645764	45776
住宅	4015146	3132740	680780	2070691	381269	225205	613702	43499
90 平方米及以下	23541	19254	13881	3083	2290		4287	
144 平方米以上	631907	443672	95123	345786	2763	15660	169085	3490
办公楼	13023	13023	4607	8416				
商业营业用房	207351	167669	60009	106132	1528	12666	24739	2277
其他	95370	87867	25935	60084	1848	180	7323	
商品住宅销售套数	**42224**	**30471**	**8302**	**17183**	**4986**	**3596**	**7218**	**939**
90 平方米及以下	1538	912	421	312	179	185	393	48
144 平方米以上	4511	2950	932	1982	36	206	1312	43
现房销售套数	4314	2446	942	779	725	514	1031	323
90 平方米及以下	1076	565	202	233	130	185	278	48
144 平方米以上	859	349	208	130	11	111	397	2
期房销售套数	37910	28025	7360	16404	4261	3082	6187	616
90 平方米及以下	462	347	219	79	49		115	
144 平方米以上	3652	2601	724	1852	25	95	915	41
待售面积	**6497742**	**4631218**	**1961592**	**2361182**	**308444**	**532677**	**1084528**	**249319**
住宅	1741572	1128098	572544	433950	121604	171887	392617	48970
90 平方米及以下	310731	210142	89578	46204	74360	36841	48985	14763
144 平方米以上	369065	170982	46859	119111	5012	47938	143898	6247
办公楼	638104	561005	194667	354411	11927	20854	52466	3779
商业营业用房	2592840	1755357	725620	919899	109838	312720	366506	158257
其他	1525226	1186758	468761	652922	65075	27216	272939	38313
待售 1-3 年(含 1 年)	1872319	1348977	875717	355145	118115	143802	376193	3347
住宅	662231	486982	410404	43511	33067	49400	122502	3347
90 平方米及以下	20591	4154	3883	271		13086	3351	
144 平方米以上	84224	37187	18089	18798	300	21299	24668	1070
办公楼	136197	97604	39533	58071		20854	17739	
商业营业用房	598772	396487	168986	185082	42419	70006	132279	
其他	475119	367904	256794	68481	42629	3542	103673	
待售 3 年以上(含 3 年)	3226027	2283035	929403	1206740	146892	377753	420141	145098
住宅	748434	437778	147058	206339	84381	115490	169917	25249
90 平方米及以下	244087	177403	80181	22862	74360	16758	38725	11201
144 平方米以上	217701	99903	25199	69992	4712	26639	86812	4347
办公楼	366893	335368	153184	170257	11927		31525	
商业营业用房	1534075	1022633	518387	460012	44234	238589	153004	119849
其他	576625	487256	110774	370132	6350	23674	65695	

6-10 房地产开发商品房销售与出租情况(续表 4)

（2021）

单位:平方米、万元、套

指 标	资质等级				
	一级	二级	三级	四级	暂定
房屋出租面积	**74699**	**145764**	**52401**	**3258**	**45627**
住宅		12177			
90 平方米及以下		11686			
144 平方米以上		398			
办公楼		5521	6423	3258	26229
商业营业用房	72255	115842	36918		19398
其他	2444	12224	9060		
商品房销售面积	**447018**	**1931300**	**771612**	**710293**	**2555519**
住宅	330109	1667987	502030	553104	2228745
90 平方米及以下	6492	49784	23255	3445	18542
144 平方米以上	47667	325128	38951	45054	306901
办公楼	16472	8329	63093	14688	17410
商业营业用房	31063	130188	170607	38267	83748
其他	69374	124796	35882	104234	225616
现房销售面积	214858	336031	316071	86977	188073
住宅	135428	220996	79997	16200	54440
90 平方米及以下	6492	35867	21245	3445	1678
144 平方米以上	20032	67493	28465	7288	34660
办公楼	16472	6364	52680	14688	10765
商业营业用房	17279	61063	154386	14198	16590
其他	45679	47608	29008	41891	106278
期房销售面积	232160	1595269	455541	623316	2367446
住宅	194681	1446991	422033	536904	2174305
90 平方米及以下		13917	2010		16864
144 平方米以上	27635	257635	10486	37766	272241
办公楼		1965	10413		6645
商业营业用房	13784	69125	16221	24069	67158
其他	23695	77188	6874	62343	119338
商品房销售额	**287201**	**1516519**	**448233**	**566082**	**2088666**
住宅	220998	1340194	317834	487609	1934419
90 平方米及以下	4010	29956	9784	2068	11784
144 平方米以上	43822	309381	20496	49532	322257
办公楼	12493	5610	36198	17191	11379
商业营业用房	32977	128715	84849	38042	78311
其他	20733	42000	9352	23240	64557
现房销售额	116051	188869	141546	44600	84745
住宅	73021	124321	34737	9187	44642
90 平方米及以下	4010	18098	8878	2068	1007
144 平方米以上	12115	49407	14114	4776	33169

6-10 房地产开发商品房销售与出租情况(续表5)

（2021）　　　　单位:平方米、万元、套

指　标	资质等级				
	一级	二级	三级	四级	暂定
办公楼	12493	3712	29792	17191	6660
商业营业用房	17193	49600	69872	8888	9990
其他	13344	11236	7145	9334	23453
期房销售额	171150	1327650	306687	521482	2003921
住宅	147977	1215873	283097	478422	1889777
90平方米及以下		11858	906		10777
144平方米以上	31707	259974	6382	44756	289088
办公楼		1898	6406		4719
商业营业用房	15784	79115	14977	29154	68321
其他	7389	30764	2207	13906	41104
商品住宅销售套数	**2634**	**13172**	**4285**	**4525**	**17608**
90平方米及以下	101	770	345	62	260
144平方米以上	251	1971	211	271	1807
现房销售套数	1133	1904	739	146	392
90平方米及以下	101	557	322	62	34
144平方米以上	120	352	145	38	204
期房销售套数	1501	11268	3546	4379	17216
90平方米及以下		213	23		226
144平方米以上	131	1619	66	233	1603
待售面积	**813618**	**2721893**	**1237712**	**474913**	**1249606**
住宅	174852	693928	319560	105184	448048
90平方米及以下	8525	180628	79049	20273	22256
144平方米以上	16335	189558	112187	20311	30674
办公楼	125941	230206	148470	67033	66454
商业营业用房	328209	1124621	588676	192277	359057
其他	184616	673138	181006	110419	376047
待售1-3年(含1年)	200915	588404	287718	62902	732380
住宅	27734	207334	24026	15500	387637
90平方米及以下		6972	7046	3772	2801
144平方米以上	5971	49362	11013	1453	16425
办公楼	17048	26350	69305	98	23396
商业营业用房	135323	146840	142584	7062	166963
其他	20810	207880	51803	40242	154384
待售3年以上(含3年)	393523	1675448	707020	285133	164903
住宅	43575	410141	206371	70295	18052
90平方米及以下	8525	162381	50603	15546	7032
144平方米以上	5641	119866	73729	18465	
办公楼	108893	152936	53948	36053	15063
商业营业用房	116407	825531	358674	136886	96577
其他	124648	286840	88027	41899	35211

6-11 房地产开发企业资质等级一、二级企业名单

（2021）

单位名称	资质等级	经济类型
宁夏新材集团地产有限公司	一级	私营有限责任公司
宁夏住宅建设发展(集团)有限公司	一级	私营有限责任公司
宁夏正丰房地产开发有限公司	一级	私营有限责任公司
宁夏中房实业集团有限公司	一级	私营有限责任公司
银川建发集团股份有限公司	一级	私营股份有限公司
宁夏房地产开发集团有限公司	一级	国有独资公司
宁夏民生房地产开发有限公司	一级	其他有限责任公司
银帝地产集团有限公司	一级	私营有限责任公司
宁夏铁路多元发展集团地产置业有限公司	一级	国有独资公司
宁夏绿地房地产有限责任公司	二级	私营有限责任公司
宁夏荣恒房地产集团有限公司	二级	私营有限责任公司
宁夏银基房地产开发有限责任公司	二级	私营有限责任公司
宁夏兴泰隆房地产开发有限公司	二级	其他有限责任公司
宁夏房地产综合开发有限公司	二级	私营有限责任公司
银川众一集团房地产开发有限公司	二级	私营有限责任公司
银川大地房地产开发有限责任公司	二级	私营有限责任公司
银川市白云房地产开发有限公司	二级	其他有限责任公司
宁夏昆仑房地产开发有限公司	二级	私营有限责任公司
银川三建房地产开发有限公司	二级	私营有限责任公司
宁夏华尊立达房地产开发集团有限公司	二级	私营有限责任公司
宁夏金宇房地产投资集团有限公司	二级	私营股份有限公司
宁夏灵隆房地产开发有限责任公司	二级	私营有限责任公司
宁夏盛业房地产开发有限公司	二级	私营有限责任公司
宁夏瑞信房地产开发有限公司	二级	私营有限责任公司
宁夏鸿丰投资置业有限公司	二级	私营有限责任公司
宁夏檀溪房地产开发有限公司	二级	私营有限责任公司
中海宏洋地产(银川)有限公司	二级	与港澳台商合资经营
宁夏隆安房地产开发有限公司	二级	私营有限责任公司
宁夏君行房地产开发有限公司	二级	其他有限责任公司
宁夏云天房地产开发集团有限公司	二级	私营有限责任公司
宁夏大众房地产开发有限公司	二级	私营有限责任公司
宁夏富地房地产开发有限公司	二级	私营有限责任公司
宁夏宝丰地产开发有限公司	二级	其他有限责任公司
宁夏北方温和房地产开发集团有限公司	二级	私营有限责任公司
宁夏吉泰房地产开发有限公司	二级	私营有限责任公司
宁夏富兴达房地产开发集团有限公司	二级	私营有限责任公司
宁夏吉运开发建设集团有限公司	二级	私营有限责任公司

6-11 房地产开发企业资质等级一、二级企业名单(续表)

(2021)

单位名称	资质等级	经济类型
银川开发区宏建房地产开发有限公司	二级	私营有限责任公司
宁夏富龙房地产开发有限公司	二级	私营有限责任公司
宁夏中恒房地产开发有限公司	二级	私营有限责任公司
宁夏派胜房地产开发有限公司	二级	其他有限责任公司
宁夏新思路房地产开发有限公司	二级	私营有限责任公司
宁夏舜天房地产开发有限公司	二级	其他有限责任公司
宁夏建设投资集团房地产开发有限公司	二级	国有独资公司
宁夏瑞兴房地产开发有限公司	二级	私营有限责任公司
宁夏浩海房地产开发集团有限公司	二级	私营有限责任公司
宁夏友厦房地产开发有限公司	二级	私营有限责任公司
宁夏建元房地产开发有限公司	二级	私营有限责任公司
银川市通城置业集团房地产有限公司	二级	私营有限责任公司
宁夏亘元房地产开发有限公司	二级	国有独资公司
宁夏恒诺房地产开发有限公司	二级	私营有限责任公司
宁夏汇融房地产开发有限公司	二级	其他有限责任公司
宁夏光耀房地产开发有限公司	二级	私营有限责任公司
银川隆光置业有限公司	二级	其他有限责任公司
宁夏西夏苑房地产开发有限公司	二级	国有独资公司
宁夏海利达房地产开发有限公司	二级	私营有限责任公司
宁夏鑫祥房地产开发有限公司	二级	私营有限责任公司
宁夏上陵房地产开发有限公司	二级	其他有限责任公司
宁夏兴俊房地产开发有限公司	二级	其他有限责任公司
宁夏长城集团房地产开发有限公司	二级	其他有限责任公司
宁夏凯尔星房地产开发有限公司	二级	其他有限责任公司
宁夏金色阳光房地产开发有限公司	二级	私营有限责任公司
银川市望远庆丰房地产开发有限公司	二级	私营有限责任公司
银川先泽房地产开发有限公司	二级	其他有限责任公司
宁夏银大房地产开发有限公司	二级	私营有限责任公司
宁夏宁阳房地产开发有限公司	二级	私营有限责任公司
宁夏地德人和房地产开发有限公司	二级	私营有限责任公司
银川旺元投资实业(集团)有限公司	二级	私营有限责任公司
宁夏恒昱源房地产开发有限公司	二级	私营有限责任公司
银川鲁银投资有限公司	二级	私营有限责任公司
宁夏北方明珠房地产开发有限公司	二级	其他有限责任公司
宁夏金盛房地产开发有限公司	二级	私营有限责任公司
宁夏巨力房地产开发有限公司	二级	私营有限责任公司
宁夏天地德科房地产开发有限公司	二级	其他有限责任公司
宁夏众一发展集团有限公司	二级	私营有限责任公司

主要统计指标解释

【全社会固定资产投资】 固定资产投资额是以货币表现的建造和购置固定资产活动的工作量,它是反映固定资产投资规模、速度、比例关系和使用方向的综合性指标。全社会固定资产投资按经济类型分,包括国有经济单位投资、城乡集体经济单位投资、其他各种经济类型的单位投资和城乡居民个人投资。全社会固定资产投资总额分为基本建设、更新改造、其他固定资产投资和房地产开发投资四个部分；城乡集体经济单位投资包括城镇集体所有制单位投资和农村集体所有制单位投资；其他各种经济类型单位投资包括联营经济、股份制经济、中外合资经营、中外合作经营、外资、与大陆合资经营、与大陆合作经营、港澳台独资及其他经济的单位投资。城乡居民个人投资包括城市、县城、镇、工矿区所辖范围内的个人建房和农村个人建房及购买生产性固定资产的投资。

【基本建设投资】 基本建设是企业、事业、行政单位以扩大生产能力或工程效益为主要目的的新建、扩建工程及有关工作。包括(1)列入中央和各级地方本年基本建设计划的建设项目,以及虽未列入本年基本建设计划,但使用以前年度基建计划内结转投资 (包括利用基建设备材料)在本年继续施工的建设项目；

(2) 本年基本建设计划内投资与更新改造计划内投资结合安排的新建项目和新增生产能力(或工程效益)达到大中型项目标准的扩建项目，以及为改变生产力布局而进行的全厂性迁建项目；

(3)国有单位既未列入基建计划,也未列入更新改造计划的总投资在 50 万元以上的新、扩建、恢复项目和为改变生产力布局而进行的全厂性迁建项目,以及行政、事业单位增建业务用房和行政单位增建生活福利设施的项目。

【更新改造投资】 更新改造指企业、事业单位对原有设施进行固定资产更新和技术改造,以及相应配套的工程和有关工作(不包括大修理和维护工程)。包括:(1)列入中央和各级地方本年更新改造计划的项目和虽未列入本年更新改造计划，但使用上年更新改造计划内结转的投产在本年继续施工的项目;(2)本年更新改造计划内投资与基本建设计划内投资结合安排的对企、事业单位原有设施进行技术改造或更新的项目和增建主要生产车间、分厂等其新增生产能力(或工程效益)未达到大中型项目标准的项目，以及由于城市环境保护和安全生产的需要而进行的迁建工作;(3)国有企、事业既未列入基建计划也未列入更新改造计划，总投资在 500 万元以上的属于改建式更新改造性质的项目，以及由于城市环境保护和安全生产的需要而进行的迁建工程。

【房地产开发投资】 指各种登记注册类型的房地产开发法人单位统一开发的住宅、厂房、仓库、饭店、宾馆、度假村、写字楼、办公楼等房屋建筑物,配套的服务设施,土地开发工程(如道路、给水、排水、供电、供热、通讯、平整场地等基础设施工程)和土地购置的投资;不包括单纯的土地开发和交易活动。

【其他固定资产投资】 全社会固定资产投资中未列入基本建设、更新改造和房地产开发投资的建造和购置固定资产的活动。包括:(1)国有单位按规定不纳入基本建设计划和更新改造计划管理，计划总投资或实际需要总投资在50万元以上的工程。(2)城镇集体经济单位固定投资。(3)除国有、城镇集体以外的联营经济、股份制经济、外商投资经济、港澳台投资经济及其他经济类型的企、事业单位建造和购置固定资产其计划总投资在50万元以上的、未列入基本建设计划和更新改造计划的项目。

【新增固定资产】 指在报告期已经完成建造和开发过程并交付使用的房屋和土地开发面积的价值。指房地产开发公司进行开发经营活动的最终成果，即为社会提供的固定资产，而且是在报告期内新增加的。不是反映房地产开发企业本身固定资产的增加。

【建设项目投产率】 指一定时期内全部建成投入生产项目个数占同期正式施工项目个数的比率。它是从项目建设速度的角度反映投资效果的指标。

【商品房销售面积】 指报告期内出售商品房屋的合同总面积（即双方签署的正式买卖合同中所确定的建筑面积）。商品房销售面积由现房销售面积和期房销售面积两部分组成。

【商品房销售额】 指报告期内出售商品房屋的合同总价款（即双方签署的正式买卖合同中所确定的合同总价）。该指标与商品房销售面积同口径，由现房销售额和期房销售额两部分组成。

【项目规划占地面积】 指房地产开发项目规划书载明的相关部门规划的该项目占地面积。

【本年土地购置面积】 指在本年内通过各种方式获得土地使用权的土地面积。

【本年土地成交价款】 指进行土地使用权交易活动的最终金额。在土地一级市场，是指土地最后的划拨款、“招拍挂”价格和出让价；在土地二级市场是指土地转让、出租、抵押等最后确定的合同价格。土地成交价款与土地购置面积同口径，可以计算土地的平均购置价格。

7

建筑业

7-1 主要年份建筑业

指　标	单位	2012 年	2013 年	2014 年	2015 年
企业个数	**个**	**331**	**344**	**352**	**344**
建筑业总产值	**万元**	**2829250**	**3750575**	**4404625**	**3717353**
一、二级企业	万元	2277545	3219796	3947704	3404735
按构成分					
建筑工程产值	万元	2685345	3603530	4188711	3515093
安装工程产值	万元	136283	128625	195664	180788
其他产值	万元	7622	18421	20250	21473
按登记注册类型分					
国有企业	万元	771179	1092670	793211	662742
集体企业	万元	10080	18531	29905	7637
有限责任公司	万元	652699	727406	1021153	898011
股份有限公司	万元	102399	241553	372578	2716209
私营企业	万元	1274610	1638921	2048260	1731402
港澳台投资企业	万元				
外商投资企业	万元	18283	31494	139518	145941
按建筑行业分(2011)					
房屋建筑业	万元	1967393			
土木工程建筑业	万元	757592			
建筑安装业	万元	42069			
建筑装饰和其他建筑业	万元	62196			
竣工产值	万元	2344996	3067652	3129988	2922459
房屋施工面积	万平方米	2385	3327	3045	2263
房屋竣工面积	万平方米	948	1330	923	787
期末从业人员	人	53864	70894	69295	88766
工程结算收入	万元	2799130	3803254	4406224	3944772
工程结算利润	万元	176711	174260	257409	238367
利税总额	万元	165473	177330	263319	224349

注:本年度汇总资料均为有工作量的总、专包建筑企业数据。

主要指标

2016 年	2017 年	2018 年	2019 年	2020 年	2021 年
362	509	509	482	461	460
3525490	3735159	3859174	4336340	4705855	4981972
3246890	3486065	3564260	3960755	4310048	4467339
3287718	3419064	3506390	3907346	4045148	4306268
211836	299890	317165	389776	559717	559455
25936	16205	35619	39219	100990	116249
698510	557183	94194	120095	120052	189932
11434	5678	16181	7994	1206	682
1020058	1037727	1678248	1812087	2264294	2257055
38617	114591	167855	193212	159851	208541
1686343	1958159	1890196	2189473	2145791	2309018
70530	61821	12500	13679	14161	16744
	2126586	2351060	2533605	2519869	2910031
	1536009	1432914	2469093	2075359	2002210
	34618	35455	58796	62449	35811
	37947	39745	41901	48178	33921
2723148	2264803	2342588	2237750	2382792	2938487
1847	1498	1527	1494	1439	1406
661	354	502	429	501	615
63199	76363	65101	73033	86069	74909
4121375	3467181				
238927	202448				
162658	109765				

7-2 建筑业

(2021)

指　标	企业数(个)	有工作量的企业数	建筑业总产值
总　计	**460**	**384**	**4981972**
一、二级企业	294	245	4467339
按地区分			
市区	406	341	4462197
兴庆区	193	159	2355105
西夏区	17	15	327329
金凤区	196	167	1779763
永宁县	8	6	45528
贺兰县	30	25	372786
灵武市	16	12	101461
按登记注册类型分			
内资企业	459	383	4965228
国有企业	7	6	189932
集体企业	1	1	682
有限责任公司	62	53	2257055
国有独资公司	20	18	1811555
其他有限责任公司	42	35	445501
股份有限公司	2	1	208541
私营企业	387	322	2309018
私营有限责任公司	384	319	2281148
私营股份有限公司	3	3	27870
外商投资企业	1	1	16744
中外合资经营企业	1	1	16744

总产值

单位:万元

装配式建筑工程产值	装饰装修产值	在外省完成的产值	建筑工程产值	安装工程产值	其他	竣工产值
53331	**38215**	**900504**	**4306268**	**559455**	**116249**	**2938487**
44810	34955	867751	3900767	463033	103539	2745219
49957	37348	781156	3874267	492978	94953	2712262
7363	22093	629880	2001154	324428	29524	1322926
3541	702	36706	302014	3803	21511	267604
39053	14554	114570	1571098	164747	43918	1121732
		1524	44954	108	466	9034
3374	866	115857	322056	35309	15421	119680
		1968	64991	31060	5410	97511
53331	38215	883760	4289525	559455	116249	2938487
	702	11324	92459	81601	15872	214478
			682			682
44468	4509	670225	1885021	344915	27120	1506441
5462	4338	614873	1563653	226658	21244	1027712
39006	171	55352	321368	118257	5876	478729
		19353	208541			10854
8863	33004	182859	2102822	132939	73257	1206032
8863	33004	175844	2074952	132939	73257	1051390
		7016	27870			154643
		16744	16744			
		16744	16744			

7-2 建筑业

（2021）

指　标	企业数(个)	有工作量的企业数	建筑业总产值
按国民经济行业分(2017)			
房屋建筑业	225	190	2910031
土木工程建筑业	159	144	2002210
建筑安装业	41	29	35811
建筑装饰、装修和其他建筑业	35	21	33921
按控股情况分			
国有控股	31	27	2010489
集体控股	5	5	90308
私人控股	420	348	2652646
外商控股	1	1	16744
其他	3	3	211786
按企业规模分			
大型	14	14	2145757
中型	100	96	2121703
小型	256	229	695182
微型	90	45	19330
按企业资质等级分			
施工总承包	339	295	4792176
特级	1	1	425171
一级	24	22	2151168
二级	176	154	1733555
三级及以下	138	118	482282
专业承包	121	89	189796
一级	15	14	51244
二级	78	54	106201
三级及以下	28	21	32352

总产值(续表)

单位:万元

装配式建筑工程产值	装饰装修产值	在外省完成的产值	建筑工程产值	安装工程产值	其他	竣工产值
51383	22889	304152	2809559	54694	45778	1695916
1607	1526	588372	1450431	486753	65026	1219403
341		1863	19281	16529		12546
	13800	6118	26997	1478	5445	10623
5462	5040	626463	1664648	308259	37582	1248924
			4349	85959		90308
47869	33175	237831	2408742	165237	78667	1588402
		16744	16744			
		19466	211786			10854
44468	4338	668333	1877152	250163	18441	1441469
	16168	187831	1815315	242004	64384	1193163
8856	16298	44316	596665	66223	32294	285516
6	1410	25	17136	1065	1129	18340
52990	17375	880620	4161332	522801	108043	2854689
		27444	425171			226516
44468	4338	637190	1830560	306333	14276	1394489
	9793	183953	1510352	140708	82496	1061488
8521	3245	32033	395249	75761	11272	172195
341	20840	19884	144937	36654	8206	83799
335	5333	13762	35790	11868	3586	15469
6	15492	5402	98894	4124	3182	47257
	15	720	10253	20661	1438	21073

7-3 建筑业合同签订及承包工程完成情况

（2021）

单位:万元

指 标	签订的合同额			直接从建设单位承揽工程完成的产值			从建设单位以外承揽工程完成的产值
		上年结转合同额	本年新签合同额		自行完成施工产值	分包出去工程的产值	
总 计	9132452	3015210	6117242	5045152	4923305	121847	58667
一、二级企业	8317703	2816276	5501427	4536222	4416804	119418	50535
按地区分							
市区	8397962	2814006	5583956	4518518	4416759	101759	45438
兴庆区	4765626	1801231	2964395	2364204	2347050	17154	8056
西夏区	585257	181316	403942	326313	325929	384	1400
金凤区	3047079	831459	2215620	1828001	1743780	84221	35983
永宁县	73708	30794	42915	45547	45528	19	
贺兰县	468704	108955	359749	360200	359558	642	13229
灵武市	192078	61456	130622	120888	101461	19427	
按登记注册类型分							
内资企业	9048733	3015210	6033522	4961433	4906562	54871	58667
国有企业	268329	78622	189707	189932	189932		
集体企业	682		682	682	682		
有限责任公司	4236331	1472553	2763778	2289369	2251436	37932	5619
国有独资公司	3479288	1154744	2324544	1827105	1811515	15590	40
其他有限责任公司	757043	317809	439234	462264	439921	22342	5579
股份有限公司	885273	335994	549280	208541	208541		
私营企业	3658117	1128042	2530075	2272909	2255970	16939	53048
私营有限责任公司	3611666	1094427	2517239	2232460	2229046	3414	52102
私营股份有限公司	46451	33615	12836	40449	26925	13525	945
外商投资企业	83719		83719	83719	16744	66975	
中外合资经营企业	83719		83719	83719	16744	66975	

7-3 建筑业合同签订及承包工程完成情况(续表)

（2021）　　单位:万元

指　标	签订的合同额			直接从建设单位承揽工程完成的产值			从建设单位以外承揽工程完成的产值
		上年结转合同额	本年新签合同额		自行完成施工产值	分包出去工程的产值	
按国民经济行业分(2017)							
房屋建筑业	4924080	1445598	3478482	2893905	2893280	625	16750
土木工程建筑业	4083476	1531207	2552269	2081872	1960865	121007	41345
建筑安装业	57017	24950	32067	35454	35454		356
建筑装饰、装修和其他建筑业	67879	13455	54424	33921	33706	215	215
按控股情况分							
国有控股	3762852	1238263	2524589	2026039	2010449	15590	40
集体控股	150099	29065	121034	99477	89255	10222	1053
私人控股	4245675	1410255	2835420	2624131	2595072	29059	57574
外商控股	83719		83719	83719	16744	66975	
其他	890107	337627	552480	211786	211786		
按企业规模分							
大型	4567801	1588325	2979476	2224852	2132232	92620	13525
中型	3403714	1102722	2300992	2112828	2087185	25643	34518
小型	1114038	298907	815132	688103	684568	3535	10614
微型	46898	25257	21642	19368	19320	48	10
按企业资质等级分							
施工总承包	8859320	2952042	5907279	4857295	4736305	120990	55871
特级	973328	134426	838902	425171	425171		
一级	4217296	1751895	2465401	2146642	2133117	13525	18051
二级	2895241	873624	2021617	1808465	1702787	105678	30768
三级及以下	773456	192096	581360	477017	475230	1787	7052
专业承包	273132	63169	209963	187857	187000	857	2796
一级	94643	17572	77071	51244	51244		
二级	137196	38758	98438	104700	104484	215	1716
三级及以下	41293	6839	34454	31914	31272	642	1080

7-4 房屋建筑施工面积及竣工面积

（2021） 单位:平方米

指　标	房屋建筑施工面积	本年新开工面积	房屋建筑竣工面积	住宅房屋	商业及服务用房屋
总　计	**14058738**	**8288352**	**6152444**	**3279062**	**199151**
一、二级企业	13733351	8089505	6094496	3242279	184391
按地区分					
市区	13019587	7672982	5906253	3219110	135365
兴庆区	5509368	3818542	2556464	1720204	30138
西夏区	2067552	1353327	1240859	388615	8112
金凤区	5442667	2501113	2108930	1110291	97115
永宁县	319259	117170	59952	59952	
贺兰县	450935	238471	186239		63786
灵武市	268957	259729			
按登记注册类型分					
内资企业	14058738	8288352	6152444	3279062	199151
国有企业	643810	563810	725943	183567	8112
集体企业					
有限责任公司	8248033	4307924	3681124	2022888	100836
国有独资公司	5470624	2625593	2556617	1392480	73560
其他有限责任公司	2777409	1682331	1124507	630408	27276
股份有限公司	39693	39693	39693		
私营企业	5127202	3376925	1705684	1072607	90203
私营有限责任公司	5040080	3376925	1705684	1072607	90203
私营股份有限公司	87122				
外商投资企业					
中外合资经营企业					

7-4 房屋建筑施工面积及竣工面积(续表 1)

（2021）

单位:平方米

指　标	商厦房屋（批发和零售用房）	宾馆用房屋（住宿用房）	餐饮用房屋（餐饮用房）	商务会展用房屋	其他商业及服务用房屋(居民服务业用房)
总　计	**49087**	**33172**	**2430**	**1000**	**113462**
一、二级企业	35327	33172	2430		113462
按地区分					
市区	49087	17603	2430	1000	65245
兴庆区	5628			1000	23510
西夏区	5682		2430		
金凤区	37777	17603			41735
永宁县					
贺兰县		15569			48217
灵武市					
按登记注册类型分					
内资企业	49087	33172	2430	1000	113462
国有企业	5682		2430		
集体企业					
有限责任公司	24289	17390			59157
国有独资公司	14558	17390			41612
其他有限责任公司	9731				17545
股份有限公司					
私营企业	19116	15782		1000	54305
私营有限责任公司	19116	15782		1000	54305
私营股份有限公司					
外商投资企业					
中外合资经营企业					

7-4 房屋建筑施工面积及竣工面积(续表2)

（2021）　　　　单位:平方米

指　标	房屋建筑施工面积	本年新开工面积	房屋建筑竣工面积	住宅房屋	商业及服务用房屋
按国民经济行业分(2017)					
房屋建筑业	12960378	7882714	5783290	3256852	197570
土木工程建筑业	1098360	405638	368465	22210	1000
建筑安装业					
建筑装饰、装修和其他建筑业			689		581
按控股情况分					
国有控股	6114434	3189403	3282560	1576047	81672
集体控股					
私人控股	7904611	5059256	2830191	1703015	117479
外商控股					
其他	39693	39693	39693		
按企业规模分					
大型	5789469	2634447	3332149	1635390	100836
中型	7882336	5523056	2682110	1558256	82974
小型	354624	98540	138185	85416	15341
微型	32309	32309			
按企业资质等级分					
施工总承包	13776539	8041385	5937141	3141946	198570
特级	1472630	649027	647305	377381	73560
一级	5655428	2939487	3042849	1340024	32266
二级	6323094	4254024	2189039	1387758	77984
三级及以下	325387	198847	57948	36783	14760
专业承包	282199	246967	215303	137116	581
一级					
二级	282199	246967	215303	137116	581
三级及以下					

7-4 房屋建筑施工面积及竣工面积(续表 3)

（2021） 单位:平方米

指 标	商厦房屋（批发和零售用房）	宾馆用房屋（住宿用房）	餐饮用房屋（餐饮用房）	商务会展用房屋	其他商业及服务用房屋(居民服务业用房)
按国民经济行业分(2017)					
房屋建筑业	48842	32959	2430		113339
土木工程建筑业				1000	
建筑安装业					
建筑装饰、装修和其他建筑业	245	213			123
按控股情况分					
国有控股	20240	17390	2430		41612
集体控股					
私人控股	28847	15782		1000	71850
外商控股					
其他					
按企业规模分					
大型	24289	17390			59157
中型	10793	15569	2430		54182
小型	14005	213		1000	123
微型					
按企业资质等级分					
施工总承包	48842	32959	2430	1000	113339
特级	14558	17390			41612
一级	14721				17545
二级	5803	15569	2430		54182
三级及以下	13760			1000	
专业承包	245	213			123
一级					
二级	245	213			123
三级及以下					

7-4 房屋建筑施工面积

（2021）

指 标	办公用房屋	科研、教育、医疗用房屋		
			科学研究用房屋	教育用房屋
总 计	**86307**	**384170**	**15100**	**307921**
一、二级企业	85607	383870	15000	307921
按地区分				
市区	67578	384170	15100	307921
兴庆区	1870	130448	100	112202
西夏区	33827	105479		62476
金凤区	31881	148243	15000	133243
永宁县				
贺兰县	18729			
灵武市				
按登记注册类型分				
内资企业	86307	384170	15100	307921
国有企业	14100			
集体企业				
有限责任公司	56348	233770	15000	157821
国有独资公司	55178	218770		157821
其他有限责任公司	1170	15000	15000	
股份有限公司				
私营企业	15859	150400	100	150100
私营有限责任公司	15859	150400	100	150100
私营股份有限公司				
外商投资企业				
中外合资经营企业				

及竣工面积(续表 4)

单位:平方米

医疗用房屋(卫生医疗用房)	文化、体育、娱乐用房屋	厂房及建筑物	厂房	仓库	其他未列明的房屋建筑物
61149	33379	1449038	1291175	35101	686236
60949	33179	1445833	1288370	34701	684636
61149	33379	1380015	1234030	400	686236
18146	200	648681	608588	400	24523
43003		90677	53398		614149
	33179	640657	572044		47564
		69023	57145	34701	
61149	33379	1449038	1291175	35101	686236
		4771	4771		515393
60949	29992	1083260	1034103		154030
60949	29992	646824	597667		139813
		436436	436436		14217
		39693			
200	3387	321314	252301	35101	16813
200	3387	321314	252301	35101	16813

7-4 房屋建筑施工面积

（2021）

指　标	办公用房屋	科研、教育、医疗用房屋		
			科学研究用房屋	教育用房屋
按国民经济行业分（2017）				
房屋建筑业	84437	380050	15000	304101
土木工程建筑业	1870	4120	100	3820
建筑安装业				
建筑装饰、装修和其他建筑业				
按控股情况分				
国有控股	69278	218770		157821
集体控股				
私人控股	17029	165400	15100	150100
外商控股				
其他				
按企业规模分				
大型	55178	233770	15000	157821
中型	24990	141215		141215
小型	6139	9185	100	8885
微型				
按企业资质等级分				
施工总承包	80987	381441	15100	305192
特级	16722	44062		44062
一级	38456	269891	15000	193942
二级	25109	67188		67188
三级及以下	700	300	100	
专业承包	5320	2729		2729
一级				
二级	5320	2729		2729
三级及以下				

及竣工面积(续表5)

单位:平方米

医疗用房屋(卫生医疗用房)	文化、体育、娱乐用房屋	厂房及建筑物	厂房	仓库	其他未列明的房屋建筑物
60949	33071	1111973	994203	34701	684636
200	200	337065	296972	400	1600
	108				
60949	29992	651595	602438		655206
200	3387	757750	688737	35101	31030
		39693			
60949	29992	1122953	1034103		154030
	2703	310656	245067	34701	526615
200	684	15429	12005	400	5591
61149	32567	1383449	1291175	35101	683080
	29992	81588	81588		24000
60949		1226316	1137466		135896
	2375	72340	69316	34701	521584
200	200	3205	2805	400	1600
	812	65589			3156
	812	65589			3156

7-5 房屋建筑

（2021）

指 标	竣工房屋价值	住宅房屋	商业及服务用房屋
总 计	1306093	547253	31845
一、二级企业	1295512	540891	29468
按地区分			
市区	1266180	538685	19399
兴庆区	586335	290793	2475
西夏区	194397	63309	2902
金凤区	485448	184583	14022
永宁县	8568	8568	
贺兰县	31345		12446
灵武市			
按登记注册类型分			
内资企业	1306093	547253	31845
国有企业	112416	44187	2902
集体企业			
有限责任公司	870392	337204	10828
国有独资公司	640369	247942	10001
其他有限责任公司	230024	89262	827
股份有限公司	10854		
私营企业	312432	165862	18115
私营有限责任公司	312432	165862	18115
私营股份有限公司			
外商投资企业			
中外合资经营企业			

竣工价值

单位:万元

商厦房屋（批发和零售用房）	宾馆用房屋（住宿用房）	餐饮用房屋（餐饮用房）	商务会展用房屋	其他商业及服务用房屋（居民服务业用房）	办公用房屋
11542	**4923**	**426**	**313**	**14642**	**28841**
9478	4923	426		14642	28622
11542	2120	426	313	4998	23900
168			313	1995	519
2476		426			16456
8898	2120			3004	6925
	2802			9644	4941
11542	4923	426	313	14642	28841
2476		426			9431
5598	2099			3131	16081
4911	2099			2991	15781
687				139	300
3468	2824		313	11511	3329
3468	2824		313	11511	3329

7-5 房屋建筑

（2021）

指　标	竣工房屋价值	住宅房屋	商业及服务用房屋
按国民经济行业分(2017)			
房屋建筑业	1164067	542614	31474
土木工程建筑业	141958	4639	313
建筑安装业			
建筑装饰、装修和其他建筑业	69		58
按控股情况分			
国有控股	752784	292130	12903
集体控股			
私人控股	542455	255123	18942
外商控股			
其他	10854		
按企业规模分			
大型	810665	266923	10828
中型	469485	265986	18583
小型	25943	14343	2435
微型			
按企业资质等级分			
施工总承包	1299769	544421	31787
特级	178094	74555	10001
一级	734488	208972	2149
二级	376606	254531	17260
三级及以下	10581	6362	2377
专业承包	6324	2832	58
一级			
二级	6324	2832	58
三级及以下			

竣工价值(续表1)

单位:万元

商厦房屋(批发和零售用房)	宾馆用房屋(住宿用房)	餐饮用房屋(餐饮用房)	商务会展用房屋	其他商业及服务用房屋(居民服务业用房)	办公用房屋
11517	4902	426		14630	28322
			313		519
25	21			12	
7386	2099	426		2991	25212
4155	2824		313	11651	3629
5598	2099			3131	15781
3855	2802	426		11499	11678
2089	21		313	12	1382
11517	4902	426	313	14630	28286
4911	2099			2991	3815
2010				139	11966
2533	2802	426		11499	12287
2064			313		219
25	21			12	554
25	21			12	554

7-5 房屋建筑

（2021）

指 标	科研、教育、医疗用房屋	科学研究用房屋	教育用房屋
总 计	**118794**	**2281**	**96776**
一、二级企业	118700	2250	96776
按地区分			
市区	118794	2281	96776
兴庆区	38174	31	31148
西夏区	29631		16889
金凤区	50989	2250	48739
永宁县			
贺兰县			
灵武市			
按登记注册类型分			
内资企业	118794	2281	96776
国有企业			
集体企业			
有限责任公司	69056	2250	47132
国有独资公司	66806		47132
其他有限责任公司	2250	2250	
股份有限公司			
私营企业	49738	31	49644
私营有限责任公司	49738	31	49644
私营股份有限公司			
外商投资企业			
中外合资经营企业			

竣工价值(续表 2)

单位:万元

医疗用房屋(卫生医疗用房)	文化、体育、娱乐用房屋	厂房及建筑物	厂房	仓库	其他未列明的房屋建筑物
19737	30536	426186	403146	3959	118680
19675	30474	425344	402428	3834	118180
19737	30536	416062	394909	125	118680
6994	63	202625	191646	125	51563
12743		25176	17527		56923
	30474	188261	185736		10194
		10124	8237	3834	
19737	30536	426186	403146	3959	118680
		2048	2048		53848
19675	29856	348383	338846		58986
19675	29856	214850	205313		55133
		133533	133533		3853
		10854			
63	681	64902	62252	3959	5846
63	681	64902	62252	3959	5846

7-5 房屋建筑

（2021）

指　标	科研、教育、医疗用房屋	科学研究用房屋	教育用房屋
按国民经济行业分（2017）			
房屋建筑业	117444	2250	95520
土木工程建筑业	1350	31	1256
建筑安装业			
建筑装饰、装修和其他建筑业			
按控股情况分			
国有控股	66806		47132
集体控股			
私人控股	51988	2281	49644
外商控股			
其他			
按企业规模分			
大型	69056	2250	47132
中型	47314		47314
小型	2424	31	2330
微型			
按企业资质等级分			
施工总承包	117953	2281	95935
特级	15316		15316
一级	83026	2250	61102
二级	19517		19517
三级及以下	94	31	
专业承包	841		841
一级			
二级	841		841
三级及以下			

竣工价值(续表3)

单位:万元

医疗用房屋(卫生医疗用房)	文化、体育、娱乐用房屋	厂房及建筑物	厂房	仓库	其他未列明的房屋建筑物
19675	30463	291736	279674	3834	118180
63	63	134451	123472	125	500
	11				
19675	29856	216897	207361		108981
63	681	198435	195785	3959	9699
		10854			
19675	29856	359237	338846		58986
	545	63260	61442	3834	58286
63	136	3690	2857	125	1409
19737	30468	424369	403146	3959	118527
	29856	40050	40050		4500
19675		370385	349994		57990
	550	13091	12384	3834	55537
63	63	843	718	125	500
	68	1818			153
	68	1818			153

7-6 建筑业企业自有施工机械设备及劳动人员情况

（2021）

指　标	年末自有施工机械设备净值（万元）	年末自有施工机械设备总台数(台)	年末自有施工机械设备总功率（千瓦）	从事建筑业活动的平均人数（人）	期末从业人员数（人）	工程技术人员（人）	现场施工人员（人）
总　计	**36050**	**7472**	**200427**	**127312**	**74909**	**18115**	**33215**
一、二级企业	31849	6898	181365	114662	65952	16082	30944
按地区分							
市区	28664	6307	144033	112977	65912	16771	31924
兴庆区	13814	3635	75498	54246	33460	10085	15606
西夏区	481	444	5734	5636	5081	1101	3842
金凤区	14369	2228	62801	53095	27371	5585	12476
永宁县	13	2	40	894	824	180	
贺兰县	7199	1138	54852	9178	5673	832	134
灵武市	175	25	1502	4263	2500	332	1157
按登记注册类型分							
内资企业	36050	7472	200427	126872	74484	18030	32987
国有企业	3900	310	8256	1877	1193	389	605
集体企业				63	19	8	
有限责任公司	11073	3672	75913	38402	23618	4802	13034
国有独资公司	7519	1609	44008	28783	18124	3435	11682
其他有限责任公司	3554	2063	31905	9619	5494	1367	1352
股份有限公司	2929	80	7600	3500	2500	600	2000
私营企业	18149	3410	108658	83030	47154	12231	17348
私营有限责任公司	18149	3410	108658	82539	46904	12161	17323
私营股份有限公司				491	250	70	25
外商投资企业				440	425	85	228
中外合资经营企业				440	425	85	228

7-6 建筑业企业自有施工机械设备及劳动人员情况(续表)

(2021)

指　标	年末自有施工机械设备净值(万元)	年末自有施工机械设备总台数(台)	年末自有施工机械设备总功率(千瓦)	从事建筑业活动的平均人数(人)	期末从业人员数(人)	工程技术人员(人)	现场施工人员(人)
按国民经济行业分(2017)							
房屋建筑业	16042	4151	103544	81557	47133	11649	20167
土木工程建筑业	19879	3197	96238	43396	26175	6052	12869
建筑安装业	14	39	59	1151	986	266	145
建筑装饰、装修和其他建筑业	115	85	586	1208	615	148	34
按控股情况分							
国有控股	11431	1921	52304	30855	19494	3872	12310
集体控股	2301	1056	10189	1740	1076	327	149
私人控股	19390	4415	130334	90703	51347	13223	18528
外商控股				440	425	85	228
其他	2929	80	7600	3574	2567	608	2000
按企业规模分							
大型	12544	2259	64158	35393	21996	4399	13850
中型	17065	3703	95072	69495	37414	10418	15452
小型	2794	1200	34400	21182	14713	3036	3707
微型	3648	310	6797	1242	786	262	206
按企业资质等级分							
施工总承包	35348	7168	194805	122114	69930	17166	32864
特级	560	16	640	8600	4130	663	3467
一级	17346	2890	83908	42534	29675	9007	16126
二级	13578	3849	95217	59535	28126	5694	11078
三级及以下	3864	413	15040	11445	7999	1802	2193
专业承包	702	304	5622	5198	4979	949	351
一级	61	10	104	1213	887	251	10
二级	303	133	1496	2780	3134	467	263
三级及以下	338	161	4022	1205	958	231	78

7-7 建筑业企业财务状况

（2021） 单位：万元

指　标	年初存货	资产总计	流动资产合计	应收账款	应收工程款	存货
总　计	796882	5770869	5106908	2240924	1889311	718671
一、二级企业	729225	5300095	4694781	2050473	1752594	646695
按地区分						
市区	680301	4886730	4304361	1869551	1538161	566969
兴庆区	284874	2467559	2248035	922763	696067	278202
西夏区	15059	350993	336399	190973	186125	9908
金凤区	380369	2068177	1719927	755816	655969	278859
永宁县	11305	205633	201531	110220	109470	32042
贺兰县	66899	440665	395264	209752	199798	65610
灵武市	38378	237842	205752	51401	41883	54051
按登记注册类型分						
内资企业	794072	5592624	4940034	2129363	1777749	716220
国有企业	49901	229196	208097	120889	116691	44471
集体企业	4897	21121	15028	8792	8792	3965
有限责任公司	240519	2418392	2226316	814977	672405	281643
国有独资公司	57101	1499919	1364310	478324	413066	54467
其他有限责任公司	183418	918473	862006	336652	259339	227176
股份有限公司	79846	249825	187821	62204	62204	967
私营企业	418908	2674090	2302772	1122501	917657	385174
私营有限责任公司	379025	2407817	2160632	1098780	893936	384967
私营股份有限公司	39883	266273	142140	23721	23721	207
外商投资企业	2811	178245	166874	111562	111562	2450
中外合资经营企业	2811	178245	166874	111562	111562	2450

7-7 建筑业企业财务状况(续表1)

（2021）　　单位：万元

指　标	固定资产减值准备	固定资产原价	房屋和购筑物	机器设备
总　计	**2259**	**510427**	**155442**	**154686**
一、二级企业	1559	461478	148650	133965
按地区分				
市区	1723	435763	144710	140063
兴庆区	1275	202553	61016	74507
西夏区	102	10861	3745	3904
金凤区	346	222349	79950	61651
永宁县		7440	4869	1232
贺兰县	535	56372	4733	13000
灵武市		10853	1130	392
按登记注册类型分				
内资企业	2259	472672	155442	154686
国有企业		37400	19959	16094
集体企业		908		
有限责任公司	737	172935	49551	52362
国有独资公司	737	105313	31955	27313
其他有限责任公司	0	67622	17596	25049
股份有限公司		16610	8373	5873
私营企业	1521	244819	77559	80358
私营有限责任公司	1521	205814	41139	78979
私营股份有限公司		39005	36420	1378
外商投资企业		37755		
中外合资经营企业		37755		

7-7 建筑业企业财务状况(续表2)

（2021）　　单位:万元

指　标	年初存货	资产总计	流动资产合计	应收账款	应收工程款	存货
按国民经济行业分(2017)						
房屋建筑业	416148	3091665	2859482	1426237	1185111	440066
土木工程建筑业	367531	2549805	2131012	765697	666305	263420
建筑安装业	10238	72292	63907	32642	25299	6615
建筑装饰、装修和其他建筑业	2966	57107	52508	16348	12596	8570
按控股情况分						
国有控股	107587	1738891	1581350	603608	534152	98942
集体控股	21852	121872	101201	43345	43345	13654
私人控股	584764	3479931	3067682	1418586	1138048	602635
外商控股	2811	178245	166874	111562	111562	2450
其他	79869	251930	189802	63823	62204	989
按企业规模分						
大型	264527	2395120	2040659	700350	595891	137204
中型	360623	2272651	2089236	1106541	957238	386579
小型	136729	1002308	888266	405024	319893	154771
微型	35004	100790	88748	29009	16289	40118
按企业资质等级分						
施工总承包	761230	5447438	4848252	2112792	1786376	683603
特级	15662	230397	188726	63123	63123	7383
一级	318950	2378225	2049650	817494	659089	171945
二级	362357	2435904	2252985	1070075	951267	435088
三级及以下	64262	402912	356890	162099	112897	69186
专业承包	35652	323431	258657	128133	102935	35068
一级	8132	89114	79695	38669	32556	9176
二级	24125	166455	123724	61111	46559	23103
三级及以下	3396	67862	55237	28352	23820	2790

7-7 建筑业企业财务状况(续表3)

(2021) 单位:万元

指　标	固定资产减值准备	固定资产原价	房屋和购筑物	机器设备
按国民经济行业分(2017)				
房屋建筑业	1392	199260	40555	63731
土木工程建筑业	866	296469	113241	87201
建筑安装业		9558	1117	2543
建筑装饰、装修和其他建筑业		5140	529	1211
按控股情况分				
国有控股	737	144428	52479	43656
集体控股	0	17825	4717	9420
私人控股	1521	293669	89874	95654
外商控股		37755		
其他		16750	8373	5956
按企业规模分				
大型	686	214854	79646	36951
中型	1174	160768	50171	61709
小型	398	122523	24406	48311
微型		12283	1219	7716
按企业资质等级分				
施工总承包	2208	445483	140386	129794
特级		2002	1	771
一级	686	228302	102929	54704
二级	822	180030	32037	59410
三级及以下	700	35150	5419	14908
专业承包	51	64944	15056	24892
一级		6969	695	2773
二级	51	44176	12988	16306
三级及以下		13799	1373	5813

7-7　建筑业企业财务状况(续表 4)

（2021）　　单位:万元

指　标	累计折旧	本年折旧	在建工程	无形资产	土地使用权
总　计	**252508**	**34602**	**28444**	**32186**	**19101**
一、二级企业	228626	28353	16083	30537	19101
按地区分					
市区	214919	30427	19513	25330	16247
兴庆区	107034	16907	1430	15286	9328
西夏区	7263	675		2364	806
金凤区	100621	12845	18083	7679	6113
永宁县	4230	496		314	308
贺兰县	27359	3180	138	6094	2545
灵武市	6001	499	8793	449	
按登记注册类型分					
内资企业	224772	34602	28444	31835	19101
国有企业	18389	2323		649	535
集体企业	406	37		325	
有限责任公司	94522	8316	7765	13713	12912
国有独资公司	55280	5498	2801	13002	12603
其他有限责任公司	39242	2819	4963	711	308
股份有限公司	4957	1967	53	266	
私营企业	106499	21959	20626	16882	5654
私营有限责任公司	95967	20298	20626	14841	3638
私营股份有限公司	10532	1661		2041	2016
外商投资企业	27736			351	
中外合资经营企业	27736			351	

7-7 建筑业企业财务状况(续表5)

(2021) 单位:万元

指 标	负债合计	流动负债合计	应付账款	非流动负债合计	所有者权益合计	实收资本	个人资本
总 计	4089968	3994800	2076699	80128	1680901	1139840	325111
一、二级企业	3803577	3719801	1947144	78032	1496518	988384	264406
按地区分							
市区	3424866	3339448	1859975	70955	1461864	1014715	291050
兴庆区	1858962	1803217	1064590	43049	608598	474456	131518
西夏区	285354	279990	137867	5365	65639	42457	8862
金凤区	1280550	1256241	657517	22542	787628	497803	150670
永宁县	164340	159295	2491	5045	41293	17655	1979
贺兰县	337558	333512	158576	3469	103107	71960	19120
灵武市	163205	162545	55657	660	74637	35510	12962
按登记注册类型分							
内资企业	3971403	3876235	2045129	80128	1621221	1109840	325111
国有企业	150918	150918	31742		78278	32960	
集体企业	15411	15411	4949		5710	2503	
有限责任公司	1979430	1936349	1047422	43081	438962	317871	37385
国有独资公司	1289029	1251942	769412	37087	210890	158107	
其他有限责任公司	690401	684407	278010	5994	228072	159764	37385
股份有限公司	182152	174792	94944	7360	67673	30030	6925
私营企业	1643492	1598765	866072	29688	1030598	726475	280801
私营有限责任公司	1578857	1534130	835060	29688	828960	690752	278301
私营股份有限公司	64635	64635	31012		201638	35723	2500
外商投资企业	118565	118565	31570		59680	30000	
中外合资经营企业	118565	118565	31570		59680	30000	

7-7 建筑业企业财务状况(续表6)

（2021）　　单位:万元

指　标	累计折旧	本年折旧	在建工程	无形资产	土地使用权
按国民经济行业分(2017)					
房屋建筑业	99776	17322	27458	10386	5206
土木工程建筑业	145262	16423	531	21088	13450
建筑安装业	5065	569	193	142	
建筑装饰、装修和其他建筑业	2405	288	263	571	445
按控股情况分					
国有控股	74598	7851	2801	13651	13138
集体控股	7554	1035	433	632	
私人控股	137644	23750	25156	17282	5963
外商控股	27736			351	
其他	4977	1969	53	269	
按企业规模分					
大型	101398	9623	4489	16995	15958
中型	82226	9921	20028	5447	1425
小型	62639	13553	3840	9742	1718
微型	6246	1506	87	2	
按企业资质等级分					
施工总承包	224195	27228	25433	29850	17530
特级	575	197		32	
一级	101437	12619	5112	17244	16493
二级	105427	10872	7961	11144	1038
三级及以下	16756	3541	12360	1430	
专业承包	28313	7374	3011	2337	1571
一级	4215	388	91	172	
二级	16971	4277	2920	1946	1571
三级及以下	7126	2709		219	

7-7 建筑业企业财务状况(续表7)

（2021）　　单位:万元

指　标	负债合计	流动负债合计	应付账款	非流动负债合计	所有者权益合计	实收资本	个人资本
按国民经济行业分(2017)							
房屋建筑业	2349054	2297360	1188880	43691	742612	563488	150946
土木工程建筑业	1657797	1616113	855989	36409	892008	541757	160331
建筑安装业	41886	40112	22158	29	30406	19743	7698
建筑装饰、装修和其他建筑业	41231	41214	9673		15876	14852	6136
按控股情况分							
国有控股	1447562	1410475	806231	37087	291329	192183	200
集体控股	96029	95118	42307	911	25843	16203	
私人控股	2244068	2194296	1100272	34733	1235863	870684	317986
外商控股	118565	118565	31570		59680	30000	
其他	183744	176346	96230	7398	68186	30770	6925
按企业规模分							
大型	1808629	1762342	1018502	46287	586491	285100	6925
中型	1612599	1585738	754630	22355	660052	495177	180324
小型	613104	593238	278748	11486	389204	313193	103298
微型	55635	53482	24819		45155	46370	34564
按企业资质等级分							
施工总承包	3897264	3811608	1997845	75966	1550174	1051351	288537
特级	189688	184456	99659	5232	40710	32718	
一级	1773481	1723326	1057504	50155	604744	326865	53213
二级	1692502	1667118	727675	19656	743402	561501	183047
三级及以下	241593	236708	113007	923	161318	130266	52276
专业承包	192704	183192	78855	4163	130727	88489	36574
一级	52822	52793	24044	29	36292	24073	15407
二级	95085	92108	38262	2960	71370	43227	12739
三级及以下	44797	38291	16549	1174	23065	21189	8429

7-7 建筑业企业财务状况(续表 8)

(2021)

单位:万元

指　标	营业收入	主营业务收入	营业成本	主营业务成本	税金及附加	主营业务税金及附加	其他业务利润
总　计	**5579163**	**5554053**	**5197570**	**5179967**	**24425**	**23804**	**7018**
一、二级企业	5016881	4994503	4677674	4660984	21398	20794	6041
按地区分							
市区	4955941	4933518	4614444	4597713	21704	21084	6841
兴庆区	2636011	2630836	2493940	2489107	11200	10878	2352
西夏区	339291	339275	316035	315998	1752	1735	-1
金凤区	1980638	1963407	1804469	1792609	8753	8470	4490
永宁县	46531	45923	42418	42127	356	356	15
贺兰县	393768	391931	370232	370007	1847	1847	163
灵武市	182923	182681	170476	170119	518	518	
按登记注册类型分							
内资企业	5494654	5470334	5142810	5125207	23984	23363	6592
国有企业	188301	187096	166548	166169	1430	1430	865
集体企业	3927	3927	3476	3476	35	35	
有限责任公司	2527727	2521341	2372249	2366914	8808	8511	1187
国有独资公司	1899112	1894337	1783658	1780498	6331	6118	998
其他有限责任公司	628615	627004	588592	586416	2477	2393	190
股份有限公司	201107	201107	172303	172303	913	913	
私营企业	2573592	2556862	2428233	2416345	12798	12474	4540
私营有限责任公司	2504080	2488646	2369899	2358058	12106	11782	3255
私营股份有限公司	69512	68216	58334	58287	692	692	1285
外商投资企业	84509	83719	54760	54760	441	441	427
中外合资经营企业	84509	83719	54760	54760	441	441	427

7-7 建筑业企业财务状况(续表9)

（2021） 单位:万元

指 标	营业收入	主营业务收入	营业成本	主营业务成本	税金及附加	主营业务税金及附加	其他业务利润
按国民经济行业分(2017)							
房屋建筑业	3067751	3054494	2898346	2887378	13965	13645	1479
土木工程建筑业	2407657	2396188	2208423	2201918	10018	9717	5358
建筑安装业	62843	62524	54924	54842	297	297	99
建筑装饰、装修和其他建筑业	40912	40848	35877	35829	145	145	83
按控股情况分							
国有控股	2100303	2094316	1962230	1958691	8009	7796	1866
集体控股	126872	126114	119730	118006	530	446	163
私人控股	3063158	3045583	2887043	2874702	14526	14202	4563
外商控股	84509	83719	54760	54760	441	441	427
其他	204322	204322	173807	173807	921	921	
按企业规模分							
大型	2447407	2440120	2245844	2243851	8661	8465	3048
中型	2267460	2261725	2158866	2154821	11025	10819	2182
小型	836411	824431	768564	757084	4587	4372	1856
微型	27885	27778	24296	24211	152	149	-68
按企业资质等级分							
施工总承包	5340396	5315927	4984547	4967154	23272	22652	6645
特级	362642	362642	322455	322455	1174	1174	
一级	2338852	2330853	2194010	2191453	9599	9403	3559
二级	2127902	2114164	1993253	1979329	9710	9302	2109
三级及以下	511000	508268	474830	473917	2790	2774	978
专业承包	238768	238126	213023	212813	1153	1153	373
一级	65536	65354	57531	57496	307	307	4
二级	121949	121490	110426	110251	609	609	370
三级及以下	51283	51282	45066	45066	237	237	

7-7　建筑业企业财务状况(续表10)

(2021)　　　　单位:万元

指　标	销售费用	管理费用	研发费用	财务费用			资产减值损失	公允价值变动收益	投资收益	其他收益
					利息收入	利息支出				
总　计	7215	186171	39175	17715	1245	15647	23051		13222	1063
一、二级企业	5658	158524	38375	16665	1232	15164	22874		13196	857
按地区分										
市区	6971	156740	29582	17192	3124	13482	24612		13006	1026
兴庆区	3557	73672	22951	10604	1009	8908	2076		-1241	374
西夏区	18	7306	849	724	78	409	-416		-8	8
金凤区	3396	75762	5782	5864	2037	4164	22952		14255	644
永宁县	37	1378		28	-1	3				
贺兰县	181	16109	4149	2136	109	2145	-1463		36	1
灵武市	27	11945	5445	-1640	-1987	17	-98		180	36
按登记注册类型分										
内资企业	7215	180256	39175	17112	1245	15647	23056		13222	1063
国有企业	20	6373		253	35		205			8
集体企业		405		38						
有限责任公司	396	61401	32896	6048	-1015	7340	18608		-1355	539
国有独资公司	105	32939	26696	7421	815	7147	18933		-1558	496
其他有限责任公司	291	28462	6200	-1374	-1830	193	-325		203	43
股份有限公司	2406	6042	2141	3401	390	3434	2500			30
私营企业	4393	106035	4138	7374	1836	4873	1744		14577	486
私营有限责任公司	4366	101156	3504	8198	144	4134	959		146	192
私营股份有限公司	27	4878	634	-824	1693	739	784		14431	294
外商投资企业		5915		603			-5			
中外合资经营企业		5915		603			-5			

7-7 建筑业企业财务状况(续表11)

（2021）

单位:万元

指标	销售费用	管理费用	研发费用	财务费用			资产减值损失	公允价值变动收益	投资收益	其他收益
					利息收入	利息支出				
按国民经济行业分(2017)										
房屋建筑业	1185	80649	6855	9650	443	6153	19428		-205	362
土木工程建筑业	5519	94872	31303	7226	813	8911	3669		13427	701
建筑安装业	311	7001	607	350	-13	159				
建筑装饰、装修和其他建筑业	200	3649	410	489	2	423	-46			0
按控股情况分										
国有控股	125	40299	27105	7740	850	7203	19129		-1555	504
集体控股		6264		-4	11		-317		20	43
私人控股	4684	127519	9929	5975	-5	5010	1744		14757	486
外商控股		5915		603			-5			
其他	2406	6174	2141	3401	390	3434	2500			30
按企业规模分										
大型	2416	61560	35006	8396	984	11103	22826		12862	497
中型	3045	64195	2885	6362	25	3411	-324		138	535
小型	1736	54401	1284	2861	222	1118	514		225	31
微型	18	6015		96	14	14	35		-3	
按企业资质等级分										
施工总承包	6321	163541	38252	16509	1174	14905	22769		13061	1035
特级		1344	1818	1454	106	1467	20965		-400	123
一级	2416	57149	27744	10372	2897	10504	1867		13081	380
二级	2658	82315	7988	3857	-1788	2501	-240		353	326
三级及以下	1247	22733	702	827	-42	434	178		26	206
专业承包	894	22630	923	1207	71	742	282		161	28
一级	399	5491	410	240	2	165	-46			0
二级	185	12224	416	744	15	528	329		161	28
三级及以下	309	4915	97	223	55	50				

7-7 建筑业企业财务状况(续表 12)

(2021)　　单位:万元

指　标	营业利润	营业外收入	营业外支出	利润总额	所得税费用	应付职工薪酬(本年贷方累计发生额)	应交增值税(本期累计发生额)	在境外完成的营业收入	亏损企业数(个)
总　计	**116165**	**6924**	**9984**	**113105**	**29418**	**375979**	**118432**	**11233**	**118**
一、二级企业	107531	5994	8365	105160	28425	339049	100498	11233	74
按地区分									
市区	110475	5834	8156	108152	27839	325593	110540	11233	100
兴庆区	22598	3369	3582	22385	7084	191282	49501	10457	39
西夏区	12663	21	130	12554	3058	25412	10814		3
金凤区	75214	2444	4444	73214	17697	108899	50225	782	58
永宁县	2320	93	62	2350	16	7236	1329		2
贺兰县	1391	668	1033	1026	1058	31450	3845		12
灵武市	1979	329	732	1576	505	11701	2718		4
按登记注册类型分									
内资企业	93732	6880	9855	90757	26005	368128	116143	11233	118
国有企业	13567	132	162	13537	3463	30296	7704		
集体企业	-27	2	3	-28		313	110		1
有限责任公司	36658	2965	3422	36201	13814	120279	32158	5451	9
国有独资公司	25569	1583	1487	25665	10790	81355	24039	5451	1
其他有限责任公司	11090	1381	1935	10536	3024	38923	8119		8
股份有限公司	14248		116	14133	2120	13211	3318	5000	
私营企业	29286	3781	6153	26914	6608	204030	72854	782	108
私营有限责任公司	9579	3706	6059	7227	4902	201458	70568	782	108
私营股份有限公司	19706	74	94	19687	1706	2572	2286		
外商投资企业	22432	44	128	22348	3413	7851	2289		
中外合资经营企业	22432	44	128	22348	3413	7851	2289		

7-7 建筑业企业财务状况(续表13)

（2021）　　　　单位:万元

指　标	营业利润	营业外收入	营业外支出	利润总额	所得税费用	应付职工薪酬(本年贷方累计发生额)	应交增值税(本期累计发生额)	在境外完成的营业收入	亏损企业数(个)
按国民经济行业分(2017)									
房屋建筑业	44234	2252	4623	41864	16830	214191	68165	782	59
土木工程建筑业	71807	3920	5102	70625	12399	151061	46928	10451	40
建筑安装业	-228	613	124	261	127	7012	1553		10
建筑装饰、装修和其他建筑业	351	139	135	355	62	3716	1785		9
按控股情况分									
国有控股	38920	1720	1657	38983	14296	113187	32387	5451	2
集体控股	2464	657	950	2171	1129	13044	2478		2
私人控股	37904	4503	7133	35273	8459	228284	77772	782	114
外商控股	22432	44	128	22348	3413	7851	2289		
其他	14444	1	116	14329	2121	13613	3506	5000	
按企业规模分									
大型	84920	1588	1752	84756	18639	109709	32588	10451	
中型	27726	2755	5452	25029	9232	187837	57049	782	15
小型	6082	2540	2717	5905	1532	73409	28349		74
微型	-2563	40	62	-2586	15	5025	445		29
按企业资质等级分									
施工总承包	116048	4928	9110	111866	28769	354248	108968	11233	88
特级	15774	6	91	15689	8473	11473	5521		
一级	50395	2423	1601	51217	7604	156996	38701	10451	
二级	41691	2052	6118	37625	11819	155637	47498	782	51
三级及以下	8188	447	1300	7336	873	30142	17248		37
专业承包	117	1996	873	1239	649	21731	9464		30
一级	1205	444	144	1506	215	6017	2547		1
二级	-1534	1069	411	-876	314	8925	6231		22
三级及以下	446	482	319	609	119	6788	686		7

7-8 建筑业

（2021）

指　标	企业数（个）	有工作量的企业数	建筑业总产值	装配式建筑工程产值
总　计	406	341	4462197	49957
一、二级企业	263	223	4021287	44810
按地区分				
兴庆区	193	159	2355105	7363
西夏区	17	15	327329	3541
金凤区	196	167	1779763	39053
按登记注册类型分				
内资企业	405	340	4445453	49957
国有企业	7	6	189932	
有限责任公司	49	41	1886807	44468
国有独资公司	17	15	1544637	5462
其他有限责任公司	32	26	342170	39006
股份有限公司	2	1	208541	
私营企业	347	292	2160174	5489
私营有限责任公司	344	289	2132304	5489
私营股份有限公司	3	3	27870	
外商投资企业	1	1	16744	
中外合资经营企业	1	1	16744	

总产值(市区)

单位:万元

装饰装修产值	在外省完成的产值	建筑工程产值	安装工程产值	其他产值	竣工产值
37348	781156	3874267	492978	94953	2712262
34089	749926	3536616	401321	83350	2550396
22093	629880	2001154	324428	29524	1322926
702	36706	302014	3803	21511	267604
14554	114570	1571098	164747	43918	1121732
37348	764412	3857523	492978	94953	2712262
702	11324	92459	81601	15872	214478
4509	555857	1587392	291202	8213	1347566
4338	502474	1332418	204006	8213	975301
171	53383	254973	87197		372265
	19353	208541			10854
32137	177878	1969131	120175	70868	1139364
32137	170863	1941261	120175	70868	984721
	7016	27870			154643
	16744	16744			
	16744	16744			

7-8 建筑业

（2021）

指　标	企业数（个）	有工作量的企业数	建筑业总产值	装配式建筑工程产值
按国民经济行业分(2017)				
房屋建筑业	191	165	2492842	48009
土木工程建筑业	140	126	1899624	1607
建筑安装业	40	29	35811	341
建筑装饰、装修和其他建筑业	35	21	33921	
按控股情况分				
国有控股	26	22	1739631	5462
集体控股	3	3	79698	
私人控股	374	313	2415972	44495
外商控股	1	1	16744	
其他	2	2	210152	
按企业规模分				
大型	12	12	1860169	44468
中型	85	83	1962967	
小型	225	204	620140	5482
微型	84	42	18922	6
按企业资质等级分				
施工总承包	290	256	4281523	49616
特级	1	1	425171	
一级	23	21	1894605	44468
二级	148	134	1544173	
三级及以下	118	100	417573	5147
专业承包	116	85	180675	341
一级	15	14	51244	335
二级	76	53	106093	6
三级及以下	25	18	23338	

总产值(市区)(续表)

单位:万元

装饰装修产值	在外省完成的产值	建筑工程产值	安装工程产值	其他产值	竣工产值
22023	186993	2438451	23393	30999	1605722
1526	586183	1389537	451578	58509	1083372
	1863	19281	16529		12546
13800	6118	26997	1478	5445	10623
5040	514065	1429940	285606	24085	1192574
		1185	78513		79698
32309	230881	2216246	128858	70868	1429136
	16744	16744			
	19466	210152			10854
4338	555490	1656273	203896		1306509
15302	183759	1671917	226666	64384	1135376
16298	41883	529242	61459	29439	252139
1410	25	16835	957	1129	18239
16509	761272	3734016	460118	87389	2636155
	27444	425171			226516
4338	524792	1609681	283680	1244	1343558
8926	178526	1367080	101755	75338	917597
3245	30510	332084	74683	10806	148485
20840	19884	140251	32859	7564	76107
5333	13762	35790	11868	3586	15469
15492	5402	98894	4017	3182	47257
15	720	5567	16974	797	13381

7-9 建筑业合同签订及承包工程完成情况(市区)

（2021） 单位:万元

指　标	签订的合同额	上年结转合同额	本年新签合同额	直接从建设单位承揽工程完成的产值	自行完成施工产值	分包出去工程的产值	从建设单位以外承揽工程完成的产值
总　计	**8397962**	**2814006**	**5583956**	**4518518**	**4416759**	**101759**	**45438**
一、二级企业	7688592	2641063	5047529	4081870	3981879	99991	39407
按地区分							
兴庆区	4765626	1801231	2964395	2364204	2347050	17154	8056
西夏区	585257	181316	403942	326313	325929	384	1400
金凤区	3047079	831459	2215620	1828001	1743780	84221	35983
按登记注册类型分							
内资企业	8314243	2814006	5500237	4434799	4400015	34784	45438
国有企业	268329	78622	189707	189932	189932		
有限责任公司	3747467	1344963	2402504	1899693	1881188	18506	5619
国有独资公司	3197256	1124124	2073132	1560187	1544597	15590	40
其他有限责任公司	550212	220840	329372	339506	336591	2916	5579
股份有限公司	885273	335994	549280	208541	208541		
私营企业	3413173	1054427	2358746	2136633	2120355	16278	39819
私营有限责任公司	3366723	1020813	2345910	2096183	2093430	2753	38874
私营股份有限公司	46451	33615	12836	40449	26925	13525	945
外商投资企业	83719		83719	83719	16744	66975	
中外合资经营企业	83719		83719	83719	16744	66975	

7-9 建筑业合同签订及承包工程完成情况(市区)(续表)

（2021）

单位:万元

指　标	签订的合同额	上年结转合同额	本年新签合同额	直接从建设单位承揽工程完成的产值	自行完成施工产值	分包出去工程的产值	从建设单位以外承揽工程完成的产值
按国民经济行业分(2017)							
房屋建筑业	4397180	1323731	3073448	2478638	2478013	625	14829
土木工程建筑业	3875887	1451870	2424017	1970505	1869586	100919	30037
建筑安装业	57017	24950	32067	35454	35454		356
建筑装饰、装修和其他建筑业	67879	13455	54424	33921	33706	215	215
按控股情况分							
国有控股	3476297	1207364	2268933	1755181	1739591	15590	40
集体控股	118916	17755	101161	81561	78645	2916	1053
私人控股	3830557	1252180	2578377	2387905	2371627	16278	44345
外商控股	83719		83719	83719	16744	66975	
其他	888473	336707	551766	210152	210152		
按企业规模分							
大型	4228240	1521488	2706752	1927145	1846645	80500	13525
中型	3141182	1014363	2126819	1957913	1939577	18337	23390
小型	995288	266336	728953	614500	611626	2874	8514
微型	33253	11820	21433	18960	18912	48	10
按企业资质等级分							
施工总承包	8136915	2752565	5384350	4340244	4238700	101544	42822
特级	973328	134426	838902	425171	425171		
一级	3950285	1724028	2226258	1890079	1876555	13525	18051
二级	2533248	726279	1806969	1610784	1524533	86251	19640
三级及以下	680054	167832	512222	414210	412442	1768	5131
专业承包	261048	61441	199606	178274	178059	215	2616
一级	94643	17572	77071	51244	51244		
二级	137088	38758	98330	104592	104377	215	1716
三级及以下	29317	5111	24205	22438	22438		900

7-10 房屋建筑施工面积

（2021）

指 标	房屋建筑施工面积	本年新开工面积	房屋建筑竣工面积	住宅房屋
总 计	**13019587**	**7672982**	**5906253**	**3219110**
一、二级企业	12862987	7634004	5848305	3182327
按地区分				
兴庆区	5509368	3818542	2556464	1720204
西夏区	2067552	1353327	1240859	388615
金凤区	5442667	2501113	2108930	1110291
按登记注册类型分				
内资企业	13019587	7672982	5906253	3219110
国有企业	643810	563810	725943	183567
有限责任公司	7637235	3978287	3567143	1962936
国有独资公司	5391552	2625593	2502588	1392480
其他有限责任公司	2245683	1352694	1064555	570456
股份有限公司	39693	39693	39693	
私营企业	4698849	3091192	1573474	1072607
私营有限责任公司	4611727	3091192	1573474	1072607
私营股份有限公司	87122			
外商投资企业				
中外合资经营企业				

及竣工面积(市区)

单位:平方米

商业及服务用房屋	商厦房屋(批发和零售用房)	宾馆用房屋(住宿用房)	餐饮用房屋(餐饮用房)	商务会展用房屋	其他商业及服务用房屋(居民服务业用房)
135365	49087	17603	2430	1000	65245
120605	35327	17603	2430		65245
30138	5628			1000	23510
8112	5682		2430		
97115	37777	17603			41735
135365	49087	17603	2430	1000	65245
8112	5682		2430		
100836	24289	17390			59157
73560	14558	17390			41612
27276	9731				17545
26417	19116	213		1000	6088
26417	19116	213		1000	6088

7-10 房屋建筑施工面积

（2021）

指标	房屋建筑施工面积	本年新开工面积	房屋建筑竣工面积	住宅房屋
按国民经济行业分(2017)				
房屋建筑业	12013828	7300945	5559309	3219110
土木工程建筑业	1005759	372037	346255	
建筑安装业				
建筑装饰、装修和其他建筑业			689	
按控股情况分				
国有控股	6035362	3189403	3228531	1576047
集体控股				
私人控股	6944532	4443886	2638029	1643063
外商控股				
其他	39693	39693	39693	
按企业规模分				
大型	5710397	2634447	3278120	1635390
中型	6980880	4965999	2489948	1498304
小型	328310	72536	138185	85416
微型				
按企业资质等级分				
施工总承包	12737388	7426015	5690950	3081994
特级	1472630	649027	647305	377381
一级	5576356	2939487	2988820	1340024
二级	5531802	3798523	1996877	1327806
三级及以下	156600	38978	57948	36783
专业承包	282199	246967	215303	137116
一级				
二级	282199	246967	215303	137116
三级及以下				

及竣工面积(市区)(续表 1)

单位:平方米

商业及服务用房屋	商厦房屋(批发和零售用房)	宾馆用房屋(住宿用房)	餐饮用房屋(餐饮用房)	商务会展用房屋	其他商业及服务用房屋(居民服务业用房)
133784	48842	17390	2430		65122
1000				1000	
581	245	213			123
81672	20240	17390	2430		41612
53693	28847	213		1000	23633
100836	24289	17390			59157
19188	10793		2430		5965
15341	14005	213		1000	123
134784	48842	17390	2430	1000	65122
73560	14558	17390			41612
32266	14721				17545
14198	5803		2430		5965
14760	13760			1000	
581	245	213			123
581	245	213			123

7-10 房屋建筑施工面积

（2021）

指标	办公用房屋	科研、教育、医疗用房屋		
			科学研究用房屋	教育用房屋
总计	67578	384170	15100	307921
一、二级企业	66878	383870	15000	307921
按地区分				
兴庆区	1870	130448	100	112202
西夏区	33827	105479		62476
金凤区	31881	148243	15000	133243
按登记注册类型分				
内资企业	67578	384170	15100	307921
国有企业	14100			
有限责任公司	37619	233770	15000	157821
国有独资公司	36449	218770		157821
其他有限责任公司	1170	15000	15000	
股份有限公司				
私营企业	15859	150400	100	150100
私营有限责任公司	15859	150400	100	150100
私营股份有限公司				
外商投资企业				
中外合资经营企业				

及竣工面积(市区)(续表2)

单位:平方米

医疗用房屋（卫生医疗用房）	文化、体育、娱乐用房屋	厂房及建筑物	厂房	仓库	其他未列明的房屋建筑物
61149	**33379**	**1380015**	**1234030**	**400**	**686236**
60949	33179	1376810	1231225		684636
18146	200	648681	608588	400	24523
43003		90677	53398		614149
	33179	640657	572044		47564
61149	33379	1380015	1234030	400	686236
		4771	4771		515393
60949	29992	1047960	1010681		154030
60949	29992	611524	574245		139813
		436436	436436		14217
		39693			
200	3387	287591	218578	400	16813
200	3387	287591	218578	400	16813

7-10 房屋建筑施工面积

（2021）

指　标	办公用房屋	科研、教育、医疗用房屋	科学研究用房屋	教育用房屋
按国民经济行业分(2017)				
房屋建筑业	65708	380050	15000	304101
土木工程建筑业	1870	4120	100	3820
建筑安装业				
建筑装饰、装修和其他建筑业				
按控股情况分				
国有控股	50549	218770		157821
集体控股				
私人控股	17029	165400	15100	150100
外商控股				
其他				
按企业规模分				
大型	36449	233770	15000	157821
中型	24990	141215		141215
小型	6139	9185	100	8885
微型				
按企业资质等级分				
施工总承包	62258	381441	15100	305192
特级	16722	44062		44062
一级	19727	269891	15000	193942
二级	25109	67188		67188
三级及以下	700	300	100	
专业承包	5320	2729		2729
一级				
二级	5320	2729		2729
三级及以下				

及竣工面积(市区)(续表3)

单位:平方米

医疗用房屋（卫生医疗用房）	文化、体育、娱乐用房屋	厂房及建筑物	厂房	仓库	其他未列明的房屋建筑物
60949	33071	1042950	937058		684636
200	200	337065	296972	400	1600
	108				
60949	29992	616295	579016		655206
200	3387	724027	655014	400	31030
		39693			
60949	29992	1087653	1010681		154030
	2703	276933	211344		526615
200	684	15429	12005	400	5591
61149	32567	1314426	1234030	400	683080
	29992	81588	81588		24000
60949		1191016	1114044		135896
	2375	38617	35593		521584
200	200	3205	2805	400	1600
	812	65589			3156
	812	65589			3156

7-11 房屋建筑竣工价值(市区)

(2021) 单位:万元

指　标	竣工房屋价值	住宅房屋	商业及服务用房屋	商厦房屋(批发和零售用房)	宾馆用房屋(住宿用房)	餐饮用房屋(餐饮用房)	商务会展用房屋	其他商业及服务用房屋(居民服务业用房)	办公用房屋
总　计	**1266180**	**538685**	**19399**	**11542**	**2120**	**426**	**313**	**4998**	**23900**
一、二级企业	1255599	532322	17022	9478	2120	426		4998	23681
按地区分									
兴庆区	586335	290793	2475	168			313	1995	519
西夏区	194397	63309	2902	2476		426			16456
金凤区	485448	184583	14022	8898	2120			3004	6925
按登记注册类型分									
内资企业	1266180	538685	19399	11542	2120	426	313	4998	23900
国有企业	112416	44187	2902	2476		426			9431
有限责任公司	851190	328636	10828	5598	2099			3131	11140
国有独资公司	629735	247942	10001	4911	2099			2991	10840
其他有限责任公司	221455	80693	827	687				139	300
股份有限公司	10854								
私营企业	291721	165862	5670	3468	21		313	1868	3329
私营有限责任公司	291721	165862	5670	3468	21		313	1868	3329
私营股份有限公司									
外商投资企业									
中外合资经营企业									

7-11 房屋建筑竣工价值(市区)(续表1)

(2021) 单位:万元

指标	竣工房屋价值	住宅房屋	商业及服务用房屋	商厦房屋(批发和零售用房)	宾馆用房屋(住宿用房)	餐饮用房屋(餐饮用房)	商务会展用房屋	其他商业及服务用房屋(居民服务业用房)	办公用房屋
按国民经济行业分(2017)									
房屋建筑业	1128792	538685	19028	11517	2099	426		4986	23381
土木工程建筑业	137319		313				313		519
建筑安装业									
建筑装饰、装修和其他建筑业	69		58	25	21			12	
按控股情况分									
国有控股	742150	292130	12903	7386	2099	426		2991	20271
集体控股									
私人控股	513176	246555	6496	4155	21		313	2007	3629
外商控股									
其他	10854								
按企业规模分									
大型	800032	266923	10828	5598	2099			3131	10840
中型	440206	257418	6137	3855		426		1856	11678
小型	25943	14343	2435	2089	21		313	12	1382
微型									
按企业资质等级分									
施工总承包	1259856	535852	19341	11517	2099	426	313	4986	23346
特级	178094	74555	10001	4911	2099			2991	3815
一级	723854	208972	2149	2010				139	7025
二级	347327	245962	4814	2533		426		1856	12287
三级及以下	10581	6362	2377	2064			313		219
专业承包	6324	2832	58	25	21			12	554
一级									
二级	6324	2832	58	25	21			12	554
三级及以下									

7-11 房屋建筑竣工价值(市区)(续表2)

（2021）

单位:万元

指　标	科研、教育、医疗用房屋	科学研究用房屋	教育用房屋	医疗用房屋(卫生医疗用房)	文化、体育、娱乐用房屋	厂房及建筑物	厂房	仓库	其他未列明的房屋建筑物
总　计	**118794**	**2281**	**96776**	**19737**	**30536**	**416062**	**394909**	**125**	**118680**
一、二级企业	118700	2250	96776	19675	30474	415220	394191		118180
按地区分									
兴庆区	38174	31	31148	6994	63	202625	191646	125	51563
西夏区	29631		16889	12743		25176	17527		56923
金凤区	50989	2250	48739		30474	188261	185736		10194
按登记注册类型分									
内资企业	118794	2281	96776	19737	30536	416062	394909	125	118680
国有企业						2048	2048		53848
有限责任公司	69056	2250	47132	19675	29856	342690	335040		58986
国有独资公司	66806		47132	19675	29856	209157	201507		55133
其他有限责任公司	2250	2250				133533	133533		3853
股份有限公司						10854			
私营企业	49738	31	49644	63	681	60471	57821	125	5846
私营有限责任公司	49738	31	49644	63	681	60471	57821	125	5846
私营股份有限公司									
外商投资企业									
中外合资经营企业									

7-11 房屋建筑竣工价值(市区)(续表 3)

（2021）

单位:万元

指　标	科研、教育、医疗用房屋	科学研究用房屋	教育用房屋	医疗用房屋(卫生医疗用房)	文化、体育、娱乐用房屋	厂房及建筑物	厂房	仓库	其他未列明的房屋建筑物
按国民经济行业分(2017)									
房屋建筑业	117444	2250	95520	19675	30463	281612	271437		118180
土木工程建筑业	1350	31	1256	63	63	134451	123472	125	500
建筑安装业									
建筑装饰、装修和其他建筑业					11				
按控股情况分									
国有控股	66806		47132	19675	29856	211204	203555		108981
集体控股									
私人控股	51988	2281	49644	63	681	194004	191354	125	9699
外商控股									
其他						10854			
按企业规模分									
大型	69056	2250	47132	19675	29856	353544	335040		58986
中型	47314		47314		545	58829	57011		58286
小型	2424	31	2330	63	136	3690	2857	125	1409
微型									
按企业资质等级分									
施工总承包	117953	2281	95935	19737	30468	414245	394909	125	118527
特级	15316		15316		29856	40050	40050		4500
一级	83026	2250	61102	19675		364692	346188		57990
二级	19517		19517		550	8660	7953		55537
三级及以下	94	31		63	63	843	718	125	500
专业承包	841		841		68	1818			153
一级									
二级	841		841		68	1818			153
三级及以下									

7-12 建筑业企业自有施工机械设备及劳动人员情况(市区)

(2021)

指　标	年末自有施工机械设备净值(万元)	年末自有施工机械设备总台数(台)	年末自有施工机械设备总功率(千瓦)	从事建筑业活动的平均人数(人)	期末从业人员数(人)	工程技术人员(人)	现场施工人员(人)
总　计	**28664**	**6307**	**144033**	**112977**	**65912**	**16771**	**31924**
一、二级企业	24777	5834	126716	103223	58480	14975	29934
按地区分							
兴庆区	13814	3635	75498	54246	33460	10085	15606
西夏区	481	444	5734	5636	5081	1101	3842
金凤区	14369	2228	62801	53095	27371	5585	12476
按登记注册类型分							
内资企业	28664	6307	144033	112537	65487	16686	31696
国有企业	3900	310	8256	1877	1193	389	605
有限责任公司	4889	2665	25444	29737	18344	3930	11861
国有独资公司	1776	711	9364	23838	15141	2972	11517
其他有限责任公司	3113	1954	16080	5899	3203	958	344
股份有限公司	2929	80	7600	3500	2500	600	2000
私营企业	16947	3252	102733	77423	43450	11767	17230
私营有限责任公司	16947	3252	102733	76932	43200	11697	17205
私营股份有限公司				491	250	70	25
外商投资企业				440	425	85	228
中外合资经营企业				440	425	85	228

7-12 建筑业企业自有施工机械设备及劳动人员情况(市区)(续表)

（2021）

指　标	年末自有施工机械设备净值（万元）	年末自有施工机械设备总台数(台)	年末自有施工机械设备总功率(千瓦)	从事建筑业活动的平均人数（人）	期末从业人员数（人）	工程技术人员(人)	现场施工人员(人)
按国民经济行业分(2017)							
房屋建筑业	9442	3068	52360	71957	41345	10702	20103
土木工程建筑业	19094	3115	91028	38661	22966	5655	11642
建筑安装业	14	39	59	1151	986	266	145
建筑装饰、装修和其他建筑业	115	85	586	1208	615	148	34
按控股情况分							
国有控股	5676	1021	17620	25830	16440	3383	12122
集体控股	2301	1056	10189	1227	577	255	149
私人控股	17759	4150	108624	81956	45948	12440	17425
外商控股				440	425	85	228
其他	2929	80	7600	3524	2522	608	2000
按企业规模分							
大型	6801	1362	29594	28610	18093	3827	12883
中型	15864	3569	75726	65236	33919	9930	15410
小型	2693	1153	32603	17984	13162	2762	3426
微型	3306	223	6110	1147	738	252	205
按企业资质等级分							
施工总承包	28015	6037	139301	108088	61210	15864	31573
特级	560	16	640	8600	4130	663	3467
一级	11604	1993	49344	37951	26872	8568	16126
二级	12250	3682	75132	52694	23475	5029	10068
三级及以下	3602	346	14185	8843	6733	1604	1912
专业承包	650	270	4732	4889	4702	907	351
一级	61	10	104	1213	887	251	10
二级	303	133	1496	2765	3116	464	263
三级及以下	285	127	3132	911	699	192	78

7-13 建筑业企业财务状况(市区)

(2021)

单位:万元

指 标	年初存货	资产总计	流动资产合计	应收账款	应收工程款	存货
总 计	680301	4886730	4304361	1869551	1538161	566969
一、二级企业	629623	4482943	3946142	1702761	1420928	510218
按地区分						
兴庆区	284874	2467559	2248035	922763	696067	278202
西夏区	15059	350993	336399	190973	186125	9908
金凤区	380369	2068177	1719927	755816	655969	278859
按登记注册类型分						
内资企业	677491	4708485	4137487	1757990	1426599	564518
国有企业	49901	229196	208097	120889	116691	44471
有限责任公司	166573	1775197	1631588	560363	421734	177775
国有独资公司	40172	1227707	1118819	333664	269438	50608
其他有限责任公司	126401	547489	512769	226700	152296	127168
股份有限公司	79846	249825	187821	62204	62204	967
私营企业	381170	2454267	2109981	1014533	825970	341305
私营有限责任公司	341288	2187995	1967841	990813	802250	341098
私营股份有限公司	39883	266273	142140	23721	23721	207
外商投资企业	2811	178245	166874	111562	111562	2450
中外合资经营企业	2811	178245	166874	111562	111562	2450
按国民经济行业分(2017)						
房屋建筑业	305439	2378210	2197282	1070925	846164	318686
土木工程建筑业	361659	2379121	1990665	749636	654103	233098
建筑安装业	10238	72292	63907	32642	25299	6615
建筑装饰、装修和其他建筑业	2966	57107	52508	16348	12596	8570

7-13 建筑业企业财务状况(市区)(续表1)

(2021)　　单位:万元

指　标	固定资产减值准备	固定资产原价	房屋和购筑物	机器设备
总　计	1723	435763	144710	140063
一、二级企业	1024	395942	140474	121356
按地区分				
兴庆区	1275	202553	61016	74507
西夏区	102	10861	3745	3904
金凤区	346	222349	79950	61651
按登记注册类型分				
内资企业	1723	398008	144710	140063
国有企业		37400	19959	16094
有限责任公司	202	115366	43409	43470
国有独资公司	202	70346	31955	27313
其他有限责任公司	0	45021	11454	16157
股份有限公司		16610	8373	5873
私营企业	1521	228632	72969	74626
私营有限责任公司	1521	189627	36549	73248
私营股份有限公司		39005	36420	1378
外商投资企业		37755		
中外合资经营企业		37755		
按国民经济行业分(2017)				
房屋建筑业	857	146393	38680	54419
土木工程建筑业	866	274671	104384	81889
建筑安装业		9558	1117	2543
建筑装饰、装修和其他建筑业		5140	529	1211

7-13 建筑业企业财务状况(市区)(续表2)

（2021）　　单位：万元

指　标	年初存货	资产总计	流动资产合计	应收账款	应收工程款	存货
按控股情况分						
国有控股	90155	1464080	1334058	457863	389440	95083
集体控股	16795	80885	68927	28442	28442	9630
私人控股	490672	2912226	2545252	1208309	946515	458817
外商控股	2811	178245	166874	111562	111562	2450
其他	79869	251295	189249	63376	62204	989
按企业规模分						
大型	245956	2042363	1726997	573381	468922	112976
中型	310995	1930334	1772668	956905	819037	312944
小型	116241	851153	753001	317480	237924	130238
微型	7111	62880	51695	21785	12278	10811
按企业资质等级分						
施工总承包	644973	4576763	4056417	1748843	1442347	532472
特级	15662	230397	188726	63123	63123	7383
一级	302021	2109744	1807727	674151	515745	168201
二级	279723	1889541	1748294	867222	764157	302503
三级及以下	47568	347080	311670	144347	99322	54384
专业承包	35328	309967	247944	120708	95814	34497
一级	8132	89114	79695	38669	32556	9176
二级	24085	164146	121700	59596	45346	22955
三级及以下	3111	56707	46549	22444	17911	2366

7-13 建筑业企业财务状况(市区)(续表 3)

（2021）　　　　　　　　单位:万元

指　标	固定资产减值准备	固定资产原价	房屋和购筑物	机器设备
按控股情况分				
国有控股	202	107768	51915	43430
集体控股	0	15140	4626	9420
私人控股	1521	258432	79797	81340
外商控股		37755		
其他		16667	8373	5873
按企业规模分				
大型	151	178787	79646	36951
中型	1174	136810	42814	49606
小型	398	109744	21248	46916
微型		10423	1002	6590
按企业资质等级分				
施工总承包	1672	373955	130651	115872
特级		2002	1	771
一级	151	193827	102929	54704
二级	822	149137	23861	46970
三级及以下	700	28989	3860	13426
专业承包	51	61808	14059	24191
一级		6969	695	2773
二级	51	44007	12988	16138
三级及以下		10832	376	5280

7-13 建筑业企业财务状况(市区)(续表 4)

(2021) 单位:万元

指 标	累计折旧	本年折旧	在建工程	无形资产	土地使用权
总 计	**214919**	**30427**	**19513**	**25330**	**16247**
一、二级企业	195452	24745	15606	23680	16247
按地区分					
兴庆区	107034	16907	1430	15286	9328
西夏区	7263	675		2364	806
金凤区	100621	12845	18083	7679	6113
按登记注册类型分					
内资企业	187183	30427	19513	24978	16247
国有企业	18389	2323		649	535
有限责任公司	65427	5693	7287	10588	10058
国有独资公司	41414	4027	2664	10352	10058
其他有限责任公司	24013	1665	4623	236	
股份有限公司	4957	1967	53	266	
私营企业	98411	20445	12173	13476	5654
私营有限责任公司	87879	18784	12173	11435	3638
私营股份有限公司	10532	1661		2041	2016
外商投资企业	27736			351	
中外合资经营企业	27736			351	
按国民经济行业分(2017)					
房屋建筑业	72945	14705	18527	3952	2661
土木工程建筑业	134503	14866	531	20665	13141
建筑安装业	5065	569	193	142	
建筑装饰、装修和其他建筑业	2405	288	263	571	445

7-13 建筑业企业财务状况(市区)(续表5)

(2021) 单位:万元

指 标	负债合计	流动负债合计	应付账款	非流动负债合计	所有者权益合计	实收资本	个人资本
总 计	**3424866**	**3339448**	**1859975**	**70955**	**1461864**	**1014715**	**291050**
一、二级企业	3169895	3095800	1744662	68927	1313048	881743	234962
按地区分							
兴庆区	1858962	1803217	1064590	43049	608598	474456	131518
西夏区	285354	279990	137867	5365	65639	42457	8862
金凤区	1280550	1256241	657517	22542	787628	497803	150670
按登记注册类型分							
内资企业	3306301	3220883	1828405	70955	1402184	984715	291050
国有企业	150918	150918	31742		78278	32960	
有限责任公司	1450420	1412384	893115	38036	324776	249017	31385
国有独资公司	1061955	1024868	667950	37087	165752	126441	
其他有限责任公司	388465	387516	225165	949	159024	122577	31385
股份有限公司	182152	174792	94944	7360	67673	30030	6925
私营企业	1522810	1482789	808603	25559	931457	672708	252740
私营有限责任公司	1458176	1418154	777591	25559	729819	636984	250240
私营股份有限公司	64635	64635	31012		201638	35723	2500
外商投资企业	118565	118565	31570		59680	30000	
中外合资经营企业	118565	118565	31570		59680	30000	
按国民经济行业分(2017)							
房屋建筑业	1800905	1754935	1013062	37968	577305	472627	126867
土木工程建筑业	1540844	1503187	815081	32958	838278	507494	150350
建筑安装业	41886	40112	22158	29	30406	19743	7698
建筑装饰、装修和其他建筑业	41231	41214	9673		15876	14852	6136

7-13 建筑业企业财务状况(市区)(续表 6)

(2021)

单位:万元

指 标	累计折旧	本年折旧	在建工程	无形资产	土地使用权
按控股情况分					
国有控股	59816	6352	2664	11001	10593
集体控股	6406	815	433	203	
私人控股	115984	21294	16363	13506	5654
外商控股	27736			351	
其他	4976	1967	53	269	
按企业规模分					
大型	87199	8159	4352	14345	13412
中型	66818	7936	11575	1585	1117
小型	55886	12996	3500	9398	1718
微型	5015	1337	87	2	
按企业资质等级分					
施工总承包	187440	23166	16503	22993	14677
特级	575	197		32	
一级	87903	11154	4975	14594	13947
二级	85895	8729	7621	6938	729
三级及以下	13068	3086	3907	1430	
专业承包	27478	7261	3011	2337	1571
一级	4215	388	91	172	
二级	16865	4277	2920	1946	1571
三级及以下	6398	2596		219	

7-13 建筑业企业财务状况(市区)(续表7)

(2021) 单位:万元

指标	负债合计	流动负债合计	应付账款	非流动负债合计	所有者权益合计	实收资本	个人资本
按控股情况分							
国有控股	1219006	1181918	703525	37087	245075	160401	200
集体控股	65344	64433	36363	911	15541	11700	
私人控股	1838743	1798721	992733	25559	1073483	781944	283925
外商控股	118565	118565	31570		59680	30000	
其他	183209	175811	95784	7398	68086	30670	6925
按企业规模分							
大型	1514399	1468112	892187	46287	527965	245587	6925
中型	1356388	1337972	719040	13910	573946	452519	168222
小型	529709	511148	246007	10758	321444	277960	89060
微型	24370	22217	2740		38510	38649	26844
按企业资质等级分							
施工总承包	3236204	3160298	1782886	66792	1340559	933105	257655
特级	189688	184456	99659	5232	40710	32718	
一级	1549380	1499224	957210	50155	560365	295886	53213
二级	1283251	1267550	625488	10551	606290	487819	155582
三级及以下	213886	209068	100530	854	133195	116683	48859
专业承包	188662	179150	77089	4163	121305	81611	33396
一级	52822	52793	24044	29	36292	24073	15407
二级	94754	91777	38262	2960	69392	41248	10760
三级及以下	41085	34580	14783	1174	15622	16289	7229

7-13 建筑业企业财务状况(市区)(续表8)

(2021) 单位:万元

指　标	营业收入	主营业务收入	营业成本	主营业务成本	税金及附加	主营业务税金及附加	其他业务利润
总　计	**4955941**	**4933518**	**4614444**	**4597713**	**21704**	**21084**	**6841**
一、二级企业	4472447	4452755	4166890	4150919	19225	18620	5863
按地区分							
兴庆区	2636011	2630836	2493940	2489107	11200	10878	2352
西夏区	339291	339275	316035	315998	1752	1735	-1
金凤区	1980638	1963407	1804469	1792609	8753	8470	4490
按登记注册类型分							
内资企业	4871432	4849799	4559684	4542953	21263	20643	6414
国有企业	188301	187096	166548	166169	1430	1430	865
有限责任公司	2064686	2060824	1938932	1934219	6900	6604	1172
国有独资公司	1630477	1627315	1531204	1528210	5255	5042	998
其他有限责任公司	434210	433509	407728	406008	1645	1561	175
股份有限公司	201107	201107	172303	172303	913	913	
私营企业	2417337	2400772	2281901	2270263	12020	11696	4377
私营有限责任公司	2347825	2332556	2223567	2211976	11328	11004	3092
私营股份有限公司	69512	68216	58334	58287	692	692	1285
外商投资企业	84509	83719	54760	54760	441	441	427
中外合资经营企业	84509	83719	54760	54760	441	441	427
按国民经济行业分(2017)							
房屋建筑业	2650327	2639095	2504027	2493498	12233	11914	1301
土木工程建筑业	2201858	2191052	2019617	2013545	9029	8728	5358
建筑安装业	62843	62524	54924	54842	297	297	99
建筑装饰、装修和其他建筑业	40912	40848	35877	35829	145	145	83

7-13 建筑业企业财务状况(市区)(续表9)

(2021)　　单位:万元

指标	营业收入	主营业务收入	营业成本	主营业务成本	税金及附加	主营业务税金及附加	其他业务利润
按控股情况分							
国有控股	1827286	1822913	1705232	1701859	6710	6498	1866
集体控股	102969	102453	97706	96145	371	287	163
私人控股	2738059	2721316	2583903	2572105	13267	12943	4385
外商控股	84509	83719	54760	54760	441	441	427
其他	203117	203117	172844	172844	916	916	
按企业规模分							
大型	2078582	2072908	1898925	1896970	7484	7287	3048
中型	2101529	2096704	2003511	1999923	10120	9913	2167
小型	748215	736399	687930	676827	3953	3738	1694
微型	27615	27507	24078	23993	148	145	-68
按企业资质等级分							
施工总承包	4728248	4706467	4410178	4393657	20590	19970	6468
特级	362642	362642	322455	322455	1174	1174	
一级	2078850	2072464	1949276	1946758	8552	8355	3559
二级	1843661	1830995	1727344	1714100	8584	8176	1931
三级及以下	443095	440366	411103	410344	2281	2265	978
专业承包	227693	227052	204266	204056	1114	1114	373
一级	65536	65354	57531	57496	307	307	4
二级	121759	121300	110284	110110	609	609	370
三级及以下	40398	40398	36451	36451	198	198	

7-13 建筑业企业财务状况(市区)(续表10)

(2021)

单位:万元

指 标	销售费用	管理费用	研发费用	财务费用	利息收入	利息支出	资产减值损失	公允价值变动收益	投资收益	其他收益
总 计	**6971**	**156740**	**29582**	**17192**	**3124**	**13482**	**24612**		**13006**	**1026**
一、二级企业	5606	134144	28856	16253	3111	13039	24614		12972	821
按地区分										
兴庆区	3557	73672	22951	10604	1009	8908	2076		-1241	374
西夏区	18	7306	849	724	78	409	-416		-8	8
金凤区	3396	75762	5782	5864	2037	4164	22952		14255	644
按登记注册类型分										
内资企业	6971	150825	29582	16589	3124	13482	24617		13006	1026
国有企业	20	6373		253	35		205			8
有限责任公司	373	40212	23377	6098	865	5357	20169		-1538	504
国有独资公司	95	23671	22621	5559	713	5166	20293		-1558	496
其他有限责任公司	278	16541	756	538	152	190	-124		20	8
股份有限公司	2406	6042	2141	3401	390	3434	2500			30
私营企业	4171	98198	4065	6838	1835	4691	1744		14544	485
私营有限责任公司	4144	93319	3431	7662	142	3952	959		112	192
私营股份有限公司	27	4878	634	-824	1693	739	784		14431	294
外商投资企业		5915		603			-5			
中外合资经营企业		5915		603			-5			
按国民经济行业分(2017)										
房屋建筑业	1143	65684	2780	7323	347	4029	20930		-194	362
土木工程建筑业	5317	80406	25785	9029	2788	8870	3729		13200	664
建筑安装业	311	7001	607	350	-13	159				
建筑装饰、装修和其他建筑业	200	3649	410	489	2	423	-46			0

7-13 建筑业企业财务状况(市区)(续表 11)

（2021）

单位:万元

指 标	销售费用	管理费用	研发费用	财务费用			资产减值损失	公允价值变动收益	投资收益	其他收益
					利息收入	利息支出				
按控股情况分										
国有控股	115	30528	23030	5879	750	5222	20451		-1558	504
集体控股		4720		-25	-9		-78		20	7
私人控股	4449	109490	4411	7334	1993	4826	1744		14544	485
外商控股		5915		603			-5			
其他	2406	6087	2141	3401	390	3434	2500			30
按企业规模分										
大型	2406	44887	25486	8430	2880	9123	24328		12681	497
中型	3000	58508	2885	6193	13	3249	-85		121	500
小型	1549	47587	1210	2473	217	1095	334		206	30
微型	16	5758		96	14	14	35		-3	
按企业资质等级分										
施工总承包	6187	136101	28732	16055	3052	12746	24330		12845	998
特级		1344	1818	1454	106	1467	20965		-400	123
一级	2406	48379	23669	8484	2796	8524	3369		13081	380
二级	2617	66751	2544	5332	192	2356	-1		130	290
三级及以下	1164	19627	702	785	-42	399	-2		34	205
专业承包	783	20638	849	1137	72	736	282		161	28
一级	399	5491	410	240	2	165	-46			0
二级	183	12179	416	744	15	528	329		161	28
三级及以下	201	2969	24	154	55	44				

7-13 建筑业企业财务状况(市区)(续表 12)

（2021）

单位:万元

指　标	营业利润	营业外收入	营业外支出	利润总额	所得税费用	应付职工薪酬(本年贷方累计发生额)	应交增值税	在境外完成的营业收入	亏损企业数(个)
总　计	**110475**	**5834**	**8156**	**108152**	**27839**	**325593**	**110540**	**11233**	**100**
一、二级企业	102907	5173	6859	101221	27051	298235	94887	11233	63
按地区分									
兴庆区	22598	3369	3582	22385	7084	191282	49501	10451	39
西夏区	12663	21	130	12554	3058	25412	10814		3
金凤区	75214	2444	4444	73214	17697	108899	50225	782	58
按登记注册类型分									
内资企业	88043	5790	8028	85805	24426	317742	108251	112333	100
国有企业	13567	132	162	13537	3463	30296	7704		
有限责任公司	31682	2165	2122	31725	12617	89912	28355	5451	5
国有独资公司	24317	1163	708	24772	10010	63674	23148	5451	
其他有限责任公司	7364	1002	1414	6953	2607	26237	5207		5
股份有限公司	14248		116	14133	2120	13211	3318	5000	
私营企业	28546	3493	5629	26410	6225	184323	68875	782	95
私营有限责任公司	8839	3419	5535	6723	4520	181752	66589	782	95
私营股份有限公司	19706	74	94	19687	1706	2572	2286		
外商投资企业	22432	44	128	22348	3413	7851	2289		
中外合资经营企业	22432	44	128	22348	3413	7851	2289		
按国民经济行业分(2017)									
房屋建筑业	42708	1788	3697	40799	15708	176260	63905	782	47
土木工程建筑业	67644	3294	4200	66738	11942	138605	43296	10451	34
建筑安装业	-228	613	124	261	127	7012	1553		10
建筑装饰、装修和其他建筑业	351	139	135	355	62	3716	1785		9

7-13 建筑业企业财务状况(市区)(续表13)

(2021) 单位:万元

指标	营业利润	营业外收入	营业外支出	利润总额	所得税费用	应付职工薪酬(本年贷方累计发生额)	应交增值税	在境外完成的营业收入	亏损企业数(个)
按控股情况分									
国有控股	37974	1296	872	38398	13499	95086	31286	5451	
集体控股	20342	4332	9030	15644	9368	92795	17829		1
私人控股	33744	4060	6137	31667	7870	200098	71776	782	99
外商控股	22432	44	128	22348	3413	7851	2289		
其他	14290	1	116	14175	2120	13278	3406	5000	
按企业规模分									
大型	83235	1137	831	83541	17707	91613	31018	10451	
中型	23665	2410	4971	21105	8665	165673	53142	782	11
小型	5927	2246	2292	5882	1452	63810	25938		62
微型	-2353	40	62	-2375	15	4497	442		27
按企业资质等级分									
施工总承包	110466	4074	7317	107223	27197	305633	101289	11233	70
特级	15774	6	91	15689	8473	11473	5521		
一级	49415	2026	1049	50392	6825	140313	38011	10451	
二级	38047	1628	5164	34511	11224	131596	42578	782	40
三级及以下	7230	414	1013	6631	675	22251	15179		30
专业承包	9	1760	839	930	642	19960	9251		30
一级	1205	444	144	1506	215	6017	2547		1
二级	-1534	1069	411	-876	314	8835	6231		22
三级及以下	338	246	284	300	112	5107	474		7

7-14 建筑业总承包资质等级一、二级企业名单

（2021）

单位名称	行业类别	注册类型	资质等级	企业规模
宁夏建工集团有限公司	住宅房屋建筑	国有独资公司	建筑工程特级	大型
宁夏第一建筑有限公司	住宅房屋建筑	国有独资公司	建筑工程一级	大型
宁夏第五建筑有限公司	住宅房屋建筑	国有独资公司	建筑工程一级	大型
宁夏第二建筑有限公司	住宅房屋建筑	国有独资公司	建筑工程一级	大型
宁夏煤炭基本建设有限公司	住宅房屋建筑	国有独资公司	建筑工程一级	大型
宁夏正丰建筑工程有限公司	住宅房屋建筑	其他有限责任公司	建筑工程一级	大型
宁夏华宇建设工程有限公司	住宅房屋建筑	其他有限责任公司	建筑工程一级	大型
宁夏兴亚建筑工程有限公司	住宅房屋建筑	其他有限责任公司	建筑工程一级	中型
银川城建集团工程有限公司	住宅房屋建筑	其他有限责任公司	建筑工程一级	中型
宁夏视通建设集团有限公司	住宅房屋建筑	私营有限责任公司	建筑工程一级	中型
银川三建集团有限公司	住宅房屋建筑	私营有限责任公司	建筑工程一级	中型
宁夏住宅建设工程有限公司	住宅房屋建筑	私营有限责任公司	建筑工程一级	中型
宁夏金宸达建筑工程有限公司	住宅房屋建筑	私营有限责任公司	建筑工程一级	中型
宁夏恺元建筑有限公司	住宅房屋建筑	私营有限责任公司	建筑工程一级	小型
宁夏斯达建筑工程有限公司	住宅房屋建筑	私营有限责任公司	建筑工程一级	小型
宁夏基础工程有限公司	其他房屋建筑业	私营有限责任公司	建筑工程一级	小型
宁夏交通建设股份有限公司	公路工程建筑	股份有限公司	公路工程一级	大型
宁夏公路桥梁建设有限公司	公路工程建筑	私营有限责任公司	公路工程一级	大型
宁夏路桥工程股份有限公司	公路工程建筑	私营股份有限公司	公路工程一级	大型
宁夏水利水电工程局有限公司	水源及供水设施工程建筑	国有独资公司	水利水电工程一级	大型
中电建宁夏工程有限公司	架线及设备工程建筑	国有独资公司	电力工程一级	大型
宁夏送变电工程有限公司	架线及设备工程建筑	国有	电力工程一级	中型
银川第二市政工程有限责任公司	市政道路工程建筑	其他有限责任公司	市政公用工程	中型
宁夏方圆建设工程有限公司	市政道路工程建筑	私营有限责任公司	市政公用工程	中型
银川第一市政工程有限责任公司	市政道路工程建筑	私营有限责任公司	市政公用工程	中型
宁夏回族自治区农垦建设实业总公司	住宅房屋建筑	国有	建筑工程二级	中型
宁夏第三建筑有限公司	住宅房屋建筑	国有独资公司	建筑工程二级	中型
中冶建工集团(宁夏)建设工程有限公司	住宅房屋建筑	国有独资公司	建筑工程二级	中型
宁夏对外建设总公司	住宅房屋建筑	国有独资公司	建筑工程二级	中型
宁夏众一建设工程有限公司	住宅房屋建筑	其他有限责任公司	建筑工程二级	中型
宁夏三鑫机械化工程有限公司	住宅房屋建筑	其他有限责任公司	建筑工程二级	中型
宁夏回族自治区新圣基建筑工程有限公司	住宅房屋建筑	其他有限责任公司	建筑工程二级	中型
宁夏永刚建筑工程有限公司	住宅房屋建筑	其他有限责任公司	建筑工程二级	中型
宁夏宏瑞建设工程有限公司	住宅房屋建筑	其他有限责任公司	建筑工程二级	中型
宁夏永建建筑工程有限公司	住宅房屋建筑	其他有限责任公司	建筑工程二级	中型
宁夏海兴建设集团有限公司	住宅房屋建筑	私营有限责任公司	建筑工程二级	中型
宁夏陆磐建筑工程有限公司	住宅房屋建筑	私营有限责任公司	建筑工程二级	中型
宁夏伊丰建设工程有限公司	住宅房屋建筑	私营有限责任公司	建筑工程二级	中型
宁夏中建万喜建筑有限公司	住宅房屋建筑	私营有限责任公司	建筑工程二级	中型
银川市第一建筑工程有限责任公司	住宅房屋建筑	私营有限责任公司	建筑工程二级	中型
宁夏科强建筑安装有限公司	住宅房屋建筑	私营有限责任公司	建筑工程二级	中型

7-14　建筑业总承包资质等级一、二级企业名单(续表1)

（2021）

单位名称	行业类别	注册类型	资质等级	企业规模
宁夏嘉屋建设工程有限公司	住宅房屋建筑	私营有限责任公司	建筑工程二级	中型
宁夏中康建设集团有限公司	住宅房屋建筑	私营有限责任公司	建筑工程二级	中型
宁夏新源建设工程有限公司	住宅房屋建筑	私营有限责任公司	建筑工程二级	中型
宁夏岭夏建设工程有限公司	住宅房屋建筑	私营有限责任公司	建筑工程二级	中型
宁夏佳凯建设工程有限公司	住宅房屋建筑	私营有限责任公司	建筑工程二级	中型
宁夏鑫和成建筑工程有限公司	住宅房屋建筑	私营有限责任公司	建筑工程二级	中型
启融通建设有限公司	住宅房屋建筑	私营有限责任公司	建筑工程二级	中型
宁夏衡昌建设工程有限公司	住宅房屋建筑	私营有限责任公司	建筑工程二级	中型
宁夏浩泞建筑工程有限公司	住宅房屋建筑	私营有限责任公司	建筑工程二级	中型
宁夏冠华建筑安装工程有限公司	住宅房屋建筑	私营有限责任公司	建筑工程二级	中型
银川聚仁建筑工程有限公司	住宅房屋建筑	私营有限责任公司	建筑工程二级	中型
宁夏华元建设工程有限公司	住宅房屋建筑	私营有限责任公司	建筑工程二级	中型
宁夏中海东昇工程有限公司	住宅房屋建筑	私营有限责任公司	建筑工程二级	中型
宁夏亘利建筑工程有限公司	住宅房屋建筑	私营有限责任公司	建筑工程二级	中型
宁夏圣峰建筑工程有限公司	住宅房屋建筑	私营有限责任公司	建筑工程二级	中型
宁夏鸿辉建筑工程有限公司	住宅房屋建筑	私营有限责任公司	建筑工程二级	中型
宁夏德成建筑工程有限公司	住宅房屋建筑	私营有限责任公司	建筑工程二级	中型
宁夏灵隆建设集团有限责任公司	住宅房屋建筑	私营有限责任公司	建筑工程二级	中型
宁夏晋明建设工程有限公司	住宅房屋建筑	私营有限责任公司	建筑工程二级	中型
宁夏众鑫鹏建筑工程有限责任公司	住宅房屋建筑	私营有限责任公司	建筑工程二级	中型
宁夏大捷建设工程有限公司	住宅房屋建筑	私营有限责任公司	建筑工程二级	中型
宁夏晧顺建设有限公司	住宅房屋建筑	私营有限责任公司	建筑工程二级	中型
宁夏英利达建筑工程有限公司	住宅房屋建筑	私营有限责任公司	建筑工程二级	中型
宁夏恒基建筑安装工程有限公司	住宅房屋建筑	私营有限责任公司	建筑工程二级	中型
宁夏常博建设发展有限公司	住宅房屋建筑	私营有限责任公司	建筑工程二级	中型
宁夏弘宇建设工程有限公司	住宅房屋建筑	私营有限责任公司	建筑工程二级	中型
宁夏北方明珠建筑工程有限公司	住宅房屋建筑	私营有限责任公司	建筑工程二级	中型
宁夏永益建设工程有限公司	住宅房屋建筑	私营有限责任公司	建筑工程二级	中型
宁夏天筑建筑工程有限公司	住宅房屋建筑	私营有限责任公司	建筑工程二级	中型
宁夏鎏铭建设工程有限公司	住宅房屋建筑	私营有限责任公司	建筑工程二级	中型
宁夏忠仁建设工程有限公司	住宅房屋建筑	私营有限责任公司	建筑工程二级	中型
宁夏鹏晨建设工程有限公司	住宅房屋建筑	私营有限责任公司	建筑工程二级	中型
灵武市建筑工程公司	住宅房屋建筑	集体	建筑工程二级	小型
宁夏嘉隆建筑工程有限责任公司	住宅房屋建筑	国有独资公司	建筑工程二级	小型
宁夏铭龙建设有限公司	住宅房屋建筑	其他有限责任公司	建筑工程二级	小型
宁夏固本建筑有限公司	住宅房屋建筑	其他有限责任公司	建筑工程二级	小型
宁夏万通建设工程有限公司	住宅房屋建筑	其他有限责任公司	建筑工程二级	小型
宁夏中玺建设工程有限公司	住宅房屋建筑	私营有限责任公司	建筑工程二级	小型
宁夏海山佳盛建设工程有限公司	住宅房屋建筑	私营有限责任公司	建筑工程二级	小型
宁夏新彩工程建设有限公司	住宅房屋建筑	私营有限责任公司	建筑工程二级	小型

7-14 建筑业总承包资质等级一、二级企业名单(续表2)

(2021)

单位名称	行业类别	注册类型	资质等级	企业规模
宁夏坤隆建设工程有限公司	住宅房屋建筑	私营有限责任公司	建筑工程二级	小型
宁夏回族自治区建设工程有限公司	住宅房屋建筑	私营有限责任公司	建筑工程二级	小型
宁夏华旌建设工程有限公司	住宅房屋建筑	私营有限责任公司	建筑工程二级	小型
宁夏卓越建筑安装工程有限责任公司	住宅房屋建筑	私营有限责任公司	建筑工程二级	小型
宁夏浩荣建设工程有限公司	住宅房屋建筑	私营有限责任公司	建筑工程二级	小型
宁夏云腾建设工程有限公司	住宅房屋建筑	私营有限责任公司	建筑工程二级	小型
宁夏苏宏建筑工程有限公司	住宅房屋建筑	私营有限责任公司	建筑工程二级	小型
宁夏天源汇鑫建筑工程有限公司	住宅房屋建筑	私营有限责任公司	建筑工程二级	小型
宁夏天易建筑工程有限公司	住宅房屋建筑	私营有限责任公司	建筑工程二级	小型
宁夏哲宇建设工程有限公司	住宅房屋建筑	私营有限责任公司	建筑工程二级	小型
宁夏勇峰建筑工程有限公司	住宅房屋建筑	私营有限责任公司	建筑工程二级	小型
宁夏盛锦塬建设有限公司	住宅房屋建筑	私营有限责任公司	建筑工程二级	小型
海江建设集团有限公司	住宅房屋建筑	私营有限责任公司	建筑工程二级	小型
宁夏庆元建设实业有限公司	住宅房屋建筑	私营有限责任公司	建筑工程二级	小型
宁夏浩林建筑安装工程有限公司	住宅房屋建筑	私营有限责任公司	建筑工程二级	小型
宁夏华力坤建设工程有限公司	住宅房屋建筑	私营有限责任公司	建筑工程二级	小型
宁夏业通建设工程有限公司	住宅房屋建筑	私营有限责任公司	建筑工程二级	小型
宁夏天禹建设有限公司	住宅房屋建筑	私营有限责任公司	建筑工程二级	小型
宁夏金鸿基建筑工程有限公司	住宅房屋建筑	私营有限责任公司	建筑工程二级	小型
宁夏隆洋建筑实业有限公司	住宅房屋建筑	私营有限责任公司	建筑工程二级	小型
宁夏恒鑫建设集团有限公司	住宅房屋建筑	私营有限责任公司	建筑工程二级	小型
宁夏鼎晟达建设工程有限公司	住宅房屋建筑	私营有限责任公司	建筑工程二级	小型
宁夏金鼎昌建设工程有限公司	住宅房屋建筑	私营有限责任公司	建筑工程二级	小型
宁夏顺城建设有限公司	住宅房屋建筑	私营有限责任公司	建筑工程二级	小型
宁夏百力德建筑工程有限公司	住宅房屋建筑	私营有限责任公司	建筑工程二级	小型
宁夏天拓石油建设工程有限公司	住宅房屋建筑	私营有限责任公司	建筑工程二级	小型
宁夏润海建设工程发展有限公司	住宅房屋建筑	私营有限责任公司	建筑工程二级	小型
宁夏恒远达建筑工程有限公司	住宅房屋建筑	私营有限责任公司	建筑工程二级	小型
中城投弘和建筑(宁夏)有限公司	住宅房屋建筑	私营有限责任公司	建筑工程二级	小型
宁夏长银建设工程有限公司	住宅房屋建筑	私营有限责任公司	建筑工程二级	小型
宁夏品晟建设集团有限公司	住宅房屋建筑	私营有限责任公司	建筑工程二级	小型
宁夏国基建设工程有限公司	住宅房屋建筑	私营有限责任公司	建筑工程二级	小型
宁夏众力拓建设工程有限公司	住宅房屋建筑	私营有限责任公司	建筑工程二级	小型
宁夏宏斌建筑工程有限公司	住宅房屋建筑	私营有限责任公司	建筑工程二级	小型
宁夏城科达建设工程有限公司	住宅房屋建筑	私营有限责任公司	建筑工程二级	小型
宁夏东业建设集团有限公司	住宅房屋建筑	私营有限责任公司	建筑工程二级	小型
宁夏华建建筑有限责任公司	住宅房屋建筑	私营有限责任公司	建筑工程二级	小型
宁夏成城建设集团有限公司	住宅房屋建筑	私营有限责任公司	建筑工程二级	小型
宁夏华远恒建设有限公司	住宅房屋建筑	私营有限责任公司	建筑工程二级	小型
宁夏金盛远建设工程有限公司	住宅房屋建筑	私营有限责任公司	建筑工程二级	小型

7-14 建筑业总承包资质等级一、二级企业名单(续表 3)

(2021)

单位名称	行业类别	注册类型	资质等级	企业规模
宁夏功达建筑工程有限责任公司	住宅房屋建筑	私营有限责任公司	建筑工程二级	小型
宁夏银晨建筑工程有限公司	住宅房屋建筑	私营有限责任公司	建筑工程二级	小型
宁夏德冠建设工程有限公司	住宅房屋建筑	私营有限责任公司	建筑工程二级	小型
宁夏鑫升建设工程有限公司	住宅房屋建筑	私营有限责任公司	建筑工程二级	小型
宁夏灵武市第六建筑安装工程有限公司	住宅房屋建筑	私营有限责任公司	建筑工程二级	小型
宁夏宁东建设集团有限公司	住宅房屋建筑	私营有限责任公司	建筑工程二级	小型
宁夏银隆建筑工程有限公司	住宅房屋建筑	私营有限责任公司	建筑工程二级	小型
宁夏昱正泰建筑工程有限公司	住宅房屋建筑	其他有限责任公司	建筑工程二级	微型
宁夏北方彩新建工集团股份有限公司	住宅房屋建筑	股份有限公司	建筑工程二级	微型
宁夏宁鑫建设工程有限公司	住宅房屋建筑	私营有限责任公司	建筑工程二级	微型
宁夏翔实建设工程有限公司	住宅房屋建筑	私营有限责任公司	建筑工程二级	微型
宁夏泰立恒建设工程有限公司	住宅房屋建筑	私营有限责任公司	建筑工程二级	微型
宁夏鼎鑫建设工程有限公司	住宅房屋建筑	私营有限责任公司	建筑工程二级	微型
宁夏威翔建筑工程有限公司	住宅房屋建筑	私营有限责任公司	建筑工程二级	微型
宁夏励诚建设工程有限公司	住宅房屋建筑	私营有限责任公司	建筑工程二级	微型
银川市建宏源建筑工程有限公司	住宅房屋建筑	私营有限责任公司	建筑工程二级	微型
宁夏年丰建筑工程有限公司	住宅房屋建筑	私营有限责任公司	建筑工程二级	微型
宁夏华鹏建设集团有限公司	住宅房屋建筑	私营有限责任公司	建筑工程二级	微型
宁夏德贤建筑工程有限公司	住宅房屋建筑	私营有限责任公司	建筑工程二级	微型
宁夏凯田建筑工程有限公司	住宅房屋建筑	私营有限责任公司	建筑工程二级	微型
宁夏昌泽建设工程有限公司	住宅房屋建筑	私营有限责任公司	建筑工程二级	微型
宁夏瑞泽建筑安装工程有限公司	住宅房屋建筑	私营有限责任公司	建筑工程二级	微型
宁夏煜翔建设发展有限公司	园林绿化工程施工	私营有限责任公司	建筑工程二级	中型
宁夏路捷建设集团有限公司	公路工程建筑	私营有限责任公司	公路工程二级	中型
宁夏银鑫建设工程有限公司	公路工程建筑	私营有限责任公司	公路工程二级	中型
中民汇联实业有限公司	水源及供水设施工程建筑	私营有限责任公司	水利水电工程二级	中型
宁夏晨禹水利水电建筑工程有限责任公司	水源及供水设施工程建筑	其他有限责任公司	水利水电工程二级	小型
正坤建设有限公司	水源及供水设施工程建筑	私营有限责任公司	水利水电工程二级	小型
宁夏佳洋能源有限公司	架线及设备工程建筑	其他有限责任公司	电力工程二级	大型
宁夏天净元光电力有限公司	架线及设备工程建筑	其他有限责任公司	电力工程二级	中型
宁夏超高压电力工程有限公司	架线及设备工程建筑	其他有限责任公司	电力工程二级	中型
宁夏天信建设发展有限责任公司	架线及设备工程建筑	其他有限责任公司	电力工程二级	中型
宁夏东宏电力有限公司	架线及设备工程建筑	其他有限责任公司	电力工程二级	中型
宁夏中新能电力建设有限公司	架线及设备工程建筑	其他有限责任公司	电力工程二级	小型
宁夏新锐电气有限公司	架线及设备工程建筑	私营有限责任公司	电力工程二级	小型
宁夏新恒通电力建筑工程有限公司	架线及设备工程建筑	私营有限责任公司	电力工程二级	小型
银川明辉电力工程有限公司	架线及设备工程建筑	私营有限责任公司	电力工程二级	小型
宁夏元亘电力有限公司	架线及设备工程建筑	私营有限责任公司	电力工程二级	小型
宁夏荣光电力工程有限公司	架线及设备工程建筑	私营有限责任公司	电力工程二级	小型
宁夏天宏爆破有限公司	工矿工程建筑	私营有限责任公司	矿山工程二级	中型
斯伦贝谢长和油田工程有限公司	工矿工程建筑	中外合资经营	石油化工工程二级	大型

7-14 建筑业总承包资质等级一、二级企业名单(续表4)

(2021)

单位名称	行业类别	注册类型	资质等级	企业规模
宁夏宁化安装检修有限责任公司	工矿工程建筑	国有独资公司	石油化工工程二级	小型
宁夏长中建筑安装工程有限公司	工矿工程建筑	私营有限责任公司	石油化工工程二级	小型
银川市市政建设工程有限责任公司	市政道路工程建筑	私营有限责任公司	市政公用工程二级	中型
宁夏鑫源建设工程有限公司	市政道路工程建筑	私营有限责任公司	市政公用工程二级	中型
诚捷祥集团有限公司	市政道路工程建筑	私营有限责任公司	市政公用工程二级	中型
宁夏昱博市政建设工程有限公司	市政道路工程建筑	私营有限责任公司	市政公用工程二级	中型
宁夏瑞德建设工程有限公司	市政道路工程建筑	私营有限责任公司	市政公用工程二级	中型
宁夏中远工程建设有限公司	市政道路工程建筑	私营有限责任公司	市政公用工程二级	中型
宁夏凯珠机械化工程有限公司	市政道路工程建筑	私营有限责任公司	市政公用工程二级	中型
宁夏易方达建设工程有限公司	市政道路工程建筑	私营有限责任公司	市政公用工程二级	中型
宁夏赐鑫建筑工程有限公司	市政道路工程建筑	其他有限责任公司	市政公用工程二级	小型
宁夏建宏道路有限公司	市政道路工程建筑	其他有限责任公司	市政公用工程二级	小型
宁夏宏顺远达建设工程有限公司	市政道路工程建筑	私营有限责任公司	市政公用工程二级	小型
银川市成通建设工程有限公司	市政道路工程建筑	私营有限责任公司	市政公用工程二级	小型
宁夏兴涛瀚宇建设工程有限公司	市政道路工程建筑	私营有限责任公司	市政公用工程二级	小型
宁夏政柏建设工程有限公司	市政道路工程建筑	私营有限责任公司	市政公用工程二级	小型
宁夏万嘉市政建设工程有限公司	市政道路工程建筑	私营有限责任公司	市政公用工程二级	小型
宁夏润源市政建设有限公司	市政道路工程建筑	私营有限责任公司	市政公用工程二级	小型
银川天宏实业有限公司	市政道路工程建筑	私营有限责任公司	市政公用工程二级	小型
宁夏凯阳建设工程有限公司	市政道路工程建筑	私营有限责任公司	市政公用工程二级	小型
宁夏诚畅建设工程有限公司	市政道路工程建筑	私营有限责任公司	市政公用工程二级	小型
宁夏邦晟建设工程有限公司	市政道路工程建筑	私营有限责任公司	市政公用工程二级	小型
宁夏华源通工程建设有限公司	市政道路工程建筑	私营有限责任公司	市政公用工程二级	小型
宁夏新宇建设工程有限公司	市政道路工程建筑	私营有限责任公司	市政公用工程二级	小型
宁夏晨洋公路工程有限公司	市政道路工程建筑	私营有限责任公司	市政公用工程二级	小型
宁夏德嘉建设工程有限公司	市政道路工程建筑	私营有限责任公司	市政公用工程二级	微型
宁夏天基伟业建设工程有限公司	市政道路工程建筑	私营有限责任公司	市政公用工程二级	微型
宁夏善途建设景观有限公司	园林绿化工程施工	私营有限责任公司	市政公用工程二级	中型
宁夏力丰市政景观有限公司	园林绿化工程施工	私营有限责任公司	市政公用工程二级	中型
宁夏宁苗生态园林(集团)股份有限公司	园林绿化工程施工	私营有限责任公司	市政公用工程二级	中型
中盛建设集团有限公司	园林绿化工程施工	私营有限责任公司	市政公用工程二级	小型
宁夏华瑞星建筑景观工程有限公司	园林绿化工程施工	私营有限责任公司	市政公用工程二级	小型
宁夏秀华园林建筑集团有限公司	园林绿化工程施工	私营有限责任公司	市政公用工程二级	小型
宁夏宝康市政园林工程有限公司	园林绿化工程施工	私营有限责任公司	市政公用工程二级	小型
宁夏聚宏源建设景观工程有限公司	园林绿化工程施工	私营有限责任公司	市政公用工程二级	小型
宁夏众捷建设景观工程有限公司	园林绿化工程施工	私营有限责任公司	市政公用工程二级	小型
宁夏中畅恒基景观工程有限公司	园林绿化工程施工	私营有限责任公司	市政公用工程二级	小型
宁夏通信建设有限公司	架线及设备工程建筑	国有独资公司	通信工程二级	中型
宁夏捷运通信工程建设有限公司	架线及设备工程建筑	私营有限责任公司	通信工程二级	小型

7-15 建筑业专业承包资质等级一、二级企业名单

（2021）

单位名称	行业类别	注册类型	资质等级	企业规模
宁夏伊地地质工程有限公司	其他房屋建筑业	国有独资公司	地基基础工程一级	中型
宁夏夯中岩土工程有限公司	其他房屋建筑业	私营有限责任公司	地基基础工程一级	小型
银川汇达建筑装饰工程有限公司	公共建筑装饰和装修	私营有限责任公司	建筑装修装饰工程一级	小型
宁夏建设投资集团装饰工程有限公司	建筑幕墙装饰和装修	其他有限责任公司	建筑幕墙工程一级	中型
宁夏鑫吉海医疗工程有限公司	建筑幕墙装饰和装修	私营有限责任公司	建筑幕墙工程一级	小型
宁夏古月建筑装饰工程有限公司	建筑幕墙装饰和装修	私营有限责任公司	建筑幕墙工程一级	小型
宁夏众安消防安全工程有限公司	电气安装	私营有限责任公司	消防设施工程一级	小型
宁夏久安消防工程有限公司	电气安装	私营有限责任公司	消防设施工程一级	小型
银川瑞安祥消防安全技术工程有限公司	电气安装	私营有限责任公司	消防设施工程一级	小型
宁夏安消消防设施工程有限公司	电气安装	私营有限责任公司	消防设施工程一级	小型
宁夏天府消防工程设备有限公司	电气安装	私营有限责任公司	消防设施工程一级	小型
宁夏宁电消防设备有限公司	电气安装	私营有限责任公司	消防设施工程一级	小型
宁夏众邦消防工程有限公司	电气安装	私营有限责任公司	消防设施工程一级	小型
宁夏嘉宁科技实业有限公司	电气安装	私营有限责任公司	电子与智能化工程一级	小型
宁夏昊能电力有限公司	架线和管道工程建筑	私营有限责任公司	输变电工程一级	微型
宁夏大力岩土工程有限公司	其他房屋建筑业	国有	地基基础工程二级	小型
宁夏地质工程勘察有限公司	其他房屋建筑业	国有	地基基础工程二级	小型
宁夏建设投资集团岩土工程有限公司	其他房屋建筑业	国有独资公司	地基基础工程二级	小型
宁夏煤炭勘察工程有限公司	其他房屋建筑业	国有独资公司	地基基础工程二级	小型
宁夏夯利岩土工程有限公司	其他房屋建筑业	私营有限责任公司	地基基础工程二级	小型
宁夏天斧机械化工程有限公司	其他房屋建筑业	私营有限责任公司	地基基础工程二级	小型
宁夏天力基础工程有限公司	其他房屋建筑业	私营有限责任公司	地基基础工程二级	小型
宁夏晟弘建筑工程有限公司	住宅房屋建筑	私营有限责任公司	建筑装修装饰工程二级	中型
宁夏鸿瑞达建设工程有限公司	住宅房屋建筑	私营有限责任公司	建筑装修装饰工程二级	微型
宁夏佳骅建设工程有限公司	公共建筑装饰和装修	私营有限责任公司	建筑装修装饰工程二级	小型
宁夏森达广告装饰工程有限公司	公共建筑装饰和装修	私营有限责任公司	建筑装修装饰工程二级	小型
宁夏信誉建筑装饰工程有限公司	公共建筑装饰和装修	私营有限责任公司	建筑装修装饰工程二级	小型
宁夏胜邺装饰工程有限公司	公共建筑装饰和装修	私营有限责任公司	建筑装修装饰工程二级	小型
国昌屹立建设有限公司	公共建筑装饰和装修	私营有限责任公司	建筑装修装饰工程二级	小型
宁夏环城建设工程有限公司	公共建筑装饰和装修	私营有限责任公司	建筑装修装饰工程二级	小型
宁夏舜豪建筑装饰工程有限公司	公共建筑装饰和装修	私营有限责任公司	建筑装修装饰工程二级	小型

7-15 建筑业专业承包资质等级一、二级企业名单(续表1)

(2021)

单位名称	行业类别	注册类型	资质等级	企业规模
宁夏通锦建筑装饰有限公司	公共建筑装饰和装修	私营有限责任公司	建筑装修装饰工程二级	微型
宁夏西美装饰工程有限公司	公共建筑装饰和装修	私营有限责任公司	建筑装修装饰工程二级	微型
宁夏通恒建筑装饰有限公司	公共建筑装饰和装修	私营有限责任公司	建筑装修装饰工程二级	微型
宁夏美筑广告装饰工程有限公司	公共建筑装饰和装修	私营有限责任公司	建筑装修装饰工程二级	微型
宁夏华九建设工程有限公司	公共建筑装饰和装修	私营有限责任公司	建筑装修装饰工程二级	微型
宁夏完美艺家装饰工程有限公司	公共建筑装饰和装修	私营有限责任公司	建筑装修装饰工程二级	微型
宁夏弘亿元建筑装饰工程有限公司	公共建筑装饰和装修	私营有限责任公司	建筑装修装饰工程二级	微型
宁夏元泰装饰工程有限公司	公共建筑装饰和装修	私营有限责任公司	建筑装修装饰工程二级	微型
宁夏金利马建筑装饰工程有限公司	公共建筑装饰和装修	私营有限责任公司	建筑装修装饰工程二级	微型
宁夏泰冉建筑装饰集团有限公司	公共建筑装饰和装修	私营有限责任公司	建筑装修装饰工程二级	微型
宁夏建筑设计装饰工程有限公司	建筑幕墙装饰和装修	其他有限责任公司	建筑装修装饰工程二级	微型
宁夏宁程建设工程有限公司	住宅房屋建筑	私营有限责任公司	建筑幕墙工程二级	小型
宁夏新材集团恒亚制造安装有限公司	建筑幕墙装饰和装修	其他有限责任公司	建筑幕墙工程二级	小型
宁夏陆宇建设装饰有限公司	建筑幕墙装饰和装修	私营有限责任公司	建筑幕墙工程二级	小型
银川新形象装饰设计工程有限公司	建筑幕墙装饰和装修	私营有限责任公司	建筑幕墙工程二级	小型
宁夏三昌建筑装饰工程有限公司	建筑幕墙装饰和装修	私营有限责任公司	建筑幕墙工程二级	小型
宁夏新三星建设工程有限公司	建筑幕墙装饰和装修	私营有限责任公司	建筑幕墙工程二级	小型
宁夏鑫北装饰有限公司	建筑幕墙装饰和装修	私营有限责任公司	建筑幕墙工程二级	小型
银川市民政福利建筑装饰有限公司	建筑幕墙装饰和装修	私营有限责任公司	建筑幕墙工程二级	小型
宁夏天邦装饰工程有限公司	建筑幕墙装饰和装修	私营有限责任公司	建筑幕墙工程二级	微型
宁夏僖泰装饰工程有限公司	建筑幕墙装饰和装修	私营有限责任公司	建筑幕墙工程二级	微型
宁夏红鼎盛建设工程有限公司	建筑幕墙装饰和装修	私营有限责任公司	建筑幕墙工程二级	微型
宁夏鸿日建筑幕墙装饰有限公司	建筑幕墙装饰和装修	私营有限责任公司	建筑幕墙工程二级	微型
宁夏鑫翔建设集团股份有限公司	建筑幕墙装饰和装修	私营有限责任公司	建筑幕墙工程二级	微型
宁夏远高绿色科技建筑有限公司	其他建筑安装	私营有限责任公司	钢结构工程二级	中型
宁夏德瑞昇实业有限公司	电气安装	其他有限责任公司	消防设施工程二级	小型
宁夏龙津消防安全技术有限公司	电气安装	私营有限责任公司	消防设施工程二级	小型
宁夏欣安消防工程有限公司	电气安装	私营有限责任公司	消防设施工程二级	小型
宁夏仁昊建设工程有限公司	电气安装	私营有限责任公司	消防设施工程二级	小型
宁夏泰银消防设备安装工程有限公司	电气安装	私营有限责任公司	消防设施工程二级	小型
宁夏易兴建设工程有限公司	电气安装	私营有限责任公司	消防设施工程二级	小型
宁夏优泰消防安全工程有限公司	电气安装	私营有限责任公司	消防设施工程二级	微型

7-15 建筑业专业承包资质等级一、二级企业名单(续表2)

(2021)

单位名称	行业类别	注册类型	资质等级	企业规模
宁夏丰亨环保消防工程有限公司	电气安装	私营有限责任公司	消防设施工程二级	微型
宁夏众辰安全技术有限公司	电气安装	私营有限责任公司	消防设施工程二级	微型
宁夏安邦智能科技有限公司	电气安装	私营有限责任公司	消防设施工程二级	微型
宁夏隆泰华消防工程有限公司	电气安装	私营有限责任公司	消防设施工程二级	微型
宁夏高力安装工程有限公司	电气安装	私营有限责任公司	消防设施工程二级	微型
宁夏伊润源建设工程有限公司	园林绿化工程施工	私营有限责任公司	防水防腐保温工程二级	小型
宁夏住宅康克建材科技工程有限公司	其他土木工程建筑施工	其他有限责任公司	防水防腐保温工程二级	小型
宁夏层峰建设工程有限公司	其他土木工程建筑施工	私营有限责任公司	防水防腐保温工程二级	小型
宁夏建科骏瀚特种工程有限公司	其他土木工程建筑施工	私营有限责任公司	防水防腐保温工程二级	小型
银川恒丰达防腐保温工程有限公司	其他土木工程建筑施工	私营有限责任公司	防水防腐保温工程二级	小型
宁夏茂林建设安装工程有限公司	其他土木工程建筑施工	私营有限责任公司	防水防腐保温工程二级	微型
银川桓安保温工程有限公司	其他土木工程建筑施工	私营有限责任公司	防水防腐保温工程二级	微型
宁夏中迅电力工程有限公司	其他建筑安装	私营有限责任公司	建筑机电安装工程二级	中型
宁夏安正科贸有限公司	电气安装	私营有限责任公司	电子与智能化工程二级	小型
宁夏智林智能科技有限公司	电气安装	私营有限责任公司	电子与智能化工程二级	小型
宁夏佳邦建筑智能化工程有限公司	电气安装	私营有限责任公司	电子与智能化工程二级	小型
宁夏亚视电子科技有限公司	电气安装	私营有限责任公司	电子与智能化工程二级	小型
宁夏清达有线电视网络有限公司	电气安装	私营有限责任公司	电子与智能化工程二级	微型
宁夏思源高科智能工程有限公司	电气安装	私营有限责任公司	电子与智能化工程二级	微型
宁夏新锐达视讯有限公司	电气安装	私营有限责任公司	电子与智能化工程二级	微型
宁夏金维电子科技有限公司	电气安装	私营有限责任公司	电子与智能化工程二级	微型
宁夏奇文安全系统工程有限公司	电气安装	私营有限责任公司	电子与智能化工程二级	微型
银川市福林科技有限公司	电气安装	私营有限责任公司	电子与智能化工程二级	微型
宁夏瑞威尔能源环境工程有限公司	环保工程施工	私营有限责任公司	环保工程二级	小型
宁夏怡达公路工程有限公司	公路工程建筑	私营有限责任公司	公路路面工程二级	中型
宁夏东和交通工程开发有限公司	公路工程建筑	其他有限责任公司	公路交通工程二级	微型
宁夏天庆电力工程有限公司	架线和管道工程建筑	私营有限责任公司	输变电工程二级	小型
宁夏坤承电力工程有限公司	架线和管道工程建筑	私营有限责任公司	输变电工程二级	小型
银川市亮化工程建设有限公司	架线和管道工程建筑	其他有限责任公司	城市及道路照明工程二级	小型
宁夏华艺筑光照明科技有限公司	架线和管道工程建筑	私营有限责任公司	城市及道路照明工程二级	微型

主要统计指标解释

【建筑业统计单位】 指从事房屋、构筑物建造和设备安装活动的法人企业。建筑业法人企业应同时具备的条件是:1.依法成立,有自己的名称、组织机构和场所,能够承担民事责任;2.独立拥有和使用资产,承担负债,有权与其他单位签订合同;3.独立核算盈亏,能够编制资产负债表。统计范围是具有建筑业资质等级的独立核算的总承包、专业承包和劳务分包企业。

【年末自有施工机械设备总台数】 指年末本企业(或单位)自有的直接用于工程施工的各种机械设备的台数。但不包括附属辅助生产机械设备、运输设备、生产试验机械设备的台数。

【年末自有施工机械设备总功率】 指年末本企业(或单位)自有的直接用于工程施工的各种机械设备年末总功率,按设定能力或查定能力计算。包括施工机械本身的动力和为该机械服务的单独动力设备,如电动机等。但不包括附属辅助生产机械设备、运输机械设备、生产试验机械设备的功率。计算单位用千瓦,动力换算可按1马力=0.735千瓦折合成千瓦数。电焊机、变压器、锅炉不计算动力。

【建筑业总产值】 是以货币表现的建筑业企业在一定时期内生产的建筑业产品和服务的总和。建筑业总产值包括三部分内容:

(1)建筑工程产值:指列入建筑工程预算内的各种工程价值。

(2)安装工程产值:指设备安装工程价值,不包括被安装设备本身价值。

(3)其他产值:建筑业总产值中除建筑工程、安装工程以外的产值。包括房屋构筑物修理产值、非标准设备制造产值、总包企业向分包企业收取的管理费以及不能明确划分的施工活动所完成的产值。

【房屋建筑施工面积】 指在报告期内施过工的全部房屋建筑面积,它包括本期新开工的房屋面积、上期施工跨入本期继续施工的房屋面积、上期停缓建在本期恢复施工的房屋面积、本期竣工的房屋面积以及本期施工后又停缓建的房屋面积。

【房屋建筑竣工面积】 指在报告期内房屋建筑按照设计要求已全部完工,达到了住人和使用条件,经检查验收鉴定合格,正式移交使用单位的房屋建筑面积。

【从事建筑业活动的平均人数】 指建筑业企业(或单位)报告期实际拥有的、与建筑施工活动有关的平均人数,包括参加本企业(或单位)建筑施工活动的非本企业(或单位)人员,但不包括企业内部社会服务性机构的人员以及由本企业支付工资但所从事的工作与本企业生产基本无关的人员。

8

交通运输与邮电

8-1 主要年份交通运输业主要经济指标

年 份	载客汽车年末拥有量(辆)	载货汽车年末拥有量(辆)	公路客运量(万人)	公路客运周转量(万人公里)	公路货运量(万吨)	公路货运周转量(万吨公里)
1978	227	1028	185	12436	441	17512
1979	230	1083	162	10980	476	11429
1980	1225	3647	189	15004	469	10284
1981	1448	3668	265	14477	266	8391
1982	1488	3718	340	18282	284	10400
1983	1719	3154	344	20421	319	12018
1984	2030	3583	400	22801	292	12851
1985	2840	4791	529	30601	645	30305
1986	2838	4778	653	35965	672	29367
1987	3028	5152	815	41344	688	38034
1988	3313	5380	879	48898	649	37890
1989	3789	6023	1154	54764	646	36800
1990	4422	7532	1095	49564	685	36796
1991	4794	7913	1329	54133	735	40943
1992	5285	8533	1396	56210	862	46592
1993	5991	9306	1324	57166	960	56678
1994	6908	10068	1405	62297	957	58098
1995	7921	11387	1784	74634	1083	59637
1996	9754	12627	2057	82712	1103	62332
1997	13025	13819	2196	94080	1125	66804
1998	15393	15408	2396	106437	1210	78994
1999	17687	17353	2118	117973	1157	159830
2000	19286	17825	2457	134031	1422	170906
2001	21002	19278	2526	144234	1504	168145
2002	23395	17963	2672	152435	1600	190162
2003	27499	25117	1974	124815	1897	211205
2004	27928	24570	2240	142166	2013	216448
2005	28852	31253	2468	160420	2149	232092
2006	48154	28130	2475	162024	2170	235412
2007	56514	28035	2601	173365	2261	247417
2008	76417	35092	2775	187408	2428	263994
2009	106290	45953	2498	216942	9433	1257876
2010	133293	54316	2682	231846	10244	1347185
2011	206527	73279	2926	251785	11473	1498070
2012	267539	86579	3201	279481	12976	1728042
2013	328567	99235	2818	251389	14520	1604415
2014	391035	107336	3366	303176	15314	1643428
2015	460883	106105	3602	318396	10656	1370800
2016	542718	112795	3447	311482	8779	1132969
2017	630274	121208	2862	277263	7797	1032520
2018	709368	133775	2378	217685	7006	694981
2019	772854	146949				
2020	830253	162901				
2021	902881	179978				

8-2 主要年份邮电业主要经济指标

年 份	邮电业务总量(万元)	函件(万件)	包件(万件)	年末本地固定电话用户(户)	住宅电话	移动电话用户期末数(户)	上网用户(户)
1978	183	413	7.4	2622			
1979	188	546	7.6	2717			
1980	200	603	7.4	3303			
1981	289	652	7.3	3498			
1982	310	674	6.9	3742			
1983	343	651	7.1	4230			
1984	377	636	11.3	5036			
1985	465	897	8.5	5738			
1986	532	949	9.8	6721			
1987	606	1001	9.5	7007			
1988	789	969	11.3	9003			
1989	998	934	10.2	10610			
1990	2307	976	9.0	12178			
1991	2953	1153	7.0	14036			
1992	3798	1086	8.5	16572			
1993	5800	1292	13.0	29502			
1994	8199	1225	9.0	49742	26509	2495	
1995	12967	1296	10.0	81657	55094	4740	
1996	18352	1356	11.0	108910	80450	8053	
1997	25225	1098	11.0	130056	95776	15457	
1998	37400	1090	11.0	160444	126770	31935	
1999	57015	1098	12.6	187467	150534	52902	
2000	72997	1213	15.0	260162	171586	107817	21102
2001	116008	1685	15.1	329612	185834	197215	47456
2002	130389	134	18.3	402525	214230	327112	116364
2003	150294	59	20.3	457690	246919	580460	150238
2004	199442	44	21.3	541000	253133	705009	181568
2005	218200	649	20.4	615000	267000	856800	221700
2006	246431	1964	17.5	572300	258030	1035800	108600
2007	280632	1132	18.2	535100	260900	1248600	114000
2008	326375	942	15.0	536835	259688	1226000	116410
2009	360200	1830	15.8	628400	302800	1469700	197400
2010	431880	1281	15.5	677691	339035	1821558	241946
2011	264017	600	17.1	495652	374830	2428721	307117
2012	293125	828	16.6	508069	402494	3102341	339593
2013	366108	655	17.3	509774	419314	3428468	385854
2014	365423	581	15.6	532104	430248	3796484	440269
2015	316125	594	17.4	389543	410576	3600094	492937
2016	348251	642	18.3	323852	387645	3906918	637648
2017	347126	682	16.7	297944	232587	4153148	683325
2018	334174	235	14.3	244000	165000	3848000	988000
2019	396800	224		254400	94000	3627000	1125600
2020	428900	187		252525	89000	3921600	1234100
2021	679892	161		231010	88698	3776109	1365708

8-3　全社会客货运输量

（2021）　　单位:万元

指　标	客运量（万人）	客运周转量（万人公里）	货运量（万吨）	货运周转量（万吨公里）
铁路运输	429.48		717.74	
民航运输	325.20	478239.04	2.19	3238.50

8-4　机动车拥有量

（2021）　　单位:辆

指　标	合计	个人	营运		
				公交客运	出租客运
总　计	**1134196**	**1032259**	**100856**	**1971**	**5906**
汽车	1090942	997708	81579	1971	5906
载客汽车	902881	851349	11845	1971	5906
大型	4863	92	3374	1956	
中型	1940	794	340	11	
小型	891796	846253	8131	4	5906
微型	4282	4210			
载货汽车	179978	141721	68116		
重型	44695	22584	43982		
中型	2748	2249	2293		
轻型	132190	116549	21704		
微型	32	30	14		
其他汽车	313	309	123		
摩托车	23795	23586			
普通	23591	23383			
轻便	204	203			
拖拉机					
挂车	19459	10965	19277		

8-5 邮政、电信

指　标	单位	2009年	2010年	2011年	2012年
邮电业务总量	万元	360200	431880	264017	293125
邮政	万元	14187	15836	10845	12318
包件	万件	15.8	15.5	17.1	16.6
订销报纸累计份数	万份	2168.05	2319.77	2720.80	2857.79
订销杂志累计份数	万份	158.28	167.3	174.85	174.88
收寄特快专递	万份	25.31	28.87	25.41	26.90
市内电话年末到达户数	户	451966	677691	495652	508069
住宅电话	户	291551	339035	374830	402494
农村电话期末到达户数	户	73722	71847	60679	54640
公用电话	部	48545	47987	45743	42611
移动电话期末数	部	1634830	1821558	2428721	3102341
互联网用户	户	197386	241946	307117	339593
邮政局、所总数	处	498	536	614	555
邮政服务网点	处	115	105	98	97
电信服务网点	处	383	431	516	458
本地网及接入网设备总容量	门	891521	876060	901443	929538
电话普及率	部/百人	122.60	125.40	144.36	176.43
移动电话普及率	部/百人	96.10	91.39	119.89	151.60

业务量

2013 年	2014 年	2015 年	2016 年	2017 年	2018 年	2019 年	2020 年	2021 年
366108	365423	316125	348253	347126	334174	396800	428900	679892
13264	12832	17835	20514	20411	22263	66900	186000	161200
17.3	15.6	17.4	18.3	16.7	14.3			
3281.1	3190.9	3164.27	2569.92	2752.85	3075.39	2803.36	2917.78	3684.96
168.15	158.08	173.75	184.05	166.19	171.04	180.53	193.95	165.74
21.4	17.3	29.38	96.42	103.42	117.63		194.71	243.04
509774	526517	389543	323852	297944	244000	254400	252525	231010
419314	430231	410576	387645	232587	165000	94000	89000	88698
49212	43214	26050	17819	17017	11354			
41248	39785	20716	16388	9341	6578			
3428468	3796467	3600094	3906918	4153148	3848000	3627000	3921600	3776109
385854	440291	492937	637648	683325	988000	1125600	1234100	1365708
542	680	106	103	101	94	93	93	95
97	106	2109	2117	1186	1098	147	149	180
445	426	1120	1292	1175	1032	902	765	765
937147	975216	993214	987654	1004444	1178956			
187.50	208.60	196.40	185.70	184.60	176.50	169.30	145.90	139.00
164.30	176.20	182.32	196.76	202.99	189.32	121.18	137.16	131.02

主要统计指标解释

【货(客)运量】 指在一定时期内,各种运输工具实际运送的货物(旅客)数量。货运按吨计算,客运按人计算。

【货物(旅客)周转量】 指在一定时期内,由各种运输工具运送的货物(旅客)数量与其相应运输距离的乘积之总和。计算公式为:货物(旅客)周转量 = $\sum$ 货物(旅客)运输量 × 运输距离

【邮电业务总量】 即邮电专业产品量。邮电业务量按专业分类包括函件、机要文件、包裹、汇票、报刊发行、邮政快件、特快专递、邮政储蓄、集邮、公众电报、用户电报、传真、长途电话、出租电路、市话无线寻呼、移动电话、分组交换数据通信、出租代维等。

【移动电话用户】 指在邮电部门登记,通过移动电话交换机进入移动电话网、占有移动电话号码的电话用户,按实际办理登记手续进入邮电部门移动电话网的户数进行计算。一部(台)移动电话统计为一户。

【固定电话用户】 指在电信运营商营业网点办理开户登记手续并已接入固定电话网上,并按固定电话业务进行经营管理的全部电话用户。包括普通电话用户、公共电话用户、窄带综合业务数字网(N-ISDN)用户、智能网专用接入终端用户等。

【计算机互联网(INTERNET)用户】 计算机互联网是一个连接计算机网的网络,范围遍及全世界,包括局域网、城域网和广域网,旨在实现计算机资源共享。它分为两大类,一类是学术范围的非营利的网络,另一类是商业性或非学术的网络。接入这个网络的用户,称为INTERNET用户。

9

内贸、外贸和旅游

9-1 主要年份社会消费品零售总额分类情况

单位:万元

年 份	社会消费品零售总额	按经济类型分					按行业分	
		国有经济	集体经济	个体经济	私营经济	股份制经济	批发和零售业	住宿和餐饮业
1949	728	177		540			618	
1950	1128	335	69	711			860	66
1951	1601	468	99	1019			1245	75
1952	2080	616	172	1275			1555	90
1953	2588	678	297	1559			2024	94
1954	3131	906	516	1647			2604	139
1955	3101	994	524	1546			2672	115
1956	3505	1342	1046	963			2949	163
1957	3761	1384	1226	958			2968	164
1958	5098	2299	1925	455			4271	193
1959	7038	4537	2163	222			6520	331
1960	8007	5484	2460				7625	231
1961	7362	5211	2065				7271	256
1962	7079	5628	1225	83			6421	378
1963	6998	5354	1381	102			6319	375
1964	7059	5506	1404	46			6442	295
1965	7213	5575	1533	46			6610	286
1966	8193	6062	2111	5			7603	291
1967	7796	6136	1641	7			7435	250
1968	8324	6376	1928	10			7763	260
1969	8730	6616	2090	11			8231	275
1970	9857	7452	2375	14			9326	329
1971	10821	8254	2536	9			10354	352
1972	13137	9430	3370	12			12125	468
1973	13343	9738	3564	15			12709	484
1974	13933	10008	3778	10			13229	473
1975	14903	10766	3974	11			13963	559
1976	16050	11561	4328	18			15001	599
1977	16780	12039	4559	24			15628	577
1978	22581	14282	5963	40			18031	773
1979	26308	19110	6782	221			21049	885
1980	30622	22929	6924	417			24425	1066
1981	34389	24324	8970	970			27137	1102

9-1 主要年份社会消费品零售总额分类情况(续表)

单位:万元

年 份	社会消费品零售总额	按经济类型分					按行业分	
		国有经济	集体经济	个体经济	私营经济	股份制经济	批发和零售业	住宿和餐饮业
1982	39754	25835	12656	1243			31332	1436
1983	44007	27596	13924	2398			34590	1547
1984	52457	29743	15408	6932			41148	2104
1985	64364	36022	15084	12455			50945	2330
1986	74148	41250	18806	13215			59079	2499
1987	84158	43319	25144	14419			66184	3581
1988	106964	53149	32266	20370			84657	4406
1989	123437	61632	36472	23670			98072	4767
1990	135904	65184	36417	32575			107772	5487
1991	151126	71094	38439	39379			119229	6463
1992	144346	81822	43881	44707			136158	8091
1993	196698	93383	20010	50249	32864	382	181725	10960
1994	245684	106092	21929	61113	38550	1093	199277	23476
1995	304417	143211	29752	77665	52273	2715	267919	31548
1996	370005	158139	35227	90725	59843	11012	312164	36994
1997	407201	144521	32856	112897	63924	38925	346450	41993
1998	456788	138273	29095	131677	71097	56507	378256	47821
1999	501958	125797	23359	148339	86828	79256	408701	54567
2000	554213	111087	19636	175010	106822	99046	448299	63039
2001	620116	98044	17126	192152	118014	123542	486107	72563
2002	700272	88324	14679	225369	144302	149996	537957	85124
2003	818992	81502	12754	257501	165745	193922	611801	99806
2004	970316	78049	11349	299751	194872	236438	703023	117450
2005	1132968	76948	11530	339585	231788	286559	809167	137023
2006	1326059	79711	10552	392046	405463	214033	941556	159583
2007	1592516	92843	11471	448567	510765	246667	1126913	184785
2008	1976527	97582	14296	522094	620487	349751	1370188	240549
2009	2341186	134824	11712	524427	629819	727251	1766161	272020
2010	3001761	86917	12848	574085	730708	994984	2131164	315306
2011	3857070	129041	14604	649466	851599	1469824	2737851	379147
2012	4458194	75602	15232	590872	1208496	1665508	3196050	373247
2013	5115239	70843	15741	725107	1085524	2117639	3655413	396400
2014	5666444	70801	19532	867631	1233817	2164136	4031619	422571
2015	6140230	47638	5893	1332987	1488606	1780833	4131980	644307
2016	6660120	45438	5383	1502518	1690331	1765915	4587696	554231
2017	7366994	51572	41969	2182577	1428396	1777773	5064667	558446
2018	7809593	38367	17470	1957868	1598715	1748196	4973068	554244
2019	8300064	42735	40336	2015246	1630474	1974050	7110775	1189289
2020	7708699	48895	11468	3262855	2139370	2045423	7316705	391994
2021	7886870	49357	11409	3450564	2420706	1754894	6925386	961484

9-2 社会消费品零售总额

（2021）　　单位：万元

指　标	合计	兴庆区	金凤区	西夏区	永宁县	贺兰县	灵武市
社会消费品零售总额	**7886870**	**3495948**	**1643789**	**690455**	**269469**	**1431987**	**355222**
按销售单位所在地分							
城镇	7274972	3331626	1481599	633505	212455	1362906	252882
城区	5435041	3025271	1503875	600650	26115	102941	176189
乡村	611898	164323	162190	56950	57014	69080	102340
按登记注册类型分							
国有经济	49357	33520	4776	4855	108	240	5858
集体经济	11409	4244	4074	848	692	1296	254
私营经济	2420706	940672	596460	114170	73518	602298	93587
个体经济	3450564	1775872	596931	378441	147977	355654	195690
股份制经济	1754894	710763	400730	179505	46180	362025	55690
其他经济	199942	30878	40817	12636	994	110473	4143
按行业分							
批发业	2115254	1042193	457538	208350	84736	219345	103094
限额以上	455352	108164	177825	71784	21616	32737	43226
零售业	4840132	2000375	940823	397428	156444	1124815	190245
限额以上	2433726	774952	540252	118537	29747	916387	53852
住宿业	55162	23711	18347	4314	1368	4423	2999
限额以上	26857	9595	16760			260	241
餐饮业	906322	429669	227080	80364	26921	83404	58884
限额以上	43807	12766	21679	1190	1914	2545	3713

9-3 限额以上批发和零售业法人企业商品分类销售额

（2021）

单位：万元

指标	销售额	批发额	零售额
总计	11787362	8546213	3241149
批发业	9167913	8532076	635838
粮油、食品类	349367	338999	10367
粮油类	52654		
肉禽蛋类	8882	5102	3780
水产品类			
蔬菜类			
干鲜果品类			
饮料类	18481	5943	12538
烟酒类	1071275	1054690	16585
服装、鞋帽、针纺织品类	178656	162071	16585
服装类			
鞋帽类			
针纺织品类	178656		
化妆品类			
金银珠宝类	41699		
日用品类			
可穿戴智能设备			
五金、电料类			
体育、娱乐用品类			
照相器材类			
书报杂志类	25047	24704	344
电子出版物及音像制品类			
家用电器和音像器材类	8471	8299	172
能效等级为1级和2级的商品	8299	8299	
智能家用电器和音像器材			
中西药品类	574802	567884	6918
西药类	464864	459162	5702
中草药及中成药类	56674	55781	893
文化办公用品类			
计算机及其配套产品			
家具类			
通讯器材类			
智能手机			
煤炭及制品类	164867		
石油及制品类	4024320	3441295	583025
化工材料及制品类	248655	248655	
化肥类	51552		
金属材料类	1245467		
建筑及装潢材料类	15832		
机电产品及设备类	24687		
农机类	19425		
汽车类	198902	193014	5888
新能源汽车			
种子饲料类	521781		
棉麻类	100824	100824	
其他类	354782	354782	

9-3 限额以上批发和零售业法人企业商品分类销售额(续表)

单位:万元

指 标	销售额	批发额	零售额
零售业	**2619449**	**14139**	**2605311**
粮油、食品类	413703	5914	407789
粮油类	49826	475	49351
肉禽蛋类	46639	1191	45447
水产品类	1452		1452
蔬菜类	11864		11864
干鲜果品类	55100		55100
饮料类	18182		18182
烟酒类	48790		48790
服装、鞋帽、针纺织品类	174268		174268
服装类	133269		133269
鞋帽类	21956		21956
针纺织品类	19044		19044
化妆品类	49556		49556
金银珠宝类	71819		71819
日用品类	60458		60458
可穿戴智能设备			
五金、电料类	16		16
体育、娱乐用品类	6387		6387
照相器材类	2		2
书报杂志类	10999		10999
电子出版物及音像制品类	771		771
家用电器和音像器材类	133302		133302
能效等级为1级和2级的商品	6126		6126
智能家用电器和音像器材	2762		2762
中西药品类	74338	373	73966
西药类	48372	182	48190
中草药及中成药类	21798	190	21608
文化办公用品类	15741		15741
计算机及其配套产品	4713	53	4660
家具类	188		188
通讯器材类	20184	2806	17378
智能手机	19381	2806	16575
煤炭及制品类			
石油及制品类	383167	5046	378121
化工材料及制品类			
化肥类			
金属材料类			
建筑及装潢材料类			
机电产品及设备类			
农机类			
汽车类	1136682		1136682
新能源汽车	44514		44514
种子饲料类			
棉麻类			
其他类	900		900

9-4 限额以上批发和零售业法人企业经营情况

（2021）

单位：万元

指　标	法人企业数（个）	从业人员期末人数（人）	商品购进额	进口	商品销售额	通过公共网络实现的商品销售额	通过非自营平台实现的商品销售额
总　计	**297**	**25679**	**12942191**	**93173**	**12911327**	**221709**	**42545**
兴庆区	65	6902	2615691	5983	1842171	29674	
西夏区	24	2487	1416493		1427336	82739	
金凤区	68	10030	4499536	86385	4761716	69883	
永宁县	39	945	1951765		2049693	4827	
贺兰县	69	4157	1773958	805	2102304	11820	
灵武市	32	1158	684748		728107	22765	
批发业	**139**	**7842**	**10662171**	**79437**	**10191678**	**104700**	**20153**
按批发行业小类分							
农、林、牧、渔产品批发	5	343	1073697		1150740	3260	3260
谷物、豆及薯类批发	3	72	44060		57770		
畜牧渔业饲料批发	2	271	1029637		1092969	3260	3260
食品、饮料及烟草制品批发	8	870	920418		1084263	3780	
米、面制品及食用油批发	1	57	14025		10989		
肉、禽、蛋、奶及水产品批发	1	60	8073		8891	3780	
盐及调味品批发	1	205	3318		5993		
酒、饮料及茶叶批发	3	107	25701		27805		
烟草制品批发	2	441	869301		1030586		
纺织、服装及家庭用品批发	3	84	276703		290382		
纺织品、针织品及原料批发	1		267789		279484		
日用家电批发	2	84	8914		10898		
文化、体育用品及器材批发	3	143	92131		71835		
图书批发	2	123	48575		33472		
首饰、工艺品及收藏品批发	1	20	43555		38363		
医药及医疗器材批发	19	1771	519105	68902	582991	12440	
西药批发	13	1543	479462	68902	531046	12440	
中药批发	1	124	9089		12618		
医疗用品及器材批发	5	104	30555		39327		
矿产品、建材及化工产品批发	90	4124	7499780	10535	6714548	70469	16892
煤炭及制品批发	18	406	447157		497159	30164	16864
石油及制品批发	21	3028	5510399		4636046	100	28
金属及金属矿批发	40	332	1308203	10535	1348502	40205	
建材批发	3	38	36956		36765		
化肥批发	4	297	130449		125897		
其他化工产品批发	4	23	66616		70179		

9-4 限额以上批发和零售业

（2021）

指 标	批发额	出口	零售额
总 计	**9546719**	**38040**	**3342750**
兴庆区	733151	963	1109019
西夏区	1165237		259930
金凤区	3754235	37077	1007481
永宁县	2022720		26973
贺兰县	1202045		900259
灵武市	669330		39088
批发业	**9530143**	**37077**	**639677**
按批发行业小类分			
农、林、牧、渔产品批发	1150740		
谷物、豆及薯类批发	57770		
畜牧渔业饲料批发	1092969		
食品、饮料及烟草制品批发	1080247		4017
米、面制品及食用油批发	10989		
肉、禽、蛋、奶及水产品批发	5111		3780
盐及调味品批发	5993		
酒、饮料及茶叶批发	27568		237
烟草制品批发	1030586		
纺织、服装及家庭用品批发	290382		
纺织品、针织品及原料批发	279484		
日用家电批发	10898		
文化、体育用品及器材批发	71491		344
图书批发	33129		344
首饰、工艺品及收藏品批发	38363		
医药及医疗器材批发	576099		6892
西药批发	526746		4300
中药批发	10026		2592
医疗用品及器材批发	39327		
矿产品、建材及化工产品批发	6070153	37077	622537
煤炭及制品批发	473568		3902
石油及制品批发	4015242		618635
金属及金属矿批发	1348502	37077	
建材批发	36765		
化肥批发	125897		
其他化工产品批发	70179		

法人企业经营情况(续表 1)

单位:万元

通过公共网络实现的零售额	通过非自营平台实现的零售额	期末商品库存额	服务营业额	年末零售营业面积(平方米)
122958	**26294**	**615449**	**68534**	**2027259**
24954	75	161706	7673	1109821
277847		1165242	1165243	1165244
56851	25672	178934	13812	646426
1567		39163		31318
3528	547	142889	23347	107002
8274		30737	16920	36188
7682	**3902**	**325793**	**28598**	**687837**
		4412		
		4230		
		182		
3780		38011		440
		11033		50
3780				
		698		
		7619		390
		18662		
		2026		560
		596		
		1430		560
		21573	189	5989
		14305	189	5989
		7268		
		65015	835	13285
		60350	675	9443
		1030	160	3842
		3635		
3902	3902	172622	23702	665561
3902	3902	20722	14167	535
		63340	9535	664626
		47871		300
		5368		
		35261		
		60		100

9-4 限额以上批发和零售业

（2021）

指　标	法人企业数（个）	从业人员期末人数（人）
机械设备、五金产品及电子产品批发	10	467
农业机械批发	4	115
汽车及零配件批发	6	352
其他批发业	1	40
再生物资回收与批发	1	40
按登记注册类型分		
内资企业	139	7842
国有企业	6	773
有限责任公司	19	1532
国有独资公司	4	406
其他有限责任公司	15	1126
股份有限公司	7	2369
私营企业	107	3168
私营独资企业	3	62
私营有限责任公司	104	3106
按控股情况分		
国有控股	26	4442
私人控股	113	3400
按经营形式分		
独立门店	96	4014
连锁总店	5	1759
其他	38	2069
按单位规模分		
大型	7	3095
中型	50	3864
小型	64	839
微型	18	44
按经营地分		
城镇	116	6931
城区	63	4780
乡村	23	911

法人企业经营情况(续表2)

单位:万元

商品购进额	进口	商品销售额	通过公共网络实现的商品销售额	通过非自营平台实现的商品销售额
208821		223594		
24151		25877		
184670		197717		
71517		73326	14750	
71517		73326	14750	
10662171	79437	10191678	104700	20153
1361552		1537218		
1784788	5983	1887329	7484	3260
120322		96801		
1664466	5983	1790528	7484	3260
3942515	62920	3002573		
3573317	10535	3764558	97216	16892
138351	9393	147957	14750	
3434966	1142	3616601	82466	16892
6930578	68902	6263821	7484	3260
3731593	10535	3927857	97216	16892
3972730	62920	3237437	82466	16892
1064898		1109433		
5624543	16517	5844808	22234	3260
3368846	5983	2625233	7484	3260
4322577	63581	4494294	43611	16864
2521118	9874	2603275	40205	
449630		468876	13400	28
9873601	79437	9352229	90903	20125
6883755	79437	6224082	76043	16864
788570		839449	13797	28

9-4 限额以上批发和零售业

（2021）

指 标	批发额	出口	零售额
机械设备、五金产品及电子产品批发	217706		5888
农业机械批发	25877		
汽车及零配件批发	191829		5888
其他批发业	73326		
再生物资回收与批发	73326		
按登记注册类型分			
内资企业	9530143	37077	639677
国有企业	1537218		
有限责任公司	1880683		6646
国有独资公司	96457		344
其他有限责任公司	1784226		6303
股份有限公司	2529451		470952
私营企业	3582791	37077	162078
私营独资企业	147957	26775	
私营有限责任公司	3434834	10302	162078
按控股情况分			
国有控股	5784682		476970
私人控股	3745461	37077	162706
按经营形式分			
独立门店	3198128	8586	17451
连锁总店	722714		386719
其他	5609302	28491	235506
按单位规模分			
大型	2151414		473820
中型	4474177		20116
小型	2457535	37077	145741
微型	447018		
按经营地分			
城镇	8710877	37077	639183
城区	5595333	37077	626579
乡村	819266		494

法人企业经营情况(续表 3)

单位:万元

通过公共网络实现的零售额	通过非自营平台实现的零售额	期末商品库存额	服务营业额	年末零售营业面积(平方米)
		19895	3872	2002
		5703		1458
		14192	3872	544
		2238		
		2238		
7682	3902	325793	28598	687837
		30392		50
		90626	7599	9786
		48677	6971	5989
		41949	628	3797
		68429		661972
7682	3902	136346	20999	16029
		9341		
7682	3902	127005	20999	16029
		176482	6971	670828
7682	3902	149311	21627	17009
7682	3902	220391	18029	13157
		16300	628	660215
		89103	9940	14465
		59932		663335
7682	3902	186327	20577	21062
		71634	8021	3340
		7900		100
7682	3902	284607	12013	685150
3902	3902	195768	7410	674775
		41186	16584	2687

9-4 限额以上批发和零售业

(2021)

指　标	法人企业数（个）	从业人员期末人数（人）
零售业	**158**	**17837**
按零售行业小类分		
综合零售	13	8117
百货零售	7	1699
超级市场零售	6	6418
食品、饮料及烟草制品专门零售	9	464
粮油零售	1	26
糕点、面包零售	1	58
果品、蔬菜零售	3	304
肉、禽、蛋、奶及水产品零售	1	13
酒、饮料及茶叶零售	3	63
纺织、服装及日用品专门零售	2	118
服装零售	1	54
钟表、眼镜零售	1	64
文化、体育用品及器材专门零售	8	321
文具用品零售	1	21
体育用品及器材零售	1	34
图书、报刊零售	2	187
珠宝首饰零售	2	60
乐器零售	1	10
照相器材零售	1	9
医药及医疗器材专门零售	10	1609
西药零售	9	1478
中药零售	1	131
汽车、摩托车、零配件和燃料及其他动力销售	99	5518
汽车新车零售	73	4215
汽车旧车零售	1	11
机动车燃油零售	19	970
机动车燃气零售	6	322
家用电器及电子产品专门零售	10	1105
日用家电零售	4	867
计算机、软件及辅助设备零售	4	117
通信设备零售	2	121
五金、家具及室内装饰材料专门零售	1	
家具零售	1	
货摊、无店铺及其他零售业	6	585
互联网零售	5	418
生活用燃料零售	1	167

法人企业经营情况(续表 4)

单位:万元

商品购进额	进口	商品销售额	通过公共网络实现的商品销售额	通过非自营平台实现的商品销售额
2280020	13736	2719649	117009	22393
718243		768938	38670	21770
248047		292838	13319	
470196		476100	25351	21770
51302		65244	1567	
922		984		
5476		4628		
29146		40759	1567	
1934		2251		
13823		16621		
2699		3284		
451		592		
2248		2692		
20508		25573		
640		1165		
3213		3368		
9017		11752		
3945		4918		
1502		1600		
2191		2772		
57120		74354		
55152		72327		
1968		2027		
1263625	13736	1574975	27573	
1114364	13736	1179882	27573	
3248		3735		
121086		359714		
24927		31644		
134869		162183	9145	75
119925		146162	9145	75
10102		10933		
4843		5088		
2		27		
2		27		
31654		45070	40055	547
28436		40602	40055	547
3218		4468		

9-4 限额以上批发和零售业

(2021)

指 标	批发额	出口	零售额
零售业	16576	963	2703073
按零售行业小类分			
综合零售			768938
百货零售			292838
超级市场零售			476100
食品、饮料及烟草制品专门零售	5579		59665
粮油零售			984
糕点、面包零售			4628
果品、蔬菜零售			40759
肉、禽、蛋、奶及水产品零售	856		1395
酒、饮料及茶叶零售	4722		11899
纺织、服装及日用品专门零售			3284
服装零售			592
钟表、眼镜零售			2692
文化、体育用品及器材专门零售			25573
文具用品零售			1165
体育用品及器材零售			3368
图书、报刊零售			11752
珠宝首饰零售			4918
乐器零售			1600
照相器材零售			2772
医药及医疗器材专门零售	373		73982
西药零售	373		71955
中药零售			2027
汽车、摩托车、零配件和燃料及其他动力销售	5117		1569859
汽车新车零售	70		1179812
汽车旧车零售			3735
机动车燃油零售			359714
机动车燃气零售	5046		26598
家用电器及电子产品专门零售	3769	963	158414
日用家电零售			146162
计算机、软件及辅助设备零售	963	963	9969
通信设备零售	2806		2282
五金、家具及室内装饰材料专门零售			27
家具零售			27
货摊、无店铺及其他零售业	1739		43332
互联网零售	1739		38863
生活用燃料零售			4468

法人企业经营情况(续表5)

单位:万元

通过公共网络实现的零售额	通过非自营平台实现的零售额	期末商品库存额	服务营业额	年末零售营业面积(平方米)
115276	22393	289656	39936	1339422
38670	21770	56093	2421	754637
13319		7550	2421	381283
25351	21770	48543		373354
1567		4510		12029
		269		994
		10		
1567		1975		10455
		308		260
		1948		320
		6085		1582
		4356		1300
		1729		282
		26300	119	20763
		763		155
		8232		4156
		4804		12300
		10673		3708
		1209		254
		619	119	190
		9308		70213
		9237		68713
		72		1500
27502		157747	36007	326511
27502		153416	34924	204633
		269	1082	3282
		3948		72132
		114		46464
9145	75	25750	1306	150717
9145	75	21299	137	148941
		3164	1018	1232
		1286	152	544
38391	547	3864	83	2970
38391	547	3747		970
		117	83	2000

9-4 限额以上批发和零售业

（2021）

指　标	法人企业数（个）	从业人员期末人数（人）
按登记注册类型分		
内资企业	154	17487
国有企业	3	218
集体企业	1	16
有限责任公司	33	8733
国有独资公司	2	193
其他有限责任公司	31	8540
股份有限公司	3	1784
私营企业	114	6736
私营独资企业	1	71
私营有限责任公司	112	6631
私营股份有限公司	1	34
港、澳、台商投资企业	3	270
与港澳台商合资经营企业	1	103
港澳台商独资企业	2	167
外商投资企业	1	80
中外合资经营企业	1	80
按控股情况分		
国有控股	10	1361
集体控股	3	173
私人控股	141	15953
港澳台商控股	3	270
外商控股	1	80
按经营形式分		
独立门店	134	8896
连锁总店	15	8279
其他	9	662
按单位规模分		
大型	8	9382
中型	67	6401
小型	70	2007
微型	13	47
按零售业态分		
有店铺零售	150	17317
超市	5	315
大型超市	5	6418
百货店	8	1720
专业店	58	4794
专卖店	74	4070
无店铺零售	8	520
网上商店	6	441
其他	2	79
按经营地分		
城镇	149	17487
城区	81	12588
乡村	9	350

法人企业经营情况(续表 6)

单位:万元

商品购进额	进口	商品销售额	通过公共网络实现的商品销售额	通过非自营平台实现的商品销售额
2196928	13736	2623101	95698	22393
18874		21539		
2506		3010		
861539	312	1119853	28574	20689
4140		5452		
857399	312	1114401	28574	20689
226828		239576	14171	1081
1087182	13424	1239124	52953	622
20726		20397		
1063244	13424	1215359	52953	622
3213		3368		
78586		89810	21311	
54283		63795		
24303		26015	21311	
4506		6738		
4506		6738		
129048		375264		
47625		50663		
2020256	13736	2197174	95698	22393
78586		89810	21311	
4506		6738		
1558402	13736	1936590	66086	1704
645590		696056	23139	20689
76028		87003	27785	
804411		848665	66310	21770
1111072	13736	1234267	13686	622
349971		619749	34295	
14566		16968	2719	
2226382	13736	2653142	57876	21845
28319		41342	1700	
468406		473894	25218	21770
248688		294002	13319	
528954		832752	9842	75
952016	13736	1011151	7797	
53638		66507	59134	547
47272		59681	59134	547
6366		6826		
2208592	13736	2647421	117009	22393
1270035	12931	1413943	96972	21845
71428		72228		

9-4 限额以上批发和零售业

（2021）

指　标	批发额	出口	零售额
按登记注册类型分			
内资企业	16505	963	2606596
国有企业			21539
集体企业			3010
有限责任公司	4722		1115131
国有独资公司			5452
其他有限责任公司	4722		1109678
股份有限公司			239576
私营企业	11783	963	1227341
私营独资企业			20397
私营有限责任公司	11783	963	1203576
私营股份有限公司			3368
港、澳、台商投资企业	70		89740
与港澳台商合资经营企业			63795
港澳台商独资企业	70		25945
外商投资企业			6738
中外合资经营企业			6738
按控股情况分			
国有控股	4722		370542
集体控股			50663
私人控股	11783	963	2185391
港澳台商控股	70		89740
外商控股			6738
按经营形式分			
独立门店	15240		1921350
连锁总店			696056
其他	1336	963	85667
按单位规模分			
大型			848665
中型	10316		1223951
小型	6260	963	613489
微型			16968
按零售业态分			
有店铺零售	13804		2639339
超市	5579		35763
大型超市			473894
百货店			294002
专业店	8225		824528
专卖店			1011151
无店铺零售	2772	963	63735
网上商店	1809		57872
其他	963	963	5863
按经营地分			
城镇	16576	963	2630845
城区	15656	963	1398287
乡村			72228

法人企业经营情况(续表7)

单位:万元

通过公共网络实现的零售额	通过非自营平台实现的零售额	期末商品库存额	服务营业额	年末零售营业面积(平方米)
94035	22393	282312	37629	1304137
		6016		12736
		26		100
28574	20689	83887	12733	606462
		386	83	2994
28574	20689	83501	12651	603468
14171	1081	12460	724	162805
51290	622	179923	24171	522034
		1582	616	16072
51290	622	170109	23555	501806
		8232		4156
21241		7343	2307	14716
		5453	1963	2567
21241		1890	344	12149
		1		20569
		1		20569
		13538	83	143754
		4392	174	4620
94035	22393	264382	37372	1155763
21241		7343	2307	14716
		1		20569
64353	1704	192802	35393	789430
23139	20689	86802	2735	535481
27785		10052	1808	14511
66310	21770	78229		671119
13214	622	146911	32773	450929
33034		62896	6601	212477
2719		1621	562	4897
57876	21845	283118	38709	1334146
1700		3746		10515
25218	21770	48543		373354
13319		8313	2421	381438
9842	75	69165	4345	392245
7797		153351	31943	176594
57400	547	6538	1227	5276
57400	547	4480	344	4719
		2058	883	557
115276	22393	280251	34243	1290039
95711	21845	163216	12283	1004318
		9405	5693	49383

9-5 限额以上批发和零售业法人企业主要财务状况

（2021）

单位：万元

指标	法人企业数（个）	执行《2006年企业会计准则》企业数（个）	年初存货	期末资产负债		
				流动资产合计	应收账款	存货
总计	**297**	**174**	**626419**	**3078263**	**535560**	**625471**
批发业	**139**	**79**	**348348**	**1956120**	**432823**	**339616**
按批发行业小类分						
农、林、牧、渔产品批发	5	3	37598	148334	11465	12541
谷物、豆及薯类批发	3	1	25959	19038	3439	12376
畜牧渔业饲料批发	2	2	11639	129296	8026	165
牲畜批发						
食品、饮料及烟草制品批发	8	5	52884	403118	3955	25171
米、面制品及食用油批发	1	1	3918	7940	2954	1053
肉、禽、蛋、奶及水产品批发	1		502	1123	520	94
盐及调味品批发	1	1	549	6822	209	698
酒、饮料及茶叶批发	3	2	6858	13934	272	6812
烟草制品批发	2	1	41057	373299		16515
纺织、服装及家庭用品批发	3	1	14950	31049	11692	4065
纺织品、针织品及原料批发	1		11725	21182	11230	526
日用家电批发	2	1	3225	9867	462	3540
文化、体育用品及器材批发	3	3	11482	54388	8483	15409
图书批发	2	2	5202	37384	6119	8141
首饰、工艺品及收藏品批发	1	1	6280	17004	2364	7268
医药及医疗器材批发	19	12	57805	307603	186844	59044
西药批发	13	9	53777	278821	168326	54048
中药批发	1		913	122	-1286	1408
医疗用品及器材批发	5	3	3115	28660	19804	3588
矿产品、建材及化工产品批发	90	45	157253	910404	151835	203893
煤炭及制品批发	18	9	27120	154918	47582	27659
石油及制品批发	21	15	58377	440392	49696	92224
金属及金属矿批发	40	16	40889	211066	41040	43332
建材批发	3		1531	18707	4643	5333
化肥批发	4	3	29174	75991	1378	35256
农药批发						
其他化工产品批发	4	2	162	9331	7496	90
批发业按地区分组	**139**	**79**	**348348**	**1956120**	**432823**	**339616**
银川市	139	79	348348	1956120	432823	339616
兴庆区	16	13	47223	243951	92433	61098
西夏区	17	17	55472	242323	88689	58796
金凤区	34	15	99808	785663	75413	107972
永宁县	30	9	58808	268918	49325	37047
贺兰县	20	16	54795	223049	83728	39420
灵武市	22	9	32243	192216	43235	35283
零售业按地区分组	**158**	**95**	**278071**	**1122142**	**102736**	**285854**
银川市	158	95	278071	1122142	102736	285854
兴庆区	49	27	101773	453152	26946	97028
西夏区	7	4	2528	36336	4973	11155
金凤区	34	24	86329	338945	52444	95797
永宁县	9	2	1703	11502	1086	1838
贺兰县	49	37	82489	268122	12714	75850
灵武市	10	1	3249	14086	4573	4187

9-5 限额以上批发和零售业法人企业主要财务状况(续表 1)

(2021)　　单位:万元

指　标	期末资产负债				
	固定资产原价	房屋和构筑物	机器设备	累计折旧	本年折旧
总　计	**927106**	**347509**	**232383**	**361254**	**57145**
批发业	**517906**	**106461**	**170985**	**195751**	**29632**
按批发行业小类分					
农、林、牧、渔产品批发	10023	6928	2923	2081	451
谷物、豆及薯类批发	10023	6928	2923	2081	451
畜牧渔业饲料批发					
食品、饮料及烟草制品批发	42425	17757	9583	20767	2462
米、面制品及食用油批发	8374	7606	519	3282	306
肉、禽、蛋、奶及水产品批发	362			220	41
盐及调味品批发	1677	902	775	1209	-13
酒、饮料及茶叶批发	705		670	443	23
烟草制品批发	31307	9248	7619	15614	2104
纺织、服装及家庭用品批发	223	128	59	53	11
纺织品、针织品及原料批发					
日用家电批发	223	128	59	53	11
文化、体育用品及器材批发	5201	4259	363	2982	162
图书批发	5201	4259	363	2982	162
首饰、工艺品及收藏品批发					
医药及医疗器材批发	38374	26033	2997	11454	1695
西药批发	37276	26033	2550	10679	1580
中药批发	55		55	19	8
医疗用品及器材批发	1043		392	756	107
矿产品、建材及化工产品批发	417621	50089	154239	156044	24478
煤炭及制品批发	80327	5148	8047	29510	6356
石油及制品批发	328570	44000	142796	122237	17312
金属及金属矿批发	6327	736	1430	3410	578
建材批发	450	160	203	336	26
化肥批发	1524		1524	358	150
农药批发					
其他化工产品批发	423	45	240	193	56
批发业按地区分组	**517906**	**106461**	**170985**	**195751**	**29632**
银川市	517906	106461	170985	195751	29632
兴庆区	205333	45888	115871	71247	8110
西夏区	145599	8611	6777	63790	6034
金凤区	47441	11050	11915	22978	3850
永宁县	14281	8521	3800	4417	898
贺兰县	27885	17132	5063	10493	1707
灵武市	77366	15259	27559	22827	9034
零售业按地区分组	**409201**	**241048**	**61398**	**165503**	**27512**
银川市	409201	241048	61398	165503	27512
兴庆区	152885	108922	9977	56557	5601
西夏区	33957	13465	8621	16501	1884
金凤区	130538	70963	24811	52131	9099
永宁县	9475	5497	2900	4302	1136
贺兰县	73525	40470	14108	31901	9290
灵武市	8821	1732	980	4111	503

9-5 限额以上批发和零售业法人企业主要财务状况(续表2)

（2021）

单位:万元

指 标	法人企业数(个)	执行《2006年企业会计准则》企业数(个)	年初存货	期末资产负债		
				流动资产合计	应收账款	存货
机械设备、五金产品及电子产品批发	10	9	13291	57479	22912	17255
农业机械批发	4	3	4197	11598	3235	5673
汽车及零配件批发	6	6	9094	45882	19676	11583
其他批发业	1	1	3085	43744	35638	2238
再生物资回收与批发	1	1	3085	43744	35638	2238
按登记注册类型分						
内资企业	139	79	348348	1956120	432823	339616
国有企业	6	5	45524	397145	18889	18266
有限责任公司	19	17	105192	528456	140615	88315
国有独资公司	4	4	29355	126497	20034	42789
其他有限责任公司	15	13	75838	401959	120581	45525
股份有限公司	7	7	52107	135330	30002	64831
私营企业	107	50	145525	895190	243317	168205
私营独资企业	3	2	8452	61374	41303	8606
私营有限责任公司	104	48	137072	833816	202014	159599

9-5 限额以上批发和零售业法人企业主要财务状况(续表 3)

（2021） 单位:万元

指 标	期末资产负债				
	固定资产原价	房屋和构筑物	机器设备	累计折旧	本年折旧
机械设备、五金产品及电子产品批发	3844	1267	821	2254	368
农业机械批发	1445	347		1063	63
汽车及零配件批发	2399	920	821	1192	306
其他批发业	195			116	6
再生物资回收与批发	195			116	6
按登记注册类型分					
内资企业	517906	106461	170985	195751	29632
国有企业	41452	17757	9007	20147	2411
有限责任公司	108590	32157	10845	37704	4153
国有独资公司	11169	6678	3595	5531	404
其他有限责任公司	97421	25479	7250	32173	3749
股份有限公司	245931	23680	112856	98297	10323
私营企业	121933	32867	38277	39603	12746
私营独资企业	1222	354	14	513	134
私营有限责任公司	120711	32513	38263	39091	12612

9-5 限额以上批发和零售业法人企业主要财务状况(续表 4)

（2021）

单位:万元

指 标	法人企业数(个)	执行《2006 年企业会计准则》企业数(个)	年初存货	期末资产负债		
				流动资产合计	应收账款	存货
按控股情况分						
国有控股	26	24	189284	971454	161422	157513
私人控股	113	55	159064	984666	271401	182103
按经营形式分						
独立门店	96	56	181121	891741	233483	209348
连锁总店	5	4	15630	51848	22824	17495
其他	38	19	151598	1012532	176516	112773
按单位规模分						
大型	7	6	37256	399431	74680	55775
中型	50	34	231284	941039	218545	175988
小型	64	30	61675	538625	98552	98945
微型	18	9	18134	77026	41046	8908
按经营地分						
城镇	116	68	296802	1743324	369723	299486
城区	63	42	193768	1246568	246183	220526
乡村	23	11	51546	212796	63100	40130
零售业	**158**	**95**	**278071**	**1122142**	**102736**	**285854**
按零售行业小类分						
综合零售	13	12	44119	313127	45370	51676
百货零售	7	6	6589	153039	1273	7755
超级市场零售	6	6	37530	160088	44097	43921
食品、饮料及烟草制品专门零售	9	4	10579	33544	2419	8497
粮油零售	1		300	1048	150	195
糕点、面包零售	1	1	10	711	529	10
果品、蔬菜零售	3	1	4037	11682	657	1975
肉、禽、蛋、奶及水产品零售	1		46	1192	428	308
酒、饮料及茶叶零售	3	2	6187	18912	655	6009
纺织、服装及日用品专门零售	2	1	6754	8744	666	6457
服装零售	1		4414	4967	582	4356
钟表、眼镜零售	1	1	2341	3777	84	2101

9-5 限额以上批发和零售业法人企业主要财务状况(续表5)

（2021）

单位:万元

指　标	期末资产负债				
	固定资产原价	房屋和构筑物	机器设备	累计折旧	本年折旧
按控股情况分					
国有控股	389268	69425	132642	154612	16619
私人控股	128637	37035	38343	41139	13014
按经营形式分					
独立门店	179933	45363	20504	73526	11122
连锁总店	206106	23680	112949	80479	10386
其他	131867	37418	37531	41746	8124
按单位规模分					
大型	266287	32880	113644	109040	11189
中型	226802	69659	52366	75307	15260
小型	23838	3719	4696	11037	3099
微型	978	202	278	367	85
按经营地分					
城镇	425787	76953	142009	169666	20190
城区	384283	52889	133398	154650	17639
乡村	92119	29507	28976	26085	9442
零售业	**409201**	**241048**	**61398**	**165503**	**27512**
按零售行业小类分					
综合零售	155610	117566	22337	52142	7407
百货零售	87043	77510	2560	26311	3401
超级市场零售	68568	40056	19776	25831	4006
食品、饮料及烟草制品专门零售	10333	832	684	5668	369
粮油零售	745	619	30	498	39
糕点、面包零售	5		5		
果品、蔬菜零售	9157		626	4777	321
肉、禽、蛋、奶及水产品零售	12		12	2	2
酒、饮料及茶叶零售	415	213	12	390	7
纺织、服装及日用品专门零售	1593	1332	18	1015	92
服装零售	14		14	14	
钟表、眼镜零售	1579	1332	4	1001	92

9-5 限额以上批发和零售业法人企业主要财务状况(续表 6)

（2021）

单位:万元

指标	法人企业数（个）	执行《2006 年企业会计准则》企业数(个)	年初存货	期末资产负债		
				流动资产合计	应收账款	存货
文化、体育用品及器材专门零售	8	4	25326	38625	3609	24412
文具用品零售	1		989	928	-43	763
体育用品及器材零售	1		7923	10183	673	8232
图书、报刊零售	2	2	2933	10440	1211	3118
珠宝首饰零售	2	1	11710	14327	1105	10471
乐器零售	1		1174	1237	1	1209
照相器材零售	1	1	596	1510	663	619
医药及医疗器材专门零售	10	3	10970	39612	5388	11510
西药零售	9	3	9313	37303	5239	9363
中药零售	1		1657	2309	149	2147
汽车、摩托车、零配件和燃料及其他动力销售	99	63	155592	520612	29576	146092
汽车新车零售	73	52	151808	447485	22507	141112
汽车旧车零售	1	1	706	286	8	269
机动车燃油零售	19	8	2494	42237	6095	4283
机动车燃气零售	6	2	584	30605	966	428
家用电器及电子产品专门零售	10	7	23045	141065	8092	25940
日用家电零售	4	4	19620	122502	5220	21632
计算机、软件及辅助设备零售	4	2	2917	10412	2362	3164
通信设备零售	2	1	509	8151	510	1143
五金、家具及室内装饰材料专门零售	1		72	155	118	37
家具零售	1		72	155	118	37
货摊、无店铺及其他零售业	6	1	1613	26659	7497	11234
互联网零售	5		814	23140	5831	10411
生活用燃料零售	1	1	800	3519	1666	823

9-5 限额以上批发和零售业法人企业主要财务状况(续表7)

（2021）　　单位:万元

指　标	期末资产负债				
	固定资产原价	房屋和构筑物	机器设备	累计折旧	本年折旧
文化、体育用品及器材专门零售	25802	21457	1443	7582	979
文具用品零售	27		27	19	4
体育用品及器材零售	620	187	433	428	8
图书、报刊零售	18625	15736	881	4877	660
珠宝首饰零售	6428	5534		2164	292
乐器零售	10		10	10	10
照相器材零售	92		92	83	6
医药及医疗器材专门零售	11451	7940	245	5168	546
西药零售	11396	7940	245	5163	545
中药零售	55			5	1
汽车、摩托车、零配件和燃料及其他动力销售	193516	90537	33598	85988	17361
汽车新车零售	127247	68922	19358	52700	13926
汽车旧车零售	11			7	7
机动车燃油零售	48154	20815	13109	22535	2806
机动车燃气零售	18103	800	1132	10746	623
家用电器及电子产品专门零售	3568	60	321	2332	570
日用家电零售	3083	60	93	1955	537
计算机、软件及辅助设备零售	229		229	171	29
通信设备零售	257			206	4
五金、家具及室内装饰材料专门零售	1723			1166	13
家具零售	1723			1166	13
货摊、无店铺及其他零售业	5605	1324	2752	4444	176
互联网零售	646		606	251	90
生活用燃料零售	4959	1324	2146	4193	86

9-5 限额以上批发和零售业法人企业主要财务状况(续表8)

（2021）

单位:万元

指　标	法人企业数(个)	执行《2006年企业会计准则》企业数(个)	年初存货	期末资产负债		
				流动资产合计	应收账款	存货
按登记注册类型分						
内资企业	154	92	271647	1110530	100760	279813
国有企业	3	3	4060	12519	1402	4099
集体企业	1		12	1152	2	23
有限责任公司	33	26	80470	329242	54845	92357
国有独资公司	2	1	1099	4566	1816	1019
其他有限责任公司	31	25	79370	324676	53029	91339
股份有限公司	3	3	7927	147046	1003	8260
私营企业	114	60	179179	620571	43509	175073
私营独资企业	1		2671	9156	104	2220
私营有限责任公司	112	60	168584	601231	42732	164621
私营股份有限公司	1		7923	10183	673	8232
港、澳、台商投资企业	3	3	6323	9198	1893	5929
与港澳台商合资经营企业	1	1	6323	8057	1621	5279
港澳台商独资企业	2	2		1141	272	650
外商投资企业	1		101	2414	84	113
中外合资经营企业	1		101	2414	84	113
按控股情况分						
国有控股	10	9	11055	51569	6145	12541
集体控股	3	1	4368	23739	172	5399
私人控股	141	82	256225	1035222	94443	261873
港澳台商控股	3	3	6323	9198	1893	5929
外商控股	1		101	2414	84	113
按经营形式分						
独立门店	134	83	188121	732146	39953	176086
连锁总店	15	8	84497	356670	57390	94727
其他	9	4	5452	33327	5393	15042
按单位规模分						
大型	8	7	61860	442580	54063	79728
中型	67	47	140557	466932	26472	132326
小型	70	35	67741	191183	18448	66364
微型	13	6	7913	21447	3753	7436
按零售业态分						
有店铺零售	150	94	275220	1093599	95791	272736
超市	5	2	5182	15399	273	3746
大型超市	5	5	37530	160088	44097	43921
百货店	8	6	7579	153968	1230	8518
专业店	58	31	70730	351263	30150	71918
专卖店	74	50	154200	412882	20041	144633
无店铺零售	8	1	2850	28543	6945	13118
网上商店	6	1	814	23907	5889	11061
其他	2		2037	4636	1056	2058

9-5 限额以上批发和零售业法人企业主要财务状况(续表9)

（2021）　　单位:万元

指　标	期末资产负债				
	固定资产原价	房屋和构筑物	机器设备	累计折旧	本年折旧
按登记注册类型分					
内资企业	395757	233762	59497	158328	23415
国有企业	19137	15736	881	5382	660
集体企业	89	27	62	46	5
有限责任公司	131842	75336	29164	54304	6929
国有独资公司	5703	1943	2176	4691	125
其他有限责任公司	126139	73393	26989	49613	6804
股份有限公司	89293	78812	5832	24746	3394
私营企业	155396	63850	23558	73850	12426
私营独资企业	2849	1983	126	551	63
私营有限责任公司	151927	61680	22999	72870	12355
私营股份有限公司	620	187	433	428	8
港、澳、台商投资企业	9423	7287	1901	3967	3967
与港澳台商合资经营企业	9159	7287	1873	3916	3916
港澳台商独资企业	263		29	51	51
外商投资企业	4021			3208	130
中外合资经营企业	4021			3208	130
按控股情况分					
国有控股	36459	26782	3259	14642	1202
集体控股	3951	1860	1163	1881	114
私人控股	355347	205120	55075	141804	22099
港澳台商控股	9423	7287	1901	3967	3967
外商控股	4021			3208	130
按经营形式分					
独立门店	288536	161299	35223	121577	21481
连锁总店	117488	77942	25062	42185	5824
其他	3177	1808	1113	1740	208
按单位规模分					
大型	180937	135941	29848	58450	7536
中型	172446	80793	20786	82447	15387
小型	48858	23970	10374	21000	4234
微型	6959	345	391	3606	354
按零售业态分					
有店铺零售	408329	241048	60590	165130	27395
便利店					
超市	2017	213	649	1167	100
大型超市	68568	40056	19776	25831	4006
百货店	87069	77510	2587	26330	3404
专业店	121653	59519	19049	56785	5792
专卖店	129022	63751	18528	55017	14092
无店铺零售	872		809	373	117
网上商店	698		635	254	93
其他	174		174	119	24

9-5 限额以上批发和零售业法人企业主要财务状况(续表10)

(2021) 单位:万元

指 标	期末资产负债				
	固定资产净值	在建工程	无形资产	土地使用权	资产总计
总 计	**532527**	**75443**	**226036**	**94525**	**5155620**
批发业	**306582**	**43744**	**137086**	**54358**	**3044142**
按批发行业小类分					
农、林、牧、渔产品批发	7942	1713	2953	2942	161086
谷物、豆及薯类批发	7942	1713	2953	2942	31790
畜牧渔业饲料批发					129296
食品、饮料及烟草制品批发	21658	259	5176	2957	517400
米、面制品及食用油批发	5092	17	571		13621
肉、禽、蛋、奶及水产品批发	143	241	33		2377
盐及调味品批发	468		13		9816
酒、饮料及茶叶批发	262		2		14211
烟草制品批发	15693		4557	2957	477375
纺织、服装及家庭用品批发	170		22		31450
纺织品、针织品及原料批发					21182
日用家电批发	170		22		10268
文化、体育用品及器材批发	2219	342	191	184	72572
图书批发	2219	342	191	184	55568
首饰、工艺品及收藏品批发					17004
医药及医疗器材批发	25230	79	4446	3504	348340
西药批发	24921	79	4426	3496	314399
中药批发	36		8	8	4946
医疗用品及器材批发	273		12		28995
批发业按地区分组	**306582**	**43744**	**137086**	**54358**	**3044142**
银川市	306582	43744	137086	54358	3044142
兴庆区	121715	26315	61212	33935	475324
西夏区	80829	2340	48160	687	385720
金凤区	23205	15	10872	2957	1329477
永宁县	9736	1713	2953	2942	299513
贺兰县	16557	729	4660	4646	269486
灵武市	54539	12632	9230	9191	284622
零售业按地区分组	**225946**	**31699**	**88950**	**40166**	**2111478**
银川市	225946	31699	88950	40166	2111478
兴庆区	91410	24436	50552	5128	1008828
西夏区	17074	2572	12129	12111	71460
金凤区	69818	1452	7601	6907	625497
永宁县	5173	8	2286	2208	18978
贺兰县	37789	2876	14476	13419	365664
灵武市	4683	355	1905	393	21050

9-5 限额以上批发和零售业法人企业主要财务状况(续表11)

（2021）

单位:万元

指 标	期末资产负债				
	流动负债合计	应付账款	负债合计	所有者权益	实收资本
总 计	**4398498**	**531694**	**3373547**	**1798440**	**751797**
批发业	**3320342**	**342856**	**1923145**	**1163178**	**434138**
按批发行业小类分					
农、林、牧、渔产品批发	125289	18242	129698	31388	24783
谷物、豆及薯类批发	7783	2118	10192	21598	14783
畜牧渔业饲料批发	117506	16124	119506	9790	10000
食品、饮料及烟草制品批发	195406	947	204563	312837	12793
米、面制品及食用油批发	2952		10004	3618	3752
肉、禽、蛋、奶及水产品批发	1519	748	1519	858	500
盐及调味品批发	1946	207	2189	7627	3384
酒、饮料及茶叶批发	12848	-56	12848	1363	1055
烟草制品批发	176141	49	178004	299371	4103
纺织、服装及家庭用品批发	29189	14696	29189	2261	1100
纺织品、针织品及原料批发	21200	14378	21200	-18	
日用家电批发	7989	318	7989	2279	1100
文化、体育用品及器材批发	39724	11401	41196	31376	8510
图书批发	21751	10231	23222	32346	8010
首饰、工艺品及收藏品批发	17973	1170	17973	-969	500
医药及医疗器材批发	241851	82912	244171	104168	30620
西药批发	222098	73080	223369	91030	27220
中药批发	2476	1325	3525	1421	1000
医疗用品及器材批发	17277	8507	17277	11718	2400
批发业按地区分组	**3320342**	**342856**	**1923145**	**1163178**	**434138**
银川市	3320342	342856	1923145	1163178	434138
兴庆区	257150	67448	354721	173062	18539
西夏区	1738476	68423	257848	127872	80118
金凤区	672761	74958	674347	651265	164408
永宁县	203963	30893	215058	84455	81757
贺兰县	191729	70163	194274	75212	42810
灵武市	256263	30972	226897	51313	46507
零售业按地区分组	**1078156**	**188838**	**1450402**	**635261**	**317659**
银川市	1078156	188838	1450402	635261	317659
兴庆区	475818	63428	701084	305391	104675
西夏区	49524	14766	51890	19570	18953
金凤区	296457	90510	434394	169700	88032
永宁县	8715	1484	10370	8609	8635
贺兰县	235671	14469	239478	124126	91820
灵武市	11972	4181	13186	7865	5544

9-5 限额以上批发和零售业法人企业主要财务状况(续表12)

(2021) 单位:万元

指　标	期末资产负债				
	固定资产净值	在建工程	无形资产	土地使用权	资产总计
矿产品、建材及化工产品批发	247696	41043	122312	42786	1807115
煤炭及制品批发	50265	3913	2119	2119	226019
石油及制品批发	193667	37062	119632	40142	1239580
金属及金属矿批发	2254	67	16		234336
建材批发	114	1	525	525	19355
化肥批发	1166		20		78063
其他化工产品批发	230				9761
机械设备、五金产品及电子产品批发	1590	309	1985	1984	62349
农业机械批发	382				12134
汽车及零配件批发	1208	309	1985	1984	50215
其他批发业	78		1		43832
再生物资回收与批发	78		1		43832
按登记注册类型分					
内资企业	306582	43744	137086	54358	3044142
国有企业	21306	17	5141	2957	510014
有限责任公司	69801	4028	5576	5274	626740
国有独资公司	5086	2279	396	369	149815
其他有限责任公司	64715	1749	5180	4906	476925
股份有限公司	135260	26598	105830	31874	434234
私营企业	80216	13102	20540	14252	1473154
私营独资企业	707		1		66092
私营有限责任公司	79508	13102	20538	14252	1407062

9-5 限额以上批发和零售业法人企业主要财务状况(续表13)

（2021） 单位:万元

指 标	期末资产负债				
	流动负债合计	应付账款	负债合计	所有者权益	实收资本
矿产品、建材及化工产品批发	2602575	173385	1187796	661500	335572
煤炭及制品批发	172420	26067	142672	76935	62087
石油及制品批发	2213475	87038	816269	471903	146025
金属及金属矿批发	120971	27301	129414	104922	116763
建材批发	11620	1921	13070	6286	1719
化肥批发	77410	28477	79691	-1628	7100
其他化工产品批发	6680	2582	6680	3082	1878
机械设备、五金产品及电子产品批发	53243	26639	53266	9083	10760
农业机械批发	6800	2577	6800	5334	3060
汽车及零配件批发	46443	24062	46466	3749	7700
其他批发业	33066	14634	33266	10566	10000
再生物资回收与批发	33066	14634	33266	10566	10000
按登记注册类型分					
内资企业	3320342	342856	1923145	1163178	434138
国有企业	198625	256	207782	302232	11238
有限责任公司	412894	126296	427276	199464	136384
国有独资公司	103473	50606	110071	39744	20316
其他有限责任公司	309421	75691	317205	159721	116068
股份有限公司	1707965	30218	307134	179559	3000
私营企业	1000859	186086	980953	481923	283516
私营独资企业	49436	17540	49636	16456	14379
私营有限责任公司	951423	168545	931317	465467	269137

9-5 限额以上批发和零售业法人企业主要财务状况(续表14)

（2021）

单位:万元

指 标	期末资产负债				
	固定资产净值	在建工程	无形资产	土地使用权	资产总计
按控股情况分					
国有控股	221729	30643	116215	39774	1475638
私人控股	84852	13102	20872	14584	1568504
按经营形式分					
独立门店	105294	15230	14013	10118	1069988
连锁总店	112831	24843	104624	31874	320490
其他	88457	3672	18449	12366	1653665
按单位规模分					
大型	144874	26598	107946	33004	714947
中型	149251	15424	22095	19669	1238455
小型	12087	1722	7045	1685	1013020
微型	371				77720
按经营地分					
城镇	240548	31337	126913	44762	2739054
城区	215023	28653	118742	36648	2152888
乡村	66033	12407	10173	9597	305088
零售业	**225946**	**31699**	**88950**	**40166**	**2111478**
按零售行业小类分					
综合零售	100241	17195	41598	2456	941874
百货零售	60732	17195	39036		591775
超级市场零售	39509		2561	2456	350099
食品、饮料及烟草制品专门零售	4660	4796	1731		53753
粮油零售	246				1449
糕点、面包零售	5				784
果品、蔬菜零售	4379	4796	1720		23299
肉、禽、蛋、奶及水产品零售	9				1201
酒、饮料及茶叶零售	20		11		27020

9-5 限额以上批发和零售业法人企业主要财务状况(续表15)

（2021）

单位:万元

指 标	期末资产负债				
	流动负债合计	应付账款	负债合计	所有者权益	实收资本
按控股情况分					
国有控股	2261166	141373	883875	644221	112792
私人控股	1059176	201483	1039269	518957	321346
按经营形式分					
独立门店	694106	176745	695115	368461	215345
连锁总店	1653132	7028	169472	151018	1358
其他	973104	159084	1058557	643700	217435
按单位规模分					
大型	1834839	69309	437777	329628	21331
中型	791102	156098	815792	422663	163309
小型	630031	94273	605681	407339	237652
微型	64370	23175	63894	3548	11846
按经营地分					
城镇	3078353	298175	1667146	1120501	396798
城区	2645857	205873	1257236	944246	258758
乡村	241989	44681	255999	42677	37340
零售业	**1078156**	**188838**	**1450402**	**635261**	**317659**
按零售行业小类分					
综合零售	379133	103559	718749	223125	56252
百货零售	226457	31149	437650	154125	31293
超级市场零售	152676	72410	281099	69001	24960
食品、饮料及烟草制品专门零售	27334	2790	13101	20935	17342
粮油零售	247	209	274	1176	574
糕点、面包零售	605	560	605	179	
果品、蔬菜零售	6380	343	7929	15370	15000
肉、禽、蛋、奶及水产品零售	1138	444	1138	63	50
酒、饮料及茶叶零售	18964	1235	3156	4148	1718

9-5 限额以上批发和零售业法人企业主要财务状况(续表16)

(2021)　　单位:万元

指　标	期末资产负债				
	固定资产净值	在建工程	无形资产	土地使用权	资产总计
纺织、服装及日用品专门零售	579				9358
服装零售	1				4968
钟表、眼镜零售	578				4391
文化、体育用品及器材专门零售	17814	1331	1255		64497
文具用品零售	7				944
体育用品及器材零售	191		29		11535
图书、报刊零售	13342	355	1203		26307
珠宝首饰零售	4264	976	23		22955
乐器零售					1237
照相器材零售	9				1519
医药及医疗器材专门零售	5346	27	50		55588
西药零售	5296	27	50		53221
中药零售	50				2367
汽车、摩托车、零配件和燃料及其他动力销售	95297	8307	43564	37472	762002
汽车新车零售	63589	5235	25327	21344	622210
汽车旧车零售					290
机动车燃油零售	24351	2657	16445	15717	99106
机动车燃气零售	7357	415	1792	411	40396
家用电器及电子产品专门零售	1237		497		182608
日用家电零售	1128		441		163614
计算机、软件及辅助设备零售	58		56		10526
通信设备零售	51				8468
五金、家具及室内装饰材料专门零售					718
家具零售					718
货摊、无店铺及其他零售业	773	43	256	238	41080
互联网零售	7		18		24148
生活用燃料零售	766	43	238	238	16932

9-5 限额以上批发和零售业法人企业主要财务状况(续表17)

（2021）

单位:万元

指　标	期末资产负债				
	流动负债合计	应付账款	负债合计	所有者权益	实收资本
纺织、服装及日用品专门零售	9698	525	9698	-340	3961
服装零售	9079	67	9079	-4111	1800
钟表、眼镜零售	620	457	620	3771	2161
文化、体育用品及器材专门零售	36924	10620	41878	22619	27997
文具用品零售	-81	-118	-81	1024	1000
体育用品及器材零售	8472	1558	8472	3063	5736
图书、报刊零售	16999	8959	21953	4354	4055
珠宝首饰零售	9719		9719	13236	16601
乐器零售	1047	478	1047	190	100
照相器材零售	768	-257	768	752	505
医药及医疗器材专门零售	29951	19749	35209	20379	11068
西药零售	27643	17889	32900	20321	11018
中药零售	2309	1860	2309	58	50
汽车、摩托车、零配件和燃料及其他动力销售	486345	21760	488610	268012	170643
汽车新车零售	419638	17001	417923	198908	136740
汽车旧车零售	94	7	94	196	500
机动车燃油零售	58146	3996	61273	37833	26821
机动车燃气零售	8467	755	9320	31075	6582
家用电器及电子产品专门零售	79744	13573	115271	67337	15193
日用家电零售	66380	9493	101634	61980	9302
计算机、软件及辅助设备零售	5555	1098	5580	4945	4859
通信设备零售	7809	2981	8057	411	1032
五金、家具及室内装饰材料专门零售	1140				
家具零售	1140				
货摊、无店铺及其他零售业	27886	16264	27886	13194	15204
互联网零售	24795	16145	24795	-647	1493
生活用燃料零售	3091	118	3091	13841	13711

9-5 限额以上批发和零售业法人企业主要财务状况(续表18)

（2021）

单位:万元

指　标	期末资产负债				
	固定资产净值	在建工程	无形资产	土地使用权	资产总计
按登记注册类型分					
内资企业	219841	31699	87585	38905	2088831
国有企业	13348	355	1203		28392
集体企业	43				1620
有限责任公司	71681	1793	14673	14166	683969
国有独资公司	1012	43	238	238	18381
其他有限责任公司	70669	1750	14435	13928	665588
股份有限公司	61536	17195	39136		520871
私营企业	73233	12357	32573	24739	853979
私营独资企业	2298		1093	1093	13563
私营有限责任公司	70743	12357	31451	23646	828881
私营股份有限公司	191		29		11535
港、澳、台商投资企业	5292		1272	1261	19310
与港澳台商合资经营企业	5243		1272	1261	14805
港澳台商独资企业	49				4504
外商投资企业	813		93		3338
中外合资经营企业	813		93		3338
按控股情况分					
国有控股	19227	425	1771	361	138815
集体控股	2070		347	347	45427
私人控股	198544	31274	85468	38197	1904589
港澳台商控股	5292		1272	1261	19310
外商控股	813		93		3338
按经营形式分					
独立门店	150910	29949	76712	30007	1459744
连锁总店	73960	1750	11865	10037	616279
其他	1076		374	123	35455
按单位规模分					
大型	118201	17248	47640	8068	1058176
中型	83015	12826	34275	26419	747951
小型	24169	1061	6673	5679	270089
微型	562	564	363		35262
按零售业态分					
有店铺零售	225835	31699	88932	40166	2080144
超市	850	8	89		16643
大型超市	39509		2561	2456	350099
百货店	60739	17195	39036		592719
专业店	61137	4118	21550	17651	539387
专卖店	63600	10378	25696	20059	581296
无店铺零售	111		18		31335
网上商店	56		18		26643
其他	55				4691

9-5 限额以上批发和零售业法人企业主要财务状况(续表19)

（2021）

单位:万元

指　标	期末资产负债				
	流动负债合计	应付账款	负债合计	所有者权益	实收资本
按登记注册类型分					
内资企业	1068039	182924	1438802	624214	307152
国有企业	18662	10590	23616	4776	4055
集体企业	357	207	357	1263	1
有限责任公司	311492	93099	521142	159081	91457
国有独资公司	3338	327	3365	15017	14285
其他有限责任公司	308154	92772	517777	144065	77172
股份有限公司	217536	22618	353067	167804	28563
私营企业	519994	56409	540620	291290	183077
私营独资企业	10944	54	10944	2619	2000
私营有限责任公司	500578	54798	521204	285608	175341
私营股份有限公司	8472	1558	8472	3063	5736
港、澳、台商投资企业	9663	5915	11147	8163	8460
与港澳台商合资经营企业	5302	2625	5307	9498	7000
港澳台商独资企业	4361	3289	5840	–1336	1460
外商投资企业	454		454	2884	2048
中外合资经营企业	454		454	2884	2048
按控股情况分					
国有控股	43415	23106	97698	41117	30648
集体控股	17233	433	17236	28191	9261
私人控股	1007392	159385	1323868	554906	267244
港澳台商控股	9663	5915	11147	8163	8460
外商控股	454		454	2884	2048
按经营形式分					
独立门店	731926	69545	958207	475722	268573
连锁总店	316876	104023	462798	153481	39247
其他	29354	15270	29397	6058	9840
按单位规模分					
大型	463147	119818	746530	311645	51163
中型	418350	48178	495877	252074	171723
小型	168067	19918	201716	68373	93714
微型	28592	925	6279	3169	1060
按零售业态分					
有店铺零售	1050208	172173	1420976	633353	314131
超市	4015	1749	4591	12052	10268
大型超市	152676	72410	281099	69001	24960
百货店	226376	31031	437570	155149	32293
专业店	271382	50102	321336	217333	108437
专卖店	395759	16882	376381	179819	138174
无店铺零售	27948	16665	29427	1908	3528
网上商店	25428	16345	26907	–264	1493
其他	2520	320	2520	2172	2035

9-5 限额以上批发和零售业法人企业主要财务状况(续表20)

(2021)

单位:万元

指 标	期末资产负债	损益及分配		
	个人资本	营业收入	主营业务收入	营业成本
总 计	147271	11550710	11370075	10785314
批发业	79014	9022776	8953144	8609235
按批发行业小类分				
农、林、牧、渔产品批发		1030936	1030396	1014368
谷物、豆及薯类批发		54306	54279	48126
畜牧渔业饲料批发		976630	976117	966242
食品、饮料及烟草制品批发	555	965369	957803	851371
米、面制品及食用油批发		11053	11053	10515
肉、禽、蛋、奶及水产品批发	500	8891	8891	8392
盐及调味品批发		6405	5452	2938
酒、饮料及茶叶批发	55	25075	20384	23046
烟草制品批发		913946	912023	806480
纺织、服装及家庭用品批发	1000	261259	260220	257765
纺织品、针织品及原料批发		250571	250571	250058
日用家电批发	1000	10688	9649	7707
文化、体育用品及器材批发		72016	71824	66688
图书批发		33654	33462	27499
首饰、工艺品及收藏品批发		38363	38363	39189
医药及医疗器材批发	6367	523187	522101	472378
西药批发	5167	476350	475557	435581
中药批发	490	11707	11448	9683
医疗用品及器材批发	710	35130	35096	27114
批发业按地区分组	79014	9022776	8953144	8609235
银川市	79014	9022776	8953144	8609235
兴庆区	1735	946223	929783	871694
西夏区	8172	1181999	1167199	1123948
金凤区	11949	3350922	3342251	3185471
永宁县	17336	1801390	1800824	1771069
贺兰县	10657	1096240	1094457	1052943
灵武市	29165	646002	618630	604110
零售业按地区分组	68257	2527934	2416931	2176079
银川市	68257	2527934	2416931	2176079
兴庆区	14980	748716	700831	617660
西夏区	11350	71956	71835	54072
金凤区	18582	831947	780206	686012
永宁县	6565	24802	24798	21573
贺兰县	15230	816445	805384	767486
灵武市	1550	34068	33878	29276

9-5 限额以上批发和零售业法人企业主要财务状况(续表21)

(2021) 单位:万元

指 标	期末资产负债	损益及分配		
	个人资本	营业收入	主营业务收入	营业成本
矿产品、建材及化工产品批发	64832	5899788	5841282	5693744
煤炭及制品批发	7665	421855	403235	387699
石油及制品批发	23275	4074019	4034168	3948903
金属及金属矿批发	33382	1195204	1195169	1161103
建材批发		32499	32499	29920
化肥批发	300	114058	114058	107196
其他化工产品批发	210	62154	62154	58923
机械设备、五金产品及电子产品批发	6260	205331	204628	189633
农业机械批发	1260	26055	26029	22491
汽车及零配件批发	5000	179276	178599	167142
其他批发业		64890	64890	63289
再生物资回收与批发		64890	64890	63289
按登记注册类型分				
内资企业	79014	9022776	8953144	8609235
国有企业		1379956	1377081	1254963
有限责任公司	630	1667388	1666260	1610583
国有独资公司		97277	96966	83650
其他有限责任公司	630	1570111	1569295	1526932
股份有限公司		2549632	2518804	2471898
私营企业	78384	3425799	3390998	3271791
私营独资企业	4354	130961	130935	121769
私营有限责任公司	74030	3294838	3260063	3150022

9-5 限额以上批发和零售业法人企业主要财务状况(续表22)

（2021） 单位:万元

指　标	期末资产负债	损益及分配		
	个人资本	营业收入	主营业务收入	营业成本
按控股情况分				
国有控股	510	5445371	5410589	5191536
私人控股	78504	3577405	3542554	3417699
按经营形式分				
独立门店	54828	2904717	2878427	2670511
连锁总店		999273	968586	938267
其他	24186	5118786	5106131	5000458
按单位规模分				
大型		2343955	2312104	2163981
中型	37372	3895151	3881595	3755880
小型	39164	2342765	2336754	2257645
微型	2478	440905	422691	431730
按经营地分				
城镇	50349	8218053	8175840	7849030
城区	21801	5415871	5376007	5121648
乡村	28665	804723	777304	760205
零售业	**68257**	**2527934**	**2416931**	**2176079**
按零售行业小类分				
综合零售	1000	713059	631455	541225
百货零售	1000	229117	193846	158481
超级市场零售		483942	437609	382744
食品、饮料及烟草制品专门零售	4000	62178	61834	54015
粮油零售		1007	955	855
糕点、面包零售		4604	4604	3834
果品、蔬菜零售	4000	39192	39016	35056
肉、禽、蛋、奶及水产品零售		2088	2088	1868
酒、饮料及茶叶零售		15288	15172	12402

9-5 限额以上批发和零售业法人企业主要财务状况(续表23)

（2021）

单位:万元

指　标	期末资产负债	损益及分配		
	个人资本	营业收入	主营业务收入	营业成本
纺织、服装及日用品专门零售	2161	4003	4003	3032
服装零售		524	524	456
钟表、眼镜零售	2161	3479	3479	2576
文化、体育用品及器材专门零售	22437	22980	22486	18276
文具用品零售		1031	1026	879
体育用品及器材零售	5736	2983	2983	2563
图书、报刊零售		10132	10118	7143
珠宝首饰零售	16601	4955	4480	4294
乐器零售	100	1419	1419	1266
照相器材零售		2460	2460	2130
医药及医疗器材专门零售	847	67557	66680	50856
西药零售	797	65764	64886	49724
中药零售	50	1794	1794	1133
汽车、摩托车、零配件和燃料及其他动力销售	37112	1465645	1444921	1359050
汽车新车零售	21330	1105640	1085878	1020874
汽车旧车零售		3819	3811	3972
机动车燃油零售	14608	321647	320977	307280
机动车燃气零售	1174	34540	34256	26925
家用电器及电子产品专门零售	700	147729	141076	118302
日用家电零售	218	131050	124447	103935
计算机、软件及辅助设备零售		10747	10747	9346
通信设备零售	482	5931	5882	5021
五金、家具及室内装饰材料专门零售		58		38
家具零售		58		38
货摊、无店铺及其他零售业		44724	44476	31285
互联网零售		40462	40462	27481
生活用燃料零售		4263	4015	3804

9-5 限额以上批发和零售业法人企业主要财务状况(续表24)

（2021）

单位:万元

指　标	期末资产负债	损益及分配		
	个人资本	营业收入	主营业务收入	营业成本
按登记注册类型分				
内资企业	68257	2438978	2329921	2096734
国有企业		18947	18933	15049
集体企业		2663	2663	2207
有限责任公司	1484	1044498	987688	904359
国有独资公司		5270	4969	4659
其他有限责任公司	1484	1039229	982719	899701
股份有限公司		249891	217523	184135
私营企业	66773	1122978	1103113	990983
私营独资企业		18595	18558	17425
私营有限责任公司	61037	1101400	1081573	970995
私营股份有限公司	5736	2983	2983	2563
港、澳、台商投资企业		82756	80829	74703
与港澳台商合资经营企业		58615	56687	52982
港澳台商独资企业		24142	24142	21720
外商投资企业		6200	6181	4643
中外合资经营企业		6200	6181	4643
按控股情况分				
国有控股		309180	307432	286784
集体控股	128	47067	46919	43257
私人控股	68129	2082730	1975571	1766693
港澳台商控股		82756	80829	74703
外商控股		6200	6181	4643
其他				
按经营形式分				
独立门店	60174	1768610	1710311	1570859
连锁总店	7492	676872	624751	538542
其他	591	82452	81870	66678
按单位规模分				
大型		852413	767732	648715
中型	25317	1084766	1066081	971314
小型	42740	576713	570909	544078
微型	200	14042	12210	11973
按零售业态分				
有店铺零售	68257	2463408	2352404	2126510
超市	4000	36629	36338	30923
大型超市		483942	437609	382744
百货店	1000	230148	194872	159360
专业店	33647	763437	751707	677223
专卖店	29610	949251	931879	876261
无店铺零售		64527	64527	49569
网上商店		57670	57670	43734
其他		6857	6857	5835

9-5 限额以上批发和零售业法人企业主要财务状况(续表25)

（2021）

单位:万元

指 标	损益及分配							
	营业税金及附加	其他业务利润	销售费用	管理费用	研发费用	财务费用	利息收入	利息支出
总 计	**74540**	**16772**	**375550**	**149680**	**1931**	**51221**	**10765**	**28808**
批发业	**63529**	**7921**	**167393**	**79863**	**1913**	**14069**	**9391**	**16966**
按批发行业小类分								
农、林、牧、渔产品批发	5956	95	6735	2131		949	246	994
谷物、豆及薯类批发	4557	95	278	1593		514	3	419
畜牧渔业饲料批发	1399		6457	538		435	243	575
食品、饮料及烟草制品批发	46951	1748	9993	24745	6	-4521	5003	432
米、面制品及食用油批发	20		290	650		64	1	65
肉、禽、蛋、奶及水产品批发	6		331	560		7		6
盐及调味品批发	154	912	2803	362		2	3	
酒、饮料及茶叶批发	34	1063	1300	485		249	15	234
烟草制品批发	46737	-228	5270	22688	6	-4843	4984	127
纺织、服装及家庭用品批发	360		222	1252	530	9	-21	25
纺织品、针织品及原料批发	320			17		3		
日用家电批发	40		222	1235	530	6	-20	25
文化、体育用品及器材批发	105		955	2802		-347	-344	
图书批发	78		911	2698		-344	-344	
首饰、工艺品及收藏品批发	28		44	104		-3		
医药及医疗器材批发	1364	581	18947	13855		4134	434	4185
西药批发	1191	581	14921	11524		3959	425	4170
中药批发	20		627	880		23	-1	
医疗用品及器材批发	153		3399	1452		152	10	14
批发业按地区分组	**63529**	**7921**	**167393**	**79863**	**1913**	**14069**	**9391**	**16966**
银川市	63529	7921	167393	79863	1913	14069	9391	16966
兴庆区	1976	2407	43183	14668	8	2429	557	2618
西夏区	1501	1832	29705	4325	1369	1560	2423	823
金凤区	50769	780	32482	33338	536	1822	5591	6690
永宁县	2193		19499	5212		2132	253	1659
贺兰县	1542	2105	21095	12148		2637	527	2220
灵武市	5548	796	21430	10174		3490	40	2956
零售业按地区分组	**11011**	**8851**	**208157**	**69817**	**18**	**37152**	**1373**	**11842**
银川市	11011	8851	208157	69817	18	37152	1373	11842
兴庆区	5188	2770	76364	23763		18406	498	4896
西夏区	292	69	15827	2795	2	135	90	32
金凤区	2978	2187	89693	26289		14436	645	4504
永宁县	36	4	855	1630		133	5	125
贺兰县	2449	3693	22710	13310	16	3971	139	2227
灵武市	69	127	2708	2030		71	-3	58

9-5 限额以上批发和零售业法人企业主要财务状况(续表26)

（2021） 单位:万元

指 标	损益及分配							
	营业税金及附加	其他业务利润	销售费用	管理费用	研发费用	财务费用	利息收入	利息支出
矿产品、建材及化工产品批发	8406	3911	119535	32572	1378	12217	3532	10388
煤炭及制品批发	972	679	18889	6151		1307	29	1106
石油及制品批发	3698	3200	71989	20995	8	7518	2394	8006
金属及金属矿批发	3520	9	19730	4579		2185	255	1129
建材批发	45	23	2338	233		294	155	139
化肥批发	106		4194	546	1369	716	697	5
其他化工产品批发	67		2396	68		198	2	5
机械设备、五金产品及电子产品批发	298	1587	10649	2198		1062	539	383
农业机械批发	27		2413	585		123	-9	52
汽车及零配件批发	271	1587	8237	1613		939	548	331
其他批发业	90		357	309		566	3	558
再生物资回收与批发	90		357	309		566	3	558
按登记注册类型分								
内资企业	63529	7921	167393	79863	1913	14069	9391	16966
国有企业	47055	685	9632	23713	6	-5182	6044	844
有限责任公司	2921	180	24131	11122	1369	3116	1016	3296
国有独资公司	212	1	4754	4376	1369	474	366	113
其他有限责任公司	2709	180	19377	6746		2643	650	3183
股份有限公司	2227	3082	53586	12229	8	3162	903	2426
私营企业	11325	3973	80044	32800	530	12973	1428	10400
私营独资企业	2262		5164	865		531	248	594
私营有限责任公司	9063	3973	74880	31935	530	12442	1180	9806

9-5 限额以上批发和零售业法人企业主要财务状况(续表27)

（2021）

单位:万元

指　标	损益及分配							
	营业税金及附加	其他业务利润	销售费用	管理费用	研发费用	财务费用	利息收入	利息支出
按控股情况分								
国有控股	51877	3947	84624	45054	1383	-436	7958	5039
私人控股	11651	3973	82769	34809	530	14505	1434	11927
按经营形式分								
独立门店	53934	4832	77860	46389	1371	6189	5472	7707
连锁总店	1225	3043	40456	8864	8	861	1714	1108
其他	8369	46	49077	24611	534	7019	2206	8151
按单位规模分								
大型	48950	3175	64598	26050	10	-1724	5395	1952
中型	9331	4035	62169	39478	1373	8443	2299	8102
小型	4763	710	34992	13241	530	6824	1696	6633
微型	485		5633	1095		527	1	279
按经营地分								
城镇	57758	7147	143962	68511	1913	10442	9355	13876
城区	54172	5019	102587	51119	1913	5730	8570	10059
乡村	5771	773	23431	11352		3627	37	3090
零售业	**11011**	**8851**	**208157**	**69817**	**18**	**37152**	**1373**	**11842**
按零售行业小类分								
综合零售	5358	1596	106972	26353	2	25538	274	5910
百货零售	4079	444	38696	9655	2	14473	127	3202
超级市场零售	1279	1153	68276	16698		11065	146	2708
食品、饮料及烟草制品专门零售	185	254	4880	2131		128	4	25
粮油零售	4		189	140		-2	2	
糕点、面包零售	26		631	52			1	
果品、蔬菜零售	31	36	2916	1484		112		25
肉、禽、蛋、奶及水产品零售	2	218	180	16				
酒、饮料及茶叶零售	123		965	439		18		

9-5 限额以上批发和零售业法人企业主要财务状况(续表28)

（2021）

单位:万元

指 标	损益及分配							
	营业税金及附加	其他业务利润	销售费用	管理费用	研发费用	财务费用	利息收入	利息支出
纺织、服装及日用品专门零售	33		883	222		297	1	298
服装零售	1		339	56		298		298
钟表、眼镜零售	31		544	166			1	
文化、体育用品及器材专门零售	129	669	2512	3441		635	−3	313
文具用品零售	1		30	117				
体育用品及器材零售	5		595	63		83		79
图书、报刊零售	78	669	1558	2257		216	−3	−1
珠宝首饰零售	41		246	680		336		235
乐器零售	1		79	67				
照相器材零售	3		4	257				
医药及医疗器材专门零售	329	672	13439	3626		312	346	458
西药零售	327	672	13022	3282		312	346	457
中药零售	2		417	344				
汽车、摩托车、零配件和燃料及其他动力销售	4470	5536	45912	27515		8313	45	4422
汽车新车零售	3719	5262	35215	21276		8017	64	4262
汽车旧车零售	8		17	134		1		
机动车燃油零售	612	87	8196	4168		301	2	143
机动车燃气零售	131	188	2484	1937		−5	−21	17
家用电器及电子产品专门零售	389	137	22104	4643		1764	575	325
日用家电零售	346	137	20807	3351		1459	565	121
计算机、软件及辅助设备零售	31		348	1146		257	8	179
通信设备零售	12		949	147		48	2	25
五金、家具及室内装饰材料专门零售	1		19	36		1		1
家具零售	1		19	36		1		1
货摊、无店铺及其他零售业	117	−13	11438	1850	16	164	132	91
互联网零售	43		10787	1397	16	145	88	36
生活用燃料零售	74	−13	651	453		19	44	56

9-5 限额以上批发和零售业法人企业主要财务状况(续表29)

（2021）

单位:万元

指　标	损益及分配							
	营业税金及附加	其他业务利润	销售费用	管理费用	研发费用	财务费用	利息收入	利息支出
按登记注册类型分								
内资企业	10432	7678	202524	68692	18	37138	1405	11836
国有企业	102	672	1869	2403		214	-2	-1
集体企业	7		24	184				
有限责任公司	3508	2344	94198	26255		15751	689	3480
国有独资公司	77	-13	840	593		17	46	56
其他有限责任公司	3431	2357	93358	25662		15734	644	3424
股份有限公司	3176		32365	7399		11125	78	3633
私营企业	3640	4662	74069	32451	18	10048	639	4723
私营独资企业	82		330	264		95	30	
私营有限责任公司	3552	4662	73143	32125	18	9870	609	4645
私营股份有限公司	5		595	63		83		79
港、澳、台商投资企业	547	1173	4990	872		49	13	7
与港澳台商合资经营企业	513	1173	2313	759		20	11	7
港澳台商独资企业	35		2676	113		30	2	
外商投资企业	32		643	253		-35	-44	
中外合资经营企业	32		643	253		-35	-44	
按控股情况分								
国有控股	1235	1296	13551	5307		2438	420	174
集体控股	136	140	918	695		158	23	146
私人控股	9061	6243	188055	62691	18	34542	962	11516
港澳台商控股	547	1173	4990	872		49	13	7
外商控股	32		643	253		-35	-44	
按经营形式分								
独立门店	8898	7170	100570	41097	18	25343	121	9450
连锁总店	1978	1677	94689	26204		11506	1161	2271
其他	135	4	12899	2517		303	91	122
按单位规模分								
大型	4954	637	129551	28074		22276	1231	5461
中型	4734	6394	55388	28349	16	10940	91	4606
小型	1263	1664	22423	12356	2	3864	55	1734
微型	60	156	795	1039		72	-3	40
按零售业态分								
有店铺零售	10925	8851	196908	67469	2	36936	1285	11802
超市	121	218	3234	1100		36		25
大型超市	1279	1153	68276	16698		11065	146	2708
百货店	4080	444	38726	9772	2	14473	127	3202
专业店	2058	2305	53658	19706		4604	780	1802
专卖店	3386	4732	33015	20192		6759	231	4064
无店铺零售	86		11249	2348	16	216	89	41
网上商店	63		11100	1509	16	163	88	36
其他	23		150	839		53		5

9-5 限额以上批发和零售业法人企业主要财务状况(续表30)

(2021)

单位:万元

指 标	损益及分配				
	投资收益	营业利润	营业外收入	营业外支出	利润总额
总 计	40375	147350	7702	7691	147361
批发业	33506	122841	3851	4947	121746
按批发行业小类分					
农、林、牧、渔产品批发	3	3177	20		3197
谷物、豆及薯类批发		855	1		856
畜牧渔业饲料批发	3	2322	19		2342
食品、饮料及烟草制品批发	34220	82745	381	501	82625
米、面制品及食用油批发		86		1	85
肉、禽、蛋、奶及水产品批发		-406	298	1	-108
盐及调味品批发	83	308	10	2	316
酒、饮料及茶叶批发		-56	2	6	-60
烟草制品批发	34138	82812	71	491	82392
纺织、服装及家庭用品批发		1652	179	9	1822
纺织品、针织品及原料批发		173			173
日用家电批发		1479	179	8	1649
文化、体育用品及器材批发	-34	1746	86		1832
图书批发	-54	2724	85		2809
首饰、工艺品及收藏品批发	20	-978	1		-977
批发业按地区分组	33506	122841	3851	4947	121746
银川市	33506	122841	3851	4947	121746
兴庆区	519	-147	319	1396	-1223
西夏区	-703	19596	578	2098	18076
金凤区	33883	92220	848	993	92075
永宁县	-153	3991	64	5	4049
贺兰县	-41	5813	364	170	6006
灵武市		1369	1678	284	2763
零售业按地区分组	6869	24509	3850	2744	25616
银川市	6869	24509	3850	2744	25616
兴庆区	4194	7846	1402	716	8532
西夏区		-1166	379	285	-1073
金凤区	1368	8614	916	1048	8482
永宁县		-82	218	9	126
贺兰县	1307	9359	636	589	9406
灵武市		-61	299	96	142

9-5 限额以上批发和零售业法人企业主要财务状况(续表31)

（2021）

单位:万元

指标	损益及分配	人工成本及增值税		从事批发零售业活动的从业人员平均人数(人)
	所得税费用	应付职工薪酬	应交增值税	
总计	**27417**	**196976**	**132872**	**25463**
批发业	**18452**	**97640**	**104910**	**7794**
按批发行业小类分				
农、林、牧、渔产品批发	261	4537	2992	340
谷物、豆及薯类批发	163	354	-433	89
畜牧渔业饲料批发	98	4183	3424	251
食品、饮料及烟草制品批发	13226	23981	17405	856
米、面制品及食用油批发		38	3	47
肉、禽、蛋、奶及水产品批发		270		52
盐及调味品批发	73	2559	229	213
酒、饮料及茶叶批发	42	638	187	103
烟草制品批发	13110	20477	16987	441
纺织、服装及家庭用品批发	348	101	389	84
纺织品、针织品及原料批发			36	
日用家电批发	348	101	354	84
文化、体育用品及器材批发		2912	20	148
图书批发		2907	15	126
首饰、工艺品及收藏品批发		5	5	22
批发业按地区分组	**18452**	**97640**	**104910**	**7794**
银川市	18452	97640	104910	7794
兴庆区	-255	28699	24119	2151
西夏区	930	12723	42063	1429
金凤区	15804	30404	23974	1393
永宁县	256	6396	4669	623
贺兰县	964	14006	3397	1459
灵武市	753	5412	6689	739
零售业按地区分组	**8965**	**99336**	**27962**	**17669**
银川市	8965	99336	27962	17669
兴庆区	2428	29180	9385	4934
西夏区	4	4698	521	969
金凤区	3415	40678	8208	8569
永宁县	11	1068	56	258
贺兰县	3084	21962	9577	2568
灵武市	24	1751	216	371

9-5 限额以上批发和零售业法人企业主要财务状况(续表32)

（2021） 单位:万元

指 标	损益及分配				
	投资收益	营业利润	营业外收入	营业外支出	利润总额
医药及医疗器材批发	458	12580	129	312	12398
西药批发	477	9379	122	289	9211
中药批发		476	3	11	468
医疗用品及器材批发	-19	2726	5	12	2719
矿产品、建材及化工产品批发	-1141	19138	2878	4031	17986
煤炭及制品批发		6677	1427	264	7840
石油及制品批发	59	7978	782	3142	5618
金属及金属矿批发	-1096	3798	654	616	3837
建材批发		-308	1		-307
化肥批发	-103	491	13	9	496
其他化工产品批发		502			503
机械设备、五金产品及电子产品批发		1495	168	94	1568
农业机械批发		421	18	34	405
汽车及零配件批发		1074	150	61	1163
其他批发业		309	9		318
再生物资回收与批发		309	9		318
按登记注册类型分					
内资企业	33506	122841	3851	4947	121746
国有企业	34220	95739	82	534	95288
有限责任公司	318	17724	297	99	17922
国有独资公司	-54	2392	143	13	2522
其他有限责任公司	372	15332	154	86	15401
股份有限公司	34	-6480	644	3004	-8840
私营企业	-1067	15858	2828	1310	17376
私营独资企业		401	484	46	839
私营有限责任公司	-1067	15457	2344	1265	16537

9-5 限额以上批发和零售业法人企业主要财务状况(续表33)

（2021）

单位:万元

指　标	损益及分配	人工成本及增值税		从事批发零售业活动的从业人员平均人数(人)
	所得税费用	应付职工薪酬	应交增值税	
医药及医疗器材批发	2147	15277	7385	1745
西药批发	1638	13513	6215	1558
中药批发	83	589	101	83
医疗用品及器材批发	425	1175	1069	104
矿产品、建材及化工产品批发	2067	45479	75666	4110
煤炭及制品批发	1584	3408	7445	397
石油及制品批发	-1571	38904	65274	3053
金属及金属矿批发	1958	2005	2287	344
建材批发	1	112	191	35
化肥批发		922	274	258
其他化工产品批发	94	129	195	23
机械设备、五金产品及电子产品批发	325	4859	771	471
农业机械批发	25	1008	106	115
汽车及零配件批发	300	3851	665	356
其他批发业	79	494	281	40
再生物资回收与批发	79	494	281	40
按登记注册类型分				
内资企业	18452	97640	104910	7794
国有企业	13183	24313	55107	772
有限责任公司	4095	16960	7393	1478
国有独资公司	11	4011	120	370
其他有限责任公司	4084	12950	7273	1108
股份有限公司	-1713	32065	27259	2397
私营企业	2887	24302	15152	3147
私营独资企业	156	669	771	59
私营有限责任公司	2732	23632	14380	3088

9-5 限额以上批发和零售业法人企业主要财务状况(续表34)

（2021） 单位:万元

指　标	损益及分配				
	投资收益	营业利润	营业外收入	营业外支出	利润总额
按控股情况分					
国有控股	34547	107220	979	3606	104593
私人控股	-1041	15621	2872	1341	17153
按经营形式分					
独立门店	-676	51066	2365	1463	51969
连锁总店	-7	-3944	501	2478	-5921
其他	34188	75719	985	1006	75698
按单位规模分					
大型	590	30311	662	3074	27899
中型	34009	65381	1039	978	65442
小型	-1094	25715	868	704	25878
微型		1433	1283	190	2526
按经营地分					
城镇	33506	121849	2468	4669	119649
城区	33699	111466	1743	4486	108724
乡村		992	1383	278	2097
零售业	**6869**	**24509**	**3850**	**2744**	**25616**
按零售行业小类分					
综合零售	2163	-363	878	1119	-604
百货零售	2090	1433	384	221	1595
超级市场零售	73	-1795	494	898	-2199
食品、饮料及烟草制品专门零售		975	755	16	1714
粮油零售		-178	182		3
糕点、面包零售		52	6	3	55
果品、蔬菜零售		-370	561	12	179
肉、禽、蛋、奶及水产品零售		22			22
酒、饮料及茶叶零售		1449	7	2	1455
纺织、服装及日用品专门零售		-463		2	-465
服装零售		-625		2	-627
钟表、眼镜零售		162			162

9-5 限额以上批发和零售业法人企业主要财务状况(续表35)

（2021）

单位:万元

指　标	损益及分配	人工成本及增值税		从事批发零售业活动的从业人员平均人数(人)
	所得税费用	应付职工薪酬	应交增值税	
按控股情况分				
国有控股	13747	71730	89161	4405
私人控股	4705	25910	15749	3389
按经营形式分				
独立门店	10933	49524	23195	3988
连锁总店	-2032	20195	42386	1755
其他	9550	27921	39329	2051
按单位规模分				
大型	6907	51519	38586	3109
中型	8539	39434	17824	3725
小型	2655	6473	47786	866
微型	352	214	714	94
按经营地分				
城镇	17873	91497	97760	6936
城区	16437	70846	90005	4782
乡村	579	6143	7150	858
零售业	**8965**	**99336**	**27962**	**17669**
按零售行业小类分				
综合零售	1390	35409	5559	8041
百货零售	664	11803	1661	1700
超级市场零售	727	23606	3898	6341
食品、饮料及烟草制品专门零售	451	2642	389	394
粮油零售		274	14	26
糕点、面包零售	14	15	24	58
果品、蔬菜零售	58	1295	53	233
肉、禽、蛋、奶及水产品零售	1	61	5	13
酒、饮料及茶叶零售	378	997	294	64
纺织、服装及日用品专门零售	40	728	182	133
服装零售		376	11	65
钟表、眼镜零售	40	352	172	68

9-5 限额以上批发和零售业法人企业主要财务状况(续表36)

（2021）　　　　　　　　　　　　　　　　　　　　单位：万元

指　标	损益及分配				
	投资收益	营业利润	营业外收入	营业外支出	利润总额
文化、体育用品及器材专门零售	4	-1691	347	7	-1352
文具用品零售		3			3
体育用品及器材零售		-327	4	4	-327
图书、报刊零售		-802	311	3	-494
珠宝首饰零售	4	-638	32		-606
乐器零售		6			6
照相器材零售		67			67
医药及医疗器材专门零售		-808	490	45	-363
西药零售		-707	402	45	-350
中药零售		-101	88		-14
汽车、摩托车、零配件和燃料及其他动力销售	4006	25559	1011	1213	25356
汽车新车零售	3999	22102	937	849	22191
汽车旧车零售		-310			-310
机动车燃油零售	7	671	43	350	364
机动车燃气零售		3096	30	14	3112
家用电器及电子产品专门零售	151	675	105	310	471
日用家电零售	151	1295	95	277	1113
计算机、软件及辅助设备零售		-379	3	3	-379
通信设备零售		-240	7	30	-264
五金、家具及室内装饰材料专门零售		-37		1	-38
家具零售		-37		1	-38
货摊、无店铺及其他零售业	545	663	265	31	897
互联网零售		610	196	29	777
生活用燃料零售	545	54	68	2	120

9-5 限额以上批发和零售业法人企业主要财务状况(续表37)

（2021）　　单位:万元

指　标	损益及分配	人工成本及增值税		从事批发零售业活动的从业人员平均人数(人)
	所得税费用	应付职工薪酬	应交增值税	
文化、体育用品及器材专门零售	2	828	1340	338
文具用品零售		3	7	21
体育用品及器材零售		213	4	46
图书、报刊零售		62	1256	191
珠宝首饰零售		413	39	60
乐器零售		70	11	10
照相器材零售	2	67	24	10
医药及医疗器材专门零售	336	10008	1406	1637
西药零售	336	9523	1388	1506
中药零售		485	18	131
汽车、摩托车、零配件和燃料及其他动力销售	6052	39274	16913	5379
汽车新车零售	5264	32205	13152	4033
汽车旧车零售		96	112	17
机动车燃油零售	255	5001	2984	999
机动车燃气零售	533	1972	666	330
家用电器及电子产品专门零售	693	7303	1932	1233
日用家电零售	680	5832	1721	975
计算机、软件及辅助设备零售	13	789	157	116
通信设备零售		682	53	142
五金、家具及室内装饰材料专门零售			3	11
家具零售			3	11
货摊、无店铺及其他零售业		3145	238	503
互联网零售		1515	140	336
生活用燃料零售		1630	98	167

9-5 限额以上批发和零售业法人企业主要财务状况(续表38)

（2021）

单位:万元

指　标	损益及分配				
	投资收益	营业利润	营业外收入	营业外支出	利润总额
按登记注册类型分					
内资企业	6869	21772	3843	2739	22876
国有企业		-368	311	3	-61
集体企业		242			242
有限责任公司	1918	4128	1393	1233	4288
国有独资公司	545	-124	250	2	123
其他有限责任公司	1373	4252	1143	1231	4164
股份有限公司	2090	2634	276	128	2783
私营企业	2861	15137	1863	1375	15625
私营独资企业		420	10		429
私营有限责任公司	2861	15044	1850	1371	15523
私营股份有限公司		-327	4	4	-327
港、澳、台商投资企业		2074	6	5	2074
与港澳台商合资经营企业		2503	5	1	2507
港澳台商独资企业		-429		4	-433
外商投资企业		664	2		666
中外合资经营企业		664	2		666
按控股情况分					
国有控股	545	1437	770	14	2193
集体控股	1300	3264	188	5	3447
私人控股	5024	17071	2885	2720	17236
港澳台商控股		2074	6	5	2074
外商控股		664	2		666
按经营形式分					
独立门店	6645	17828	2369	1864	18332
连锁总店	224	6766	1308	826	7248
其他		-85	173	53	35
按单位规模分					
大型	2314	12163	1099	870	12391
中型	4538	18870	2155	1493	19531
小型	17	-6627	556	355	-6427
微型		104	42	26	120
按零售业态分					
有店铺零售	6869	23449	3653	2712	24389
超市		1325	239	11	1553
大型超市	73	-1795	494	898	-2199
百货店	2090	1435	384	221	1598
专业店	3406	9994	1279	793	10480
专卖店	1300	12490	1256	789	12958
无店铺零售		1060	198	32	1226
网上商店		1102	196	29	1270
其他		-42	1	3	-44

9-5 限额以上批发和零售业法人企业主要财务状况(续表39)

（2021）　　单位：万元

指　标	损益及分配	人工成本及增值税		从事批发零售业活动的从业人员平均人数(人)
	所得税费用	应付职工薪酬	应交增值税	
按登记注册类型分				
内资企业	8034	97111	26803	17221
国有企业	108	322	1284	222
集体企业	16	94	56	16
有限责任公司	2504	43659	11046	8952
国有独资公司		1904	112	193
其他有限责任公司	2504	41754	10935	8759
股份有限公司	445	9286	1077	1451
私营企业	4961	43751	13339	6580
私营独资企业	65	528	186	71
私营有限责任公司	4896	43010	13150	6463
私营股份有限公司		213	4	46
港、澳、台商投资企业	751	1722	1032	368
与港澳台商合资经营企业	628	1427	953	105
港澳台商独资企业	123	294	79	263
外商投资企业	180	504	127	80
中外合资经营企业	180	504	127	80
按控股情况分				
国有控股	642	10164	5115	1345
集体控股	301	1930	508	186
私人控股	7091	85017	21180	15690
港澳台商控股	751	1722	1032	368
外商控股	180	504	127	80
按经营形式分				
独立门店	7263	58847	17781	8450
连锁总店	1666	36974	8243	8608
其他	36	3515	1938	611
按单位规模分				
大型	1969	43091	7268	9260
中型	6399	43026	13429	6294
小型	594	12861	7072	2001
微型	4	359	193	114
按零售业态分				
有店铺零售	8831	97128	27607	17234
超市	409	1845	257	243
大型超市	727	23606	3898	6341
百货店	664	11806	1667	1721
专业店	2874	29490	9974	4975
专卖店	4158	30382	11811	3954
无店铺零售	135	2208	355	435
网上商店	124	1737	216	359
其他	11	472	139	76

9-6 限额以上批发和零售业连锁经营情况

（2021）　　单位：万元

指　标	连锁总店数（个）	商品购进总额	统一配送	商品销售总额	零售额
总　计	25	1886773	1139084	2047901	1344002
按登记注册类型分					
内资企业	25	1886773	1139084	2047901	1344002
国有企业	3	307760	307760	391912	10840
有限责任公司	10	596424	182008	628223	624243
国有独资公司	1	4391	4391	4323	344
其他有限责任公司	9	592033	177618	623899	623899
股份有限公司	4	929838	601329	960520	656492
私营企业	8	52751	47987	67246	52427
私营有限责任公司	6	36366	31601	48749	48749
私营股份有限公司	2	16386	16386	18498	3678
按行业分					
批发业	8	1050714	908715	1163812	474732
食品、饮料及烟草制品批发	2	299709	299709	381072	
文化、体育用品及器材批发	1	4391	4391	4323	344
医药及医疗器材批发	2	3287	3287	3436	3436
矿产品、建材及化工产品批发	3	743328	601329	774980	470952
零售业	17	836059	230369	884089	869269
综合零售	5	619185	18479	617353	617353
纺织、服装及日用品专门零售	1	3213	3213	3368	3368
文化、体育用品及器材专门零售	1	8052	8052	10840	10840
医药及医疗器材专门零售	7	52258	52038	70658	55838
汽车、摩托车、燃料及零配件专门零售	1	44482	44482	48252	48252
家用电器及电子产品专门零售	2	108870	104105	133617	133617
按业态分					
超市	4	432675	18479	431814	431814
百货店	1	186510		185539	185539
专业店	16	920186	773202	997855	675028
加油站	3	743328	601329	774980	470952
专卖店	3	51012	51012	57071	51620
其他	1	296391	296391	375621	

9-7 限额以上住宿和餐饮业法人企业经营情况

（2021）

单位:万元

指 标	法人企业数（个）	从业人员(人)	营业额	客房收入	通过公共网络实现的客房收入	通过非自营平台实现的客房收入	餐费收入
总 计	48	3936	66356	22681	2359	857	31649
住宿业	26	2319	36497	18753	1752	488	13224
按住宿业行业小类分							
旅游饭店	20	1953	31091	16138	1323	488	11827
旅游饭店	20	1953	31091	16138	1323	488	11827
一般旅馆	6	366	5406	2615	429		1397
经济型连锁酒店	2	61	804	760			
其他一般旅馆	4	305	4602	1855	429		1397
按登记注册类型分							
内资企业	26	2319	36497	18753	1752	488	13224
国有企业	2	508	6611	2779	17		1867
有限责任公司	7	840	16261	7888	816	272	6470
国有独资公司	2	286	5756	4080			1239
其他有限责任公司	5	554	10505	3808	816	272	5232
私营企业	17	971	13625	8086	919	216	4887
私营有限责任公司	16	844	12749	7471	919	216	4627
私营股份有限公司	1	127	875	615			260
按控股情况分							
国有控股	4	794	12367	6859	17		3106
私人控股	22	1525	24129	11894	1735	488	10119
按经营形式分							
独立门店	24	1839	27142	15700	1562	488	7458
其他	2	480	9354	3053	190		5767
按单位规模分							
中型	4	1158	20529	9555	190		8218
小型	18	1161	15913	9155	1562	488	4994
微型	4		55	43			12
按星级分							
四星	9	754	10737	6871	67		3126
三星	4	154	2115	705	26		1188
一星	1	21	636	636	600	36	
其他	12	1390	23009	10541	1059	452	8910
按经营地分							
城镇	25	2319	36497	18753	1752	488	13224
城区	20	1872	30530	15378	1572	308	10682
乡村	1						

9-7 限额以上住宿和餐饮业法人企业经营情况(续表 1)

(2021)　　单位:万元

指标	法人企业数(个)	从业人员(人)	营业额	客房收入	通过公共网络实现的客房收入	通过非自营平台实现的客房收入	餐费收入
餐饮业	**22**	**1617**	**29859**	**3928**	**607**	**369**	**18425**
按餐饮业行业小类分							
正餐服务	20	1352	24007	3928	607	369	18021
正餐服务	20	1352	24007	3928	607	369	18021
饮料及冷饮服务	1	11	403				403
其他饮料及冷饮服务	1	11	403				403
餐饮配送及外卖送餐服务	1	254	5450				
外卖送餐服务	1	254	5450				
按登记注册类型分							
内资企业	22	1617	29859	3928	607	369	18425
有限责任公司	3	249	5277	1563	169	169	1993
其他有限责任公司	3	249	5277	1563	169	169	1993
私营企业	19	1368	24583	2365	439	201	16432
私营有限责任公司	18	1306	24057	2365	439	201	15906
私营股份有限公司	1	62	526				526
按控股情况分							
国有控股	2	167	4324	1109	169	169	1537
私人控股	20	1450	25536	2820	439	201	16888
按经营形式分							
独立门店	19	1320	23221	3928	607	369	17236
连锁总店	1	32	786				786
连锁直营店	1	11	403				403
其他	1	254	5450				
按单位规模分							
中型	3	574	11369	1357	238		4562
小型	17	1043	18398	2526	369	369	13816
微型	2		92	45			46
按经营地分							
城镇	22	1617	29859	3928	607	369	18425
城区	20	1460	27152	3459	607	369	16348
住宿业按地区分组							
银川市	26	2319	36497	18753	1752	488	13224
兴庆区	10	1060	16374	8844	509	452	6643
西夏区	2	10	129	129			
金凤区	10	1036	17843	8131	1243	36	6080
永宁县							
贺兰县	1	127	875	615			260
灵武市	3	86	1277	1034			241
餐饮业按地区分组							
银川市	22	1617	29859	3928	607	369	18425
兴庆区	10	709	13131	1292	369	369	10201
西夏区	2	322	6778	355			757
金凤区	7	408	6952	1812	238		5098
永宁县							
贺兰县	2	157	2707	469			2077
灵武市	1	21	292				292

9-7 限额以上住宿和餐饮业法人企业经营情况(续表2)

（2021） 单位:万元

指　标	通过公共网络实现的餐费收入	通过非自营平台实现的餐费收入	商品销售额收入	其他收入	外卖送餐服务收入	客房数（间）	床位数（个）	餐位数（位）	年末餐饮营业面积（平方米）
总　计	**1339**	**46**	**1791**	**10236**	**5450**	**4528**	**7071**	**17608**	**134688**
住宿业	**425**	**19**	**632**	**3888**		**3652**	**5655**	**7941**	**82610**
按住宿业行业小类分									
旅游饭店	321	19	370	2756		3027	4693	6701	65660
旅游饭店	321	19	370	2756		3027	4693	6701	65660
一般旅馆	104		262	1132		625	962	1240	16950
经济型连锁酒店				44		178	255		8758
其他一般旅馆	104		262	1088		447	707	1240	8192
按登记注册类型分	425	19	632	3888		3652	5655	7941	82610
内资企业	425	19	632	3888		3652	5655	7941	82610
国有企业			87	1878		613	810	1488	12564
有限责任公司	191	19	484	1419		955	1485	2364	26892
国有独资公司			244	194		233	389	568	3500
其他有限责任公司	191	19	240	1226		722	1096	1796	23392
私营企业	234		61	591		2084	3360	4089	43154
私营有限责任公司	234		61	591		1878	2960	3502	41454
私营股份有限公司						206	400	587	1700
按控股情况分									
国有控股			331	2072		846	1199	2056	16064
私人控股	425	19	301	1816		2806	4456	5885	66546
按经营形式分									
独立门店	357	19	632	3353		3030	4658	5835	59610
其他	68			535		622	997	2106	23000
按单位规模分									
中型	68		244	2511		1337	1973	3762	36227
小型	357	19	388	1377		2315	3682	4179	46383
微型									
按星级分									
四星	5		333	407		1072	1799	2399	17229
三星			119	103		381	699	1070	2245
一星						110	180		8171
其他	420	19	179	3379		2089	2977	4472	54965
按经营地分									
城镇	425	19	632	3888		3652	5655	7941	82610
城区	196	19	632	3839		2872	4400	5686	68828
乡村									

9-7　限额以上住宿和餐饮业法人企业经营情况(续表3)

（2021）

单位:万元

指　标	通过公共网络实现的餐费收入	通过非自营平台实现的餐费收入	商品销售额收入	其他收入	外卖送餐服务收入	客房数（间）	床位数（个）	餐位数（位）	年末餐饮营业面积（平方米）
餐饮业	**914**	**27**	**1159**	**6348**	**5450**	**876**	**1416**	**9667**	**52078**
按餐饮业行业小类分									
正餐服务	914	27	1159	898		876	1416	9637	52054
正餐服务	914	27	1159	898		876	1416	9637	52054
饮料及冷饮服务								30	24
其他饮料及冷饮服务								30	24
餐饮配送及外卖送餐服务				5450	5450				
外卖送餐服务				5450	5450				
按登记注册类型分									
内资企业	914	27	1159	6348	5450	876	1416	9667	52078
有限责任公司	27	27	1120	601		410	681	2064	5996
其他有限责任公司	27	27	1120	601		410	681	2064	5996
私营企业	888		39	5747	5450	466	735	7603	46082
私营有限责任公司	888		39	5747	5450	466	735	7135	44482
私营股份有限公司								468	1600
按控股情况分									
国有控股	27	27	1120	559		289	511	1544	5196
私人控股	888		39	5789	5450	587	905	8123	46882
按经营形式分									
独立门店	914	27	1159	898		876	1416	9594	50698
连锁总店								43	1356
连锁直营店								30	24
其他				5450	5450				
按单位规模分									
中型				5450	5450	154	246	1580	14947
小型	914	27	1159	898		722	1170	8087	37131
微型									
按经营地分									
城镇	914	27	1159	6348	5450	876	1416	9667	52078
城区	914	27	1120	6225	5450	682	1147	7187	47078
乡村									
住宿业按地区分组									
银川市	425	19	632	3888		3652	5655	7941	82610
兴庆区	22	19	372	515		1521	2399	4322	29187
西夏区						50	72		
金凤区	174		260	3371		1602	2337	2864	47640
永宁县									
贺兰县						206	400	587	1700
灵武市	229			1		273	447	168	4083
餐饮业按地区分组									
银川市	914	27	1159	6348	5450	876	1416	9667	52078
兴庆区	914	27	1106	532		292	505	3347	25141
西夏区			14	5651	5450	115	226	864	1200
金凤区				42		275	416	2736	19877
永宁县									
贺兰县			39	122		194	269	2480	5000
灵武市								240	860

9-8 限额以上住宿和餐饮业法人企业主要财务状况

（2021）

单位：万元

指标	法人企业数(个)	执行《2006年企业会计准则》企业数(个)	年初存货	期末资产负债		
				流动资产合计	应收账款	存货
总计	48	26	3022	65512	6501	2823
住宿业	26	13	2239	41368	4213	2066
按住宿业行业小类分						
旅游饭店	20	10	2052	33014	3482	1866
旅游饭店	20	10	2052	33014	3482	1866
一般旅馆	6	3	187	8355	731	199
经济型连锁酒店	2	1	33	1015	50	24
其他一般旅馆	4	2	154	7340	681	175
按登记注册类型分						
内资企业	26	13	2239	41368	4213	2066
国有企业	2	2	704	5631	420	623
有限责任公司	7	2	320	13900	3130	232
国有独资公司	2	1	117	3233	903	52
其他有限责任公司	5	1	203	10667	2227	179
私营企业	17	9	1215	21838	663	1212
私营有限责任公司	16	8	1174	21961	944	1169
私营股份有限公司	1	1	42	–124	–281	43
按控股情况分						
国有控股	4	3	821	8864	1323	675
私人控股	22	10	1418	32505	2890	1391
按经营形式分						
独立门店	24	12	2231	37121	2061	1985
其他	2	1	8	4248	2152	81
按单位规模分						
中型	4	3	725	11200	3199	667
小型	18	8	706	15430	841	591
微型	4	2	807	14739	173	807
按星级分						
四星	9	5	1217	19730	1265	1146
三星	4	4	133	2856	103	92
一星	1		7	350	22	5
其他	12	4	883	18433	2823	823
按经营地分						
城镇	25	13	2239	40936	4041	2066
城区	20	11	2177	39812	4113	1917
乡村	1			432	172	

9-8 限额以上住宿和餐饮业法人企业主要财务状况(续表 1)

（2021） 单位:万元

指　标	期末资产负债				
	固定资产原价	房屋和构筑物	机器设备	累计折旧	本年折旧
总　计	217635	48035	12879	82921	8976
住宿业	168342	15996	8557	63288	6702
按住宿业行业小类分					
旅游饭店	160844	12219	4888	57836	6589
旅游饭店	160844	12219	4888	57836	6589
一般旅馆	7498	3777	3669	5453	113
经济型连锁酒店	111		59	6	6
其他一般旅馆	7387	3777	3610	5447	107
按登记注册类型分					
内资企业	168342	15996	8557	63288	6702
国有企业	121383	2892	452	39117	4295
有限责任公司	12505	3513	2742	5544	1321
国有独资公司	8574	2376		3647	1046
其他有限责任公司	3931	1137	2742	1897	275
私营企业	34454	9590	5363	18627	1085
私营有限责任公司	27325	9590	5363	17929	765
私营股份有限公司	7129			698	320
按控股情况分					
国有控股	129957	5268	452	42764	5342
私人控股	38385	10728	8105	20524	1360
按经营形式分					
独立门店	164915	14356	6864	61283	6526
其他	3428	1640	1693	2005	175
按单位规模分					
中型	123732	4016	1693	40623	4397
小型	31391	11980	6864	18249	1289
微型	13220			4415	1016
按星级分					
四星	37151	9045	2395	17934	2055
三星	6033	5311	446	4069	157
一星	46			33	8
其他	125112	1640	5716	41252	4482
按经营地分					
城镇	162927	15996	8557	62138	5763
城区	153185	15493	6740	59467	5375
乡村	5415			1150	939

9-8 限额以上住宿和餐饮业法人企业主要财务状况(续表 2)

(2021)　　单位:万元

指　标	期末资产负债				
	固定资产净值	在建工程	无形资产	土地使用权	资产总计
总　计	117168	6162	2168	781	225685
住宿业	96198	6162	989	1	165401
按住宿业行业小类分					
旅游饭店	94204	847	982	1	143975
旅游饭店	94204	847	982	1	143975
一般旅馆	1994	5315	7		21426
经济型连锁酒店	54	13	2		6538
其他一般旅馆	1940	5302	5		14888
按登记注册类型分					
内资企业	96198	6162	989	1	165401
国有企业	82266				87942
有限责任公司	2644	5302	191		27475
国有独资公司	661		191		9460
其他有限责任公司	1983	5302			18014
私营企业	11288	860	798	1	49984
私营有限责任公司	4857	838	798	1	43651
私营股份有限公司	6431	22			6333
按控股情况分					
国有控股	82927		191		97403
私人控股	13270	6162	798	1	67999
按经营形式分					
独立门店	94776	6162	989	1	159732
其他	1422				5670
按单位规模分					
中型	83108		191		94710
小型	13090	6162	798	1	45238
微型					25453
按星级分					
四星	10412	22	192	1	41512
三星	1963	825	790		9295
一星	13				628
其他	83809	5315	7		113967
按经营地分					
城镇	96198	6162	989	1	159806
城区	89127	6140	989	1	151584
乡村					5595

9-8 限额以上住宿和餐饮业法人企业主要财务状况(续表3)

（2021）

单位:万元

指　标	法人企业数（个）	执行《2006年企业会计准则》企业数(个)	年初存货	期末资产负债		
				流动资产合计	应收账款	存货
餐饮业	**22**	**13**	**783**	**24143**	**2288**	**757**
按餐饮业行业小类分						
正餐服务	20	11	766	23318	2219	726
正餐服务	20	11	766	23318	2219	726
饮料及冷饮服务	1	1	17	89	58	31
其他饮料及冷饮服务	1	1	17	89	58	31
餐饮配送及外卖送餐服务	1	1		736	11	
外卖送餐服务	1	1		736	11	
按登记注册类型分						
内资企业	22	13	783	24143	2288	757
有限责任公司	3	2	106	8607	315	126
其他有限责任公司	3	2	106	8607	315	126
私营企业	19	11	677	15536	1973	631
私营有限责任公司	18	10	624	13999	874	577
私营股份有限公司	1	1	54	1537	1099	54
按控股情况分						
国有控股	2	1	35	6781	194	21
私人控股	20	12	748	17362	2094	736
按经营形式分						
独立门店	19	11	766	23159	2219	700
连锁总店	1			159		26
连锁直营店	1	1	17	89	58	31
其他	1	1		736	11	
按单位规模分						
中型	3	2	193	3749	132	183
小型	17	9	589	20380	2155	561
微型	2	2	1	14		14
按经营地分						
城镇	22	13	783	24143	2288	757
城区	20	12	739	19613	2157	710
住宿业按地区分组						
银川市	26	13	2239	41368	4213	2066
兴庆区	10	6	556	10431	1725	520
西夏区	2		13	442	179	3
金凤区	10	5	1619	30284	2521	1483
永宁县						
贺兰县	1	1	42	-124	-281	43
灵武市	3	1	10	335	69	18
餐饮业按地区分组						
银川市	22	13	783	24143	2288	757
兴庆区	10	6	446	10691	1389	415
西夏区	2	1	19	1256	92	10
金凤区	7	4	266	7585	656	263
永宁县						
贺兰县	2	1	44	4530	131	47
灵武市	1	1	8	81	20	22

9-8 限额以上住宿和餐饮业法人企业主要财务状况(续表 4)

（2021）

单位:万元

指 标	期末资产负债				
	固定资产原价	房屋和构筑物	机器设备	累计折旧	本年折旧
餐饮业	**49293**	**32039**	**4322**	**19633**	**2275**
按餐饮业行业小类分					
正餐服务	49233	32039	4262	19576	2269
正餐服务	49233	32039	4262	19576	2269
饮料及冷饮服务	8		8	4	4
其他饮料及冷饮服务	8		8	4	4
餐饮配送及外卖送餐服务	52		52	52	1
外卖送餐服务	52		52	52	1
按登记注册类型分					
内资企业	49293	32039	4322	19633	2275
有限责任公司	18442	14629	1634	7589	287
其他有限责任公司	18442	14629	1634	7589	287
私营企业	30851	17411	2689	12044	1988
私营有限责任公司	29669	16712	2617	11768	1712
私营股份有限公司	1182	699	72	276	276
按控股情况分					
国有控股	18442	14629	1634	7589	287
私人控股	30851	17411	2689	12044	1988
按经营形式分					
独立门店	49220	32039	4262	19569	2269
连锁总店	13			8	
连锁直营店	8		8	4	4
其他	52		52	52	1
按单位规模分					
中型	15129	7379	200	3637	729
小型	34164	24660	4122	15917	1468
微型				78	78
按经营地分					
城镇	49293	32039	4322	19633	2275
城区	41959	26518	4322	15780	1944
住宿业按地区分组					
银川市	168342	15996	8557	63288	6702
兴庆区	23856	12615	5582	18091	1008
西夏区	5467			1151	940
金凤区	129249	1137	2851	41868	4393
永宁县					
贺兰县	7129			698	320
灵武市	2642	2243	124	1479	41
餐饮业按地区分组					
银川市	49293	32039	4322	19633	2275
兴庆区	32257	19124	3781	12432	1448
西夏区	263		52	241	10
金凤区	9414	7394	490	3082	475
永宁县					
贺兰县	7334	5521		3853	331
灵武市	25			25	12

9-8 限额以上住宿和餐饮业法人企业主要财务状况(续表5)

(2021)　　单位:万元

指　标	期末资产负债				
	固定资产净值	在建工程	无形资产	土地使用权	资产总计
餐饮业	**20971**		**1179**	**780**	**60284**
按餐饮业行业小类分					
正餐服务	20967		1179	780	59454
正餐服务	20967		1179	780	59454
饮料及冷饮服务	4				93
其他饮料及冷饮服务	4				93
餐饮配送及外卖送餐服务					736
外卖送餐服务					736
按登记注册类型分					
内资企业	20971		1179	780	60284
有限责任公司	7417		538	538	20357
其他有限责任公司	7417		538	538	20357
私营企业	13553		641	242	39927
私营有限责任公司	12647		641	242	35272
私营股份有限公司	906				4654
按控股情况分					
国有控股	7417		538	538	14824
私人控股	13553		641	242	45459
按经营形式分					
独立门店	20962		1179	780	59290
连锁总店	5				165
连锁直营店	4				93
其他					736
按单位规模分					
中型	6234				15241
小型	14736		1179	780	42994
微型					2049
按经营地分					
城镇	20971		1179	780	60284
城区	17490		780	780	51865
住宿业按地区分组					
银川市	96198	6162	989	1	165401
兴庆区	5764		982	1	17897
西夏区					5657
金凤区	82841	5315	7		130704
永宁县					
贺兰县	6431	22			6333
灵武市	1163	825			4810
餐饮业按地区分组					
银川市	20971		1179	780	60284
兴庆区	11232		780	780	32821
西夏区					1293
金凤区	6258				17670
永宁县					
贺兰县	3481		399		8419
灵武市					81

9-8 限额以上住宿和餐饮业法人企业主要财务状况(续表6)

（2021） 单位:万元

指　标	期末资产负债					
	流动负债合计	应付账款	负债合计	所有者权益	实收资本	个人资本
总　计	123525	32080	187156	44416	44064	11584
住宿业	71986	10302	124676	46903	30902	4923
按住宿业行业小类分						
旅游饭店	50472	8561	99729	50424	25541	2062
旅游饭店	50472	8561	99729	50424	25541	2062
一般旅馆	21514	1741	24947	-3521	5361	2861
经济型连锁酒店	6934	896	6968	-431	121	21
其他一般旅馆	14581	844	17978	-3090	5240	2840
按登记注册类型分						
内资企业	71986	10302	124676	46903	30902	4923
国有企业	18423	4524	18444	69498	5288	
有限责任公司	20044	2283	42847	-14801	4483	521
国有独资公司	1163	402	7432	2600	2262	
其他有限责任公司	18880	1881	35415	-17401	2221	521
私营企业	33519	3496	63385	-7794	21132	4402
私营有限责任公司	31956	2981	61822	-12564	12926	4402
私营股份有限公司	1563	514	1563	4770	8206	
按控股情况分						
国有控股	19587	4926	25876	72098	7550	
私人控股	52400	5376	98800	-25195	23353	4923
按经营形式分						
独立门店	45670	8013	98359	67550	29884	4405
其他	26317	2289	26317	-20647	1018	518
按单位规模分						
中型	45229	7068	45331	49379	5280	518
小型	26758	3234	47714	-2476	25623	4405
微型			31630			
按星级分						
四星	9993	1580	42194	5495	18176	3820
三星	3924	111	4927	4368	5544	
一星	1167	4	1167	-539	64	64
其他	56902	8608	76387	37580	7119	1039
按经营地分						
城镇	71986	10302	118509	46903	30902	4923
城区	63145	8546	109668	47522	21353	4405
乡村			6166			

9-8 限额以上住宿和餐饮业法人企业主要财务状况(续表7)

（2021）

单位:万元

指　标	期末资产负债					
	流动负债合计	应付账款	负债合计	所有者权益	实收资本	个人资本
餐饮业	51539	21778	62481	−2488	13161	6661
按餐饮业行业小类分						
正餐服务	51522	21769	62328	−3164	13156	6661
正餐服务	51522	21769	62328	−3164	13156	6661
饮料及冷饮服务	17	9	17	77	5	
其他饮料及冷饮服务	17	9	17	77	5	
餐饮配送及外卖送餐服务			136	600		
外卖送餐服务			136	600		
按登记注册类型分						
内资企业	51539	21778	62481	−2488	13161	6661
有限责任公司	27458	15852	34662	−14305	486	
其他有限责任公司	27458	15852	34662	−14305	486	
私营企业	24081	5926	27819	11817	12676	6661
私营有限责任公司	19909	5732	23647	11334	12193	6178
私营股份有限公司	4171	194	4171	483	483	483
按控股情况分						
国有控股	27458	15852	27458	−12634	486	
私人控股	24081	5926	35022	10146	12676	6661
按经营形式分						
独立门店	51427	21703	62233	−3233	13106	6661
连锁总店	96	66	96	69	50	
连锁直营店	17	9	17	77	5	
其他			136	600		
按单位规模分						
中型	4569	614	4808	10434	9300	5000
小型	46970	21164	55915	−12921	3861	1661
微型			1758			
按经营地分						
城镇	51539	21778	62481	−2488	13161	6661
城区	43045	17743	53980	−2406	12161	6661
住宿业按地区分组						
银川市	71986	10302	124676	46903	30902	35324
兴庆区	11460	2722	29534	−11637	12856	16327
西夏区	6	5	6207	21	21	192
金凤区	57887	7024	86301	50009	6319	16770
永宁县						
贺兰县	1563	514	1563	4770	8206	872
灵武市	1070	37	1070	3740	3500	1163
餐饮业按地区分组						
银川市	51539	21778	62481	−2488	13161	6661
兴庆区	33162	16528	36758	−4227	6446	1661
西夏区	2329	66	2465	−1172	100	
金凤区	7540	1150	14744	2926	5615	5000
永宁县						
贺兰县	8494	4035	8501	−82	1000	
灵武市	13		13	68		

9-8 限额以上住宿和餐饮业法人企业主要财务状况(续表 8)

（2021）　　　　单位:万元

指　标	损益及分配					
	营业收入	主营业务收入	营业成本	营业税金及附加	其他业务利润	销售费用
总　计	64131	63397	37078	695	278	19345
住宿业	35324	35053	21321	303	40	11724
按住宿业行业小类分						
旅游饭店	30368	30146	19659	290	35	9144
旅游饭店	30368	30146	19659	290	35	9144
一般旅馆	4956	4907	1662	13	5	2581
经济型连锁酒店	798	754	192	6		508
其他一般旅馆	4158	4153	1470	8	5	2073
按登记注册类型分						
内资企业	35324	35053	21321	303	40	11724
国有企业	6619	6613	9449	117		299
有限责任公司	15724	15635	7593	107	5	4671
国有独资公司	5826	5742	4965	80		119
其他有限责任公司	9898	9893	2628	27	5	4552
私营企业	12981	12806	4279	79	35	6754
私营有限责任公司	12109	11979	3958	78	35	6116
私营股份有限公司	872	826	322	1		638
按控股情况分						
国有控股	12445	12355	14414	198		418
私人控股	22879	22698	6907	105	40	11307
按经营形式分						
独立门店	26336	26113	18971	274	6	7893
其他	8988	8940	2350	29	34	3831
按单位规模分						
中型	19852	19789	15704	155	34	4133
小型	15400	15264	5593	138	6	7399
微型	72		24	10		193
按星级分						
四星	10898	10754	6888	168		2266
三星	2006	2001	707	12	5	1029
一星	636	636	37	2		618
其他	21783	21662	13689	122	35	7811
按经营地分						
城镇	35254	35053	21297	293	40	11608
城区	29427	29348	19216	277	5	8751
乡村	70		24	10		116

9-8 限额以上住宿和餐饮业法人企业主要财务状况(续表 9)

（2021）

单位:万元

指 标	损益及分配					
	营业收入	主营业务收入	营业成本	营业税金及附加	其他业务利润	销售费用
餐饮业	**28807**	**28343**	**15757**	**392**	**238**	**7620**
按餐饮业行业小类分						
正餐服务	22977	22513	11042	391	238	7431
正餐服务	22977	22513	11042	391	238	7431
饮料及冷饮服务	381	381	126	1		189
其他饮料及冷饮服务	381	381	126	1		189
餐饮配送及外卖送餐服务	5450	5450	4590			
外卖送餐服务	5450	5450	4590			
按登记注册类型分						
内资企业	28807	28343	15757	392	238	7620
有限责任公司	4929	4691	3600	206	229	585
其他有限责任公司	4929	4691	3600	206	229	585
私营企业	23878	23652	12157	185	9	7036
私营有限责任公司	23377	23151	11925	178	9	6763
私营股份有限公司	501	501	232	7		272
按控股情况分						
国有控股	4032	3798	2711	206	229	585
私人控股	24775	24545	13046	185	9	7036
按经营形式分						
独立门店	22191	21728	10692	389	238	7431
连锁总店	786	786	349	1		
连锁直营店	381	381	126	1		189
其他	5450	5450	4590			
按单位规模分						
中型	11034	11034	7020	113		1871
小型	17677	17309	8683	279	238	5731
微型	96		55			18
按经营地分						
城镇	28807	28343	15757	392	238	7620
城区	26177	25771	14727	386	180	6566
住宿业按地区分组						
银川市	35324	35053	21321	303	40	11724
兴庆区	16327	16224	8978	172	34	4906
西夏区	192	122	138	11		118
金凤区	16770	16718	11636	110	5	5755
永宁县						
贺兰县	872	826	322	1		638
灵武市	1163	1162	249	9	1	307
餐饮业按地区分组						
银川市	28807	28343	15757	392	238	7620
兴庆区	12516	12113	6667	322	236	3359
西夏区	6692	6692	4967	8		516
金凤区	6690	6686	2968	56	–55	2691
永宁县						
贺兰县	2630	2572	1030	5	58	1054
灵武市	280	280	125			

9-8 限额以上住宿和餐饮业法人企业主要财务状况(续表10)

（2021）　　单位:万元

指　标	损益及分配						
	管理费用	研发费用	财务费用			投资收益	营业利润
				利息收入	利息支出		
总　计	16498		825	11	391	67	-10443
住宿业	11503		576	8	309		-9859
按住宿业行业小类分							
旅游饭店	10347		340	8	308		-9277
旅游饭店	10347		340	8	308		-9277
一般旅馆	1157		236		1		-582
经济型连锁酒店	226		2				-135
其他一般旅馆	930		234		1		-446
按登记注册类型分							
内资企业	11503		576	8	309		-9859
国有企业	2244		5				-5491
有限责任公司	5603		12	8	3		-2160
国有独资公司	344		5	5	2		451
其他有限责任公司	5259		7	3	1		-2610
私营企业	3657		559	1	306		-2208
私营有限责任公司	3172		557		306		-1634
私营股份有限公司	485		1				-574
按控股情况分							
国有控股	2587		10	5	2		-5040
私人控股	8916		566	4	308		-4819
按经营形式分							
独立门店	6504		568	5	309		-7617
其他	4999		7	3			-2242
按单位规模分							
中型	7009		19	8	2		-6993
小型	4456		336	1	87		-2451
微型	38		221		221		-414
按星级分							
四星	2332		234	5	228		-893
三星	414		82		81		-237
一星	123		3				-148
其他	8635		256	3			-8581
按经营地分							
城镇	11479		576	8	309		-9754
城区	10053		565	8	309		-9213
乡村	24						-105

9-8 限额以上住宿和餐饮业法人企业主要财务状况(续表11)

（2021）　　　　单位:万元

指标	损益及分配						
	管理费用	研发费用	财务费用			投资收益	营业利润
				利息收入	利息支出		
餐饮业	**4995**		**249**	**2**	**81**	**67**	**-584**
按餐饮业行业小类分							
正餐服务	4140		248	2	81	66	-662
正餐服务	4140		248	2	81	66	-662
饮料及冷饮服务			1			1	74
其他饮料及冷饮服务			1			1	74
餐饮配送及外卖送餐服务	855		1		1		4
外卖送餐服务	855		1		1		4
按登记注册类型分							
内资企业	4995		249	2	81	67	-584
有限责任公司	939		12	1	2		-382
其他有限责任公司	939		12	1	2		-382
私营企业	4056		238	1	79	67	-203
私营有限责任公司	3918		224	1	66	67	-41
私营股份有限公司	138		14		13		-162
按控股情况分							
国有控股	486		9	1			64
私人控股	4508		240	1	81	67	-649
按经营形式分							
独立门店	4140		248	2	81	66	-664
连锁总店			1				2
连锁直营店			1			1	74
其他	855		1		1		4
按单位规模分							
中型	2001		17	1	9		12
小型	2965		232	1	73	67	-590
微型	29		1				-6
按经营地分							
城镇	4995		249	2	81	67	-584
城区	4502		247	2	81	67	-630
住宿业按地区分组							
银川市	11503		576	8	309		-9859
兴庆区	3028		96	5	79		-736
西夏区	30		1				-105
金凤区	7593		468	3	222		-8666
永宁县							
贺兰县	485		1				-574
灵武市	367		10		8		222
餐饮业按地区分组							
银川市	4995		249	2	81	67	-584
兴庆区	1970		83	1	69	66	-274
西夏区	1142		9		1		51
金凤区	1281		154	1	12	1	-452
永宁县							
贺兰县	493		2				46
灵武市	110						45

9-8 限额以上住宿和餐饮业法人企业主要财务状况(续表12)

(2021)

单位:万元

指 标	损益及分配				人工成本及增值税		从事住宿和餐饮业活动的从业人员平均人数(人)
	营业外收入	营业外支出	利润总额	所得税费用	应付职工薪酬	应交增值税	
总 计	692	255	-10005	89	19009	984	4093
住宿业	193	46	-9712	64	11337	657	2384
按住宿业行业小类分							
旅游饭店	178	37	-9135	63	9587	513	2014
旅游饭店	178	37	-9135	63	9587	513	2014
一般旅馆	15	9	-576	2	1750	144	370
经济型连锁酒店	5		-130	2	278	31	61
其他一般旅馆	9	9	-446		1473	113	309
按登记注册类型分							
内资企业	193	46	-9712	64	11337	657	2384
国有企业	47	10	-5454		3186	98	508
有限责任公司	43	7	-2124	56	3327	203	892
国有独资公司	6	5	452	54	533	186	305
其他有限责任公司	37	2	-2576	2	2794	17	587
私营企业	103	29	-2134	9	4823	356	984
私营有限责任公司	101	29	-1562	9	4377	356	861
私营股份有限公司	2		-572		446		123
按控股情况分							
国有控股	52	15	-5002	54	3719	284	813
集体控股							1571
私人控股	140	31	-4709	11	7618	373	
按经营形式分							
独立门店	178	39	-7478	64	8580	645	1873
其他	15	7	-2234		2757	12	511
按单位规模分							
中型	41	18	-6970	54	6488	248	1191
小型	151	25	-2325	11	4849	409	1172
微型	1	3	-417				21
按星级分							
四星	67	19	-845	54	2090	356	780
三星	26	2	-214		731	99	165
一星	3		-145		73	15	21
其他	97	25	-8509	11	8444	188	1418
按经营地分							
城镇	192	43	-9604	64	11337	657	2363
城区	165	35	-9083	56	8982	556	1910
乡村	1	3	-108				21

9-8 限额以上住宿和餐饮业法人企业主要财务状况(续表13)

（2021）

单位:万元

指　标	损益及分配				人工成本及增值税		从事住宿和餐饮业活动的从业人员平均人数(人)
	营业外收入	营业外支出	利润总额	所得税费用	应付职工薪酬	应交增值税	
餐饮业	499	209	-293	24	7672	326	1709
按餐饮业行业小类分							
正餐服务	497	206	-371	22	5905	321	1456
正餐服务	497	206	-371	22	5905	321	1456
饮料及冷饮服务		3	72	2	66	3	13
其他饮料及冷饮服务		3	72	2	66	3	13
餐饮配送及外卖送餐服务	3		6		1701	2	240
外卖送餐服务	3		6		1701	2	240
按登记注册类型分							
内资企业	499	209	-293	24	7672	326	1709
有限责任公司	114	188	-455	-1	1321	175	309
其他有限责任公司	114	188	-455	-1	1321	175	309
股份有限公司							1400
私营企业	385	21	162	25	6351	152	1338
私营有限责任公司	379	21	318	25	6322	138	62
私营股份有限公司	6		-156		29	14	
按控股情况分							
国有控股	111	187	-13	-1	992	141	219
私人控股	389	21	-281	25	6680	186	1490
按经营形式分							
独立门店	496	206	-374	22	5762	321	1424
连锁总店	1	1	2		143		32
连锁直营店		3	72	2	66	3	13
其他	3		6		1701	2	240
按单位规模分							
中型	237	1	248	16	3204	36	562
小型	263	208	-536	9	4468	290	1082
微型			-6				65
按经营地分							
城镇	499	209	-293	24	7672	326	1709
城区	457	208	-381	24	7022	295	1556
住宿业按地区分组							
银川市	193	46	-9712	64	11337	657	2384
兴庆区	133	11	-614	54	3961	520	1073
西夏区	1	3	-108	2	40	4	31
金凤区	53	31	-8644		6504	102	1072
永宁县							123
贺兰县	2		-572		446		85
灵武市	4		226	9	386	32	
餐饮业按地区分组							
银川市	499	209	-293	24	7672	326	1709
兴庆区	110	12	-176	14	3180	185	802
西夏区	113	187	-24	1	2049	51	315
金凤区	234	9	-226	9	1712	59	417
永宁县							
贺兰县	43	1	88	1	650	32	153
灵武市			45		81		22

9-9 亿元以上重点商品交易市场成交情况

（2021）　　　　单位:万元

指　标	市场个数(个)	总摊位数(个)	成交额(万元)	营业面积(平方米)
总　计	22	18032	2371810	1857368
按经营环境分				
露天式	1	925	39148	92470
封闭式	20	14055	1263479	1293998
其他	1	3052	1069183	470900
按经营方式分				
批发	12	12719	2167501	1472646
零售	10	5313	204309	384722
按市场类别分				
综合市场	5	4254	227413	208236
工业消费品综合市场	1	379	16425	48742
农产品综合市场	3	2700	158908	94800
其他综合市场	1	1175	52080	64694
专业市场	17	13778	2144397	1649132
生产资料市场	3	1926	476241	281370
金属材料市场	2	1654	448241	242470
机械设备市场	1	272	28000	38900
农产品市场	4	4910	1411620	929060
粮油市场	1	38	11183	7160
蔬菜市场	1	1186	121393	370000
水产品市场	1	634	209861	81000
干鲜果品市场	1	3052	1069183	470900
其他农产品市场				
纺织、服装、鞋帽市场	4	5171	105969	110999
布料及纺织品市场				
服装市场				
鞋帽市场				
其他纺织服装鞋帽市场	4	5171	105969	110999
日用品及文化用品市场				
其他日用品及文化用品市场				
电器、通讯器材、电子设备市场	2	331	42458	11800
通讯器材市场	1	70	12600	5000
计算机及辅助设备市场	1	261	29858	6800
家具、五金及装饰材料市场	4	1440	108109	315903
家具市场	2	736	39143	114375
其他装饰材料市场	2	704	68966	201528

9-10 利用外资情况

（2021）　　单位：万美元

指　标	新批外贸企业数(家)	项目总投资	合同外资	实际利用外资
直接利用外资	21	49938.30	17040.77	11818.51
中外合资企业	11	43694.84	10844.55	6890.20
外商独资企业	7	6185.54	6144.54	4928.31

9-11 进出口贸易总额

（2021）　　单位：亿元

指　标	合计
进出口贸易总额	132.07
出口贸易总额	109.47
进口贸易总额	22.60

9-12 主要出口商品数量

指 标	单位	2021 年	2020 年
铁合金	千克	70290	26550
碳化硅	千克	26321171	16560271
抗菌素	千克	1789508	1937000
机车用柴油机的零件	千克		3700042
汽轮机零件	千克	1001537	577923
制成的饲料添加剂	千克	63103280	35764250
其他未混合的水果汁	千克	1468453	1694975
葡萄酒	升	49595	162185
天然蜂蜜	千克	3107690	1599490

9-13 旅游情况

指 标	单位	2021 年	2020 年	2019 年
接待国内游客总人数	万人次	1917.00	1679.69	1642.00
接待国内游客总收入	亿元	125.38	113.48	168.00
接待国内游客人均花费额	元	654.00	675.60	1023.14
接待海外旅游者	人次	8153	7840	78811
旅游外汇收入	万美元	298.24	272.63	3783.00

主要统计指标解释

【社会消费品零售总额】 指国民经济各行业直接售给城乡居民和社会集团的消费品总额，它是反映各行业通过多种商品流通渠道向居民和社会集团供应的生活消费品总量，是研究国内零售市场变动情况、反映经济景气程度的重要指标。

社会消费品零售总额包括:(1)售给城乡居民作为生活用的商品和修建房屋用的建筑材料;(2)售给社会集团的各种办公用品和公用消费品;(3)售给机关、团体、学校、部队、企业、事业单位的职工食堂和旅店(招待所)附设专门供本店旅客食用,不对外营业的食堂的各种食品、燃料；企业单位和国营农场直接售给本单位职工和职工食堂的自己生产的产品;(4)售给部队干部、战士生活用和粮食、副食品、衣着品、日用品、燃料;(5)售给来华的外国人、华侨、港澳台同胞的消费品;(6)居民自费购买的中、西药品、中药材及医疗用品;(7)报社、出版社直接售给居民和社会集团的报纸、图书、杂志,集邮公司出售的新、旧纪念邮票、特种邮票、首日封、集邮册、集邮工具等;(8)旧货寄售商店自购、自销部分的商品;(9)煤气公司、液化石油气站售给居民和社会集团的煤气灶具和罐装液化气石油气;(10) 农民售给非农业居民和社会集团的商品。不包括售给国民经济各部门企业、事业单位(包括国有经济的农场)生产经营用的各种原材料、燃料、设备、工具等和售给批发零售贸易业、餐饮业作为转卖用的商品，旧货寄售商店受托寄售卖出的商品,服务业的营业收入,邮局出售邮票的收入,自来水、电力、煤气生产(供应)单位的产品供应收入，也不包括农民之间的商品销售。

【商品销售总额】 指对本企业(单位)以外的单位和个人出售的商品金额（包括售给本单位消费用的商品,含增值税)。它反映批发零售贸易业在国内市场上销售商品以及出口商品的总量。商品销售总额包括:(1)售给城乡居民和社会集团消费用的商品;(2)售给工业、农业、建筑业、运输邮电业、批发零售贸易业、餐饮业、服务业等作为生产、经营使用的商品;(3)售给批发零售贸易业作为转卖或加工后转卖的商品;(4)对国(境)外直接出口的商品。不包括出售本企业(单位)自用的废旧包装用品;未通过买卖行为付出的商品;经本单位介绍,由买卖双方直接结算,本单位只收取手续费的业务;购货退出的商品以及商品损耗和损失等。

【零售额】 指售给城乡居民用于生活消费和社会集团用于公共消费的商品金额。

商品零售包括:(1)售给城乡居民的各种生活消费品,售给入境旅游的外国人、华侨、港澳台同胞的各类商品;(2) 售给行政事业单位、社会团体、军队和武警等机构的商品,以及以零售方式售给各类企业的商品。具体包括:用于非生产和社会交往的办公用品,如通讯设备、计算器具和设备、电讯网络设备、文印设备、音像视听器材和设备、纸张、本册、文具及装订文印材料、家具、日用电器、针纺织品、清洁卫生用品、文体用品、奖品、纪念品、礼品等;供内部人员乘坐的交通工具和燃料；用于办公设施修缮的各类配件、材料、工具等;用于取暖和防暑降温的设备、燃料、材料及食品等；专用于教学的用品和设备;非营利医疗机构的中、西药品、中药材和医疗设备器材;非专用的劳动保护用品;不对外营业的内部食堂用的餐具、炊具、设备、清洁卫生工具和食品、燃料等;军队、武警用于其人员生活的衣着品和个人用品; 其他各类非生产性设备和用品。

商品零售不包括:(1)售给城乡居民已确知是用于生产、经营的商品;(2)售给各类农业生产者的生产资料类商品,如农机、农药化肥、农膜、种子饲料等商品;(3)售给企业单位生产用具及生产上专用的劳动保护用品。

【营业额】 指住宿和餐饮业单位在经营活动中因提供服务或销售商品等取得的全部收入,包括:客房收入、餐费收入、商品销售额(含增值税)和其他收入。不包括法人单位附营的其他行业产业活动单位的餐费收入、商品销售收入等各项收入。

【客房收入】 指住宿和餐饮业单位在经营活动中因提供住宿服务取得的收入。不包括法人单位附营的其他行业产业活动单位的客房收入。

【餐费收入】 指住宿和餐饮业单位因为顾客提供就餐服务取得的收入。包括:经烹饪、调制加工后出售的各种食品,如主食、炒菜、凉拌菜等的收入。不包括法人单位附营的其他行业产业活动单位的餐费收入。

【其他收入】 指营业额中除客房收入、餐费收入、商品销售额(含增值税)以外的其他收入。

【进出口总额】 海关进出口总额指实际进出我国国境的货物总金额。包括对外贸易实际进出口货样。来料加工装配进出口货物, 国家间、联合国及国际组织无偿援助物资和赠送品,华侨、港澳台同胞和外籍华人捐赠品,租赁期满归承租人所有的租赁货物。进料加工进出口货物。边境地方贸易及边境地区小额贸易进出口货物(边民互市贸易除外),中外合资企业、中外合作经营企业、外商独资经营企业进出口货物和公用物品,到、离岸价格在规定限额以上进出口货物和广告品(无商业价值、无使用价值和免费提供出口的除外),从保税仓库提取在中国境内销售的进口货物,以及其他进出口货物。进出口总额用以观察一个国家在对外贸易方面的总规模,我国规定出口货物按离岸价格统计,进口货物按到岸价格统计。

【利用外资】 指我国各级政府、部门、企业和其他经济组织通过对外借款、吸收外商直接投资以及用其他方式筹措的境外现汇、设备、技术等。

10

财政金融保险

10-1　主要年份地方财政收支情况

单位:万元

年　份	地方财政收　入	市区	地方财政支　出	市区	基本建设支出	农业支出	文教科学卫生
1951	201	79	39	23	4		
1952	307	159	92	67	16		
1953	452	307	243	88	7	1	70
1954	850	604	337	181	91	2	79
1955	607	326	225	83	14	4	66
1956	584	341	409	198	54	5	172
1957	730	422	392	176	33	7	158
1958	773	721	1040	652	694	6	139
1959	1356	1242	1349	929	785	36	234
1960	2100	1576	2571	1761	1618	73	382
1961	1007	903	1631	876	638	113	343
1962	970	843	1194	759	439	26	319
1963	1145	982	1387	858	541	62	288
1964	1457	1108	1904	1244	871	84	499
1965	1580	1175	1641	1027	636	83	557
1966	1935	1501	1930	1207	742	83	578
1967	1434	1101	1520	892	651	42	461
1968	1260	913	1455	941	664	27	435
1969	2198	1782	1932	1298	1043	13	520
1970	2827	2381	2294	1430	1234	34	568
1971	3277	2798	2837	1527	1095	48	625
1972	3886	3265	3069	1873	975	80	709
1973	4449	3657	3451	2163	837	118	756
1974	4574	3655	3885	2507	1211	153	834
1975	5467	4308	4324	2410	1200	191	901
1976	5333	4037	5214	2528	1993	158	993
1977	5522	4057	5257	2776	1682	188	1035
1978	7254	5413	6833	3915	2317	202	
1979	7117	5441	8272	4688	2337	1955	
1980	3881	2396	6669	3411	276	1932	
1981	3160	1671	5153	2416	217	1070	

10-1　主要年份地方财政收支情况(续表)

单位:万元

年　份	地方财政收　入	市区	地方财政支　出	市区	基本建设支出	农业支出	文教科学卫生
1982	3958	2271	7478	4221	501	1052	
1983	4087	2554	9219	5669	723	1335	
1984	5833	4080	12048	7390	809	1199	
1985	13171	10544	12223	6974	744	1472	
1986	14056	11251	17413	10993	1242	1513	
1987	15941	12815	15306	8986	368	1578	
1988	18850	15133	18230	10862	436	2023	
1989	21277	17458	21238	13674	470	2425	
1990	22965	19173	22367	14382	453	2315	
1991	26391	22130	26179	18147	493	1680	
1992	24737	19790	25198	16805	641	2136	
1993	31260	24223	31211	19732	866	2614	
1994	19598	14899	33718	21292	797	1878	
1995	26402	20868	42954	28799	1641	1673	
1996	42468	32474	51499	35104	2487	2279	
1997	54396	41935	66118	45690	2297	3099	
1998	74720	61745	85335	63941	2360	3394	
1999	80515	66323	90549	67040	2694	3369	
2000	94989	79183	123786	91481	16031	3416	
2001	123089	103303	163850	118290	25296	3530	
2002	133234	112189	202666	147863	36049	4689	
2003	160561	137437	234359	177796	29063	9665	
2004	194609	162362	284863	215923	30969	12876	
2005	249307	210424	343573	254325	35907	14021	
2006	299372	244279	431830	306971	47976	16419	
2007	539726	389012	744479	499537			
2008	646674	467143	926417	613012			
2009	925713	655309	1114240	641419			
2010	1379942	932676	1768768	1041810			
2011	1801422	1253585	2377933	1515983			
2012	1873131	1331335	2672293	1693464			
2013	2232886	1623472	3077821	1943088			
2014	2517282	1785730	3685557	2379303			
2015	2438310	1622913	3718067	2330739			
2016	2276231	1632488	3970408	2668690			
2017	2245024	1494755	3924870	2479659			
2018	2355961	1683905	4413415	2869232			
2019	2164968	1600978	4497767	2826260			
2020	2482911	1862942	4417554	2894815			
2021	2611067	1796671	3587314	2287471			

10-2 地方财政收入

（2021） 单位:万元

指 标	合计	市区	永宁县	贺兰县	灵武市
本年收入总计	**2611067**	**1796671**	**217413**	**187641**	**409342**
一般公共预算收入	**1711877**	**1127440**	**102654**	**132277**	**349506**
税收收入	1224541	786792	45720	100482	291547
增值税	473319	276496	12883	27501	156439
企业所得税	107092	77497	1693	9062	18840
个人所得税	77177	67413	1534	2520	5710
资源税					
城市维护建设税	114667	75012	2536	5083	32036
房产税	67334	42392	2980	4804	17158
印花税	43041	25834	2559	3327	11321
城镇土地使用税	48619	15567	4713	5943	22396
土地增值税	69525	50334	2652	15467	1072
车船税	29645	20561	1357	5289	2438
耕地占用税	18452	3888	-98	1241	13421
契税	171763	131286	12788	20928	6761
非税收入	487336	340648	56934	31795	57959
专项收入	122402	82399	11073	6814	22116
行政事业性收费收入	78831	40104	3247	13134	22346
罚没收入	36528	19254	6606	2665	8003
国有资本经营收入	18081		18081		
国有资源(资产)有偿使用收入	107297	77260	17155	8599	4283
其他收入	39653	39471			182
基金预算收入	888154	668815	114759	55364	49216
国有土地使用权出让收入	823143	612973	114208	50927	45035
国有资本经营预算收入	**11036**	**416**			**10620**
国有资本经营收入	**11036**	**416**			**10620**

10-3 地方财政支出

（2021）

单位:万元

指　标	合计	市区	永宁县	贺兰县	灵武市
本年支出总计	3587314	2287471	353795	357490	588558
一般公共预算支出	2916915	1780796	269495	310118	556506
一般公共服务支出	228632	136598	23081	22411	46542
国防支出	303	291		12	
公共安全支出	128968	98343	7617	12061	10947
教育支出	397875	232697	43102	62453	59623
科学技术支出	77888	54622	776	6526	15964
文化旅游体育与传媒支出	42093	31335	1961	2806	5991
社会保障和就业支出	409393	249681	53030	46305	60377
卫生健康支出	237557	163680	19321	24274	30282
节能环保支出	74570	31019	6255	8930	28366
城乡社区支出	506672	320332	50354	29300	106686
农林水支出	195834	57662	24757	50558	62857
交通运输支出	71126	56293	3048	6478	5307
资源勘探信息等支出	198430	158288	625	5533	33984
商业服务业等支出	8361	9818	265	1491	-3213
金融支出	596	560		30	6
自然资源海洋气象等支出	26369	13765	3023	2389	7192
住房保障支出	116190	54299	4248	15158	42485
粮油物资储备支出	2033	897	50	1057	29
灾害防治及应急管理支出	26804	17453	708	1877	6766
其他支出(类)	23778	21641		60	2077
债务付息支出	143443	71522	27274	10409	34238
政府性基金支出	668963	506675	84285	47353	30650
文化旅游体育与传媒支出	325	325			
社会保障和就业支出	285	38	89	154	4
城乡社区支出	568904	458285	44286	42137	24196
其他支出	3722	2172	324	993	233
债务付息支出	95727	45855	39586	4069	6217
国有资本经营支出	1436		15	19	1402

10-4 主要年份金融机构存、贷款余额

单位:万元

年份	各项存款余额	国家银行	居民储蓄	各项贷款余额	国家银行	工业贷款	商业贷款	农业贷款
1951	27	27	8	13	13		2	7
1952	51	51	12	25	25		2	10
1953	92	92	19	39	39	2	5	21
1954	1137	1137	135	1092	1092	28	43	19
1955	2256	2256	155	2605	2605	80	1213	29
1956	2525	2525	248	2966	2966	50	569	178
1957	3282	3282	355	3523	3523	10	426	118
1958	5898	5898	413	6088	6088	225	1700	49
1959	19157	19157	625	19480	19480	1548	4528	89
1960	31169	31169	757	31608	31608	3248	2093	167
1961	18809	18809	752	19481	19481	2002	8101	178
1962	12994	12994	936	13213	13213	883	633	536
1963	9310	9310	670	10824	10824	538	1767	520
1964	8908	8908	892	9326	9326	456	2294	404
1965	13077	13077	1009	13907	13907	256	3375	438
1966	21340	21340	1195	20958	20958	415	6076	966
1967	23802	23802	1291	24300	24300	489	6405	804
1968	21700	21700	1361	22263	22263	679	6991	633
1969	26827	26827	1333	27592	27592	848	7299	577
1970	26021	26021	1455	27210	27210	2461	10592	563
1971	29952	29952	1723	30038	30038	5528	13362	751
1972	26818	26818	2025	27003	27003	4970	12852	379
1973	29112	29112	2303	28643	28643	2019	13350	354
1974	28487	28487	2575	28972	28972	4309	12420	337
1975	36203	36203	2774	36696	36696	3864	14235	445
1976	37683	37683	2957	38506	38506	4596	12950	642
1977	41410	41410	3383	42337	42337	4041	14454	759
1978	49659	49659	3903	50310	50310	3802	17152	934
1979	50928	50928	5135	50453	50453	4044	17681	1131
1980	83659	83659	6734	83659	83659	6700	16611	908
1981	98680	98680	8862	99103	99103	7519	20505	758

10-4 主要年份金融机构存、贷款余额(续表)

单位:万元

年 份	各项存款余 额	国家银行	居民储蓄	各项贷款余 额	国家银行	工业贷款	商业贷款	农业贷款
1982	71523	71523	11802	72742	72742	6803	22173	676
1983	107439	107439	15814	106354	106354	8699	20620	464
1984	148583	148583	23568	149627	149627	12361	24332	4228
1985	95110	95110	30382	98640	98640	26876	40067	4992
1986	115343	115343	42416	126374	126374	36572	46583	6282
1987	128112	128112	57368	170829	170829	47666	55486	8961
1988	149310	149310	71642	224608	224608	62190	79357	8570
1989	180472	180472	93624	257532	257532	78071	89926	11639
1990	225386	225386	122634	311791	311791	108775	100529	12956
1991	281564	281564	154230	399997	399997	131676	107238	13563
1992	345822	345822	186737	468094	468094	156467	128217	13913
1993	416441	416441	236156	570809	570809	184433	151318	15877
1994	674904	549733	362184	796435	690839	205252	168235	26422
1995	863818	708656	493414	900108	782052	233542	175200	23903
1996	1097742	933259	628206	1051645	931411	294426	239680	27268
1997	1242053	1091149	714143	1201302	1032897	328032	275001	33885
1998	1389316	1215715	813962	1310574	1164919	335518	290594	42587
1999	1903393	1642217	913344	1848119	1655668	377651	433091	46311
2000	2232318	1885173	998236	2053071	1774688	362999	373399	49141
2001	2813614	2319854	1239655	2353019	1970644	405628	315090	75352
2002	3583910	2666719	1548067	2854180	2177933	407808	283762	136569
2003	4641305	3069964	1930771	3724738	2543640	458811	262614	218000
2004	5139463	3455615	2188016	4013796	2840865	496620	267837	261023
2005	6126851	4200698	2649514	5517095	4152282	456304	308036	331312
2006	7182299		3063847	6612150		450296	336665	356859
2007	8096592		3264143	7960248		669992	371927	390264
2008	9939064		4231523	9650819		1172224	292573	330976
2009	12789671		5194029	12891250		1142625	325506	410443
2010	15979613		6344542	16410628				
2011	18101999		7252604	19454215				
2012	21082811		9014685	22829704				
2013	23409309		10152220	26606157				
2014	26089685		10898949	31859330				
2015	30177702		13049710	36539817				
2016	33434020		13913467	40765663				
2017	35872321		14969408	44603072				
2018	37045588		13535639	47978695				
2019	40137730		15361820	51506746				
2020	44880080		18761269	55349972				
2021	46913234		19863838	59796191				

10-5 金融机构年末存、贷款余额

（2021）

单位：万元

指 标	合计	市区	永宁县	贺兰县	灵武市
年末各项存款余额	**46913234**	**40279614**	**1948853**	**2249026**	**2435741**
境内存款	46796519	40163517	1948748	2248676	2435578
住户存款	23235020	18359193	1495498	1783562	1596767
活期存款	8079775	6434118	437341	527801	680515
定期及其他存款	15155245	11925075	1058157	1255761	916252
非金融企业存款	11381894	10345872	259206	259677	517138
活期存款	4932162	4388690	153313	153000	237159
定期及其他存款	6449732	5957182	105893	106678	279979
财政性存款	2658581	2520674	33261	23436	81211
机关团体存款	7346376	6763130	160783	182001	240462
非银行业金融机构存款	2174647	2174647			
境外存款	116715	116098	105	350	163
年末各项贷款余额	**59796191**	**54447284**	**1500288**	**1730776**	**2117843**
境内贷款	59795531	54446672	1500240	1730776	2117843
住户贷款	15891789	13120846	798314	1139142	833487
短期贷款	3235863	2234898	293721	297653	409590
消费贷款	1739602	1511587	53211	63593	111212
经营贷款	1496260	723312	240510	234060	298378
中长期贷款	12655926	10885947	504593	841489	423897
消费贷款	11123342	9917091	399730	569044	237476
经营贷款	1532585	968856	104863	272445	186420
非金融企业及机关团体贷款	43903742	41325827	701926	591634	1284356
短期贷款	7811717	6969889	202882	205103	433841
中长期贷款	30224425	28969512	257785	266442	730687
票据融资	5836866	5365840	241259	109940	119828
各项垫款	30735	20586		10148	
境外贷款	660	612	48		

10-6 中资全国性大型银行年末存、贷款余额

（2021）　　单位:万元

指　标	合计	市区	永宁县	贺兰县	灵武市
年末各项存款余额	**20906707**	**17703072**	**1022570**	**904572**	**1276492**
境内存款	20792646	17589614	1022467	904235	1276330
个人存款	11177746	8926530	733563	714394	803258
活期储蓄存款	5178859	4019341	315824	345781	497912
定期储蓄存款	3284222	2626348	262829	218896	176149
结构性存款	178990	159224	628	4742	14395
单位存款	9092085	8140268	288904	189841	473072
活期存款	4089647	3589627	154634	131375	214012
定期存款	1985161	1886903	38217	15545	44496
保证金存款	441577	355195	22024	12697	51661
结构性存款	122333	81933			40400
国库定期存款	365300	365300			
非存款类金融机构存款	157515	157515			
境外存款	114061	113459	103	337	163
年末各项贷款余额	**36103684**	**33710262**	**590047**	**598049**	**1205326**
境内贷款	36103118	33709744	589999	598049	1205326
短期贷款	5048393	4330053	167246	155719	395375
个人贷款及透支	1156287	858268	79074	82060	136886
个人消费贷款	863445	721738	36611	33390	71707
单位贷款及透支	3892106	3471785	88173	73659	258489
经营贷款及透支	3107075	2696570	80369	73659	256477
固定资产贷款	248955	248955			
贸易融资	536075	526259	7803		2012
中长期贷款	28535305	26919517	410166	431749	773873
个人贷款	6623722	5725852	336373	379787	181710
个人消费贷款	6338508	5491772	316948	368262	161525
单位贷款	21911583	21193665	73793	51962	592163
经营贷款	2895862	2780574	10783	2340	102165
固定资产贷款	18836169	18255538	41011	49622	489998
并购贷款	143500	121500	22000		
贸易融资	36052	36052			
票据融资	2488880	2439783	12587	432	36079
各项垫款	30540	20391		10148	
境外贷款	566	518	48		

10-7 政策性银行年末存、贷款余额

（2021）　　单位:万元

指　标	合计	市区	永宁县	贺兰县	灵武市
年末各项存款余额	170022	133252	19621	9800	7349
单位存款	170022	133252	19621	9800	7349
活期存款	160060	127226	16792	8893	7149
定期存款	5673	5673			
保证金存款	4089	352	2830	907	
年末各项贷款余额	2070395	1701025	147780	156622	64968
短期贷款	350008	260925	56549	13874	18660
单位贷款及透支	350008	260925	56549	13874	18660
经营贷款及透支	350008	260925	56549	13874	18660
中长期贷款	1720387	1440099	91231	142748	46308
单位贷款	1720387	1440099	91231	142748	46308
非存款类金融机构贷款					
票据融资					
融资租赁					
各项垫款					

10-8 地方性金融机构年末存、贷款余额

（2021） 单位：万元

指　标	合计	市区	永宁县	贺兰县	灵武市
年末各项存款余额	**18401878**	**15244141**	**873401**	**1213647**	**1070689**
境内存款	18400189	15242466	873399	1213635	1070689
个人存款	10509888	7931106	761935	1023339	793509
活期储蓄存款	2112691	1648944	121517	159628	182602
定期储蓄存款	7411300	5349056	615451	849632	597160
结构性存款					
单位存款	6343954	5765014	111464	190297	277180
活期存款	2670154	2270886	88055	153240	157972
定期存款	1960942	1839296	18782	19848	83015
保证金存款	1416374	1367822	4626	9639	34286
结构性存款					
国库定期存款	157900	157900			
非存款类金融机构存款	1388447	1388447			
境外存款	1689	1675	2	12	
年末各项贷款余额	**14967029**	**12456197**	**762461**	**900822**	**847549**
短期贷款	4217359	3214679	272809	300475	429396
个人贷款及透支	1939236	1238182	214647	213702	272704
个人消费贷款	775921	690138	16600	29677	39505
单位贷款及透支	2028123	1726498	58161	86772	156692
经营贷款及透支	2021609	1720583	58161	86772	156092
固定资产贷款	5514	4914			600
贸易融资	1000	1000			
非存款类金融机构贷款	250000	250000			
中长期贷款	8332157	7245934	260980	490840	334403
个人贷款	4022826	3188283	168220	424136	242187
个人消费贷款	2856570	2532918	82783	164919	75951
单位贷款	4309331	4057650	92760	66703	92217
经营贷款	3218907	3040091	62132	63134	53550
固定资产贷款	1090424	1017560	30629	3569	38667
票据融资	2417318	1995390	228672	109508	83749
各项垫款	195	195			

10-9 保险业务情况

（2021）　　单位:万元

指　标	保费收入	赔款与给付支出
总　计	1229271.85	380399.20
财产险	341149.56	222653.29
企业财产险	25238.26	12219.40
家庭财产险	2022.81	459.25
责任险	36265.78	20507.79
机动车辆险	223911.48	140754.78
货物运输险	1559.57	672.20
工程险	3218.81	1139.07
农业险	25226.92	17832.50
其他险	2089.21	1502.50
人身险	888122.29	157745.91
人寿险	625983.20	85046.76
意外伤害险	34536.60	9897.97
健康险	227602.49	38815.09

主要统计指标解释

【一般公共预算收入】 指属于地方一般公共预算的收入,包括地方企业上交利润,城市维护建设税(不含铁道部门、各银行总行、各保险公司总公司集中缴纳的部分),房产税,城镇土地使用税,土地增值税,车船税,耕地占用税,契税,烟叶税,印花税,增值税 25%部分,纳入共享范围的企业所得税 40%部分,个人所得税 40%部分,证券交易印花税 3%部分,海洋石油资源税以外的其他资源税,地方非税收入等。

【税收收入】 包括增值税、消费税、企业所得税、企业所得税退税、个人所得税、资源税、固定资产投资方向调节税、城市维护建设税、房产税、印花税、城镇土地使用税、土地增值税、车船税、耕地占用税、契税、烟叶税和其他税收收入。

【企业所得税】 指税务机关按《中华人民共和国企业所得税暂行条例》征收的企业所得税及依照《中华人民共和国外商投资企业和外国企业所得税法》征收的外商投资企业和外国企业所得税。税务机关对港澳台商投资企业征收的企业所得税也包括在内。

【个人所得税】 指反映按照《中华人民共和国个人所得税法》和《对储蓄存款利息所得征收个人所得税的实施办法》征收的个人所得税。

【一般公共预算支出】 指一般公共服务,公共安全支出,地方统筹的各项社会事业支出等。

【一般公共服务支出】 指政府提供一般公共服务的支出。

【年末金融机构人民币各项存款余额】 指企业、机关、团体和居民根据可以收回的原则,把货币存入银行或其他信用机构保管并取得一定利息的年末货币总量。

【年末金融机构人民币各项贷款余额】 指年终时银行或其他信用机构根据必须归还的原则,按一定利率,为企业、个人等提供资金贷款的总额。不包括外币贷款。

【住户存款余额】 指城乡居民在某一时点上,在银行和其他金融机构的本(人民币)、外币储蓄存款总额。不包括居民的手存现金和工矿企业、部队、机关、团体等单位存款。

【保费收入】 保险费收入指投保人或被保险人为获得保险保障而付给保险人的代价。储金收入指投保人为取得经济保障而存入保险公司的存款,保险期满,保险公司连同部分利息退还投保人。

【赔款支出】 赔款指财产保险在被保险财产发生保险合同规定的损失后,保险公司按实际损失给予的经济补偿金额。给付指人身保险在保险责任发生的意外伤害或事故及返还性保险期满,保险公司给保险人支付的款项。

11

人民生活和物价

11-1 主要年份城市居民收支及价格指数情况

年 份	城镇居民人均可支配收入（元）	城镇居民人均消费性支出（元）	恩格尔系数（%）	居民消费价格总指数（%）	服务项目价格指数	商品零售价格指数（%）
1949	118.64	110.96	60.1			
1950	136.13	135.94	60.1			
1951	156.15	166.52	60.1	123.7		113.3
1952	179.24	204.02	60.1	106.7		102.6
1953	187.00	205.38	60.0	104.7		102.8
1954	195.04	206.70	59.9	101.4		102.1
1955	203.43	208.05	59.9	100.7		101.2
1956	212.18	209.44	59.8	100.1		100.2
1957	221.56	211.09	59.7	102.5		101.5
1958	222.31	210.03	60.0	102.4		101.7
1959	222.97	209.52	60.2	102.9		102.0
1960	223.64	209.74	60.2	104.3		104.4
1961	224.31	210.79	60.0	120.2		120.6
1962	224.99	212.85	59.5	95.1		95.3
1963	226.08	216.48	58.7	88.9		89.1
1964	233.73	218.25	58.7	94.9		95.7
1965	263.90	235.81	57.0	97.7		97.5
1966	268.74	238.59	57.5	98.2		98.1
1967	273.58	241.75	57.9	102.5		102.5
1968	278.50	245.26	58.2	101.3		101.3
1969	283.51	249.08	58.4	102.5		102.5
1970	288.62	253.26	58.6	100.8		100.8
1971	293.81	257.74	58.8	99.8		99.7
1972	299.10	262.50	58.8	100.4		100.4
1973	304.49	267.59	58.9	100.3		100.3
1974	309.97	272.97	58.9	100.4		100.4
1975	315.55	278.65	58.8	100.6		100.7
1976	321.23	284.62	58.7	100.9		101.1
1977	327.01	291.24	58.8	108.2		108.4
1978	346.08	306.12	58.8	100.6	100.0	100.7
1979	369.49	314.13	60.0	101.2	100.1	101.3
1980	488.18	403.32	54.8	106.5	105.0	106.5

11-1 主要年份城市居民收支及价格指数情况(续表)

年　份	城镇居民人均可支配收入(元)	城镇居民人均消费性支出(元)	恩格尔系数(%)	居民消费价格总指数(%)	服务项目价格指数	商品零售价格指数(%)
1981	485.01	422.90	52.5	101.7	103.2	101.6
1982	501.36	448.07	52.9	101.2	102.6	101.1
1983	550.00	477.46	55.1	101.8	98.5	101.7
1984	672.43	583.30	54.7	103.8	101.9	103.8
1985	815.45	703.41	47.9	108.9	112.3	108.6
1986	972.44	830.82	46.4	107.3	109.8	107.1
1987	1050.51	916.73	49.3	110.1	100.7	111.0
1988	1170.23	1177.16	46.9	117.2	107.6	118.1
1989	1298.92	1241.06	53.1	115.8	105.6	116.7
1990	1580.72	1432.67	52.9	106.3	145.3	102.9
1991	1708.50	1490.00	49.4	106.0	113.3	105.3
1992	1961.60	1683.80	46.1	109.7	117.1	108.9
1993	2326.00	2159.50	42.1	116.7	140.3	113.9
1994	3410.40	3036.10	43.9	124.3	115.9	119.1
1995	3931.70	3540.50	44.2	117.3	120.3	114.7
1996	4252.07	3684.99	44.5	107.0	107.7	106.2
1997	4471.08	4016.61	42.7	104.1	114.1	102.2
1998	4821.05	4398.48	39.0	100.2	117.7	97.1
1999	5167.67	4484.40	36.3	100.1	105.5	98.7
2000	5621.51	5369.05	34.2	99.2	107.6	97.7
2001	6256.61	5507.79	33.7	101.4	109.6	100.6
2002	6845.28	5979.36	35.7	99.5	103.9	98.7
2003	7245.32	6093.01	36.4	101.7	104.5	99.8
2004	7984.33	6728.85	37.4	103.2	102.9	102.0
2005	8852.42	7311.38	35.8	101.7	102.9	100.6
2006	10067.76	8288.47	34.6	101.6	101.9	101.2
2007	12185.47	9176.42	36.3	105.3	102.1	103.6
2008	14458.00	11455.00	35.4	107.6	101.5	105.9
2009	15715.44	12271.76	32.8	99.7	100.4	98.5
2010	17073.12	13589.00	32.1	103.8	104.8	102.5
2011	19480.85	14931.24	35.3	105.5	104.1	104.2
2012	21900.50	16389.53	33.4	102.6	102.6	100.6
2013	23776.41	16843.79	32.3	103.5	101.8	102.3
2014	26117.69	20401.22	30.5	102.1	102.8	100.8
2015	28261.37	21694.03	30.3	101.6	103.4	100.2
2016	30477.81	22897.85	29.1	101.7	101.8	100.8
2017	32980.81	23124.48	28.8	101.7	103.6	101.5
2018	35586.34	25505.80	25.4	102.2	101.6	102.7
2019	38216.85	27716.91	25.2	102.2	101.5	101.1
2020	39982.80	26667.30	27.2	101.8	101.2	100.5
2021	42412.00	29073.50	27.0	101.4	100.8	102.0

11-2 城镇居民家庭就业情况

（2021）

指 标	单位	总平均
调查人口和就业情况		
户均常住人口	人	2.82
由本户供养的在校学生	人/户	0.57
不由本户供养的在校学生	人/户	0.00
非在校学生	人/户	2.06
受教育程度	人/户	2.62
未上过学	人/户	0.07
小学	人/户	0.42
初中	人/户	0.55
高中	人/户	0.60
大学专科	人/户	0.48
大学本科	人/户	0.45
研究生	人/户	0.05
常住劳动力情况		
劳动力人数	人/户	2.02
整劳动力人数	人/户	1.08
半劳动力人数	人次	0.94
常住从业人员情况		
参加医疗保险情况		2.02
新型农村合作医疗	人/户	0.00
城镇职工基本医疗保险	人/户	1.32
城乡居民基本医疗保险	人/户	0.67
公费医疗	人/户	0.00
商业医疗保险	人/户	0.20
其他医疗保险	人/户	0.01
没有参加任何医疗保险	人/户	0.03
参加养老保险情况		2.02
城镇职工基本养老保险	人/户	1.47
（城乡）居民社会养老保险	人/户	0.23
企业年金（职业年金）	人/户	0.24
商业养老保险	人/户	0.04
其他养老保险	人/户	0.04
没有参加任何养老保险	人/户	0.28

11-2　城镇居民家庭就业情况(续表)

(2021)

指　标	单位	总平均
从事行业		1.27
第一产业	人 / 户	0.01
第二产业	人 / 户	0.31
采矿业	人 / 户	0.03
制造业	人 / 户	0.11
电力、热力、燃气及水生产供应业	人 / 户	0.07
建筑业	人 / 户	0.09
第三产业	人 / 户	0.95
批发和零售业	人 / 户	0.22
交通运输、仓储和邮政业	人 / 户	0.11
住宿和餐饮业	人 / 户	0.03
信息传输、软件业和信息技术服务业	人 / 户	0.03
金融业	人 / 户	0.04
房地产业	人 / 户	0.01
租赁和商务服务业	人 / 户	0.01
科学研究和技术服务业	人 / 户	0.01
水利、环境和公共设施管理业	人 / 户	0.02
居民服务、修理和其他服务业	人 / 户	0.17
教育	人 / 户	0.09
卫生和社会工作	人 / 户	0.06
文化、体育和娱乐业	人 / 户	0.02
公共管理、社会保障和社会组织	人 / 户	0.14
国际组织	人 / 户	0.00
从事职业		1.27
国家机关、党群组织、企业、事业单位负责人	人 / 户	0.03
专业技术人员	人 / 户	0.25
办事人员和有关人员	人 / 户	0.34
社会生产服务和生活服务人员	人 / 户	0.43
农、林、牧、渔业生产及辅助人员	人 / 户	0.01
生产制造及有关人员	人 / 户	0.20
军人	人 / 户	0.00
不便分类的其他从业人员	人 / 户	0.00

11-3 城镇居民家庭年末主要消费拥有情况

（2021）

指　标	单位	总平均
摩托车	辆	2.47
助力车	辆	44.73
家用汽车	辆	56.51
洗衣机	台	100.69
电冰箱	台	100.42
彩色电视机	台	101.92
计算机	台	68.39
其他中高档乐器	件	13.00
微波炉	台	65.98
空调器	台	41.96
淋浴热水器	台	100.00
洗碗机	台	2.01
健身器材	套	7.87
固定电话	部	2.49
移动电话	部	238.82
接入互联网移动电话	部	231.11
接入互联网计算机	台	64.61
空气净化器(含新风系统）	台	9.14
吸尘器	台	17.77

11-4 城镇居民家庭收支情况(年人均)

(2021)

指　标	总平均
可支配收入(新口径)	**42412.05**
工资性收入	28598.17
工资	26974.53
实物福利	129.31
其他	1494.33
经营净收入	3664.66
第一产业经营净收入	79.92
第二产业经营净收入	378.45
第三产业经营净收入	3206.29
财产净收入	1755.69
利息净收入	-188.13
红利收入	48.87
储蓄性保险净收益	0.00
转让承包土地经营权租金净收入	13.44
出租房屋财产性收入	421.55
出租机械、专利、版权等资产的收入	25.77
其他财产净收入	-5.67
房屋虚拟租金	1439.87
转移净收入	8393.52
转移性收入	11484.84
养老金或离退休金	10487.56
社会救济和补助	55.47
转移性支出	3091.32
个人所得税	224.87
社会保障支出	2586.48
外来从业人员寄给家人的支出	0.00
赡养支出	163.05
其他转移性支出	116.92
消费支出	**29073.49**
食品烟酒	7842.05
食品	4608.58
谷物	470.52
薯类	37.21
豆类	60.13
食用油	139.48
蔬菜和食用菌	565.47
肉类	1185.97
禽类	225.90
水产品	195.05
蛋类	113.32
奶类	404.72
干鲜瓜果类	792.01
糖果糕点类	225.27
其他食品	193.53
烟酒	590.28
烟草	377.81
酒类	212.47
饮料	186.62

11-4 城镇居民家庭收支情况(年人均)(续表)

(2021)

指　标	总平均
饮食服务	2456.56
食堂用餐	128.62
其他在外饮食	2327.74
食品加工服务费	0.21
衣着	2313.04
衣类	1889.44
鞋类	423.60
居住	5947.88
租赁房房租	144.58
住房维修及管理	786.25
水电燃料及其他	1328.11
自有住房折算租金	3688.95
生活用品及服务	1818.56
家具及室内装饰品	171.07
家用器具	371.21
家用纺织品	143.01
家庭日用杂品	346.46
个人用品	661.86
家庭服务	124.95
交通通信	4506.43
交通	3569.07
交通工具	973.48
交通费	451.32
交通工具用燃料	976.80
交通工具使用及维修	1167.47
车辆保险支出	491.88
通信	937.36
通信工具	338.67
通信服务	598.69
教育文化娱乐	3303.32
教育	2257.11
学前教育	302.04
小学教育	332.87
初中教育	324.97
高中教育	397.82
中专职高教育	38.18
大专及以上教育	711.14
成人教育	150.09
文化娱乐	1046.21
文娱耐用消费品	241.42
其他文娱用品	308.08
文化娱乐服务	496.71
医疗保健	2518.60
医疗器具及药品	849.95
医疗服务	1668.65
门诊总费用	785.93
住院总费用	882.72
其他用品和服务	823.60
其他用品	318.87
其他服务	504.73

11-5 城镇居民平均每人全年购买商品数量

（2021）

指 标	单位	总平均
食用植物油	千克	7.6
猪肉	千克	8.6
牛肉	千克	4.3
羊肉	千克	5.2
禽类	千克	7.2
鲜蛋	千克	9.9
鱼	千克	3.1
鲜菜	千克	96.7
白酒	千克	1.0
啤酒	千克	3.4
鲜瓜果	千克	79.3
糕点	千克	5.1
鲜奶	千克	15.4
酸奶	千克	6.6
鞋类	双	2.7
液化石油气	千克	0.4
管道天然气	立方米	109.9

11-6 城镇居民家庭住房基本情况

（2021）

指　标	单位	总平均
现住房建筑面积	平方米	37.03
本住户居住空间样式	%	100.00
单栋楼房	%	0.00
单栋平房	%	0.00
四居室及以上单元房	%	4.42
三居室单元房	%	40.70
二居室单元房	%	51.68
一居室单元房	%	3.20
筒子楼或连片平房	%	0.00
其他	%	0.00
主要建筑材料	%	100.00
钢筋混凝土	%	57.54
砖混材料	%	42.34
砖瓦砖木	%	0.12
竹草土坯	%	0.00
其他	%	0.00
现住房房屋来源	%	100.00
租赁公房	%	0.96
租赁私房	%	4.12
自建住房	%	0.09
购买商品房	%	71.95
购买房改住房	%	4.01
购买保障性住房	%	5.22
拆迁安置房	%	11.59
继承或获赠住房	%	0.39
免费借用房	%	1.67
雇主提供免费住房	%	0.00
其他来源	%	0.00

11-7 农村居民家庭就业情况

（2021）

指 标	单位	总平均
调查人口和就业情况		
户均常住人口	人	3.18
由本户供养的在校学生	人/户	0.65
不由本户供养的在校学生	人/户	0.00
非在校学生	人/户	2.40
6周岁及以上住户成员受教育程度	**人/户**	**3.06**
未上过学	人/户	0.23
小学	人/户	0.85
初中	人/户	1.29
高中	人/户	0.39
大学专科	人/户	0.15
大学本科	人/户	0.13
研究生	人/户	0.01
常住劳动力情况		
劳动力人数	人/户	2.35
整劳动力人数	人/户	1.10
半劳动力人数	人/户	1.25
常住从业人员情况		
参加医疗保险情况	人/户	2.35
新型农村合作医疗	人/户	0.00
城镇职工基本医疗保险	人/户	0.25
城乡居民基本医疗保险	人/户	2.08
公费医疗	人/户	0.00
商业医疗保险	人/户	0.05
其他医疗保险	人/户	0.00
没有参加任何医疗保险	人/户	0.01
参加养老保险情况	人/户	2.35
城镇职工基本养老保险	人/户	0.34
城乡居民基本养老保险	人/户	1.50
企业年金（职业年金）	人/户	0.02
商业养老保险	人/户	0.01
其他养老保险	人/户	0.13
没有参加任何养老保险	人/户	0.37

11-7 农村居民家庭就业情况(续表)

(2021)

指 标	单位	总平均
从事行业	**人/户**	**1.84**
第一产业	人/户	0.66
第二产业	人/户	0.38
采矿业	人/户	0.01
制造业	人/户	0.08
电力、热力、燃气及水生产供应业	人/户	0.07
建筑业	人/户	0.22
第三产业	人/户	0.80
批发和零售业	人/户	0.17
交通运输、仓储和邮政业	人/户	0.14
住宿和餐饮业	人/户	0.05
信息传输、软件业和信息技术服务业	人/户	0.01
金融业	人/户	0.00
房地产业	人/户	0.01
租赁和商务服务业	人/户	0.00
科学研究和技术服务业	人/户	0.00
水利、环境和公共设施管理业	人/户	0.08
居民服务、修理和其他服务业	人/户	0.23
教育	人/户	0.02
卫生和社会工作	人/户	0.03
文化、体育和娱乐业	人/户	0.01
公共管理、社会保障和社会组织	人/户	0.05
国际组织	人/户	0.00
从事职业	**人/户**	**1.84**
国家机关、党群组织、企业、事业单位负责人	人/户	0.00
专业技术人员	人/户	0.10
办事人员和有关人员	人/户	0.24
社会生产服务和生活服务人员	人/户	0.55
农、林、牧、渔业生产及辅助人员	人/户	0.65
生产制造及有关人员	人/户	0.27
军人	人/户	0.00
不便分类的其他从业人员	人/户	0.01

11-8 农村居民家庭收支情况(年人均)

(2021)

指　标	总平均
可支配收入(新口径)	18169.81
工资性收入	8567.44
工资	8386.61
实物福利	98.60
其他	82.23
经营净收入	7791.13
第一产业经营净收入	4561.57
第二产业经营净收入	258.88
第三产业经营净收入	2970.68
财产净收入	635.87
利息净收入	-20.55
红利收入	9.83
储蓄性保险净收益	0.00
转让承包土地经营权租金净收入	434.82
出租房屋财产性收入	192.51
出租机械、专利、版权等资产的收入	23.67
其他财产净收入	-4.40
房屋虚拟租金	0.00
转移净收入	1175.38
转移性收入	2030.35
养老金或离退休金	1128.89
社会救济和补助	147.72
转移性支出	854.97
个人所得税	5.39
社会保障支出	797.26
外来从业人员寄给家人的支出	0.00
赡养支出	28.14
其他转移性支出	24.18
总支出	33656.87
消费支出	14668.39
食品烟酒	4684.53
食品	3458.66
谷物	537.77
薯类	32.29
豆类	42.27
食用油	170.85
蔬菜和食用菌	440.82
肉类	998.85
禽类	226.99
水产品	56.79
蛋类	74.90
奶类	181.09
干鲜瓜果类	443.81
糖果糕点类	93.38
其他食品	158.87
烟酒	385.30
烟草	339.94
酒类	45.36
饮料	100.87

11-8 农村居民家庭收支情况(年人均)(续表1)

(2021)

指 标	总平均
饮食服务	739.70
食堂用餐	68.41
其他在外饮食	665.19
食品加工服务费	6.10
衣着	1031.44
衣类	799.74
鞋类	231.70
居住	2789.97
租赁房房租	36.33
住房维修及管理	429.83
水电燃料及其他	960.85
自有住房折算租金	1362.97
生活用品及服务	804.80
家具及室内装饰品	87.55
家用器具	129.06
家用纺织品	74.46
家庭日用杂品	208.21
个人用品	277.88
家庭服务	27.62
交通通信	2326.05
交通	1668.74
交通工具	224.76
交通费	146.19
交通工具用燃料	646.03
交通工具使用及维修	651.75
车辆保险支出	291.61
通信	657.31
通信工具	177.06
通信服务	480.25
教育文化娱乐	1255.80
教育	967.13
学前教育	87.92
小学教育	68.97
初中教育	81.27
高中教育	196.38
中专职高教育	58.51
大专及以上教育	357.11
成人教育	116.96
文化娱乐	288.66
文娱耐用消费品	89.12
其他文娱用品	92.47
文化娱乐服务	107.07
医疗保健	1508.81
医疗器具及药品	470.88
医疗服务	1037.92
门诊总费用	444.61
住院总费用	593.31
其他用品和服务	267.00
其他用品	93.41
其他服务	173.59

11-8 农村居民家庭收支情况(年人均)(续表 2)

(2021)

指 标	总平均
生产经营费用支出	6725.58
第一产业经营费用支出	5273.98
农业	2389.67
林业	1.42
牧业	2750.59
渔业	132.30
第二产业生产费用支出	500.55
采矿业	0.00
制造业	16.40
电力、热力、燃气及水生产和供应业	0.00
建筑业	484.15
第三产业经营费用支出	951.04
批发和零售业	93.10
交通运输、仓储和邮政业	731.71
住宿和餐饮业	0.00
房地产业	0.00
租赁和商务服务业	0.00
居民服务、修理和其他服务业	88.34
其他	0.87
农林牧渔服务业	37.03
财产性支出	77.12
转移性支出	854.97
部分商业保险支出	327.84
购置资产及非经常性转移支出	7388.04
借贷性支出	3614.93

11-9 农村居民家庭住房基本情况

（2021）

指　标	单位	总平均
现住房建筑面积	**平方米**	**34.67**
本住户居住空间样式	%	100.00
单栋楼房	%	0.19
单栋平房	%	70.46
四居室及以上单元房	%	0.37
三居室单元房	%	13.58
二居室单元房	%	15.13
一居室单元房	%	0.27
筒子楼或连片平房	%	0.00
其他	%	0.00
主要建筑材料	%	100.00
钢筋混凝土	%	22.71
砖混材料	%	45.71
砖瓦砖木	%	31.10
竹草土坯	%	0.00
其他	%	0.47
现住房房屋来源	%	100.00
租赁公房	%	0.00
租赁私房	%	2.04
自建住房	%	68.58
购买商品房	%	6.69
购买房改住房	%	0.00
购买保障性住房	%	0.00
拆迁安置房	%	21.60
继承或获赠住房	%	0.00
免费借用房	%	0.74
雇主提供免费住房	%	0.34
其他来源	%	0.00

11－10　农民人均消费品消费量

（2021）

指　标	单位	总平均
粮食消费量	公斤	150.55
谷物消费量	公斤	143.97
小麦	公斤	70.05
稻谷	公斤	70.73
玉米	公斤	1.20
其他谷物	公斤	1.99
薯类消费量	公斤	0.93
豆类消费量	公斤	5.66
油脂类消费量	公斤	10.08
蔬菜及菜制品	公斤	121.35
肉类	公斤	20.68
猪肉	公斤	8.76
牛肉	公斤	4.45
羊肉	公斤	6.19
禽类	公斤	11.57
水产品	公斤	2.69
蛋类及蛋制品	公斤	7.92
奶和奶制品	公斤	15.47
干鲜瓜果类	公斤	88.42
糖果糕点类	公斤	5.90
饮料	公斤	0.26
烟叶	公斤	34.63
酒	公斤	2.49

11-11 农民百户耐用消费品拥有量

（2021）

指　标	单位	总平均
家用汽车	辆	48.82
摩托车	辆	36.65
助力车	辆	97.62
洗衣机	台	104.42
电冰箱	台	104.87
微波炉	台	35.13
彩色电视机	台	106.22
空调	台	3.03
热水器	台	102.22
洗碗机	台	0.00
排油烟机	台	60.10
固定电话	部	1.37
移动电话	部	271.89
接入互联网	部	260.49
计算机	台	28.67
接入互联网	台	24.14
中高档乐器	台	2.32
健身器材	台	0.97
空气净化器（含新风系统）	台	0.37
吸尘器	台	3.96

11-12 居民消费

（2021，以上年价格为100）

指　标	年度	月份			
		一月	二月	三月	四月
居民消费价格指数	**101.4**	**99.1**	**98.4**	**99.5**	**101.5**
非食品烟酒价格指数	101.3	98.1	97.8	99.7	101.5
食品（10版口径）指数	101.5	102.0	99.9	98.9	101.5
非食品（10版口径）指数	101.4	98.1	97.9	99.6	101.4
服务价格指数	100.8	98.2	97.6	98.8	101.2
工业品价格指数	101.9	98.0	98.0	100.6	101.8
鲜活食品价格指数	101.3	105.8	100.8	98.1	102.6
消费品价格指数	**101.8**	**99.7**	**98.8**	**99.8**	**101.6**
能源价格指数	107.1	92.8	95.1	104.0	107.5
非食品价格指数	101.3	98.2	97.9	99.5	101.4
扣除食品和能源价格指数	100.7	98.8	98.2	99.1	100.8
扣除能源的工业品价格指数	100.5	99.5	98.9	99.6	100.3
扣除鲜菜鲜果价格指数	101.3	98.5	98.1	99.4	101.2
扣除自有住房价格指数	101.6	99.1	98.3	99.6	101.7
居住(扣自有住房)价格指数	101.0	99.7	98.5	99.7	100.7
扣除租赁房房租和自有住房价格指数	101.7	99.2	98.3	99.7	101.8
食品烟酒	**101.6**	**101.9**	**99.8**	**99.0**	**101.4**
食品	101.9	103.7	100.6	99.1	102.0
粮食	102.1	104.9	104.2	102.9	103.0
大米	99.9	100.8	100.4	99.6	100.0
面粉	99.0	101.6	98.9	99.1	97.0
其他粮食	104.2	107.1	109.2	109.3	104.3
粮食制品	104.7	108.9	108.5	106.1	107.5
薯类	94.2	119.0	97.0	77.1	78.7
薯类	94.2	119.0	97.0	77.1	78.7
豆类	110.6	111.5	113.7	114.4	113.1
干豆	105.1	107.2	106.4	108.4	104.9
豆制品	110.7	111.6	113.8	114.5	113.2
食用油	110.5	104.1	104.9	106.4	110.1
食用植物油	110.8	104.2	105.1	106.5	110.3
食用动物油	91.3	90.9	90.9	90.9	90.9
菜及食用菌	104.9	108.5	97.2	95.1	103.1
鲜菜	105.3	109.7	97.1	95.0	103.7
鲜菌	97.7	88.7	98.3	93.9	88.0
干菜干菌及制品	102.1	98.5	98.0	98.3	100.2
畜肉类	94.8	101.5	99.3	96.2	96.3
猪肉	74.9	96.1	92.9	84.2	76.7
牛肉	104.6	105.9	104.6	105.2	107.5
羊肉	101.0	101.3	99.7	97.1	99.7
其他畜肉及副产品	84.0	103.5	100.2	97.2	94.5
畜肉制品	98.1	101.4	96.8	97.1	101.4
禽肉类	95.2	91.5	89.3	89.4	91.1
鸡	92.9	88.0	85.2	85.5	87.6
鸭	92.0	91.7	87.4	87.4	91.9
其他禽肉及制品	100.7	100.2	99.5	99.4	99.6

价格指数

单位:%

五月	六月	七月	八月	九月	十月	十一月	十二月
102.0	102.1	102.3	102.1	101.6	102.4	103.4	102.6
102.0	102.0	102.4	102.6	101.8	102.5	103.3	102.7
102.2	102.3	102.0	100.8	100.8	102.0	103.8	102.4
102.0	102.0	102.5	102.6	101.9	102.5	103.3	102.7
101.5	101.2	102.1	102.7	101.1	101.1	101.9	102.3
102.5	102.9	102.9	102.4	102.7	103.9	104.8	103.0
103.8	102.7	101.0	97.7	96.7	101.2	105.2	100.2
102.3	102.7	102.5	101.8	102.0	103.2	104.4	102.8
108.7	109.6	110.2	109.2	110.0	113.5	116.5	111.3
101.9	102.0	102.4	102.4	101.9	102.5	103.2	102.6
101.3	101.2	101.6	101.8	101.1	101.4	101.9	101.8
100.9	101.1	100.9	100.6	100.6	101.3	101.6	100.7
101.8	102.0	102.3	102.2	101.8	102.2	103.1	102.6
102.3	102.3	102.6	102.5	101.9	102.7	103.8	103.0
101.5	101.8	101.8	101.6	101.7	101.8	101.8	101.8
102.4	102.4	102.7	102.5	102.0	102.8	103.9	103.0
102.1	102.3	102.1	100.9	101.1	102.2	103.8	102.5
102.6	102.6	102.2	100.6	100.0	102.0	104.8	102.5
102.5	101.5	101.9	102.1	100.5	100.0	100.2	102.1
99.3	97.0	98.0	101.9	99.0	101.0	98.7	103.3
98.4	100.0	99.8	98.9	97.4	96.3	99.1	102.3
102.8	102.5	106.8	104.9	103.0	101.0	100.5	99.6
106.4	105.0	104.9	103.3	102.6	101.0	101.6	101.5
85.5	101.8	94.8	90.6	85.8	107.1	105.5	103.7
85.5	101.8	94.8	90.6	85.8	107.1	105.5	103.7
111.7	111.6	110.0	108.4	108.2	108.2	109.0	107.5
99.6	100.9	100.9	103.7	107.6	109.5	106.8	106.6
111.9	111.8	110.2	108.5	108.2	108.2	109.0	107.5
111.1	111.5	112.2	112.1	112.6	112.1	114.8	114.7
111.3	111.7	112.5	112.3	112.9	112.3	115.1	115.0
90.9	90.9	90.9	90.9	90.9	90.9	90.9	95.5
108.1	102.0	101.2	95.3	96.3	117.8	128.3	108.4
108.9	101.8	100.6	94.9	95.7	119.8	130.9	108.6
101.0	109.6	108.3	90.9	95.4	94.1	110.8	100.4
102.9	101.8	105.5	102.5	104.0	104.1	102.1	107.7
98.1	95.8	93.2	90.3	89.9	91.1	93.7	91.5
80.5	74.2	66.6	64.0	61.6	62.5	70.6	67.1
109.6	107.7	106.4	103.7	101.8	101.4	101.2	101.5
100.4	99.7	102.3	100.1	102.3	104.1	104.1	101.0
89.6	85.1	76.1	71.9	70.3	71.6	74.0	77.3
99.2	101.1	100.9	95.0	94.1	95.4	100.0	94.9
92.0	97.1	99.0	98.4	99.2	98.3	99.9	99.6
88.4	95.4	98.1	97.1	98.1	96.9	99.2	99.5
92.1	94.3	93.0	93.0	96.1	93.9	94.8	90.0
100.6	101.2	101.3	101.5	101.5	101.5	101.9	100.3

11-12 居民消费

（2021，以上年价格为100）

指　标	年度	月份			
		一月	二月	三月	四月
水产品	114.6	99.9	103.3	104.4	114.4
淡水鱼	132.0	101.6	111.1	113.5	135.1
海水鱼	96.3	97.8	93.5	91.2	91.7
虾蟹类	100.9	98.6	98.8	99.8	100.1
其他水产品及制品	101.9	98.6	96.7	97.5	99.0
蛋类	119.2	105.6	106.4	109.6	118.9
鸡蛋	120.2	106.0	106.9	110.3	120.3
其他蛋及制品	98.1	96.8	95.1	93.7	93.0
奶类	102.0	97.2	96.8	98.4	99.0
鲜奶	103.7	100.0	100.0	100.0	100.0
酸奶	100.9	100.0	98.1	96.2	97.0
奶粉	101.2	90.8	90.8	97.0	98.6
其他奶制品	99.3	102.7	102.7	102.7	101.8
干鲜瓜果类	103.1	110.4	106.6	103.1	108.6
鲜果	104.2	113.5	108.8	105.2	112.1
坚果	100.0	101.2	100.0	95.6	97.3
瓜果制品	96.6	92.9	92.0	92.6	89.9
糖果糕点类	103.7	97.4	97.3	98.4	98.2
食糖	113.0	108.4	108.4	108.4	109.1
糖果	107.6	107.2	107.2	105.8	107.5
糕点	101.4	93.0	93.0	95.0	94.9
其他糖果糕点	103.4	100.0	98.2	100.0	94.7
调味品	104.5	105.0	104.5	105.0	105.8
食用盐	99.5	100.0	100.0	100.0	100.0
酱油	101.8	102.2	100.0	101.7	100.0
食醋	99.6	96.7	96.5	96.5	96.5
增味剂	98.7	98.8	100.6	95.9	98.0
其他调味品	113.6	116.2	115.7	118.2	121.6
其他食品类	99.8	97.3	94.9	96.3	96.5
方便食品	98.6	98.5	95.7	95.6	94.6
淀粉及制品	99.8	97.4	92.3	97.2	97.4
其他食品	101.9	95.3	97.0	96.2	98.6
茶及饮料	100.8	96.7	96.4	96.8	97.8
茶叶	100.2	101.2	100.0	98.8	100.0
固体咖啡	103.5	96.3	97.8	102.4	98.7
其他固体饮料	100.1	100.0	95.7	95.8	97.6
饮用水	91.7	82.1	82.1	82.1	82.1
果汁饮料	101.6	100.1	96.4	99.3	100.1
其他液体饮料	104.0	98.9	99.8	99.8	102.6

价格指数(续表 1)

单位:%

五月	六月	七月	八月	九月	十月	十一月	十二月
122.4	122.4	122.5	117.5	117.9	116.4	116.8	117.6
151.2	149.2	146.9	135.5	136.8	133.8	134.2	135.6
95.7	96.5	97.7	95.4	95.7	97.3	101.4	102.1
99.9	100.4	103.6	104.0	103.3	101.3	100.0	101.2
99.2	101.5	102.6	105.0	105.9	106.6	106.3	104.7
127.7	128.9	127.5	123.2	120.0	120.5	125.2	121.9
129.6	130.8	129.0	124.1	120.8	121.3	126.3	122.9
93.8	94.1	100.0	103.0	102.6	102.9	102.1	100.8
99.3	101.9	103.4	106.6	106.9	105.4	105.0	104.5
100.0	100.0	100.0	108.6	108.9	108.9	108.9	108.9
97.0	102.9	107.3	106.4	103.4	103.8	100.0	100.0
100.8	105.0	106.5	106.3	108.6	103.1	105.3	104.0
96.6	96.6	96.6	96.6	99.7	100.4	98.5	96.6
103.0	104.0	104.5	103.4	99.6	96.7	98.0	99.9
105.4	106.6	105.7	104.0	99.6	95.8	96.9	97.6
95.8	95.8	100.5	102.3	99.3	100.3	101.2	110.4
89.4	93.2	99.6	99.6	100.0	100.0	105.6	105.6
99.8	106.8	107.9	105.6	108.4	103.9	109.4	112.0
109.1	119.0	119.0	119.0	123.6	113.2	109.7	109.7
105.1	110.4	112.1	108.0	110.2	101.5	109.3	107.2
96.7	104.9	104.9	102.1	105.3	102.2	111.4	115.0
102.5	102.5	110.0	111.1	112.0	110.2	98.0	103.5
101.8	103.9	103.4	105.5	105.8	102.2	102.9	108.3
98.1	98.1	98.1	100.0	100.0	100.0	100.0	100.0
96.1	100.0	98.4	102.7	104.4	101.1	101.1	114.5
96.5	96.5	99.1	106.8	105.8	95.5	98.1	111.5
94.5	97.4	99.9	99.9	99.5	100.2	102.9	97.5
113.6	116.0	113.0	112.2	112.5	107.7	107.3	111.7
96.9	98.7	101.2	102.3	105.0	102.0	104.1	103.7
93.8	98.1	96.0	98.4	103.0	103.0	106.6	101.0
96.8	96.9	104.7	104.8	108.5	99.4	100.0	102.7
101.8	101.8	105.4	105.5	104.1	103.4	105.2	109.2
100.2	99.7	101.8	103.8	103.8	104.7	105.0	102.9
98.8	96.2	99.1	103.1	103.5	103.5	102.0	96.1
105.8	105.9	106.1	106.6	103.7	108.1	103.6	107.8
93.7	96.0	102.2	102.6	101.0	105.2	106.2	105.5
96.4	96.4	97.1	97.8	96.4	98.4	96.4	100.0
100.8	97.3	99.0	101.1	107.1	107.6	105.7	105.8
102.2	102.6	104.4	106.4	107.3	106.4	111.2	106.9

11-12 居民消费

（2021,以上年价格为100）

指　标	年度	月份			
		一月	二月	三月	四月
烟酒	102.0	99.5	99.3	99.4	99.5
卷烟	101.9	100.0	100.0	100.0	100.0
卷烟	101.9	100.0	100.0	100.0	100.0
酒类	102.3	98.3	97.6	98.0	98.2
白酒	103.0	98.7	97.3	97.9	98.1
葡萄酒	99.5	96.0	96.0	96.0	98.1
啤酒	101.6	99.4	102.6	100.7	98.5
其他酒类	101.5	92.7	91.8	97.7	99.2
在外餐饮	100.9	99.1	98.7	98.9	100.9
餐馆餐饮	100.2	100.0	100.0	100.0	100.1
饮品店餐饮	105.5	99.2	101.9	101.9	101.9
外卖	99.1	95.8	91.8	92.7	103.7
其他在外餐饮	102.2	100.0	100.0	100.0	100.0
衣着	**99.5**	**98.0**	**96.9**	**97.9**	**98.7**
服装	100.2	98.5	97.7	98.6	99.5
男式服装	100.9	99.8	98.6	99.4	100.0
男式外套	99.7	100.3	98.2	98.5	99.2
男式针织衫	102.8	100.7	103.4	104.3	104.3
男式衬衫T恤	100.1	97.9	97.9	98.6	98.5
男式裤子	103.3	98.7	96.4	98.2	102.6
男式内衣	101.0	101.9	100.1	101.8	96.9
女式服装	99.7	97.8	97.1	98.2	98.8
女式外套	99.7	98.7	96.6	98.0	98.3
女式针织衫	98.2	97.3	98.8	98.5	98.5
女式衬衫T恤	98.3	95.9	95.5	96.2	97.7
女式裤子	101.7	96.0	96.0	96.7	98.8
女式裙子	100.3	97.7	98.7	99.3	101.4
女式内衣	100.1	99.9	97.7	100.8	99.1
儿童服装	100.8	97.7	98.0	97.9	102.0
婴儿服装	100.2	100.0	100.0	100.0	100.0
儿童上衣	99.0	95.0	95.8	93.4	98.7
儿童裤子	100.2	94.1	94.1	97.0	104.5
儿童裙子	106.8	104.7	104.7	105.9	107.8
儿童内衣	103.4	105.1	105.1	105.1	105.1

价格指数(续表 2)

单位:%

五月	六月	七月	八月	九月	十月	十一月	十二月
101.0	102.5	103.3	102.9	103.9	104.8	104.3	103.5
101.6	101.6	102.5	102.5	103.5	103.5	103.5	103.5
101.6	101.6	102.5	102.5	103.5	103.5	103.5	103.5
99.5	104.5	105.4	103.8	104.8	107.9	106.2	103.5
100.2	105.3	106.5	105.1	106.5	107.9	107.6	104.9
96.0	103.7	103.3	99.0	99.0	106.6	102.3	98.7
99.1	101.8	102.0	102.7	102.0	108.7	102.3	100.2
100.0	101.2	104.0	99.7	104.1	111.2	106.8	110.9
101.6	101.8	101.5	100.9	102.1	101.8	101.6	102.2
100.3	100.3	100.3	100.3	100.3	100.3	100.3	100.3
105.6	106.8	107.7	107.7	109.4	109.4	109.4	105.6
103.3	101.7	99.5	96.1	102.1	100.3	99.1	105.1
101.8	103.6	103.6	103.6	103.6	103.6	103.6	103.6
100.0	100.3	99.8	100.1	100.5	100.2	101.9	100.1
100.4	100.9	100.5	101.2	101.2	100.8	102.1	101.0
101.3	101.2	100.9	102.1	102.1	101.8	102.5	101.2
100.4	99.7	99.5	100.1	100.1	99.5	101.8	99.0
104.3	104.3	104.3	104.3	104.3	100.5	98.6	100.6
99.5	101.0	100.4	103.5	103.6	104.0	99.0	98.1
105.9	105.8	104.9	104.8	103.3	105.1	107.5	107.1
96.9	96.9	97.7	100.9	103.0	103.5	107.1	106.2
100.0	101.0	100.3	100.7	100.4	99.6	101.8	100.7
100.1	101.3	101.3	100.1	99.6	98.7	103.1	100.9
98.5	98.5	98.5	98.5	98.5	96.2	98.8	98.2
96.8	97.0	97.4	99.5	101.2	102.0	100.8	99.9
103.2	106.1	105.7	106.3	104.4	103.5	103.0	101.4
101.4	101.3	99.7	101.9	102.0	100.3	100.3	100.3
100.5	102.1	98.0	99.3	98.4	98.8	103.3	103.2
101.0	100.2	100.0	100.2	103.0	104.6	103.1	102.6
101.3	101.3	100.0	100.0	100.0	100.0	100.0	100.0
97.4	97.3	97.3	97.3	103.6	106.4	103.0	103.3
101.2	97.9	97.9	97.9	101.4	106.7	105.8	104.9
109.8	110.2	107.1	107.8	107.8	107.2	104.7	103.8
103.3	102.8	106.8	107.9	103.6	98.0	100.4	98.3

11-12 居民消费

（2021，以上年价格为 100）

指　标	年度	月份			
		一月	二月	三月	四月
衣着材料及配件	100.0	97.8	96.9	98.4	99.1
袜子	100.4	100.4	100.4	100.4	100.4
帽子	97.8	95.6	95.6	95.6	98.3
其他衣着材料及配件	101.0	97.0	94.8	98.6	98.6
衣着服务费	100.0	100.0	100.0	100.0	100.0
衣着洗涤保养	100.0	100.0	100.0	100.0	100.0
其他衣着服务	100.0	100.0	100.0	100.0	100.0
鞋类	96.5	95.6	93.4	94.6	95.2
鞋	96.4	95.6	93.4	94.6	95.2
男鞋	96.0	98.6	95.3	95.0	93.0
女鞋	95.2	93.1	90.7	93.1	94.2
童鞋	100.5	97.0	97.5	98.0	102.5
鞋类服务	100.0	100.0	100.0	100.0	100.0
鞋类服务	100.0	100.0	100.0	100.0	100.0
居住	**100.1**	**99.4**	**98.7**	**98.7**	**99.9**
租赁房房租	98.2	97.0	97.0	96.8	97.7
公房房租	100.0	100.0	100.0	100.0	100.0
私房房租	97.8	96.3	96.3	95.9	97.2
住房保养维修及管理	103.5	100.8	100.8	102.4	103.0
住房装潢材料	102.9	101.1	100.9	101.1	101.2
木地板	103.4	101.9	103.3	104.1	101.2
瓷砖	100.8	102.4	100.3	100.3	100.3
水泥	124.0	112.7	112.7	112.7	100.0
涂料	100.5	100.0	100.0	100.0	100.0
板材	101.3	100.0	100.0	100.8	100.8
管材	112.9	101.1	112.0	112.0	112.0
厨卫设备	98.3	98.5	98.5	98.5	95.6
门窗	104.7	100.1	97.4	97.4	106.9
其他住房装潢材料	100.5	100.0	100.0	100.0	100.0
住房维修管理费用	103.8	100.7	100.7	103.2	104.2
物业管理费	100.0	100.0	100.0	100.0	100.0
装潢维修费	114.1	109.5	109.5	118.3	118.3
其他住房费用	99.0	94.1	94.1	94.1	97.1

价格指数(续表3)

单位:%

五月	六月	七月	八月	九月	十月	十一月	十二月
98.5	99.5	100.5	102.9	102.8	102.2	100.5	101.0
100.4	100.4	100.4	100.4	100.4	100.4	100.4	100.4
95.6	95.6	97.1	97.1	101.3	101.3	101.3	100.0
98.6	101.2	102.8	109.3	106.1	104.3	100.1	102.0
100.0	100.0	100.0	100.0	100.0	100.0	100.0	100.0
100.0	100.0	100.0	100.0	100.0	100.0	100.0	100.0
100.0	100.0	100.0	100.0	100.0	100.0	100.0	100.0
98.2	97.4	96.5	95.3	97.1	97.6	101.2	95.7
98.2	97.4	96.4	95.3	97.1	97.6	101.2	95.6
96.8	96.3	95.2	93.0	96.6	97.3	101.6	94.0
97.5	96.1	96.1	95.1	97.2	96.6	100.1	93.8
102.8	102.8	99.6	100.1	98.0	100.8	103.0	104.0
100.0	100.0	100.0	100.0	100.0	100.0	100.0	100.0
100.0	100.0	100.0	100.0	100.0	100.0	100.0	100.0
100.4	100.8	101.0	100.4	100.3	100.6	100.8	100.6
98.7	99.0	99.2	98.0	97.8	99.0	99.4	99.2
100.0	100.0	100.0	100.0	100.0	100.0	100.0	100.0
98.4	98.7	98.9	97.5	97.3	98.7	99.3	99.0
103.6	104.3	104.3	104.5	104.8	104.5	104.2	104.2
102.7	102.9	102.9	103.3	102.5	106.0	105.2	105.4
102.2	102.2	102.2	102.2	108.0	108.0	104.1	102.2
102.3	102.3	102.3	106.4	98.6	98.6	98.0	98.0
109.9	111.3	111.3	111.3	108.4	164.8	164.8	164.8
100.0	100.0	100.0	100.0	100.0	101.3	102.5	102.5
100.8	100.8	100.8	100.8	100.8	103.6	102.7	104.2
112.0	112.4	112.4	112.4	116.8	119.6	116.3	116.3
98.5	99.5	99.5	97.0	97.0	97.0	99.0	100.6
106.9	106.9	106.9	106.9	106.9	108.7	105.9	105.9
101.2	101.2	101.2	101.2	99.4	99.4	101.0	101.0
104.2	105.2	105.2	105.2	106.4	103.5	103.5	103.5
100.0	100.0	100.0	100.0	100.0	100.0	100.0	100.0
118.3	118.3	118.3	118.3	118.3	108.0	108.0	108.0
97.1	100.0	100.0	100.0	103.2	103.2	103.2	103.2

11-12 居民消费

（2021,以上年价格为100）

指 标	年度	月份			
		一月	二月	三月	四月
水电燃料	100.1	99.9	97.1	98.6	100.0
水	100.0	100.0	100.0	100.0	100.0
水	100.0	100.0	100.0	100.0	100.0
电	100.0	100.0	100.0	100.0	100.0
电	100.0	100.0	100.0	100.0	100.0
燃气	102.2	99.5	99.5	100.0	100.0
管道燃气	102.5	99.4	99.4	100.0	100.0
液化石油气	100.0	100.0	100.0	100.0	100.0
其他水电燃料类	99.3	100.0	94.2	97.1	100.0
其他水电燃料类	99.3	100.0	94.2	97.1	100.0
自有住房	99.2	99.0	99.0	97.8	99.0
自有住房	99.2	99.0	99.0	97.8	99.0
生活用品及服务	**101.0**	**99.8**	**98.8**	**99.6**	**100.4**
家具及室内装饰品	102.8	102.0	102.9	102.8	103.6
家具	102.9	103.1	104.1	104.0	104.0
柜	107.5	107.1	111.9	111.4	111.4
床	101.8	101.9	101.9	101.9	101.9
桌	98.8	100.0	98.5	98.5	98.5
椅	97.8	104.9	100.6	100.6	100.6
沙发	104.3	101.7	104.7	104.7	104.7
其他家具	102.9	103.2	103.2	103.2	103.2
室内装饰品	102.5	96.5	96.5	96.5	101.7
灯具	103.8	96.3	96.3	96.3	103.0
其他室内装饰品	98.1	97.4	97.4	97.4	97.4
家用器具	101.4	99.7	100.1	100.4	102.0
大型家用器具	101.4	99.2	99.5	100.0	102.0
洗衣机	100.6	97.5	97.7	100.3	100.5
电冰箱(柜)	102.5	100.0	100.0	99.7	104.5
抽油烟机	105.2	102.6	102.6	102.6	105.3
空调器	100.9	96.6	96.6	97.7	99.3
热水器	99.7	98.1	99.7	100.1	101.6
炉具灶具	101.7	100.5	100.5	100.5	102.5
吸尘器	99.0	100.5	99.8	96.3	98.2
空气净化器	96.9	91.5	97.1	97.3	99.6
净水器	97.0	98.8	100.5	99.8	97.8
其他大型家用器具	101.7	102.9	102.3	101.5	101.5

价格指数(续表 4)

单位:%

五月	六月	七月	八月	九月	十月	十一月	十二月
100.7	100.7	100.7	100.7	100.7	100.7	100.7	100.7
100.0	100.0	100.0	100.0	100.0	100.0	100.0	100.0
100.0	100.0	100.0	100.0	100.0	100.0	100.0	100.0
100.0	100.0	100.0	100.0	100.0	100.0	100.0	100.0
100.0	100.0	100.0	100.0	100.0	100.0	100.0	100.0
103.4	103.4	103.4	103.4	103.4	103.4	103.4	103.4
103.9	103.9	103.9	103.9	103.9	103.9	103.9	103.9
100.0	100.0	100.0	100.0	100.0	100.0	100.0	100.0
100.0	100.0	100.0	100.0	100.0	100.0	100.0	100.0
100.0	100.0	100.0	100.0	100.0	100.0	100.0	100.0
99.3	99.7	100.1	99.1	98.8	99.4	99.7	99.3
99.3	99.7	100.1	99.1	98.8	99.4	99.7	99.3
100.9	101.7	101.8	101.7	100.5	102.7	102.1	102.0
103.4	103.5	102.7	102.7	102.6	102.7	102.8	101.8
103.5	103.5	102.2	102.2	102.2	102.2	102.4	101.2
111.4	111.4	104.5	104.5	104.5	104.5	104.5	104.5
101.9	101.9	101.9	101.9	101.9	101.9	101.9	100.0
98.5	98.5	98.5	98.5	98.5	98.5	99.7	99.7
95.9	95.9	95.9	95.9	95.9	95.9	95.9	95.9
104.7	104.7	104.7	104.7	104.7	104.7	104.7	102.9
103.2	103.2	103.2	103.2	103.2	103.2	103.2	100.0
102.8	103.3	105.7	105.7	105.1	105.5	105.5	105.5
103.9	104.5	107.7	107.7	107.7	107.7	107.7	107.7
99.2	99.2	99.2	99.2	96.6	98.2	98.2	98.2
102.8	102.6	102.6	100.8	100.8	101.5	102.0	101.5
102.7	102.8	102.7	100.9	100.8	101.7	102.3	101.9
101.8	102.3	102.0	99.9	100.5	102.3	102.1	100.1
104.8	103.3	102.3	100.3	100.6	102.7	105.8	106.0
106.5	108.2	107.3	106.2	105.5	105.5	105.5	104.6
101.7	103.0	104.1	103.2	102.6	103.4	102.9	101.0
102.0	101.8	103.6	100.2	99.4	97.1	96.7	96.5
102.5	101.7	103.0	102.1	102.7	101.7	101.2	101.2
100.7	99.1	99.9	99.7	97.8	101.7	95.2	99.2
99.8	97.6	100.1	95.7	96.1	94.0	95.1	98.9
96.7	97.4	96.8	95.3	94.7	95.6	93.8	97.2
101.5	102.9	102.6	101.3	100.8	100.4	102.0	100.8

11-12 居民消费

（2021，以上年价格为 100）

指　标	年度	月份			
		一月	二月	三月	四月
小家电	101.5	102.3	103.0	102.1	102.1
厨房小家电	103.4	105.1	105.2	103.6	103.7
生活小家电	98.7	98.4	100.0	99.9	99.7
家用纺织品	99.7	99.5	99.5	99.2	99.2
床上用品	100.0	100.0	100.0	100.0	100.0
被子	100.0	100.0	100.0	100.0	100.0
床单被套	100.0	100.0	100.0	100.0	100.0
其他床上用品	100.0	100.0	100.0	100.0	100.0
窗帘门帘	96.8	100.0	100.0	100.0	97.1
窗帘门帘	96.8	100.0	100.0	100.0	97.1
其他家用纺织品	100.3	96.0	96.0	93.5	96.0
其他家用纺织品	100.3	96.0	96.0	93.5	96.0
家庭日用杂品	100.4	97.7	94.5	96.8	97.4
洗涤卫生用品	101.6	98.9	95.5	98.1	98.4
清洗用品	101.2	102.2	96.4	98.7	101.3
清洁用具	100.8	95.8	94.5	95.0	94.0
清洁用纸	102.6	97.6	95.1	99.7	98.5
厨具餐具茶具	99.0	96.7	95.0	97.0	97.7
厨具	96.9	97.1	89.9	92.0	94.2
餐具	99.4	95.2	99.3	100.6	99.6
茶具	105.2	99.0	101.8	104.9	104.4
其他家庭日用杂品	100.1	97.3	93.2	95.2	96.3
配电附件	103.4	100.0	100.0	101.4	93.7
雨具	102.1	96.0	96.0	100.0	93.3
其他日用杂品	98.5	96.9	90.2	91.8	98.1
个人护理用品	100.2	100.8	98.1	98.8	99.6
化妆品	99.0	100.5	97.1	98.2	99.4
清洁化妆品	98.0	99.5	98.0	99.0	100.0
护肤化妆品	99.1	101.5	97.2	98.1	99.6
彩妆化妆品	99.2	99.0	96.1	97.8	99.0
化妆器具	100.8	98.7	97.3	98.8	96.7
其他护理用品类	102.3	101.2	99.7	99.7	99.8
清洁类护理用品	102.1	103.6	100.9	99.4	100.5
护发美发用品	101.5	100.1	101.0	100.2	101.3
护理器具	97.9	99.9	96.7	98.2	94.5
其他护理用品	108.1	100.0	97.8	100.9	100.9

价格指数(续表 5)

单位:%

五月	六月	七月	八月	九月	十月	十一月	十二月
103.0	101.9	102.2	100.4	100.3	100.3	100.3	99.9
104.3	103.4	103.3	102.2	102.7	103.1	102.7	101.5
101.0	99.7	100.6	97.7	97.0	96.2	96.9	97.4
99.2	99.5	100.5	100.5	99.7	99.2	100.0	100.5
100.0	100.0	100.0	100.0	100.0	100.0	100.0	100.0
100.0	100.0	100.0	100.0	100.0	100.0	100.0	100.0
100.0	100.0	100.0	100.0	100.0	100.0	100.0	100.0
100.0	100.0	100.0	100.0	100.0	100.0	100.0	100.0
97.1	97.1	97.1	97.1	94.6	94.6	93.2	93.2
97.1	97.1	97.1	97.1	94.6	94.6	93.2	93.2
96.0	98.2	106.5	106.5	102.3	98.2	106.5	110.9
96.0	98.2	106.5	106.5	102.3	98.2	106.5	110.9
98.7	100.7	102.3	102.3	99.3	105.4	105.3	104.4
99.5	103.0	102.9	102.7	103.7	106.1	105.5	105.3
100.7	100.9	102.1	102.1	103.0	104.6	102.3	100.4
95.3	101.8	103.2	102.2	103.4	108.4	107.1	110.1
101.1	106.4	103.6	103.8	104.8	106.1	107.9	107.6
99.3	98.8	100.7	100.2	95.8	103.0	102.7	101.7
97.8	97.2	98.1	97.4	95.9	101.8	101.7	100.1
97.4	98.2	98.9	100.2	94.9	103.7	103.8	102.1
110.1	106.0	115.1	110.3	98.2	105.7	102.9	106.0
97.5	99.8	102.9	103.3	97.6	106.6	107.1	105.6
100.0	104.2	108.7	106.7	106.7	106.7	106.7	106.7
93.3	101.2	107.1	111.6	107.1	111.6	102.9	107.1
98.1	98.1	99.8	99.8	92.1	105.0	108.6	104.7
100.0	101.0	100.5	101.3	99.6	102.1	100.2	101.0
99.5	100.4	97.6	99.2	98.8	100.8	98.4	98.4
100.5	98.3	97.7	98.7	96.7	97.9	95.3	94.4
99.2	101.8	96.4	99.5	98.5	101.6	97.9	97.8
99.0	98.5	99.2	97.8	100.4	100.3	101.4	101.9
99.8	99.0	102.9	102.8	103.0	103.7	101.9	104.6
100.8	102.1	105.4	105.0	100.8	104.3	103.3	105.4
101.9	101.8	103.4	103.3	97.8	105.6	102.7	104.9
99.3	96.8	104.4	103.4	105.9	102.2	100.3	103.9
96.7	96.5	97.3	97.1	99.2	102.9	98.0	98.9
105.1	120.3	120.7	120.2	99.1	107.2	115.2	115.2

11-12 居民消费

（2021，以上年价格为 100）

指　标	年度	月份			
		一月	二月	三月	四月
家庭服务	102.3	99.4	101.9	102.6	102.6
家政服务	100.8	94.9	100.0	100.0	100.0
母婴护理服务	106.4	107.7	107.7	107.7	107.7
家庭维修服务	102.2	104.9	98.2	102.4	102.4
其他家庭服务	99.2	89.7	102.4	100.0	100.0
交通通信	**103.9**	**93.9**	**94.7**	**102.2**	**105.1**
交通	105.0	91.7	92.5	102.2	106.3
交通工具	98.8	96.1	96.1	96.2	97.5
燃油小汽车	98.4	95.4	95.4	94.9	96.7
新能源小汽车	99.1	99.1	99.1	101.3	101.4
电动自行车	98.7	93.5	93.5	93.5	93.5
自行车	107.4	104.4	104.4	105.8	109.5
其他交通工具	100.0	100.0	100.0	100.0	100.0
交通工具用燃料	115.2	85.9	93.4	110.3	116.5
汽油	117.7	86.2	94.9	111.8	120.2
柴油	119.5	85.0	94.3	113.1	122.4
其他车用能源	99.1	84.4	84.4	100.0	93.5
交通工具使用和维修	101.1	101.5	101.5	101.5	101.5
停车费	108.1	112.6	112.6	112.6	112.6
车辆使用费	100.0	100.0	100.0	100.0	100.0
交通工具零配件	98.7	97.4	97.4	97.4	97.4
车辆修理与保养	99.8	99.5	99.5	99.5	99.5
交通费	98.9	90.5	82.5	96.8	104.2
市内公共交通	100.0	100.0	100.0	100.0	100.0
出租汽车	100.0	100.0	100.0	100.0	100.0
飞机票	95.8	67.3	52.4	86.4	118.1
火车票	100.0	100.0	100.0	100.0	100.0
长途汽车	100.0	100.0	100.0	100.0	100.0
网约车	101.6	100.0	100.0	100.0	100.0
交通工具租赁费	94.3	97.0	107.2	118.8	103.9
其他交通费	102.7	104.8	104.8	104.8	104.8
通信	100.8	100.6	101.4	102.3	101.8
通信工具	102.7	101.7	104.7	108.0	106.4
电话机	103.3	102.2	105.5	109.1	107.3
其他通信工具及零配件	94.9	94.9	93.1	93.1	93.1
通信服务	100.1	100.1	100.1	100.1	100.1
电话费	100.0	100.0	100.0	100.0	100.0
家庭宽带服务	100.0	100.0	100.0	100.0	100.0
其他通信服务	103.5	104.6	104.6	104.6	104.6

价格指数(续表 6)

单位:%

五月	六月	七月	八月	九月	十月	十一月	十二月
102.9	103.2	103.2	103.2	103.2	103.2	101.2	101.2
100.9	102.0	102.0	102.0	102.0	102.0	102.0	102.0
107.7	107.7	107.7	107.7	107.7	107.7	100.0	100.0
102.4	102.4	102.4	102.4	102.4	102.4	102.4	102.4
100.0	100.0	100.0	100.0	100.0	100.0	100.0	100.0
106.0	**105.6**	**106.6**	**107.0**	**106.1**	**106.2**	**108.2**	**106.6**
107.6	107.0	108.7	109.2	108.0	108.3	111.4	109.4
97.7	98.2	98.0	99.3	101.4	102.2	101.6	101.8
96.5	97.6	97.6	98.6	101.8	102.6	102.4	102.0
100.0	98.8	95.6	97.4	98.3	99.9	98.0	100.7
98.2	98.2	102.1	105.4	102.7	102.7	101.5	101.5
111.6	111.6	106.8	106.8	106.8	106.8	106.8	106.8
100.0	100.0	100.0	100.0	100.0	100.0	100.0	100.0
118.2	120.3	121.3	119.0	121.1	129.0	135.6	123.6
122.1	124.5	125.7	122.9	123.6	132.6	137.0	123.2
124.7	127.3	128.5	125.4	126.1	136.3	141.4	125.5
93.5	93.5	93.5	93.5	103.6	103.6	126.0	126.0
101.5	101.5	102.3	102.3	100.0	100.0	100.0	100.0
112.6	112.6	112.6	112.6	100.0	100.0	100.0	100.0
100.0	100.0	100.0	100.0	100.0	100.0	100.0	100.0
97.4	97.4	100.0	100.0	100.0	100.0	100.0	100.0
99.5	99.5	100.0	100.0	100.0	100.0	100.0	100.0
107.0	101.2	105.9	109.9	101.8	93.2	95.8	102.6
100.0	100.0	100.0	100.0	100.0	100.0	100.0	100.0
100.0	100.0	100.0	100.0	100.0	100.0	100.0	100.0
129.3	105.3	123.7	142.6	106.7	79.0	84.1	112.6
100.0	100.0	100.0	100.0	100.0	100.0	100.0	100.0
100.0	100.0	100.0	100.0	100.0	100.0	100.0	100.0
100.0	102.5	101.2	103.7	103.7	103.7	103.7	101.2
106.0	89.5	87.3	82.2	91.0	77.6	93.8	91.3
100.0	101.9	101.9	101.9	101.9	101.9	101.9	101.9
101.7	101.5	100.6	100.8	100.7	100.2	99.4	98.9
106.0	105.1	101.9	102.5	102.4	100.6	97.8	96.3
106.9	105.9	102.5	103.1	103.0	100.7	97.7	96.0
93.1	93.1	93.1	93.1	93.1	100.0	100.0	100.0
100.1	100.2	100.2	100.2	100.0	100.0	100.0	100.0
100.0	100.0	100.0	100.0	100.0	100.0	100.0	100.0
100.0	100.0	100.0	100.0	100.0	100.0	100.0	100.0
104.6	106.8	106.8	106.8	100.0	100.0	100.0	100.0

11-12 居民消费

（2021，以上年价格为100）

指　标	年度	月份			
		一月	二月	三月	四月
邮递服务	100.0	100.0	100.0	100.0	100.0
邮递服务	100.0	100.0	100.0	100.0	100.0
教育文化娱乐	**101.5**	**97.4**	**97.7**	**98.7**	**101.0**
教育	102.8	100.6	100.6	102.0	103.0
教育用品	101.4	102.0	102.0	102.1	102.1
工具书	105.5	109.7	109.7	109.7	109.7
教材	99.3	99.8	99.8	99.9	99.9
参考资料	102.2	102.5	102.5	102.5	102.5
其他教育用品	99.8	99.5	99.5	100.0	100.0
教育服务	103.0	100.4	100.4	102.0	103.1
幼儿早期教育	109.6	100.0	100.0	100.0	112.5
学前教育	107.3	98.5	98.5	108.4	108.4
小学初中教育	100.0	100.0	100.0	100.0	100.0
高中中职教育	101.0	104.0	104.0	104.0	100.0
高等教育	100.0	100.0	100.0	100.0	100.0
课外教育	106.6	100.0	100.0	101.9	105.3
专业技能培训	104.4	100.6	100.6	100.6	106.0
其他教育服务	100.0	100.0	100.0	100.0	100.0
文化娱乐	99.4	92.5	93.2	93.6	97.8
文娱耐用消费品	104.0	101.9	102.3	103.6	105.2
电视机	105.1	105.3	104.9	107.2	110.4
照相机	103.4	101.5	101.0	99.9	101.2
台式计算机	106.3	97.1	98.9	99.3	103.5
笔记本电脑	101.1	100.7	101.2	103.4	100.5
平板电脑	100.0	100.4	102.1	102.4	102.7
乐器	105.5	101.1	101.1	101.1	103.5
音响	104.0	100.0	102.1	102.1	105.9
可穿戴智能设备	100.6	97.1	96.0	96.3	98.8
其他文娱耐用消费品	108.1	100.9	103.2	104.2	105.1
其他文娱用品	100.7	99.6	100.3	101.4	100.8
书报杂志及音像制品	100.0	100.0	100.0	100.0	100.0
纸张文具	101.2	100.0	100.0	100.0	102.6
体育户外用品	100.0	100.0	100.0	100.0	100.0
游戏用品和玩具	100.0	100.0	100.0	100.0	100.0
园艺花卉及用品	104.9	96.6	102.2	112.4	104.5
宠物及用品	100.1	100.0	100.0	100.0	100.0
其他文化娱乐用品	100.0	100.0	100.0	100.0	100.0
文化娱乐服务	104.7	100.4	102.5	101.9	109.6
电影及演出票	105.0	100.0	115.5	110.6	100.0
景点门票	115.5	100.0	100.0	100.0	148.3
电视服务	100.0	100.0	100.0	100.0	100.0
健身活动	101.6	100.0	100.0	100.0	100.0
宠物服务	100.0	100.0	100.0	100.0	100.0
网络文娱服务	107.1	109.2	109.9	109.9	109.2
儿童娱乐项目	100.0	100.0	100.0	100.0	100.0
其他文娱服务	100.0	100.0	100.0	100.0	100.0

价格指数(续表 7)

单位:%

五月	六月	七月	八月	九月	十月	十一月	十二月
100.0	100.0	100.0	100.0	100.0	100.0	100.0	100.0
100.0	100.0	100.0	100.0	100.0	100.0	100.0	100.0
101.0	100.8	102.5	104.7	101.7	103.5	104.8	104.9
103.0	103.6	103.6	103.3	103.6	103.6	103.6	103.7
102.1	102.1	102.1	99.7	100.6	100.6	100.6	100.5
109.7	109.7	109.7	100.0	100.0	100.0	100.0	100.0
99.9	99.9	99.9	99.9	98.0	98.0	98.0	98.0
102.5	102.5	102.5	99.3	102.5	102.5	102.5	102.5
100.0	99.5	100.0	100.0	100.0	100.0	100.0	99.2
103.1	103.8	103.7	103.7	103.9	103.9	103.9	104.1
112.5	112.5	112.5	112.5	112.5	112.5	112.5	115.8
108.4	108.4	108.4	108.4	110.1	110.1	110.1	110.1
100.0	100.0	100.0	100.0	100.0	100.0	100.0	100.0
100.0	100.0	100.0	100.0	100.0	100.0	100.0	100.0
100.0	100.0	100.0	100.0	100.0	100.0	100.0	100.0
105.3	109.5	109.5	109.5	109.5	109.5	109.5	109.5
106.0	106.0	105.4	105.4	105.4	105.4	105.4	105.4
100.0	100.0	100.0	100.0	100.0	100.0	100.0	100.0
97.9	96.5	100.8	107.0	98.6	103.4	107.0	107.0
107.0	107.8	107.7	104.1	101.5	101.4	102.3	104.1
111.9	113.7	112.7	105.7	98.4	97.3	98.1	98.5
102.4	103.5	103.9	105.1	104.8	104.0	104.0	109.4
112.2	114.8	115.0	107.9	104.4	103.6	105.8	113.2
99.3	99.3	98.2	98.0	101.7	103.4	103.8	104.4
101.9	97.3	100.7	96.5	99.2	101.7	96.1	99.3
105.6	107.6	107.6	107.6	107.6	107.6	107.6	107.6
105.7	106.9	102.5	106.6	101.7	104.3	104.2	106.2
100.6	98.4	105.4	104.8	106.6	102.7	102.5	99.7
109.2	110.9	109.6	107.8	104.4	104.7	115.1	122.0
101.4	100.8	100.8	100.6	101.0	100.8	101.3	100.1
100.0	100.0	100.0	100.0	100.0	100.0	100.0	100.0
101.3	100.0	100.0	100.0	103.1	103.1	104.8	100.0
100.0	100.0	100.0	100.0	100.0	100.0	100.0	100.0
100.0	100.0	100.0	100.0	100.0	100.0	100.0	100.0
111.3	107.5	107.5	105.3	105.3	103.3	105.3	100.0
100.0	100.0	100.0	100.0	100.0	100.6	100.6	100.6
100.0	100.0	100.0	100.0	100.0	100.0	100.0	100.0
107.5	105.7	105.7	105.9	101.6	105.5	106.7	103.8
98.3	98.3	98.3	100.0	100.0	116.8	116.8	105.1
148.3	126.0	126.0	126.0	105.6	105.6	112.2	106.3
100.0	100.0	100.0	100.0	100.0	100.0	100.0	100.0
90.9	100.0	100.0	100.0	100.0	110.1	110.1	110.1
100.0	100.0	100.0	100.0	100.0	100.0	100.0	100.0
109.2	109.2	109.2	109.2	106.0	106.0	100.0	100.0
100.0	100.0	100.0	100.0	100.0	100.0	100.0	100.0
100.0	100.0	100.0	100.0	100.0	100.0	100.0	100.0

11-12 居民消费

（2021，以上年价格为100）

指 标	年度	月份			
		一月	二月	三月	四月
旅游	92.6	80.0	80.0	80.3	85.9
旅行社收费	92.1	78.7	78.7	79.0	85.0
其他旅游	100.0	100.0	100.0	100.0	100.0
医疗保健	**102.6**	**100.5**	**100.6**	**100.6**	**103.6**
药品及医疗器具	101.4	101.6	102.0	101.9	101.8
中药	103.1	103.9	105.4	105.7	105.7
中药材	105.6	103.1	107.9	108.9	108.9
中成药	101.9	104.3	104.3	104.3	104.3
西药	99.7	101.1	101.0	100.4	100.2
抗微生物药	101.3	108.9	108.9	108.9	108.9
消化系统用药	104.3	100.0	103.4	103.4	103.4
呼吸系统用药	100.0	100.0	100.0	100.0	100.0
解热镇痛药	102.7	103.5	103.5	103.5	103.5
抗肿瘤药	100.0	100.0	100.0	100.0	100.0
激素及影响内分泌药	100.8	103.5	103.5	103.5	100.0
心血管系统用药	98.4	100.0	100.0	94.9	94.9
血液系统用药	99.3	94.9	94.9	98.8	99.3
治疗精神障碍药	99.8	102.8	100.0	99.5	99.5
神经系统用药	93.6	93.6	93.6	93.6	93.6
泌尿系统用药	99.2	99.8	100.0	100.0	100.0
维生素、矿物质类药	97.4	100.0	100.0	100.0	100.0
调节水、电解质及酸碱平衡药	100.0	100.0	100.0	100.0	100.0
其他西药	90.0	100.0	92.0	92.0	92.0
滋补保健品	102.2	100.0	100.0	100.0	100.0
滋补保健品	102.2	100.0	100.0	100.0	100.0
医疗卫生器具	103.3	102.6	102.6	102.6	102.6
医疗卫生器具	103.3	102.6	102.6	102.6	102.6
保健器具	100.0	100.0	100.0	100.0	100.0
保健器具	100.0	100.0	100.0	100.0	100.0
医疗服务	103.2	100.0	100.0	100.0	104.4
综合医疗类	104.2	100.0	100.0	100.0	105.7
一般医疗服务	101.1	100.0	100.0	100.0	101.5
一般治疗操作	108.6	100.0	100.0	100.0	111.4
护理	105.4	100.0	100.0	100.0	107.2
其他综合医疗服务	100.0	100.0	100.0	100.0	100.0
诊断类	99.3	100.0	100.0	100.0	99.3
病理学诊断	97.7	100.0	100.0	100.0	100.0
实验室诊断	100.0	100.0	100.0	100.0	100.0
影像学诊断	98.7	100.0	100.0	100.0	98.2
临床诊断	100.0	100.0	100.0	100.0	100.0

价格指数(续表 8)

单位:%

五月	六月	七月	八月	九月	十月	十一月	十二月
86.3	83.3	94.2	112.4	93.8	104.2	113.6	115.4
85.4	82.2	93.9	113.4	93.3	104.6	114.9	116.9
100.0	100.0	100.0	100.0	100.0	100.0	100.0	100.0
103.5	103.3	103.4	103.3	103.4	103.3	103.3	102.8
101.5	101.1	101.4	101.4	101.5	101.2	101.2	99.7
102.4	102.4	101.8	101.8	102.7	101.6	101.8	101.8
105.1	105.1	103.2	103.2	105.2	105.2	105.7	105.7
101.2	101.2	101.2	101.2	101.6	100.0	100.0	100.0
100.2	99.2	99.8	99.8	99.5	99.6	99.4	95.8
108.9	100.0	100.0	100.0	100.0	100.0	99.5	74.9
103.4	105.5	105.5	105.5	105.5	105.5	105.5	105.5
100.0	100.0	100.0	100.0	100.0	100.0	100.0	100.0
103.5	103.5	103.5	103.5	103.5	101.1	100.0	100.0
100.0	100.0	100.0	100.0	100.0	100.0	100.0	100.0
100.0	100.0	100.0	100.0	100.0	100.0	100.0	100.0
94.9	94.9	100.3	100.3	100.1	100.1	100.1	100.1
99.3	100.5	100.5	100.5	97.7	101.8	101.8	101.8
99.5	99.5	99.5	99.5	99.5	99.5	99.5	99.5
93.6	93.6	93.6	93.6	93.6	93.6	93.6	93.6
100.0	100.0	100.0	100.0	97.6	97.6	97.6	97.6
100.0	100.0	94.7	94.7	94.7	94.7	94.7	94.7
100.0	100.0	100.0	100.0	100.0	100.0	100.0	100.0
92.0	87.5	87.5	87.5	87.5	87.5	87.5	87.5
103.3	103.3	103.3	103.3	103.3	103.3	103.3	103.3
103.3	103.3	103.3	103.3	103.3	103.3	103.3	103.3
100.7	100.7	104.9	104.9	104.9	104.2	104.2	104.2
100.7	100.7	104.9	104.9	104.9	104.2	104.2	104.2
100.0	100.0	100.0	100.0	100.0	100.0	100.0	100.0
100.0	100.0	100.0	100.0	100.0	100.0	100.0	100.0
104.4	104.4	104.4	104.3	104.3	104.3	104.3	104.3
105.7	105.7	105.7	105.7	105.7	105.7	105.7	105.7
101.5	101.5	101.5	101.5	101.5	101.5	101.5	101.5
111.4	111.4	111.4	111.4	111.4	111.4	111.4	111.4
107.2	107.2	107.2	107.2	107.2	107.2	107.2	107.2
100.0	100.0	100.0	100.0	100.0	100.0	100.0	100.0
99.3	99.3	99.3	98.9	98.9	98.9	98.9	98.9
100.0	100.0	100.0	94.5	94.5	94.5	94.5	94.5
100.0	100.0	100.0	100.0	100.0	100.0	100.0	100.0
98.2	98.2	98.2	98.2	98.2	98.2	98.2	98.2
100.0	100.0	100.0	100.0	100.0	100.0	100.0	100.0

11-12 居民消费

（2021,以上年价格为100）

指　标	年度	月份			
		一月	二月	三月	四月
治疗类	107.9	100.0	100.0	100.0	110.6
临床手术治疗	113.0	100.0	100.0	100.0	117.4
临床非手术治疗	104.3	100.0	100.0	100.0	105.8
康复类	103.7	100.0	100.0	100.0	105.0
康复医疗	103.7	100.0	100.0	100.0	105.0
中医医疗服务类	103.7	100.0	100.0	100.0	104.9
中医治疗	103.7	100.0	100.0	100.0	104.9
其他医疗保健服务	100.0	100.0	100.0	100.0	100.0
其他医疗保健服务	100.0	100.0	100.0	100.0	100.0
其他用品及服务	**98.8**	**100.6**	**98.3**	**99.5**	**101.3**
其他用品	99.6	101.8	99.5	99.8	101.9
首饰手表	100.0	106.7	103.1	100.3	106.0
金饰品	95.7	113.5	106.0	98.0	101.5
银饰品	101.0	102.7	100.0	98.6	100.0
铂金饰品	105.9	104.1	102.4	103.5	125.1
手表	102.1	100.8	100.8	102.3	102.3
母婴用品	99.2	98.2	98.9	100.9	98.5
母婴洗护喂养用品	99.6	98.4	99.1	100.8	99.3
其他母婴用品	97.9	97.5	98.2	101.2	96.3
其他杂项用品	99.3	95.5	93.6	98.2	96.8
箱包	98.5	94.3	90.7	96.4	93.8
眼镜	100.0	96.7	96.7	100.0	100.0
其他服务	97.1	98.3	96.1	99.0	100.1
在外住宿	92.1	104.6	94.0	106.2	109.8
宾馆住宿	97.0	109.7	98.1	113.3	119.1
其他住宿	82.8	96.1	87.1	94.3	95.2
美容美发洗浴	99.2	98.3	97.0	99.3	101.2
美容	96.0	90.2	86.6	92.7	98.0
美发	100.0	100.0	100.0	100.0	100.0
洗浴	102.6	108.3	108.3	108.3	108.3
养老服务	100.0	100.0	100.0	100.0	100.0
养老服务	100.0	100.0	100.0	100.0	100.0
金融及保险服务	96.6	94.3	94.3	94.3	94.3
金融服务	98.6	95.7	95.7	95.5	95.7
车辆保险	83.2	78.8	78.8	78.8	78.8
旅行保险	100.0	100.0	100.0	100.0	100.0
其他保险	104.5	104.0	104.0	104.0	104.0
中介法律及其他服务	101.0	98.0	98.0	100.9	100.9
中介服务	102.4	95.1	95.1	102.3	102.3
法律服务	100.0	100.0	100.0	100.0	100.0
其他杂项服务	100.0	100.0	100.0	100.0	100.0

价格指数(续表9)

单位:%

□五月	六月	七月	八月	九月	十月	十一月	十二月
110.6	110.6	110.6	110.6	110.6	110.6	110.6	110.6
117.4	117.4	117.4	117.4	117.4	117.4	117.4	117.4
105.8	105.8	105.8	105.8	105.8	105.8	105.8	105.8
105.0	105.0	105.0	105.0	105.0	105.0	105.0	105.0
105.0	105.0	105.0	105.0	105.0	105.0	105.0	105.0
104.9	104.9	104.9	104.9	104.9	104.9	104.9	104.9
104.9	104.9	104.9	104.9	104.9	104.9	104.9	104.9
100.0	100.0	100.0	100.0	100.0	100.0	100.0	100.0
100.0	100.0	100.0	100.0	100.0	100.0	100.0	100.0
100.8	100.3	99.0	95.7	96.1	97.2	98.4	98.3
101.0	101.3	100.2	96.0	97.8	99.4	99.3	97.8
103.5	103.1	99.6	91.6	95.3	96.8	99.5	96.0
96.1	101.4	93.2	82.2	87.5	89.2	93.1	93.2
100.0	98.6	99.9	99.9	100.0	104.1	104.1	104.1
122.6	109.2	110.6	95.1	101.2	101.9	108.3	91.6
103.6	103.6	102.5	102.5	102.5	102.5	101.2	100.2
100.3	98.5	101.0	98.7	99.7	99.9	96.8	98.6
101.9	98.9	102.6	97.8	100.0	101.1	96.5	99.2
96.1	97.2	96.6	101.4	98.9	96.8	97.8	97.0
97.1	99.6	100.8	103.2	101.7	104.2	100.5	100.7
93.0	97.7	100.1	104.6	103.3	108.3	101.0	101.4
101.6	101.6	101.6	101.8	100.0	100.0	100.0	100.0
100.3	98.4	96.7	95.1	93.2	93.4	96.7	99.3
112.1	101.3	92.4	85.7	77.8	74.8	79.5	89.0
121.9	107.1	98.8	88.4	83.9	76.4	84.3	93.2
96.0	90.1	79.5	79.7	65.3	71.7	70.3	80.0
99.3	99.3	99.3	99.3	99.3	99.3	99.3	100.0
98.0	98.0	98.0	98.0	98.0	98.0	98.0	100.0
100.0	100.0	100.0	100.0	100.0	100.0	100.0	100.0
100.0	100.0	100.0	100.0	100.0	100.0	100.0	100.0
100.0	100.0	100.0	100.0	100.0	100.0	100.0	100.0
100.0	100.0	100.0	100.0	100.0	100.0	100.0	100.0
94.5	94.8	94.9	94.9	95.0	100.1	104.3	104.3
97.1	99.5	100.0	100.0	101.5	100.9	101.5	101.5
78.8	78.8	78.8	78.8	78.8	100.0	100.0	100.0
100.0	100.0	100.0	100.0	100.0	100.0	100.0	100.0
104.0	104.0	104.0	104.0	104.0	100.0	108.8	108.8
100.9	101.7	101.7	101.7	101.7	102.1	102.6	101.1
102.3	104.3	104.3	104.3	104.3	105.3	106.5	102.8
100.0	100.0	100.0	100.0	100.0	100.0	100.0	100.0
100.0	100.0	100.0	100.0	100.0	100.0	100.0	100.0

11-13 商品零售价格分类指数

（2021 以上年价格为 100）

指　标	指数
商品零售价格指数	**102.0**
食品	**102.0**
粮食	100.8
大米	99.9
面粉	99.0
其他粮食	104.2
粮食制品	104.7
薯类	94.2
薯类	94.2
豆类	108.8
干豆	105.1
豆制品	110.7
食用油	103.9
食用植物油	110.8
食用动物油	91.3
菜及食用菌	104.2
鲜菜	105.3
鲜菌	97.7
干菜干菌及制品	102.1
畜肉类	93.1
猪肉	74.9
牛肉	104.6
羊肉	101.0
其他畜肉及副产品	84.0
畜肉制品	98.1
禽肉类	94.7
鸡	92.9
鸭	92.0
其他禽肉及制品	100.7
水产品	117.0
淡水鱼	132.0
海水鱼	96.3
虾蟹类	100.9
其他水产品及制品	101.9
蛋类	114.1
鸡蛋	120.2
其他蛋及制品	98.1
奶类	101.8
鲜奶	103.7
酸奶	100.9

11-13 商品零售价格分类指数(续表 1)

（2021 以上年价格为 100）

指　标	指数
奶粉	101.2
其他奶制品	99.3
干鲜瓜果类	101.6
鲜果	104.2
坚果	100.0
瓜果制品	96.6
糖果糕点类	106.1
食糖	113.0
糖果	107.6
糕点	101.4
其他糖果糕点	103.4
调味品	100.8
食用盐	99.5
酱油	101.8
食醋	99.6
增味剂	98.7
其他调味品	113.6
其他食品类	99.5
方便食品	98.6
淀粉及制品	99.8
其他食品	101.9
餐饮业零售	100.8
餐馆餐饮	100.2
饮品店餐饮	105.5
餐饮配送及外卖送餐	99.1
其他餐饮业零售	102.2
饮料、烟酒	**101.6**
茶及饮料	101.0
茶叶	100.2
固体咖啡	103.5
其他固体饮料	100.1
饮用水	91.7
果汁饮料	101.6
其他液体饮料	104.0
卷烟	101.9
卷烟	101.9
酒类	101.9
白酒	103.0

11-13 商品零售价格分类指数(续表2)

（2021以上年价格为100）

指　标	指数
葡萄酒	99.5
啤酒	101.6
其他酒类	101.5
服装、鞋帽	**99.3**
服装	100.2
男士服装	100.8
男式外套	99.7
男式针织衫	102.8
男式衬衫T恤	100.1
男式裤子	103.3
男式内衣	101.0
女士服装	99.6
女式外套	99.7
女式针织衫	98.2
女式衬衫T恤	98.3
女式裤子	101.7
女式裙子	100.3
女式内衣	100.1
儿童服装	101.1
婴儿服装	100.2
儿童上衣	99.0
儿童裤子	100.2
儿童裙子	106.8
儿童内衣	103.4
鞋帽袜	97.2
鞋	96.4
男鞋	96.0
女鞋	95.2
童鞋	100.5
袜子	100.4
袜子	100.4
帽子	97.8
帽子	97.8
其他衣着配件	101.0
其他衣着配件	101.0

11-13 商品零售价格分类指数(续表3)

（2021 以上年价格为 100）

指标	指数
纺织品	**100.7**
服装材料	105.4
服装材料	105.4
床上用品	100.0
被子	100.0
床单被套	100.0
其他床上用品	100.0
家用电器及音像器材	**102.7**
家庭设备	101.3
洗衣机	100.6
电冰箱(柜)	102.5
抽油烟机	105.2
空调器	100.9
热水器	99.7
炉具灶具	101.7
吸尘器	99.0
空气净化器	96.9
净水器	97.0
厨房小家电	103.4
生活小家电	98.7
其他大型家用器具	101.7
文娱用耐用消费品	105.3
电视机	105.1
照相机	103.4
音响	104.0
可穿戴智能设备	100.6
其他文娱耐用消费品	108.1
专业音像器材	103.1
专业音响器材	100.5
专业声像器材	106.9
文化办公用品	**103.4**
纸张文具	101.2
台式计算机	106.3
笔记本电脑	101.1
平板电脑	100.0
电脑附件	112.7
打印复印机	107.0
教学设备	99.8
日用品	**101.0**
日用百货	101.2
电动自行车	98.7
自行车	107.4
雨具	102.1
护理器具	97.9

11-13 商品零售价格分类指数(续表4)

（2021 以上年价格为 100）

指 标	指数
清洁用纸	102.6
化妆器具	100.8
厨具餐具茶具	100.2
厨具	96.9
餐具	99.4
茶具	105.2
清洗用品	101.2
清洗用品	101.2
其他日用品	100.9
灯具	103.8
箱包	98.5
母婴用品	99.6
眼镜	100.0
其他护理用品	108.1
其他日用杂品	98.5
体育娱乐用品	**101.4**
体育户外用品	100.0
体育户外用品	100.0
娱乐用品	102.2
乐器	105.5
游戏用品和玩具	100.0
园艺花卉及用品	104.9
宠物及用品	100.1
其他文化娱乐用品	100.0
交通、通信用品	**101.0**
交通运输机械	99.5
燃油小汽车	98.4
新能源小汽车	99.1
大中型客车	101.5
交通工具零配件	98.7
通信器材	103.6
电话机	103.3
其他通信器材	104.4
家具	**103.2**
柜	107.5
床	101.8
桌	98.8

11-13 商品零售价格分类指数(续表 5)

(2021 以上年价格为 100)

指 标	指数
椅	97.8
沙发	104.3
其他家具	102.9
化妆品	**99.9**
清洁化妆品	98.0
护肤化妆品	99.1
彩妆化妆品	99.2
清洁类护理用品	102.1
护发美发用品	101.5
金银饰品	**100.5**
金饰品	95.7
银饰品	101.0
铂金饰品	105.9
中西药品及医疗保健用品	**101.3**
医疗卫生器具	103.3
医疗卫生器具	103.3
中药	104.1
中药材	105.6
中成药	101.9
西药	99.1
抗微生物药	101.3
消化系统用药	104.3
呼吸系统用药	100.0
解热镇痛药	102.7
抗肿瘤药	100.0
激素及影响内分泌药	100.8
心血管系统用药	98.4
血液系统用药	99.3
治疗精神障碍药	99.8
神经系统用药	93.6
泌尿系统用药	99.2
维生素、矿物质类药	97.4
调节水、电解质及酸碱平衡药	100.0
其他西药	90.0
保健器具及用品	101.4

11-13　商品零售价格分类指数(续表 6)

(2021 以上年价格为 100)

指　标	指数
保健器具	100.0
滋补保健品	102.2
书报杂志及电子出版物	**101.0**
教材及参考书	101.3
工具书	105.5
教材	99.3
参考资料	102.2
其他教育用品	99.8
书报杂志及音像制品	100.0
书报杂志及音像制品	100.0
计算机办公软件	101.9
计算机办公软件	101.9
燃料	**110.1**
煤炭及制品	98.6
原煤	103.8
煤制品	98.6
石油及制品	111.7
管道燃气	102.5
液化石油气	100.0
汽油	117.7
柴油	119.5
建筑材料及五金电料	**103.2**
建筑装潢材料	103.4
木地板	103.4
瓷砖	100.8
水泥	124.0
涂料	100.5
板材	101.3
管材	112.9
厨卫设备	98.3
门窗	104.7
其他住房装潢材料	100.5
五金水暖	102.5
家用手工工具	101.1
配电附件	103.4
水暖器材	102.7

11-14 各种物价总指数

单位:%

指 标	居民消费价格总指数	商品零售价格总指数
以 1957 年价格为 100	953.6	628.0
以 1962 年价格为 100	758.9	504.4
以 1965 年价格为 100	920.8	606.7
以 1970 年价格为 100	874.2	576.5
以 1978 年价格为 100	784.2	514.6
以 1980 年价格为 100	727.6	477.1
以 1985 年价格为 100	614.3	405.1
以 1990 年价格为 100	360.2	240.2
以 1992 年价格为 100	310.0	209.4
以 1995 年价格为 100	181.8	134.7
以 1997 年价格为 100	177.8	123.9
以 1998 年价格为 100	163.2	127.7
以 1999 年价格为 100	163.1	129.3
以 2000 年价格为 100	165.2	135.9
以 2001 年价格为 100	162.1	131.6
以 2002 年价格为 100	163.1	133.0
以 2003 年价格为 100	160.2	133.5
以 2004 年价格为 100	155.2	130.9
以 2005 年价格为 100	158.3	134.7
以 2006 年价格为 100	150.3	128.8
以 2007 年价格为 100	142.7	124.2
以 2008 年价格为 100	132.6	117.3
以 2009 年价格为 100	133.0	119.1
以 2010 年价格为 100	127.9	115.6
以 2011 年价格为 100	121.5	111.6
以 2012 年价格为 100	118.6	111.0
以 2013 年价格为 100	114.6	108.5
以 2014 年价格为 100	112.2	107.7
以 2015 年价格为 100	110.2	107.5
以 2016 年价格为 100	108.5	106.5
以 2017 年价格为 100	106.7	104.9
以 2018 年价格为 100	104.4	102.2
以 2019 年价格为 100	102.2	101.1
以 2020 年价格为 100	102.4	103.4

11-15 工业生产者

（以上年价格为 100）

指　标	2011 年	2012 年	2013 年	2014 年
全部工业品出厂价格总指数	109.1	99.4	95.0	97.1
核心指数	112.2	97.4	96.2	96.3
高技术	106.1	89.1	94.0	98.0
能源	106.5	100.9	94.3	97.4
按轻重工业分				
轻工业	119.4	100.4	97.6	99.8
以农产品为原料	117.6	101.8	100.2	101.3
以非农产品为原料	128.3	93.3	83.4	90.4
重工业	107.2	99.2	94.5	96.6
采掘	112.1	92.5	71.5	92.6
原料	105.8	101.6	98.4	98.0
加工	108.3	96.4	95.7	94.6
按生产生活资料分				
生产资料	108.6	99.8	95.1	97.0
采掘	112.1	92.5	71.5	92.6
原料	105.7	102.0	98.7	98.0
加工	112.7	98.5	97.1	96.4
生活资料	114.3	95.2	93.7	98.3
食品	109.5	100.1	100.4	102.5
衣着	114.3	108.2	103.4	104.8
一般日用品	120.6	88.2	84.5	91.3
耐用消费品	101.1	100.5	100.0	100.2
按初级中间最终产品分				
初级产品	112.1	92.5	71.5	92.6
矿产品	112.1	92.5	71.5	92.6
废料				
中间产品	108.9	100.4	97.7	97.4
最终产品	107.0	101.2	98.3	98.5
最终投资品	111.9	102.3	97.1	96.5
最终消费品	103.0	100.2	99.3	100.0
按工业部门分				
冶金工业	110.5	95.9	94.8	94.4
电力工业	100.4	100.9	100.0	100.0
煤炭及炼焦工业	110.1	92.6	75.2	91.2
石油工业	115.8	108.3	98.5	96.9
化学工业	116.8	91.3	89.4	90.6
机械工业	103.0	100.5	98.3	99.6
建筑材料工业	102.6	95.2	97.2	96.4
森林工业	100.1	100.5	100.3	100.3

出厂价格指数

单位:%

2015 年	2016 年	2017 年	2018 年	2019 年	2020 年	2021 年
94.5	98.9	112.3	107.9	98.5	97.4	117.0
97.3	99.2	106.1	104.6	100.4	99.9	117.1
102.7	102.6	104.1	117.3	108.5	102.5	113.7
92.3	98.5	117.9	110.8	97.0	95.1	118.1
99.5	99.5	100.8	100.6	100.5	101.7	112.2
99.9	98.9	100.4	100.8	101.1	101.3	110.6
97.1	103.2	103.3	98.9	95.6	106.1	116.3
93.5	98.7	114.8	109.4	98.1	96.4	117.8
89.8	96.2	129.0	119.8	92.4	96.5	114.6
93.0	99.5	115.5	109.2	98.6	95.5	119.5
97.0	98.2	106.5	104.1	99.5	98.6	115.4
93.9	98.7	113.7	108.2	97.7	96.8	118.4
89.8	96.2	129.0	119.8	92.4	96.5	114.6
92.8	99.4	115.7	108.3	97.6	95.0	120.0
97.8	98.5	105.1	103.2	99.7	99.8	117.4
99.9	100.0	102.1	106.1	104.5	101.6	105.1
101.0	98.2	100.2	103.2	104.3	99.7	107.5
98.4	93.8	101.7	100.0	99.2	99.5	97.4
98.8	103.8	104.3	111.6	106.2	104.6	93.6
101.0	100.1	100.0	100.0	99.1	97.5	108.0
89.8	96.2	129.0	119.8	92.4	96.5	114.6
89.8	96.2	129.0	119.8	92.4	96.5	114.6
94.8	99.2	110.8	106.6	99.2	97.4	117.7
95.1	98.2	107.1	105.1	98.5	96.5	110.5
89.6	97.0	108.5	109.2	96.7	92.2	119.1
99.4	99.2	105.9	101.5	100.3	100.1	103.0
91.9	102.4	115.7	103.6	96.5	98.1	116.3
99.3	99.3	107.8	100.4	99.8	100.3	98.8
87.7	100.3	141.2	119.6	94.7	97.5	129.3
81.5	95.9	111.5	115.5	94.6	85.2	122.1
97.5	97.7	107.2	109.2	101.6	100.2	124.7
99.6	99.9	100.3	99.9	99.7	100.0	114.9
93.3	99.3	110.8	108.0	103.5	100.6	102.2
101.1	100.1	100.0	100.0	99.6	100.1	

11-15 工业生产者

（以上年价格为100）

指　标	2011年	2012年	2013年	2014年
食品工业	108.9	100.7	101.3	102.6
纺织工业	126.7	102.4	99.7	100.4
缝纫工业	109.6	105.4	100.5	104.2
皮革工业	115.6	109.4	107.4	102.7
造纸工业	104.2	100.2	97.8	100.0
文教艺术用品工业	102.8	104.8	103.9	100.3
其他工业	115.1	101.3	98.3	97.7
按工业行业分				
煤炭开采和洗选业	112.1	92.5	71.5	92.6
农副食品加工业	108.7	102.8	104.6	100.6
食品制造业	123.2	91.1	85.8	96.1
饮料制造业	106.6	102.6	98.6	102.3
纺织业	126.4	102.5	99.7	100.6
纺织服装、鞋、帽制造业	102.4	102.2	101.7	101.1
皮革、毛皮、羽毛(绒)及其制品业	115.6	109.4	107.4	102.7
木材加工及木、竹、藤、棕、草制品业	98.9	100.3	100.7	100.6
家具制造业	100.9	100.6	100.0	100.2
造纸及纸制品业	104.2	100.2	97.8	100.0
印刷业和记录媒介的复制	102.8	105.2	104.2	100.4
石油加工、炼焦及核燃料加工业	114.1	105.4	97.0	94.6
化学原料及化学制品制造业	116.2	102.0	94.3	90.8
医药制造业	106.2	88.1	93.6	98.0
化学纤维制造业				
橡胶制品业	117.8	85.0	87.1	85.7
塑料制品业	106.0	99.7	96.9	102.0
橡胶和塑料制品业				
非金属矿物制品业	104.9	96.2	97.3	96.3
黑色金属冶炼及压延加工业	107.9	94.6	96.9	90.0
有色金属冶炼及压延加工业	110.6	94.3	93.0	94.9
金属制品业	113.6	102.5	97.5	98.4
通用设备制造业	103.7	100.2	99.8	99.9
专用设备制造业	100.1	99.8	97.3	97.1
交通运输设备制造业	101.8	100.0	100.0	100.0
电气机械及器材制造业	102.2	100.0	96.0	99.4
计算机、通信和其他电子设备制造业				
仪器仪表及文化、办公用机械制造业	104.8	100.9	99.3	97.6
电力、热力的生产和供应业	100.4	102.6	100.0	100.0
燃气生产和供应业	100.0	133.0	114.9	115.6
水的生产和供应业	115.1	102.0	100.0	101.2

出厂价格指数(续表)

单位:%

2015年	2016年	2017年	2018年	2019年	2020年	2021年
99.8	98.3	100.7	103.0	103.7	100.2	108.4
100.1	100.1	99.7	99.2	99.5	102.5	127.0
100.5	98.3	102.4	99.5	99.8	97.8	93.2
94.9	88.9	100.4	100.7	99.1	99.8	100.0
100.0	100.2	103.7	102.3	99.5	99.8	109.9
100.0	100.0	100.4	101.1	99.9	99.1	99.9
101.6	100.4	112.1	117.9	106.2	93.2	100.0
89.8	95.7	132.5	120.2	94.2	96.6	114.6
99.3	101.0	101.5	101.3	99.5	102.0	106.1
96.6	98.1	101.5	99.8	101.9	101.3	113.1
103.0	99.6	100.4	106.1	106.7	100.9	98.8
100.1	99.9	99.9	99.2	99.5	102.5	127.0
100.0	100.1	100.0	100.0	100.0	97.8	93.2
94.9	88.9	100.4	100.7	99.1	99.8	100.0
101.1	100.1	100.0	100.0	100.1	102.6	
101.2	100.1	100.0	100.0	99.1	97.5	
100.0	100.2	103.7	102.3	99.5	99.8	109.9
100.0	100.0	100.4	101.1	99.9	99.1	99.9
80.4	99.8	122.0	116.3	94.6	87.4	136.8
102.5	93.2	103.9	107.0	97.6	92.0	130.8
102.9	102.9	104.6	120.2	110.3	103.2	93.0
						191.5
89.8	92.1	115.5	103.4	97.6	100.2	
92.1	95.0	105.4				
						105.5
93.9	99.1	111.8	109.5	103.9	99.5	102.2
86.9	98.3	103.2	103.3	97.2	95.0	119.5
92.6	106.5	120.9	101.8	95.9	100.2	116.3
95.8	98.2	112.4	105.8	99.1	99.6	106.6
99.8	99.6	100.2	100.1	100.1	99.6	100.7
100.0	99.7	100.4	99.9	100.0		99.5
100.0						
99.4	100.1	100.4	99.5	99.2	100.0	118.4
						125.1
100.1	100.2	100.1	101.3	100.5	101.6	100.8
99.3	99.3	107.8	100.4	99.8	100.3	98.8
101.3	90.7	110.1	116.6	103.7	90.5	114.8
111.4	103.0	103.5	110.0	104.3	100.0	100.0

11-16 工业生产者

（以上年价格为 100）

指 标	2011 年	2012 年	2013 年	2014 年
全部原材料购进价格总指数	**115.0**	**104.2**	**96.9**	**97.0**
按初级中间最终产品分				
初级产品	119.7	106.8	95.8	96.9
农产品	115.5	101.0	101.3	101.7
矿产品	121.9	109.7	93.2	94.5
废料	117.7	90.9	86.7	89.7
中间产品	108.4	100.2	98.5	97.1
九大类原材料购进价格指数				
燃料、动力类	116.5	107.4	96.0	96.4
黑色金属材料类	108.9	93.8	89.4	92.1
钢材	107.5	96.2	88.9	93.4
其他	112.5	87.7	90.5	88.8
有色金属材料及电线类	104.2	94.2	94.3	91.3
化工原料类	120.8	100.3	93.9	93.8
木材及纸浆类	101.9	100.8	99.4	99.7
建筑材料及非金属类	123.0	110.3	87.4	91.4
其他工业原材料及半成品类	108.7	103.1	104.9	98.9
农副产品类	115.5	101.0	101.3	101.7
纺织原料类	114.7	97.3	98.6	100.7

11-17 房地产

房地产月同比价格指数 （2021 年，以上年价格为 100）

指 标	1 月	2 月	3 月	4 月
新建住宅价格指数				
新建商品住宅价格指数	**113.9**	**114.9**	**114.1**	**113.7**
90m² 及以下	112.0	113.0	113.2	112.6
90-144m²	114.6	115.3	114.3	114.1
144m² 以上	112.7	114.4	114.1	112.8
二手住宅价格指数	**109.7**	**110.0**	**110.4**	**109.8**
90m² 及以下	109.0	109.2	109.3	108.8
90-144m²	110.1	110.3	111.0	110.3
144m² 以上	109.1	110.4	110.1	109.9

房地产月同比价格指数 （2021 年，以上年价格为 100）

指 标	1 月	2 月	3 月	4 月
新建住宅价格指数				
新建商品住宅价格指数	**100.6**	**100.8**	**100.5**	**100.6**
90m² 及以下	100.8	100.5	101.0	100.9
90-144m²	100.7	100.6	100.3	100.5
144m² 以上	100.2	101.6	100.7	100.7
二手住宅价格指数	**100.7**	**100.5**	**100.7**	**100.6**
90m² 及以下	100.6	100.4	100.5	101.0
90-144m²	100.7	100.5	101.0	100.4
144m² 以上	100.6	100.3	100.2	100.6

购进价格指数

单位:%

2015年	2016年	2017年	2018年	2019年	2020年	2021年
84.6	**96.4**	**113.4**	**110.5**	**97.5**	**92.1**	**114.8**
76.4	92.3	119.0	115.1	96.3	87.4	136.5
96.3	96.8	100.5	99.5	99.4	101.7	112.2
65.9	90.0	129.0	122.2	94.9	80.0	146.6
76.8	99.6	111.0	114.3	103.1	100.0	122.1
96.1	102.3	106.2	103.9	99.4	98.8	105.4
74.3	94.1	121.9	118.5	95.8	83.0	117.9
92.1	103.3	114.6	105.7	98.8	98.6	119.2
96.8	104.0	113.2	105.6	98.6	98.5	117.8
79.8	101.0	119.5	106.1	98.7	99.9	128.4
97.1	97.8	111.9	103.4	96.0	100.8	112.6
88.4	98.1	114.2	100.9	97.3	99.0	113.3
99.8	102.2	102.0	104.0	100.6	100.1	106.1
90.2	98.7	105.5	105.0	102.0	104.9	100.8
98.0	101.6	101.9	102.5	100.9	103.3	110.6
96.3	96.7	100.5	99.5	99.4	101.8	111.6
99.6	99.2	106.2	99.6	98.5	102.7	104.7

价格指数

单位:%

5月	6月	7月	8月	9月	10月	11月	12月
112.4	**111.2**	**110.0**	**108.5**	**108.0**	**107.9**	**107.7**	**106.7**
111.8	111.8	111.2	110.0	109.0	109.5	109.6	108.1
112.9	111.0	109.5	107.9	107.5	107.4	107.0	106.2
111.1	111.3	111.1	109.6	109.3	109.0	109.2	107.9
109.3	**108.4**	**107.4**	**106.1**	**105.4**	**104.3**	**103.5**	**103.0**
108.5	107.5	106.4	105.2	105.0	104.2	103.3	103.1
109.5	108.6	107.5	106.3	105.2	104.0	103.4	102.9
110.1	109.3	109.0	107.3	106.8	105.8	104.7	103.5

单位:%

5月	6月	7月	8月	9月	10月	11月	12月
101.0	**100.8**	**101.0**	**100.4**	**100.6**	**100.6**	**100.3**	**99.6**
100.4	101.7	100.6	100.3	100.5	101.0	100.4	99.7
101.2	100.3	101.0	100.5	100.6	100.5	100.2	99.6
100.6	101.8	101.0	100.2	100.6	100.6	100.3	99.4
100.8	**100.5**	**100.2**	**99.9**	**99.8**	**99.8**	**99.7**	**99.8**
101.1	100.4	100.3	99.6	100.0	99.9	99.5	99.8
100.5	100.6	100.0	100.1	99.8	99.7	99.9	99.8
101.8	100.1	101.0	99.8	99.9	100.2	99.6	99.5

主要统计指标解释

【城乡居民人均可支配收入】 指调查户在调查内获得的、可用于最终消费支出和储蓄的总和,即调查户可以用来自由支配的收入。可支配收入既包括现金,也包括实物收入。按照收入的来源,可支配收入包含四项,分别为:工资性收入、经营净收入、财产净收入和转移净收入。

可支配收入 = 工资性收入 + 经营净收入 + 财产净收入 + 转移净收入

其中:经营净收入 = 经营收入 - 经营费用 - 生产性固定资产折旧 - 生产税

财产净收入 = 财产性收入 - 财产性支出转移净

收入 = 转移性收入—转移性支出

【城乡居民消费支出】 指住户用于满足家庭日常生活消费需要的全部支出,包括用于消费品的支出和用于服务性消费的支出。根据用途不同,消费支出可划分为食品烟酒、衣着、居住、生活用品及服务、交通通信、教育文化娱乐、医疗保健、其他用品及服务八大类。根据来源不同,消费支出可划分为现金消费支出、实物消费支出(含自产自用、来自单位、来自政府和其他社会组织)。

【居民消费价格指数(简称 CPI)】 是指城乡居民购买并用于日常生活消费的商品和服务项目的价格。居民消费价格调查的任务是调查、搜集和整理这些商品和服务项目的价格,并编制居民消费价格指数(英文名称:ConsumerPriceIn-dex 缩写:CPI),旨在反应一定时期内居民所消费商品及服务项目的价格水平变动趋势和变动程度。居民消费价格水平的变动率在一定程度上反映了通货膨胀(或紧缩)的程度。

【商品零售价格指数(简称 RPI)】 商品的零售价格是商品在流通过程中最后一个环节的价格,是工业、商业、餐饮和其他零售企业向城乡居民、机关团体出售生活消费品和办公用品的价格。商品零售价格调查的任务是系统地调查、搜集和整理市场商品零售价格资料,编制商品零售价格指数(RPI),以此反映市场商品零售价格的变动趋势和变动程度。其目的在于掌握商品价格的变动趋势,为国家宏观调控和国民经济核算提供参考依据。

【工业生产者价格指数】 包括工业生产者出厂价格指数(简称 PPI)和工业生产者购进价格指数(简称 IPI),是反映工业产品价格变化趋势和变动幅度的统计指标,是工业品价格在不同时间和空间条件下平均变动的相对数。工业生产者价格包括工业品第一次出售时的出厂价格和企业作为中间投入的原材料、燃料、动力购进价格,是进行国民经济核算和经济管理的重要依据。

【房地产价格指数】 是综合反映住宅商品价格水平总体变化趋势和变化幅度的相对数,住宅销售价格指数由全国 70 个大中城市的新建商品住宅销售价格指数和二手住宅销售价格指数组成。

12

城市公用事业

12-1 主要年份城市

指　标	单位	2010 年	2011 年	2012 年	2013 年
人均日生活用水量	升	164.9	153.2	163.0	163.5
用水普及率	%	99.5	85.0	96.3	97.3
每万人拥有公交车辆	标台	11.0	11.5	13.3	14.3
燃气普及率	%	82.4	73.9	82.6	83.3
人均拥有城市道路面积	平方米	15.3	12.2	13.6	19.8
排水管道密度	公里 / 平方公里	3.7	4.1	4.0	4.0
污水处理率	%	91.8	92.0	92.0	93.0
污水处理厂集中处理率	%	91.8	92.0	92.0	93.0
粪便处理率	%	100.0	100.0	100.0	100.0
清运生活垃圾无害化处理率	%	100.0	100.0	100.0	100.0
人均公园绿地面积	平方米	12.1	12.2	13.4	15.1
建成区绿地率	%	43.2	43.3	41.9	41.1
建成区绿化覆盖率	%	43.0	43.2	41.7	41.1

注:城市公用事业数据资料均来自相关部门。

12-2 主要年份城市

指　标	单位	2010 年	2011 年	2012 年	2013 年
从业人数	人	3290	3045	3233	3734
道路清扫保洁面积	万平方米	1503	1916	2544	3697
机械清扫	万平方米	520	520	520	556
生活垃圾清运量	万吨	29	29.6	37	41
生活垃圾无害化处理厂(场)	座	1	1	1	1
生活垃圾无害化处理能力	吨 / 日	1000	1000	1000	1000
生活垃圾无害化处理量	万吨	29	29.6	37	41
粪便清运量	万吨	1	1	1	1
公厕数量	座	338	338	392	214
水冲式	座	301	301	355	211
市容环卫专用车辆	辆	340	301	299	634

设施水平

2014年	2015年	2016年	2017年	2018年	2019年	2020年	2021年
165.0	184.0	194.0	213.0	221.0	215.0	237.0	223.0
96.0	96.0	96.0	96.0	96.0	96.0	96.0	96.0
13.9	17.4	10.3	12.4	17.8	27.6	14.8	11.7
99.6	89.9	96.0	97.0	95.0	95.6	95.7	98.0
13.7	13.7	15.3	15.5	18.3	18.6		
4.2	4.0	7.7	7.9	6.2	6.4		
93.0	93.8	95.2	95.3	95.5	95.6	95.7	98.0
93.0	93.8	95.2	95.3	95.5	95.6	95.7	98.0
100.0	100.0	100.0	100.0	100.0	100.0	100.0	100.0
100.0	100.0	97.0	96.0	100.0	100.0	100.0	100.0
16.1	16.3	16.5	16.8	17.0	17.2	16.5	16.3
40.4	40.9	41.5	42.1	41.7	40.8	40.5	40.7
40.4	40.9	41.5	42.1	42.0	41.3	40.9	41.1

环境卫生

2014年	2015年	2016年	2017年	2018年	2019年	2020年	2021年
4028	4476	4589	5021	5075	5481	5529	5064
3885	4188	4156	4251	5099	6409	6875	5128
1090	1443	1578	2091	2751	3304	6188	4622
44	51	46.7	50.1	51.9	53.1	69.9	72.6
1	2	2	2	2	2	2	2
1000	2500	2500	3000	3000	3000	3000	3000
44	51	45.3	48.3	51.9	53.1	69.9	72.6
0.8	1	6	5	4	6.9	5.9	5.9
215	263	285	309	320	351	378	403
214	263	285	309	320	351	378	359
818	1100	1033	1301	1276	1619	2125	1883

12-3 主要年份

指 标	单位	2010年	2011年	2012年	2013年
年末水厂个数	个	6	6	6	6
地下水综合生产能力	万立方米/日	44	41	39.4	40.2
水质综合合格率	%	100.0	100.0	100.0	100.0
年末供水管道总长度	公里	841	850	859	641
全年供水总量	万立方米	10525	11249	11468	11835
生产用量	万立方米	2671	2642	2413	2445
居民生活用量	万立方米	5104	5182	5381	5776
城市公共管网漏失率	%	10.2	9.9	10.1	11.7
用水户数	万户	23	36.3	34.6	36.5
用水人口	万人	107.6	125.4	122.0	128.0
城市居民人均生活用水量	升/人·日	165	153	163	167

12-4 主要年份

指 标	单位	2010年	2011年	2012年	2013年
园林绿地面积	公顷	5407	5584	5884	7413
建成区公园绿地面积	公顷	1556	1651	1780	2173
年末绿化覆盖面积	公顷	5701	5865	6165	7694
建成区	公顷	5188	5332	5632	6102
公园个数	个	17	17	17	17
公园面积	公顷	532	950	532	532

12-5 主要年份

指 标	单位	2010年	2011年	2012年	2013年
公共汽车运营车辆数	辆	1401	1377	1535	1645
标准运营车辆	标台	1421	1514	1762	1942
运营线路网长度	公里	420	450	489	1594
客运总量	万人次	18171	19920	25445	30048
出租汽车数	辆	5006	5006	5278	5364
出租汽车从业人员	人	9667	12000	12000	12000

城市供水

2014年	2015年	2016年	2017年	2018年	2019年	2020年	2021年
7	8	8	8	8	8	4	4
34.5	44.6	44.6	40	40	60	15	15
100.0	100.0	100.0	100.0	100.0	99.9	99.9	100.0
724	739	772.87	792.47	801.41	1013	1017	1019
9717	10824	11445	13778	14226	15031	17754	21022
2101	2655	2984	932	1261	1736	2371	2971
6316	6718	6925	3345	3624	3739	6751	4537
11.5	13.4	13.4	10.5	10.5	10.3	10.0	10.0
38.1	37.8	39.5	39.3	40.5	44	51	49
140.0	138.9	140.0	143.0	145.0	154.0	161.0	171.0
115	133	145	160	164	215	115	168

城市园林绿化

2014年	2015年	2016年	2017年	2018年	2019年	2020年	2021年
8506	9022	9683	9951	10302	10607	10719	10844
2213	2263	2322	2400	2419	2431	2455	2567
8694	9209	9869	10111	10495	10864	11329	11454
6506	6821	7086	7301	7722	7860	7966	8091
19	20	20	21	21	21	21	21
660	730	730	1252	1252	1252	1252	1252

城市公共交通

2014年	2015年	2016年	2017年	2018年	2019年	2020年	2021年
1616	1949	1818	2202	2074	2054	1797	1797
1907	2398	2246	2755	2613	2571	2326	2326
1755	1979	658	702	742	1466	1045	1078
30271	30653	31025	29321	27861	29825	18937	18772
5364	5364	5364	5364	5442	5743	5562	5562
13193	12000	13400	10077	10070	11325	8912	8845

12-6 主要年份市政

指 标	单位	2010年	2011年	2012年	2013年
市政建设					
年末实有道路长度	公里	506	551	563	598
道路面积	万平方米	1652	1796	1809	1837
人行道面积	万平方米	352	395	398	407
年末实有桥梁数	座	49	49	49	52
立交桥	座	2	2	2	2
排水管道长度	公里	451	522	538	544
路灯盏数	盏	118093	120900	128000	134530
污水年排放量	万立方米	10525	10931	13281	15283
污水处理厂座数	座	4	5	5	5
污水年处理量	万立方米	9662	10057	12125	14214
液化石油气					
供气总量	吨	7684	6950	11084	12321
家庭用量	吨	7684	6950	5500	5573
用气户数	户	100000	90000	72500	77060
家庭用户	户	100000	90000	72500	75198
用气人口	万人	39.9	35.92	28.3	20.45
天然气					
供气总量	万立方米	86937	95626	147354	172394
家庭用量	万立方米	86937	95626	45666	63261
用气户数	户	278617	305588	336116	458688
家庭用户	户	278617	305588	336116	458609
用气人口	万人	66.36	72.95	80.2	113.29
供气管道长度	公里	1527	1560	1751	2124
集中供热					
供热能力(热水)	兆瓦	2994.72	3107.72	3394.4	3551.62
热电厂供热(热水)	兆瓦	977.22	977.22	977.2	989.22
锅炉房供热	兆瓦	2003.5	2130.5	2417.2	2562.4
供热总量(热水)	万吉焦	2940	2066.52	2462.7	2058.43
热电厂供热(热水)	万吉焦	905	638.4	843.4	679.2
管道长度(热水)	公里	755	963	1297	1384
供热面积	万平方米	3452	3564	3914	4093
住宅	万平方米	2790	2680	3012	3197
集中供热率	%	71	71.1	72.4	73

12-7 主要年份城市

指 标	单位	2010年	2011年	2012年	2013年
城市建成区面积	**平方公里**	**120.6**	**126.4**	**135.1**	**148.6**
城市建设用地面积	**平方公里**	**120.6**	**126.4**	**135.1**	**148.6**
居住用地	平方公里	37.7	39.7	42.8	45.5
公共设施用地	平方公里	23.1	24	25.1	27.1
工业用地	平方公里	14.8	15	15.2	15.5
仓储用地	平方公里	5.4	5.7	6.4	7.2
交通设施用地	平方公里	5.2	5.2	5.4	7.3
公用设施用地	平方公里	5.2	5.2	6.5	6.6

建设及城市燃气

2014年	2015年	2016年	2017年	2018年	2019年	2020年	2021年
605	616	687	697	715	729	756	984
1881	1897	2535	2565	2660	2698	2788	3131
447	447	537	544	568	576	597	599
85	90	86	90	90	91	99	100
4	4	3	3	3	3	3	3
683	689	1136	1176	1256	1301	1351	889
137198	143534	132466	126407	106695	110000		114434
15658	15664	15992	16179	18002	16998	17756	18348
6	6	6	8	8	8	8	8
14568	14724	15227	15419	17192	16250	16993	17945
14000	6570	5117	4056	4355	7211	9374	12013
5000	5528	4566	4056	4121	2450	2750	11680
97000	90000	101000	100920	111600	93200	92469	84569
97000	80000	90000	100920	111600	88000	89269	81700
21.34	13.5	13	22.01	24.55	10.95	11.5	10.3
172394	162000	163000	122154	151376	143566	101227	68993
60130	19785	46139	19562	16784	16827	17196	21810
519000	522531	562435	599772	631723	658466	661475	671835
519000	520000	557868	596612	628348	655057	656480	668137
123.76	124.8	135	130.75	137.61	196.56	148.6	163.7
2417	2542	2675	3233	3233	3250	3307	3537
3519.32	4028.1	4081.8	4519	4420.52	3000.52	4888	4888
935.22	1027	1027	1654	2794.52	2930.52	4860	4860
2584.1	3001.1	3054.8	2865	1626	70	28	28
2176.65	2254.77	2539.67	2924	3460.47	3464.82	3503.34	4034.94
748.39	732.45	732.45	1075	3354	3427.34	3492.84	4021.94
1299	1672.68	1874.18	3000	2785.01	2972.01	3279.26	3915.75
4247	4663	5710.84	6138.8	6681.96	6840.35	7334.81	7805.95
3412	3699	4452.51	4835.9	5372.58	5179.84	5795.86	6029.25
71	71	71.3	80.2	58.1	58.5	59.6	72

规模及用地情况

2014年	2015年	2016年	2017年	2018年	2019年	2020年	2021年
160.8	166.8	170.7	194.04	183.77	190.55	194.74	194.69
160.8	166.8	170.7	194.04	183.77	190.55	194.74	194.69
49.4	50.9	52.16	57.89	56.38	58.66	61.58	62.64
27.6	27.9	28.65	30.38	32.52	33.14	21.27	21.41
15.7	15.8	16.65	29.56	17.56	18.23	19.18	19.69
7.2	7.2	7.43	7.47	7.49	7.62	3.9	4.02
10.1	11.7	27.36	29.4	29.92	32.01	32.98	29.36
6.6	6.9	9.33	9.43	9.49	10.24	5.97	3.27

主要统计指标解释

【水综合生产能力】 指按供水设施取水、净化、送水、出厂输水干管等环节设计能力计算的综合生产能力。包括在原设计能力的基础上，经挖、革、改增加的生产能力。计算时，以四个环节中最薄弱的环节为主确定能力。原则上按设计能力填报，对于经过更新改造后，实际生产能力与设计能力相差很大的，按实际能力填报。

【供水管道长度】 指从送水泵至用户水表之间所有管道的长度。不包括新安装尚未使用、水厂内以及用户建筑物内的管道。在同一条街道埋设两条或两条以上管道时，应按每条管道的长度计算。

【供水总量】 指报告期供水企业(单位)供出的全部水量。包括有效供水量和漏损水量。有效供水量指水厂将水供出厂外后，各类用户实际使用到的水量。包括售水量和免费供水量。售水量指报告期供水企业（单位）收费供应的水量。免费供水量指无偿供应的水量，比如消防用水，特困居民免收水费的水量等。漏损水量指在供水过程中由于管道及附属设施破损而造成的漏水量、失窃水量以及水表失灵少计算的水量。管道及附属设施漏水量指供水管道、闸井、表井、消火栓及中间加压设施(水池、水库、水塔)等各种管道及附属供水设施的明漏、暗漏、溢流、渗漏等漏失的水量。

【集中供热】 指从一个或多个热源通过热网向城市的热用户供给生产和生活热能的方式。要求具有一定的规模：大、中城市供热设备的单机容量在7兆瓦及以上（锅炉单台容量在10吨/时及以上），民用建筑供热面积在10万平方米及以上；小城市供热设备的单机容量在3兆瓦及以上（锅炉单台容量在4吨/时及以上），民用建筑供热面积在4万平方米及以上。工业供热能力不得小于7兆瓦（单台锅炉容量不小于10吨/时）。

【供热总量】 指在报告期供热企业(单位)向城市热用户输送全部蒸汽和热水的总热量。

【运营线路网长度】 指公共交通线路所通过的运营线路净长度。计算公式：运营线路网长度＝运营线路总长度－Σ 重复的线路长度

【污水处理能力】 指污水处理厂（或污水处理装置)每昼夜处理污水量的设计能力。

【绿化覆盖面积】 指城市中的乔木、灌木、草坪等所有植被的垂直投影面积。包括公园绿地、防护绿地、生产绿地、附属绿地、其他绿地的绿化种植覆盖面积、屋顶绿化覆盖面积以及零散树木的覆盖面积，不含各类绿地中的水域面积以及没有被植被覆盖的面积(硬化道路、无屋顶绿化的建筑物等)。乔木树冠下重迭的灌木和草本植物不能重复计算。

【绿地面积】 指报告期末用作园林和绿化的各种绿地面积。包括公园绿地、生产绿地、防护绿地、附属绿地和其他绿地的面积。

【公园绿地】 城市中向公众开放的、以游憩为主要功能，有一定的游憩设施和服务设施，同时兼有健全生态、美化景观、防灾减灾等综合作用的绿化用地。它是城市建设用地、城市绿地系统和城市市政公用设施的重要组成部分。

13

教育、科学、文化

13-1　主要年份各类学校在校学生数

单位:人

年　份	高等学校	普通高等学校	中等职业教育	中等专业学校	职业学校	普通中学	小学
1949			190	190		482	11151
1950			419	419		562	11459
1951			708	708		508	11975
1952			1247	1247		729	14769
1953			1389	1389		885	17549
1954			1379	1379		1219	16939
1955			1088	1088		1638	20483
1956			1720	1720		2530	27199
1957			1673	1673		3526	31500
1958	329	329	2254	2254		5285	52329
1959	784	784	2609	2609		6918	60622
1960	1079	1079	4522	4522		7081	65047
1961	1288	1288	2817	2817		6205	51191
1962	1174	1174	919	919		5729	44091
1963	1084	1084	724	724		6804	50397
1964	1056	1056	816	816		7497	62525
1965	982	982	1005	1005		9322	71561
1966	808	808	900	900		9278	67636
1967	627	627	635	635		8766	66962
1968	351	351	612	612		7696	70280
1969						11696	73706
1970			200	200		16141	70880
1971			300	300		19701	78410
1972	441	441	445	445		19741	91292
1973	1025	1025	693	693		25048	102186
1974	1614	1614	800	800		31220	112264
1975	2023	1719	1438	1438		40450	119871
1976	3097	2089	1440	1440		53128	125505
1977	2929	2160	1766	1766		61198	126011
1978	2690	2476	1896	1896		66814	126512
1979	7919	2542	2025	2025		63285	126062
1980	8582	3432	2648	2648		59887	123975
1981	7145	5078	3512	2668		55417	119041
1982	8776	4204	3349	2677		52891	115465
1983	10485	4563	4254	3342	279	54279	116699
1984	8519	5025	5757	3362	1377	54361	124486

13-1 主要年份各类学校在校学生数(续表)

单位:人

年份	高等学校	普通高等学校	中等职业教育	中等专业学校	职业学校	普通中学	小学
1985	11139	5790	7547	4423	1580	72492	127998
1986	12536	6540	7420	5435	708	65506	128881
1987	12035	6681	11389	6216	2962	71233	130626
1988	12849	6949	12530	6539	3318	66622	129165
1989	13327	7183	12398	6539	2922	63840	126347
1990	12338	7279	11939	6463	2724	69628	123323
1991	11581	7234	18482	11526	2822	68373	119993
1992	11554	7803	20740	12399	3063	67684	118854
1993	13625	8848	22937	13638	3452	63037	119394
1994	15246	9701	28962	18678	3511	63064	172321
1995	14645	9873	22719	12613	3488	65217	123587
1996	15090	9700	23373	12730	3150	67636	131027
1997	11301	10173	24652	13692	3046	69072	127990
1998	19283	10522	28895	17979	3366	69797	132165
1999	22025	12249	29100	19240	3447	70811	132018
2000	28879	15901	32327	22977	4174	77013	136022
2001	43441	20134	35105	26993	3816	84674	136781
2002	55489	25947	31965	24391	3809	92068	135561
2003	62235	30891	35733	26667	3734	99186	134594
2004	57434	36801	36163	26421	4363	104201	140541
2005	60034	40925	42516	30650	5284	107253	142453
2006	71558	46073	45616	31351	7007	106880	147824
2007	74904	52657	48823	30071	8624	109841	149188
2008	79619	60505	57608	33912	10350	115179	149977
2009	86307	62432	64499	40496	9536	120550	147663
2010	98132	69678	64730	46079	9404	123331	147483
2011	98975	74082	67992	50330	11903	123785	148184
2012	107978	78721	60456	45429	11060	125665	147703
2013	117248	88477	53923			128649	151903
2014	124760	97593	42020			130551	156931
2015	123507	97996	44739			130200	162121
2016	127580	98912	41434			129365	167635
2017	106916	101638	38294			130380	173587
2018	110336	103989	34428			133814	181783
2019	113219	111218	33982			138771	190013
2020	120834	119865	34324			142400	199841
2021	140475	140202	35405			146173	210667

13-2 主要年份各类学校专任教师数

单位:人

年　份	高等学校	普通高等学校	中等职业教育	中等专业学校	职业学校	普通中学	小学
1949			21	21		40	433
1950			30	30		31	453
1951			42	42		37	508
1952			78	78		41	637
1953			67	67		45	487
1954			84	84		55	442
1955			55	55		62	525
1956			101	101		118	646
1957			103	103		142	779
1958	79	79	124	124		293	1223
1959	165	165	157	157		313	1397
1960	247	247	189	189		298	1682
1961	336	336	272	272		348	1622
1962	320	320	217	217		364	1591
1963	293	293	223	223		416	1682
1964	273	273	109	109		455	1965
1965	272	272	113	113		480	2214
1966	223	223	74	74		535	2447
1967	217	217	67	67		549	2079
1968	264	264	49	49		551	2264
1969	230	230	43	43		620	2612
1970	230	230	116	116		747	2862
1971	514	514	117	117		877	2679
1972	374	374	144	144		1047	3128
1973	467	467	161	161		1278	3512
1974	496	496	189	189		1393	3660
1975	535	518	330	330		1623	3969
1976	595	534	237	237		2132	4170
1977	674	580	232	232		2530	4433
1978	658	637	208	208		2503	4479
1979	718	712	370	370		2640	4369
1980	766	738	473	388		2913	4563
1981	724	720	506	506		2938	4551
1982	990	862	1715	1378		3543	5063
1983	1173	1004	1695	1430	19	3622	5111
1984	1270	1126	1715	1363	89	3623	5082

13-2 主要年份各类学校专任教师数(续表)

单位:人

年 份	高等学校		中等职业教育			普通中学	小学
		普通高等学校		中等专业学校	职业学校		
1985	1426	1251	1737	1363	81	4135	5428
1986	1526	1322	2277	1853	46	4002	5314
1987	1590	1371	1512	969	200	3945	5338
1988	1789	1432	1747	969	217	3913	5407
1989	1749	1492	1984	975	221	5099	5534
1990	1717	1466	1672	950	273	4473	5388
1991	1803	1486	1948	1180	237	4210	5216
1992	1870	1562	2163	1328	233	4328	5536
1993	1829	1499	2232	1364	251	4382	5853
1994	1889	1736	2377	1465	248	4348	5988
1995	1792	1627	2428	1534	277	4466	6087
1996	1626	1626	2174	1364	240	4518	6054
1997	1779	1669	1872	975	263	4600	6140
1998	1777	1589	2249	1622	294	4625	6214
1999	1829	1646	2331	1516	299	4683	6543
2000	1897	1714	2352	1454	311	4855	6961
2001	2062	1867	2095	1345	320	5013	7087
2002	2063	1876	2159	1373	297	5256	7066
2003	2791	2711	1468	721	305	5675	6950
2004	2917	2917	1431	651	273	5873	6752
2005	3161	3161	1380	549	323	6146	6856
2006	3407	3407	1648	720	364	6398	6873
2007	3564	3564	1645	723	366	6424	6949
2008	3957	3892	2159	862	421	6941	6937
2009	3720	3655	2739	902	440	7185	7200
2010	5069	5004	2222	743	437	7310	7236
2011	5356	5290	1970	734	299	7555	7356
2012	5771	5703	1880	810	493	7789	7582
2013	6189	6119	2142			7940	7820
2014	6678	6606	2048			8182	8049
2015	7013	6937	1187			8537	8280
2016	6996	6920	1196			8752	8581
2017	7029	6953	1047			9023	8872
2018	7053	6978	1122			9714	8570
2019	7159	7084	1173			9410	8755
2020	7713	7637	1104			9649	8813
2021	8151	8027	1223			10837	9503

13-3 教育事业

（2021）

指　标	单位	总计	市区	永宁县	贺兰县	灵武市
学校数						
普通高等学校	所	16	14	2		
成人高等学校	所	1	1			
中等职业学校	所	16	12	2	1	1
普通中学	所	87	58	11	8	10
小学	所	202	115	27	27	33
本年毕业生数						
普通高等学校	人	28802	25439	3363		
研究生	人	2596	2596			
成人高等学校	人	377	377			
中等职业学校	人	10428	8248	588	394	1198
普通中学	人	45228	28988	6406	4845	4989
小学	人	28881	18126	3900	3613	3242
本年招生数						
普通高等学校	人	40125	33305	6820		
研究生	人	4257	4257			
成人高等学校	人					
中等职业学校	人	12940	8190	1864	1104	1782
普通中学	人	49226	32836	6416	5320	4654
小学	人	37845	25701	4413	4494	3237

13-3 教育事业(续表)

(2021)

指　标	单位	总计	市区	永宁县	贺兰县	灵武市
本年在校学生数						
普通高等学校	人	140202	123034	17168		
研究生	人	11047	11047			
成人高等学校	人	273	273			
中等职业学校	人	35405	25446	3111	2509	4339
普通中学	人	146173	96822	19013	15814	14524
小学	人	210667	140723	25499	25224	19221
本年教职工数						
普通高等学校	人	11176	10342	834		
成人高等学校	人	174	174			
中等职业学校	人	1594	1099	202	166	127
普通中学	人	11700	7791	1568	1267	1074
小学	人	9867	6133	1029	1540	1165
本年专任教师数						
普通高等学校	人	8027	7321	706		
成人高等学校	人	124	124			
中等职业学校	人	1223	867	137	92	127
普通中学	人	10837	7461	1188	1143	1045
小学	人	9503	5961	982	1405	1155

13-4 学龄儿童入学和小学、初中毕业生情况

指　标	单位	2020年	2021年
学龄儿童入学情况			
学龄儿童数	人	190878	210667
已入学学龄儿童数		190878	210667
学龄儿童入学率	%	100	100
小学毕业生升学情况			
小学毕业生数	人	28925	28881
初级中学学校招生数	人	29181	29292
小学毕业生升学率	%	100	100
初中毕业生升学情况			
初中毕业生数	人	26531	27735
高中学校招生数	人	19640	19934
普通高中升学率	人	74	71.9

13-5 广播电视基本情况

指 标	单位	2020年	2021年
广播			
广播人口覆盖率	%	100	100
节目套数	套	6	6
全年播出时间	时	33719	37137
新闻资讯	时	7029	6566
专题服务	时	5248	5241
综艺类	时	12585	12596
广告	时	7217	7904
其他	时	1639	1443
广播节目制作	小时	7227	7644
新闻资讯	小时	2439	2756
专题服务	小时	1536	1510
综艺类	小时	707	881
广告	小时	2476	2427
其他	小时	68	69
电视			
电视发射台和转播台	座	6	6
电视人口覆盖率	%	100	100
节目套数	套	6	6
全年播出时间	时	35507	42077
新闻资讯	时	3531	3543
专题服务	时	4581	7153
综艺类	时	1894	1844
广告	时	6013	7036
影视剧	时	17333	20244
其他	时	2154	2257
电视节目制作	小时	3579	4212
新闻资讯	时	1159	1779
专题服务	时	962	983
综艺类	时	380	351
广告	时	955	979

13-6 图书、杂志、报纸出版情况

指 标	单位	2020年	2021年
图书			
图书种类	种	2855	2383
图书印数	万册	7949	5306
杂志			
杂志种类	种	37	37
杂志印数	万册	381	376
报纸			
报纸种类	种	19	19
报纸总印数	万份	8946	8578

13-7 公共图书馆基本情况

（2021）

指　标	总藏书量（万册）	开架书刊（万册）	书架单层总长度（米）	发放借书证数（个）	总流通人次（千人次）	书刊外借千人次	为读者举办各种活动 次数（次）	参加人次（人次）	阅览室座席（个）	少儿阅读室座席
合　计	379	202	66107	199794	1717	547	275	246789	4495	925
宁夏图书馆	209	79	44896	107206	704	227	116	207286	1700	350
市属合计	171	123	21211	92588	1013	320	159	39503	2795	575
银川市图书馆	66	66	12219	56049	271	119	73	24317	864	176
兴庆区图书馆	17	11	1750	1194	76	13	8	500	306	48
金凤区图书馆	6	5	750	2594	62	4	11	6630	240	60
西夏区图书馆	12	9	1000	13681	161	41	12	1344	164	48
永宁县图书馆	20	13	1800	5992	96	68	13	3701	450	34
贺兰县图书馆	28	13	3200	9400	269	62	37	1201	480	189
灵武市图书馆	21	6	492	3678	78	13	5	1810	291	20

13-8 艺术表演团体基本情况

（2021）

指　标	本团原创首演剧目	国内演出场次	农村演出场次	国内观众人次（千人次）	国外演出场次（场）
合　计	10	936	641	233	
区属合计	6	857	641	153	
宁夏歌舞团		226	87	50	
宁夏京剧团		186	154	36	
宁夏话剧团	1	200	200	25	
宁夏秦腔剧团	5	245	200	42	
市属合计	4	79		80	
银川艺术剧院有限公司	4	79		80	

13-9 群众艺术馆、文化馆基本情况

（2021）

指　标	举办展览个数（个）	组织文艺活动次数	举办训练班 班次（次）	培训人次（人次）
合　计	35	1779	1027	157395
宁夏文化馆	9	55	6	650
市属合计	26	1724	1021	156745
银川市文化艺术馆	10	300	306	122400
兴庆区文化馆	3	360	143	4885
金凤区文化馆		302	124	3160
西夏区文化馆	5	324	41	8000
永宁县文化馆	4	30	60	12000
贺兰县文化馆	4	278	47	3300
灵武市文化馆		130	300	3000

13-10 银川市规模以上工业企业科技活动情况

指　标	2020 年	2021 年
企业数(个)	372	428
有 R&D 活动的企业	130	172
有研发机构单位数	83	88
R&D 人员折合全时人员当量(人年)	3668	4732
基础研究		
应用研究	22	20
试验发展	3674	4712
R&D 经费内部支出(万元)	194739	296055
按经济活动类型分		
基础研究支出		
应用研究支出	584	212
试验发展支出	194155	295843
按资金来源分		
企业资金	184561	284061
政府资金	10138	11994
其他资金	39	
境外资金		
全社会 R&D 经费内部支出于国内生产总值比例(%)	1.61	2.01
专利申请数(件)	1955	1809
发明专利	882	802
发表科技论文(篇)	927	438
新产品开发项目数(项)	948	1145
新产品开发经费支出(万元)	200347	300631
新产品销售收入(万元)	2671675	3201133
技术改造经费支出(万元)	303260	360084
技术引进经费支出(万元)		319
消化吸收经费支出(万元)	561	55
购买国内技术经费支出(万元)	16998	5641

主要统计指标解释

【研究与试验发展(R&D)】 指为增加知识存量(也包括有关人类、文化和社会的知识)以及设计已有知识的新应用而进行的创造性、系统性工作,包括基础研究、应用研究和试验发展三种类型。国际上通常采用R&D活动的规模和强度指标反映一国的科技实力和核心竞争力。

【基础研究】 指一种不预设任何特定应用或使用目的的实验性或理论性工作，其主要目的是为获得(已发生)现象和可观察事实的基本原理、规律和新知识。其成果通常表现为提出一般原理、理论或规律,并以论文、著作、研究报告等形式为主。

【应用研究】 指为获取新知识，达到某一特定的实际目的或目标而开展的初始性研究。应用研究是为了确定基础研究成果的可能用途,或确定实现特定和预定目标的新方法。其研究成果以论文、著作、研究报告、原理性模型或发明专利等形式为主。

【试验发展】 指利用从科学研究、实际经验中获取的知识和研究过程中产生的其他知识,开发新的产品、工艺或改进现有产品、工艺而进行的系统性研究。其研究成果以专利、专有技术,以及具有新颖性的产品原型、原始样机及装置等形式为主。

【R&D人员】 指报告期R&D活动单位中从事基础研究、应用研究和试验发展活动的人员。包括直接参加上述三类R&D活动的人员,以及与上述三类R&D活动相关的管理人员和直接服务人员,即直接为R&D活动提供资料文献、材料供应、设备维护等服务的人员。不包括为R&D活动提供间接服务的人员，如餐饮服务、安保人员等。

【R&D人员全时当量】 指报告期R&D人员按实际从事R&D活动时间计算的工作量,以“人年”为计量单位。为国际上比较科技人力投入而制定的可比指标。

【R&D经费支出】 指报告期调查单位内部为实施R&D活动而实际发生的全部经费,按支出性质分为日常性支出和资产性支出。不包括调查单位委托其他单位或与其他单位合作开展R&D活动而转拨给其他单位的全部经费。

【专利】 是专利权的简称，是对发明人的发明创造经审查合格后，由专利局依据专利法授予发明人和设计人对该项发明创造享有的专有权。包括发明、实用新型和外观设计。反映拥有自主知识产权的科技和设计成果情况。

【发明(专利)】 指对产品、方法或者其改进所提出的新的技术方案。是国际通行的反映拥有自主知识产权技术的核心指标。

14

卫生、体育、民政、司法及其他

14-1 主要年份卫生发展情况

年 份	卫生机构数（个）	医院、卫生院（个）	医院	卫生技术人员（人）	医生	卫生机构床位数(张)
1949	3	13	1	124	102	40
1950	18	15	4	158	14	40
1951	31	15	4	182	122	50
1952	26	15	4	251	148	120
1953	37	19	8	371	189	150
1954	51	21	10	471	231	200
1955	56	22	11	514	239	255
1956	83	21	10	708	396	276
1957	83	22	11	779	422	341
1958	96	25	14	992	487	501
1959	129	25	14	1210	648	635
1960	176	26	15	1379	777	726
1961	195	35	24	1444	735	739
1962	175	36	25	1344	692	795
1963	167	36	25	1500	756	924
1964	205	37	26	1712	815	1126
1965	199	37	26	1707	788	1234
1966	195	42	31	1834	812	1296
1967	190	42	31	1858	820	1313
1968	177	42	31	1905	852	1348
1969	176	42	31	1951	912	1448
1970	182	43	32	1993	993	1432
1971	192	47	36	2174	1060	1764
1972	208	48	37	2867	1273	1830
1973	243	47	36	3002	1396	1891
1974	257	46	35	3478	1605	2075
1975	275	53	42	3625	1653	2429
1976	313	55	44	3950	1813	2650
1977	331	57	46	4275	1934	2953
1978	312	60	60	4280	2000	2859
1979	337	58	58	4572	2078	2653
1980	392	60	60	5126	2354	2749
1981	416	61	61	5400	2352	3008
1982	466	61	61	5785	2440	3180

14-1　主要年份卫生发展情况(续表)

年 份	卫生机构数(个)	医院、卫生院(个)	医院	卫生技术人员(人)	医生	卫生机构床位数(张)
1983	474	63	63	6085	2610	3237
1984	438	63	63	6093	2613	3470
1985	433	59	59	6252	2758	3495
1986	475	53	53	6720	3021	3792
1987	478	45	45	7060	3221	3797
1988	455	56	56	7316	3418	4237
1989	447	55	55	7650	3585	4253
1990	510	54	54	7876	4082	4491
1991	472	51	51	8224	4060	4906
1992	471	53	53	8567	4136	5082
1993	389	50	50	8798	4364	5645
1994	403	74	74	7493	3641	5680
1995	134	76	76	7552	3845	5759
1996	148	67	67	7820	3678	5575
1997	135	67	67	7990	3754	5730
1998	136	67	67	7881	3564	5908
1999	136	40	40	7894	3612	5761
2000	137	39	39	7932	4033	6166
2001	137	86	49	8189	3860	6148
2002	130	83	42	7900	3357	6155
2003	149	94	53	8256	3582	6845
2004	163	107	62	8751	3762	7726
2005	158	104	59	8619	3660	8058
2006	143	95	52	8581	3631	8132
2007	495	101	58	10733	4541	7975
2008	595	101	59	11532	4827	8333
2009	533	101	61	12626	5096	8506
2010	543	99	61	13667	5301	9472
2011	862	99	61	14651	5461	10329
2012	903	91	53	15952	5829	11313
2013	931	92	54	17562	6429	12898
2014	939	92	53	19288	7059	13688
2015	964	92	53	20408	7578	14079
2016	967	104	65	22077	8306	15494
2017	1027	109	70	23603	8990	16675
2018	1105	121	86	25449	9684	17348
2019	1195	110	74	26674	10295	17113
2020	1337	114	78	28262	11124	17621
2021	1350	116	80	29474	11326	17985

14-2 卫生机构、床位、人员数

（2021）

单位：人

指　标	机构数（个）	床位数（张）	工作人员	卫生技术人员	医生	其他技术人员	管理人员	工勤人员
总　计	1350	17985	35194	29474	11326	1184	2883	2647
医院	80	16124	23790	19670	7166	817	2032	2122
综合医院	37	10643	16004	13699	5106	409	832	1064
中医医院	12	2208	2739	2370	909	95	78	196
中西医结合医院	2	399	556	469	193	28	37	22
专科医院	29	2874	4491	3132	958	285	459	840
基层医疗卫生机构	1227	928	8203	7211	3180	182	460	342
社区卫生服务中心（站）	121	330	1739	1604	573	43	104	81
卫生院	36	567	1376	1166	422	80	141	87
村卫生室	215		358	33	31			
门诊部	37	31	942	770	296	27	87	122
诊所、卫生所、医务室	818		3788	3638	1858	32	128	52
专业公共卫生机构	28	933	2799	2395	902	151	250	133
急救中心（站）	1		32	21	12		1	10
采供血机构	1		142	108	15	12	8	14
妇幼保健院（所、站）	6	933	1948	1730	632	93	163	70
疾病预防控制中心	8		485	391	224	28	41	37
卫生监督所（中心）	7		114	101		6	12	2
计划生育服务机构	1		14	8	5	3	4	
健康教育所（站、中心）	4		64	36	14	9	21	
其他卫生机构	15		402	198	78	34	141	50
医学在职培训机构								
疗养院								
统计信息中心	1		12	2	1	7	7	
其他	12		292	157	74	27	68	45

14-3 卫生事业

（2021）

指 标	全市	市区
机构数（个）	1350	866
医院	80	55
床位数（张）	17985	14318
人员数（人）	35194	28792
卫生技术人员	29474	23989
执业（助理）医师	11326	9371
执业医师	10452	8809
注册护士	13620	11189
药师（士）	1490	1155
技师（士）	1854	1521
检验师	1021	828
其他	1088	698
其他技术人员	1184	1063
管理人员	2883	2282
工勤技能人员	2647	2309

14-4 中心敬老院情况

（2021）

指 标	全市
院数（个）	6
公建民营（个）	4
床位数（张）	1604
年末在院人员数（人）	512
特困供养人员（人）	330

14-5　养老机构情况

（2021）　　单位：个

指　标	机构数量	床位数	入住人数
总　计	41	9533	2753
自治区级	3	2921	1001
银川市	38	6612	1752
兴庆区	11	1526	460
西夏区	10	1394	424
金凤区	4	1347	152
永宁县	2	593	105
贺兰县	7	847	321
灵武市	4	905	290
公办	2	530	123
公建民营	14	5969	1824
民办	23	2902	741
民办营利性	2	132	65

14-6　群众体育活动情况

（2021）

指　标	举办全民健身活动次数(次)	参加活动人数(万人)
总　计	103	16.2
银川市	14	1.0
兴庆区	12	2.1
西夏区	14	3.0
金凤区	22	5.0
永宁县	9	1.5
贺兰县	10	2.0
灵武市	22	1.6

14-7　体育场地数(标准)

（2021）　　单位:个

指　标	体育场	体育馆	游泳馆	游泳池	综合训练馆
总　计	23	12	36	24	7
兴庆区	9	5	16		
西夏区	1	1	1	2	
金凤区	1	1	18	18	4
永宁县	9	3		1	1
贺兰县	2	1		3	1
灵武市	1	1	1		1

14-8　重点优抚对象人员情况

单位:个

指　标	2020年	2021年
重点优抚对象总人数	4134	4237
残疾军人	1054	1080
“三属”人员	89	86
烈士家属	39	39
牺牲军人家属	20	19
病故军人家属	30	28
在乡退伍红军老战士、在乡西路军		
红军老战士、红军失散人员		
在乡复员军人	155	140
带病回乡退伍军人	91	91
参战退役人员	309	304
参核退役人员	148	145

14-9 社会救济对象情况

单位:人

指 标	2020 年	2021 年
城乡低保对象	36282	34495
城市低保对象	13625	12812
农村低保对象	22657	21683
特困人员总数	1242	1145
集中供养	448	497
分散供养	794	648

14-10 律师、公证、调解工作基本情况

指 标	单位	2020 年	2021 年
律师工作			
律师事务所	家	91	94
律师	人	2014	2212
担任法律顾问	家	2383	2796
民(商)事案件代理	件	24189	35078
刑事案件辩护	件	2961	3578
非诉讼法律事务	件	6030	5222
咨询和代书	件	6531	14890
公证工作			
公证处	家	5	5
公证员	人	50	53
办理公证	件	38581	38439
办理涉外公证	件	2386	2064
人民调解			
人民调解委员会	个	846	891
人民调解员	人	5172	4744
调解民间纠纷	件	6229	8233

14-11 社会治安

指 标	单位	2020年	2021年
火灾			
火灾起数	起	1616	2261
火灾死亡、伤亡人数	人	5	18
死亡人数	人	5	10
火灾事故经济损失	万元	2645	5198.44
交通事故			
交通事故起数	起	1387	1461
交通事故死亡、伤亡人数	人	1615	1479
死亡人数	人	206	214
交通事故经济损失	万元	427.95	372.19
刑事案件			
刑事案件立案数	起	16094	17761
刑事案件破案数	起	7543	8189

14-12 银川市一级以上地震情况

年 份	发震时间					震中位置			震级
	月	日	时	分	秒	经度	纬度	地点	
2021	1	14	12	40	56	106.22°	38.17°	永宁县	1.7
2021	2	23	0	5	18	106.34°	38.40°	永宁县	1.0
2021	3	24	23	45	42	106.28°	38.028°	灵武市	1.3
2021	5	8	9	28	51	106.28°	37.85°	灵武市	2.4
2021	5	22	1	29	38	106.27°	38.03°	灵武市	1.5
2021	5	22	5	36	53	106.25°	38.02°	灵武市	1.6
2021	7	20	3	15	26	106.29°	38.01°	灵武市	2.1
2021	7	20	9	8	51	106.29°	38.02°	灵武市	2.3
2021	7	21	4	55	16	106.28°	38.03°	灵武市	2.3
2021	7	22	0	6	17	106.34°	38.02°	灵武市	1.1
2021	8	7	22	48	31	106.26°	38.03°	灵武市	1.3
2021	8	7	23	2	8	106.26°	38.02°	灵武市	1.3
2021	11	18	20	42	53	106.26°	37.99°	灵武市	4.0
2021	11	19	2	51	48	106.29°	38.02°	灵武市	1.1
2021	12	17	13	10	31	106.13°	38.40°	金凤区	1.4

主要统计指标解释

【医疗卫生机构】 指从卫生 (卫生计生)行政部门取得《医疗机构执业许可证》、《中医诊所备案证》、《计划生育技术服务许可证》，或从民政、工商行政、机构编制管理部门取得法人单位登记证书,为社会提供医疗服务、公共卫生服务或从事医学科研和医学在职培训等工作的单位。医疗卫生机构包括医院、基层医疗卫生机构、专业公共卫生机构、其他医疗卫生机构。

【医院】 包括综合医院、中医医院、中西医结合医院、民族医院、各类专科医院和护理院，不包括专科疾病防治院、妇幼保健院和疗养院，包括医学院校附属医院。

【床位数】 指年底固定实有床位（非编制床位),包括正规床、简易床、监护床、超过半年加床、正在消毒和修理床位、因扩建或大修而停用的床位,不包括产科新生儿床、接产室待产床、库存床、观察床、临时加床和病人家属陪待床。

附　记

2021年大事记

一月份

1月11日以来，银川市统计局严格贯彻落实银川市疫情防控工作领导小组部署要求，累计抽调6批12人入驻疫情普查组数据分拣小组。

1月21日，李鸿儒常务副市长到会指导银川市统计局党组2020年度领导班子专题民主生活会。

二月份

2月8日，银川市统计局开展2021年春节慰问活动。

2月26日，银川市统计局认真传达学习张柱同志在十四届银川市委2021年第7次常委会(扩大)会议上的讲话精神。

三月份

3月1日，银川市统计局召开全市投资领域统计工作会议。

3月4日，银川市统计局组织部分党员到定点帮扶的贺兰县金贵镇银光村开展“志愿服务下基层扶贫助困银光村”活动。

3月12日，银川市统计局党组召开党史学习教育动员会。

3月19日，银川市统计局党支部赴永宁县开展“奋进新时代、担当新使命、展现新作为”主题党日活动。

3月25日，银川市统计局邀请局法律顾问万淑君律师为全局干部职工做《廉政教育预防职务犯罪》专题讲座。

3月29日，银川市统计局组织干部职工前往银川市兴庆区沙漠休闲运动公园(薰衣草)植树基地参加义务植树活动。

3月31日，银川市统计局党支部围绕“立足新发展阶段怎么看、贯彻新发展理念怎么干、融入新发展格局怎么办”主题，结合实际工作与目标开展“怎么干”学习大讨论。

四月份

4月，银川市统计局组织党员干部开展党史专题学习教育读书班活动。

是月，银川市统计局组织党员干部开展“廉洁从政警示教育月”活动。

4月23日，银川市统计局围绕“学党史、强党性、提能力”主题，开展“知史爱党 知史爱国”党史知识测试及参观党史馆等一系列党史学习教育活动。

4月26–28日，银川市统计局联合贺兰县、灵武市统计局对全市15户规模以上工业企业进行了统计数据质量核查。

4月26–30日，银川市统计局深入各县(市)区统计局开展调研工作。

4月27日，银川市统计局联合自治区统计

局和县区统计局对金凤区、西夏区限额以下批零住餐行业三家“金样本”单位开展实地走访调研。

五月份

5月12日，银川市统计局召开了全市基本单位暨一套表调查单位审核确认培训工作会议。

是日，银川市统计局前往银川市卫健委、民政局开展医养结合专题调研座谈。

5月17日，银川市统计局93岁离休老党员葛世忠同志向党组织一次性缴纳了10000元党费，并为银川市统计局党员干部上了一堂生动的党课。

5月24–28日，银川市统计局深入各县(市)区，对未入库投资项目进行了实地核查并指导工作。

5月27日，银川市统计局组织参加2021年银川市直机关第九套广播体操比赛，荣获优秀组织奖。

六月份

6月2–4日，银川市统计局扎实开展“双报到、双报告”活动，深入社区参与社区治理。

6月7日，银川市统计局根据全市社会信用体系建设工作要求，结合工作实际，制定了《银川市统计信用承诺制度》。

6月7–8日，银川市统计局对永宁县、贺兰县、灵武市的6家服务业企业开展了“双随机”统计执法检查。

6月9日，银川市统计局开展统计年鉴赠阅活动。

6月10日，银川市统计局举行统计执法证颁发仪式。陈铁华等4名同志获得统计执法资格。

6月11日，银川市统计局邀请自治区统计局社会经济调查队，深入永宁县闽宁镇源隆村实地调研规范移民收入统计有关事项。

6月15日，银川市统计局组织参加全国统计系统《民法典》专题讲座视频会。

6月21日，银川市统计局邀请银川市民委副主任马涛做“传承党的百年光辉史基因、铸牢中华民族共同体意识”主题宣讲。

6月22日，自治区统计局党组成员、副局长马宏德一行调研我市上半年经济形势。银川市政府副秘书长陈玉贤、市统计局局长及市发改、工信、商务、住建、农业农村等部门负责同志陪同调研。

6月24日，银川市统计局全体党员干部参观银川市庆祝中国共产党成立100周年主题展。

是日，银川市统计局支部委员会组织全体党员前往银川市美术馆参观“今昔对比看变化 知史感恩共产党”庆祝建党100周年主题展。

6月28日，银川市统计局为离休老党员葛世忠同志颁发“光荣在党50年”纪念章。

6月29日，银川市统计局组织观看全国“七一勋章”颁授仪式。

七月份

7月1日，银川市统计局组织观看庆祝中国共产党成立100周年大会直播。

7月9日，银川市统计局党组一行到灵武市郝家桥镇狼皮子梁村实地调研乡村振兴工作并慰问驻村第一书记。

7月12–14日，银川市统计局联合银川市市场监督管理局对永宁县、贺兰县、灵武市6家限额以上商贸企业开展“双随机、一公开”跨部门联合执法检查。

7月23日，银川市统计局党组对新提拔任

用和职级晋升的6位科级干部进行集体廉政教育谈话。

7月26日，银川市统计局党支部组织全体党员干部参观“礼赞百年·银川之光”——庆祝中国共产党成立100周年艺术大展书法美术作品展。

7月30日，银川市统计局党支部召开“学党史、悟思想、办实事、开新局”党史学习教育专题组织生活会。

八月份

8月5日，银川市纪委派驻第十二纪检监察组召开派驻监督单位纪检联络员半年联席会议，市统计局、财政局、审计局、金融局、住房公积金管理中心、公共资源交易中心等6个单位纪检联络员参加了会议。

8月31日，银川市统计局召开灵武市郝家桥镇狼皮子梁村对口帮扶协调会议。

九月份

9月22–30日，银川市统计局调研组先后到银川6个县(市)区及部分乡(镇、街)、村委会开展农村统计调查调研工作。

9月23日，银川市第七次全国人口普查领导小组办公室(银川市统计局)被国务院第七次全国人口普查领导小组授予全国“第七次全国人口普查先进集体”。

9月24–27日，自治区统计局副局长崔祝平带领投资处对银川市建筑业、房地产企业市场开展调研活动。

9月26–30日银川市统计局深入6个县(市)区、园区及市直部门，对全市120个投资进展缓慢的项目点到点、面对面进行实地督查，督促指导和协调解决项目问题。

9月28日，银川市统计局邀请重点企业及市民代表参加“银川市政府开放日”活动。

9月30日，银川市统计局组织对银川市72家亿元以上重点项目单位统计工作人员开展统计业务集中培训。

十月份

10月18日–11月19日，银川市统计局严格落实“双报到、双报告”“战时”响应机制，坚决响应街道“吹哨”，抽调23名工作人员奔赴疫情防控一线，下沉温馨家园小区等支援点开展防疫工作。建立“青年党员突击队”“疫情数据分拣小组”“疫情防控督察小组”等队伍，深入防疫一线。

十一月份

11月29日，银川市统计局组织召开全市固定资产投资暨能源统计工作会议。

11月30日，银川市统计局党组书记、局长刘晓天一行前往银川市苏银产业园开展调研。

11月30日–12月1日，银川市统计局深入部分固定资产投资项目单位及房地产开发企业，面对面为项目单位答疑解惑提供服务。

十二月份

12月2–3日，银川市统计局对部分规上工业企业能源统计数据质量进行核查。

12月6日，银川市统计局召开“深化作风建设”专题民主生活会。

12月7日，金凤区副区长余磊同志一行代表金凤区政府向银川市统计局赠送锦旗和感谢